제3판

학교중심의
교육행정 및 교육경영

안암교육행정학연구회

본서가 '학교중심의 교육행정 및 교육경영'이라는 이름으로 출간된 지 벌써 10년이 되었다. 그리고 개정판이 나온 지도 6년이 거의 지났다. 그동안 정권이 바뀌어 중앙 및 지방교육행정기관들의 직제와 제도가 바뀌었고, 정부의 교육정책 방향과 관심사가 달라졌다. 주지하다시피 교육행정은 정부의 성격과 정책 기조에 따라 영향을 받기 때문에 정권이 교체되면 많은 변동을 초래하여 교재의 개정판 작업이 불가피하다. 이번 개정 3판 작업은 이러한 필요에 따라 이루어졌으며, 다음과 같은 세 가지 사항에 주안점을 두고 공동 필진들이 협력하여 작업을 진행하였다.

첫째, 정권의 변화에 따라 정부 조직이나 인사제도의 변화가 있는 챕터는 현재에 맞게 수정·보완한다.
둘째, 사례 가운데 시간의 경과로 현재 상황에 맞지 않는 경우 최근의 적절한 다른 사례를 찾아 바꾸도록 한다.
셋째, 기타 내용이 구태의연해서 현재 상황에 맞게 수정 보완이 필요한 경우 챕터 필자가 판단하여 수정·보완한다.

'학교중심의 교육행정 및 교육경영'은 우리나라의 교육행정이 법규해석적 관점의 하향식 교육행정 전달체계에서 교육의 일선 현장인 학교가 중심이 되어 행정이 현장 교육의 조장 및 지원 기능을 주로 하고, 교육행정의 중심이 학교가 되어야 한다는 입장을 견지하고 있다. 이런 점에서 학교는 교육행정기관이자 학생 교육을 실천하는 교육기관이라는 이중성을 배태하고 있다. 물론, 이러한 단위학교의 조직적 특성은 교육행정이 교육(instruction)과 행정(administration)이 결합된 복수의 이미지로 표상되고, 이완결합체제(loosely coupled organization)로 불리기도 한다. 학교에서 일어나는 현상을 사실적으로 규명하고 밝히는 과학적인 탐구와 당위적으로 추구해야 할 방향과 가치를 논증하는 규범적인 탐구가 동시에 필요하다는 논점은 학교의 기능이 교육과 행정의 이중적 결합이라는 조직 특성과 깊은 관련이 있다.

　우리나라에서 교육행정의 이론 생성이 더딘 이유는 학교 현장에서 발생하고 있는 수많은 행정 현상들이 관 주도의 법, 제도 중심의 규율 행정에 묻혀있고, 연구자들의 의식과 관심이 교육부의 정책과 교육청의 행정에 경도되어 있기 때문이다. 학교중심의 교육행정은 교육이 실제로 이루어지는 단위에서의 행정이 중심이 되어야 한다는 당위적인 방향을 전제로 한다. 동시에 교육행정의 과학적 탐구의 기반이 중앙에서 지방으로, 지방에서 학교 현장으로 전환되어 실제로 연구가 이루어지고 이론이 창출되어야 함을 내포하고 있다. 이런 소망이 본서를 통해 경각되어 연구자들의 지적 호기심을 자극하고, 교수자의 의식을 통해 교육행정을 학습하는 학생들에게 잘 전달되기를 기원해 본다.

　제3판이 출간되기까지 각 장의 필진들이 보여준 관심과 노력에 감사드린다. 필진들은 '안암교육행정학연구회'라는 학문공동체에서 교육행정학의 문제의식을 공유하고, 발전을 위한 여러 담론들이 다양하게 펼쳐지고 있는 학술모임의 구성원이다. 교육행정의 여러 장면에서 필진은 학문 탐구와 교육행정을 실천하는 전문가이자 서로의 발전을 위해 권면하고 학습하는 동학이기도 하다. 우리의 이러한 협동적인 노력은 성찰적인 지성과 유려한 감성의 교합을 통해 앞으로도 계속될 것이다. 끝으로, 이 개정판이 출간되기까지 지속적인 성원과 지원을 해준 박영스토리 임직원과 담당자인 배근하, 조정빈 선생께 감사의 말씀을 전한다.

2024년 3월

저자들을 대표하여 신현석 씀

　작금의 세계적 조류는 제4차 산업혁명으로 대변되는 산업사회의 변화로 인한 역동성이 모든 사회 부문을 휘감고 있다. 지식의 세계에서는 인공지능의 발달로 인해 위기와 기회가 동시에 드리워져 있고, 교육의 세계에서는 지식을 전달하는 방법의 혁신이 종래 중요하게 생각했던 교육의 목표와 내용의 구성을 견인하고 있다. 기술의 진보가 단지 목표 달성을 위한 수단으로 인지되던 시대의 교육의 과정에서 기술은 단지 방법적 도구에 불과했지만 이제 더 이상 그 누구도 기술을 도구로 취급하지 않는 세상이 되었다. 이에 따라 기술 만능주의가 펼쳐지기도 하고, 방법지가 각 분야의 혁신을 주도하는 시대가 펼쳐지고 있다. 인공지능시대에 과학적 기술은 지식의 내용에 대한 단순한 전달을 넘어 지식 결합 방식의 다변화를 통한 융합적 지식의 창출을 도모하는 것을 용이하게 한다. 이런 점에서 오늘날 고착된 지식 중심의 전달을 강조했던 교직교육은 위기를 맞고 있는 셈이다. 현재의 교직교육이 이러한 시대의 흐름과 요청에 얼마나 부합하고 있는지 반성과 성찰이 필요하다.

　국내의 가장 큰 변화를 추동하고 있는 흐름은 저 출산으로 인한 학령인구의 절대 감소이다. 이미 2000년대 초반부터 감지된 저 출산의 경향은 그동안 역대 정부의 인구정책 소홀로 급기야 2018년에 세계에서 유례가 없는 1.0명 이하의 출산율을 보일 위기에 처해 있다. 2018년은 고등학교 졸업자 수가 대학입학정원에 못 미치는 학령인구 역전의 원년이다. 지금보다 앞으로가 더 문제이고 별다른 대책이 없다는 것이 더 큰 문제이다. 학령인구의 감소는 교육체제 전반에 심각한 변화를 초래하고 있다. 대학은 구조조정을 통해 정원감축과 아울러 맞춤형 교육과 진로 서비스를 통해 귀중한 국가의 인재를 길러내야 할 책무가 시대적 사명이 될 것이다. 초중등교육은 한 명의 낙오자도 없이 배움의 길로 인도하여 창의 교육을 통해 창조적 시민이 될 수 있도록 주력해야 한다. 말 그대로 교육의 구조와 내용 그리고 방법에 이르기까지 교육시스템 전반의 변혁이 요구된다. 교사양성을 목표로 하는 교직교육은 이러한 교육체제 변화의 시대에 얼마나 예측가능한 미래적응적 교육을 하고 있는지 의문이다. 여전히 개발시대에 교사의 가르침과 직무수행에 초점을 맞춘 교직교육을 하고 있는 것은 아닌지 반성과 성찰이 필요하다.

교직교육의 본령은 교사가 학교에서 수행하는 학생교육과 지도 그리고 분장 사무와 보직 업무를 수행하는 데 필요한 지식과 기능(혹은 기예)을 미리 이해하게 하고 준비시키는 것이라고 할 수 있다. 그러면 과연 우리의 교직교육은 기능(기예)보다는 지식을, 실천적 준비보다는 지식적 이해를 중시한 것은 아닌지 반성과 성찰이 필요하다. 학교 현장과 유리된 지식에 대한 이해 중심의 교직교육은 진공상태의 교육과 다름 아니다. 철저하게 현장과 연계된 실천적 지식이 내용을 구성하고, 문제해결중심의 교육방법을 통해 좀 더 현장과 친밀한 교육으로 재구성되어야 한다. 특히, 교직교과로서 '교육행정 및 교육경영'은 교사가 학교에서 직무를 수행하는 과정에서 겪게 되는 일상적인 업무와 예외적으로 발생하는 사건·사고에 이르기까지 교범과 매뉴얼의 역할을 해야 한다. 그럼에도 불구하고 이 교과가 행정적 지식과 경영적 노하우의 일방통행적 전수에 그친다면 교직교육 본령의 위반이고, 교수자 성찰이 없는 일상화의 나태함에 지나지 않을 것이다.

이상과 같이 세 가지 중요한 흐름에 부합하는 교직교육의 실천으로서 '교육행정 및 교육경영' 교과가 운영될 수 있도록 교육내용이 구성되고, 그것이 방법적으로 실천될 수 있도록 할 때 교직교육의 본령에 도달할 수 있다는 가정이 본서의 출발점이다. 이를 위해서 먼저 우리가 다짐해야 할 것은 교육적 관행에 대한 반성과 성찰을 바탕으로 새 시대의 변화와 요구에 부응하고 '교육행정 및 교육경영'의 현장적합성을 제고하는 선도적 역할을 해야겠다는 각오와 책임의식을 갖는 것이다. 이는 '학교중심의 교육행정 및 교육경영'이라는 제목을 초판에 부기할 때 부처 필진들 간의 세미나 협의를 통해 이미 부과되었다. 그로부터 어느덧 4년이 흘러 교육환경의 역동적인 변화를 능동적으로 수용할 필요가 생겼고, 정권의 변화에 따라 정책 및 제도의 변화가 야기되어 이를 업데이트 할 필요도 발생하였다. 본 개정판은 이러한 필진들의 각오와 책임의식 그리고 역동적인 환경변화 수용의 통합적 필요의 산물이다.

그럼에도 불구하고 여전히 우리의 의식과 실천적 노력이 개정판을 통해 완성되었다고 보지는 않는다. 지속적인 노력과 반성을 통해 좀 더 교직교육의 본령에 가까이 갈 수 있도록 최선을 다하는 것이 우리 필진의 몫이라고 생각한다. 항상 우리는 '우문현답'(우리의 문제는 현장에 답이 있다)의 자세로 학교가 중심이 되는 '교육행정 및 교육경영' 교직교육을 기본적으로 견지하고, 교육환경의 변화를 긍정적으로 수용하고 반영하여 상황적응적으로 채택하는 방식으로 교직교육의 본령적 지평을 유지해나가고자 한다. 본 개정판이 이러한 다짐과 소망의 부분적인 성과물로 인정받으면 좋겠다는 생각을 해본다.

끝으로, 이 개정판이 출간되기까지 각 장의 필진들이 보여준 관심과 노력에 감사드린다. '안암교육행정학연구회'라는 학문공동체에서 교육행정학의 문제의식을 공유하고, 발전을 위한 여러 담론들이 다양하게 펼쳐지고 있는 학술모임체의 구성원이기도 한 우리 필진은 학문탐구의 동지이자 서로를 권면하는 자극제이기도 하다. 우리의 이러한 노력은 지성과 감성의 교합을 통해 앞으로도 계속될 것이다. 이 개정판이 출간되기까지 지속적으로 격려와 지원을 해준 박영사 임직원과 담당자인 배근하 선생께 감사의 말씀을 전한다.

2018년 8월
저자들을 대표하여 신현석 씀

교육행정이란 무엇인가? 이 질문은 교육행정을 연구하고 가르치는 교수, 학자들에게는 물론 실제에서 교육행정 업무에 관여하고 있는 실무자들에게 매우 도발적인 질문이다. 뻔히 알고 있을 것으로 예상되는 사람들에게 가장 기본적인 질문을 했다는 점에서 그렇고, 그럼에도 불구하고 한마디로 대답하기 쉽지 않다는 점에서 더욱 그럴 것이다. 혹자는 "교육행정은 교육목적을 성취하기 위하여 인적·물적 자원을 지원하고 조성하는 것"이라고 할 것이고, 또 다른 사람들은 "교육과 관련된 법과 제도를 마련하고, 교육활동을 수행하는 데 필요한 모든 조건들을 정비하고 법규에 따라 집행하는 것"이라고 정의할 수 있을 것이다. 비슷한 것 같으면서도 다른 의미와 방향을 내포하는 수많은 개념들이 오늘날 존재한다. 이런 상황에서 대부분의 교육행정학 관련 저작들은 교육행정의 다양한 개념들을 소개하는 선에서 그치거나 그 개념들을 포괄하는 정의를 새롭게 제시하곤 한다.

교육행정학을 20년 이상 연구하고 교육하면서도 풀리지 않는 "교육행정이란 무엇인가"에 대한 '대답 찾기'는 아마도 모든 교육행정학도들이 안고 있는 공통적인 고민이 아닐까 싶다. 그리하여 여러 방식으로 학자들은 그들의 저술을 통해 교육행정과 교육행정학을 정의하고 각론을 전개한다. 개념에 대한 다양한 정의는 교육행정 현상을 다양한 각도에서 관찰하고 이해할 수 있도록 한다는 점에서 이점이 있지만, 학문후속세대에게는 교육행정학의 근본적인 전제와 교육행정의 본질에 대한 혼란을 야기한다. 특히, 후자의 입장에서 느끼는 혼란은 마치 초석이 갖춰져 있지 않은 상태에서 집을 짓는 것과 비슷하기 때문에 '걷는 길'에 대한 의문과 회의를 간헐적으로 들게 만들기도 한다. 이러한 경우는 대학원 수준에서 교육행정학을 교육하는 단계에서 흔히 발생한다.

학부 수준에서 교육행정학 교육은 전공교과에서의 교육과 교직교과에서의 교육으로 나뉜다. 학부의 전공 필수 혹은 선택으로서 교육행정학 교육은 학생들에게 교육행정학을 이해시키기 위한 목적으로 학문 지식의 관점에서 기초적인 내용들을 학습하게 하는 인지적 관점과 교육행정의 현장을 직간접적으로 체험하게 하는 실무적 관점을 균형 있게 제공해야 할 것이다. 그러나 교직과목으로서 '교육행정 및 교육경영'은 과목의 성격상 실무적 관점이 전공교과 교육보다 더 많이 강조되어야 할 것이다. 그러나 오늘날 대부분의 '교육행정 교육경영' 강의와 교재의 내용은 전공교과의 그것과 별 차이 없이 비슷한 형태로 교재가 구성되고, 교육이 이루어지는 행태 또한 그러하다는 것을 쉽게 찾아볼 수 있다. 이로 인해 교직과목으로서 '교육행정 및 교육경영' 교육에 일대 혼란이 빚어지고 있다. 이리하여 강의자들은 전공교과와 교직교과 사이의 차별성 부재에 따른 교수의 어려움을 토로하고, 학생들은 교직진출을 위한 목적과 괴리되어 있는 강의와 교재 내용에 대해 불편함을 호소한다.

이러한 문제의식에 직면하여 본 서는 교직과목으로서 '교육행정 및 교육경영'이 의도하는 본질에 충실하고자 기획되었다. 그래서 책 제목도 '학교중심의 교육행정 및 교육경영'으로 정하고, 이러한 의도에 부합되도록 각 장의 내용을 구성하였다. 교직진출을 모색하고자 하는 분명한 목적을 가진 교직과정 이수 학생들의 요구에 부합하도록 학교라는 구체적인 단위조직에서 이루어지는 교육행정의 실무와 그 배경이 되는 기초적인 지식과 이론 그리고 실무에서 활용할 수 있는 적용 사례들로 책 내용을 특화시켰다. 이러한 작업이 진행되는 과정에서 교직과목의 교육이 자칫 지식중심의 교육으로 흐르지 않도록 각별히 공저자들 사이에 주의가 사전집필 회의를 통해 특별히 환기되었으며, 이러한 방향에 대한 일관성이 수시로 점검되었다.

기존의 교육행정 및 교육경영 교재들과 차별화되는 접근 방향과 본 서가 갖는 특·장점에도 불구하고 아직도 여러 면에서 부족한 점이 발견될 수 있다. 이러한 점들은 학생들로부터, 동학들로부터 충분히 피드백될 것으로 생각된다. 우리 필진은 이러한 피드백을 겸허하게 받아들여 수시 개정·보완을 통해 본 서가 보다 발전적으로 이 책의 기본방향에 충실한 책으로 거듭날 수 있도록 최선의 노력을 다할 예정이다. 특별히 본 서는 작년에 발족된 교육행정학 교육 및 연구 공동체인 '안암교육행정학연구회'의 첫 공동 작품이다. 앞으로 연구회 회원들의 관심사에 따라 이러한 학구적인 노력이 지속될 것이고, 그 노력의 결과물은 '교육행정학 총서'라는 이름으로 출간될 예정이다. 끝으로, 이 책이 나오기까지 아낌없는 격려와 지원을 해준 박영사 임직원 여러분께 감사의 말씀을 전하고 싶다.

2014년 2월
저자들을 대표하여 신현석 씀

PART 1 교육 행정학의 기초

PART 2   교육조직론

CHAPTER 3 | 학교 조직의 성격 (임수진)   • 53

PART 3 교육인사행정

CHAPTER 8 | 교원의 양성 및 임용 (이정원) • 183

CHAPTER 9 | 교원의 능력개발 (박종필) • 215

CHAPTER 10 | 교원의 근무환경 (김지영) • 253

PART 4 교육제도와 정책

CHAPTER 13 │ 교육정책 (박준형)   • 343

PART 5 교육재정

CHAPTER 14 │ 교육재정의 구조 및 학교회계제도 (엄준용)   • 371

PART 6   학교경영 및 학급경영

CHAPTER 15 │ 학교경영 (김병모)   • 395

CHAPTER 16 │ 학급경영 (김병모)   • 423

학교중심의 교육행정 및 교육경영

PART 1

교육
행정학의
기초

학교중심의
교육행정 및 교육경영

CHAPTER 01

교육행정의 이해

 학/습/목/표

- 교육행정의 개념에 대한 이해를 바탕으로 학교중심 교육행정의 필요성과 의의를 설명할 수 있다.
- 교육행정에 대한 이해를 바탕으로 교육행정학을 설명할 수 있다.
- 교육행정의 성격을 다양한 관점에서 설명할 수 있다.
- 교육행정의 이론, 연구, 실제 간의 관계를 설명할 수 있다.

생각해보기

　　우리는 교육행정이 교육의 목적을 달성하기 위한 교육활동을 도와주는 것이라고 오랫동안 배워 왔고, 또 그렇게 알고 있다. 그러나 실제에서 교육현장에서 교육행정은 교육을 지배하고 관리하는 듯한 모습을 쉽게 발견할 수 있고, 교육행정이론을 접하지 못한 사람들은 교육을 관리하는 것이 교육행정이라고 알고 있다. 우리가 배워온 것과 실제 행하는 것 간에 차이가 있다는 것을 교육행정은 여실히 보여주고 있는 것이다. 왜 이런 현상이 빚어지고 있을까? 이런 현상이 지속되고 있는 가운데 어느덧 우리는 학교 현장의 실제와 대학에서 배운 교육행정의 이론과 지식이 현실에 맞지 않는다고 의심하게 된다. 이론은 이론이고 실제는 실제일 뿐이라는 생각, 즉 "이론과 실제는 다르다"는 결론에 이르게 된다. 과연 그럴까?

　　교육행정을 배우는 과정에서 드는 또 다른 의문은 이론과 지식이 너무 많이 열거되어 있다는 것이다. 이것이 모두 다 교육행정인가? 자세히 그 내용을 살펴보면 교육행정학적인 것은 별로 없고 경영학, 행정학, 정책학, 재정학 등에서 부분적으로 관련된 것을 모아 놓은 듯한 것들이다. 그럼 교육행정학에서만 볼 수 있는 교육행정학 고유의 이론이나 지식은 없는 것인가? 더군다나 우리나라 현실에 맞는 교육행정 이론이 보이지 않아 더더욱 교육행정학의 학문적 정체성이 의심스럽다. 이러한 현상을 어떻게 이해하여야 할까?

01 | 교육행정의 개념

(1) 교육행정의 기존 개념

교육행정은 근대 공교육의 탄생으로 학교 교육이 제도화되는 과정에서 학교 조직을 보다 효과적으로 운영할 필요에 의해서 비롯되었다. 근대 국가는 체제 유지를 위해 교육이 중요하다는 것을 깨닫고 의무교육제도의 도입을 통해 학교 교육과 운영에 있어서 공공성을 강조하였다. 비록 그 공공성이 오늘날 '공익성에의 부합'을 의미하기 보다는 국가체제의 유지를 위한 수단적 개념으로 '국가체제의 권위에 대한 복종'의 의미가 담겨있는 것이기는 했지만, 어쨌든 교육행정이 공공적 성격을 띤 활동임을 알리는 출발점이었다. 단지 학교를 운영한다는 관점에서의 교육행정이 보다 효율적으로 관리되고 경영되어야 할 필요성이 등장한 것은 산업혁명 이후이다. 영국에서 시작된 산업혁명은 공장에서 일할 많은 인력이 필요했고, 이에 학교는 필연적으로 효율적인 교육을 통해 인력을 산업 현장에 공급하는 전진기지 역할을 하였다. 교육행정은 학교 규모가 커지고, 도시화의 진전에 따라 학교들이 많아지면서 학교를 체계적으로 경영하고 관리할 필요에 의해 본격화되었다. 오늘날 우리가 가장 많이 언급하는 교육행정의 이론과 지식들은 미국에서 비롯되었는데, 미국에서 본격적인 교육행정의 기원 역시 19세기 후반 산업화의 물결과 깊은 관련이 있다(Campbell et al., 1987).[1]

교육행정은 교육과 행정의 합성어이다. 역사적으로 교육행정은 학교를 하나의 조직으로 이해하고 조직을 운영·관리하기 위하여 행정의 운영 원리와 기법들을 적용해왔기 때문에 교육과 행정의 특성이 동시에 고려되어 왔다. 그렇기 때문에 교육행정의 개념은 다양한 접근에 따라 정의되어 왔다.

---

[1] 교육행정학의 발달과정은 2장에서 상세히 소개된다.

- 국가통치론
  국가통치 과정의 일환으로 교육 당국이 공공적인 교육 활동을 법규에 따라 권위적으로 규율하고 집
  행해나가는 것(신현석 외, 2011: 19-20)
- 조건정비론
  교육목표를 달성하기 위하여 교육활동에 필요한 인적 및 물적 조건을 조성하고 지원해 주는 봉사활
  동(권기욱 외, 2006)
- 행정행위설
  교육조직의 공동 목표를 달성하기 위한 합리적인 협동행위(박성식, 2011: 8)
- 교육행정과정론
  교육에 관한 사무를 고도의 전문성에 따라 계획·실천·평가하는 순환적 과정(윤정일 외, 2009:
  17-18)

위의 정의에 따르면 교육행정은 국가통치론에 의한 권력적 성격, 조건정비론에 의한 수단적 성격, 행정행위설에 의한 민주적 성격, 교육행정과정론에 의한 전문적 성격 등을 동시에 갖는 복합적인 개념이라는 것을 알 수 있다. 이러한 교육행정의 복합적인 성격을 고려하여 김종철(1982: 33)은 교육행정을 "국가의 공권력을 바탕으로 하여 조직적, 사회적, 공공적 교육활동을 지원하기 위한 수단, 봉사적 활동"이라고 정의하기도 하였다.

(2) 교육행정 재개념화의 필요성

교육행정의 복합적인 성격에 따른 포괄적 정의는 교육행정의 핵심과 주변에 이르기까지 두루 포함하여 망라적으로 무난하게 교육행정 현상을 기술, 설명, 예측하는 것처럼 보인다. 그러나 여기에는 몇 가지 심각한 문제점들이 내포되어 있다.

첫째, 교육행정의 포괄적 정의는 서로 다른 이념과 가치를 내포한 관점과 접근들을 동시에 담고 있기 때문에 이들 간의 상호 모순·충돌로 인해 자기모순의 함정에 빠질 수밖에 없다는 것이다. 국가통치론과 조건정비론의 관점을 함께 담고 있는 교육행정의 포괄적 정의는 언뜻 양립 가능한 것처럼 보이지만 실제 교육행정

현장에서 서로 대립되는 경우가 많다. 국가 기관이 교육행정을 민주적으로 이끌어 단지 도와주고 지원하는 입장만 취한다는 것은 단지 이상적인 교육행정의 방향으로만 존재한다는 것을 이제 우리는 어느 정도 알고 있다.

둘째, 교육행정의 포괄적 정의는 교육행정 활동의 방향을 제시하는 준거로서 교육행정의 원리를 자체 모순에 빠지게 만든다. 흔히 많은 학자들이 교육행정의 원리를 서로 대립되는 가치임에도 불구하고 망라적으로 제시하는 경우가 많다. 그러나 이들 가치는 상호배타적인 경우가 많기 때문에 실제 행정에서 동시에 추구하기 힘들어 양립되기 어렵다.

셋째, 교육행정의 포괄적 정의가 안고 있는 가장 큰 문제는 교육행정의 이론과 실제의 괴리를 정당화한다는 것이다. 교육행정 현장에서는 실제로 특정의 원리나 가치에 입각하여 활동이 수행되고 있는데 이론이나 지식에서는 대립되는 다른 원리도 고려하라고 하고, 공권력에 의해 강제적으로 추진되는 경우에 있어서도 민주적인 교육행정을 하고 있다고 해야 하는 불편한 진실이 펼쳐지고 있다. 그리하여 "이론은 이론일 뿐이고, 실제는 다르다"는 이론과 실제의 간극을 당연시하는 교육행정관이 이제 어느 정도 우리 현실에서 고착화되기에 이르렀다. 이러한 현실은 교육행정학의 학문 발전과 행정 실제의 바람직한 개선에 결코 도움이 되지 않는다.

이러한 문제의식에 따라 교육행정에 대한 재개념화가 필요하다. 재개념화는 교육행정의 포괄적 정의가 배태한 자기모순을 극복하여 궁극적으로 우리가 학문적으로 논하고 연구하는 과학적 탐구와 실제에서 이루어지는 교육행정의 행태를 일치시키려는 방향으로 전개되어야 할 것이다. 그리하여 이론과 실제의 간극을 좁혀 우리가 연구하는 것은 교육행정 실제와 밀접하게 연계되어 있고, 그리하여 이론과 실제의 일관성을 보장하는 것이어야 한다. 또한 교육행정학의 이론과 지식을 구성하는 추상적인 개념들은 현장에서 즉자적으로 이해될 수 있어야 하며 학자·연구자들만을 위한 '그들의 언어'가 되어서는 안 된다. 이를 위해 기존의 교육행정학의 이론과 지식을 좀 더 행정 실제에 밀착되도록 다듬고 구체화하여 좀 더 현장적합성을 높여야 할 것이다. 아울러 향후 교육행정학 연구는 우리의 현실에 입각한 교육행정 실제에 대한 문제의식을 바탕으로 학문적·토양적 정체성을 높일 수 있는 주제의 발굴과 방법론의 개발에 역점을 두어야 할 것이다. 그리하여 교육행정의 실제, 연구, 이론이 수미상관하고, 교육행정학이 현장에서 믿고 쓰는 '우리의 이야기'가 될 수 있도록 갱신해 나가야 할 것이다.

(3) 학교중심의 교육행정

본서에서는 교육행정의 재개념화가 필요하다는 문제 제기를 하면서 재개념화의 한 방향으로 '학교중심의 교육행정'을 제안한다. 학교중심의 교육행정은 종래의 교육행정이 중앙과 지방의 교육행정기관 중심으로 이루어진 데 대한 상대적 개념이다. 지금까지의 교육행정은 법규의 해석에 따라 공권력을 바탕으로 수행되는 권위적인 행정, 학교에서 이루어지는 교육활동보다는 기관중심으로 행정업무의 처리 절차와 방법을 강조하는 도구적인 행정, 학교 현장의 상황과 맥락을 고려하지 않고 체계적인 원칙과 이론의 예외 없이 적용하는 절대적인 행정이었다. 학교중심의 교육행정은 이러한 행정이 안고 있는 문제들을 해결하고자 교육행정의 근원적 발생지인 학교를 중심으로 교육행정의 이론과 지식을 그리고 운영 실제를 재구성하자는 것이다. 물론, 당연히 교육행정 현상에 대한 연구는 학교에서 나타나는 현상들을 중심으로 더 많이 탐구되어야 한다는 당위론도 포함되어 있다. 미국 교육행정발달사를 보면 그들의 교육행정학이 학교 운영과 관련된 끊임없는 의문과 이에 대한 바람직한 해결책을 모색하는 과정에서 형성되어 왔다는 것을 알 수 있다 (Campbell et al., 1987).

학교중심의 교육행정은 "학교에서 이루어지는 교육의 목적을 달성하기 위하여 국가는 요구되는 인적·물적 자원을 조건적으로 정비하여 제공하고, 법적·제도적 뒷받침을 통해 학교의 구성원들이 그들의 일을 기획·결정·조정·평가해 나가는 과정"이다. 이러한 정의는 다음과 같은 의미를 내포하고 있다.

첫째, 교육행정은 학교의 교육활동을 중심으로 이루어지며, 국가는 교육행정의 권력적 주체가 아니라 필요한 것들을 조달하고 제공하는 협력 관계에 있음을 분명히 한다.

둘째, 교육행정의 중심을 학교 현장으로 구체화함으로써 교육과 교육행정의 관계를 분명히 하여, 교육행정의 원리가 '교육을 위한 교육행정' 중심의 가치로 구성되도록 하여 일관성 있는 가치 선택을 가능하게 한다.

셋째, 학교중심의 교육행정은 교육행정학 연구의 출발이 학교에서 나타나는 행정 현상이며, 이에 대한 과학적인 탐구의 과정을 통해 이론과 지식이 창출되어야 함을 명확하게 한다.

넷째, 학교중심의 교육행정은 교원양성과정에서 이루어지는 교육행정 교직교육의 방향을 이미 주어져 있는 '법규와 제도에 대한 추상적인 이해'보다는 미래의 교사로서 근무할 '학교의 운영체계와 행정행위에 대한 실질적인 적용'을 중심으로 전환하는데 도움을 준다.

사례

학교 행정업무 감축…목적 사업 줄이고 문서 처리 간소화

교육부가 학교 행정업무를 감축해 교사가 교육활동에 전념할 수 있는 환경을 조성한다. 학교를 대상으로 하는 공모·목적 사업을 축소하고 홍보성 문서 처리를 간소화하는 등 조치다. 교육부는 이러한 내용이 포함된 '학교 자율성 강화를 위한 행·재정지원체계 개선방안'을 25일 발표했다. 이주호 부총리 겸 교육부 장관은 지난 22일 정부 서울청사에서 열린 '제2차 부총리-현장 교원과의 대화'를 통해 행정업무 경감과 관련한 교사들의 의견을 청취했다. 교육부는 현장에서 나온 의견을 일부 수렴해 이번 방안을 마련했다.

해당 방안에 따르면 국가시책 특별교부금 사업은 유사사업 통폐합 등을 통해 핵심 교육개혁 과제 위주로 사업을 구조조정한다. 이로써 올해 1665개 기존 특별교부금 사업은 내년 30개 내외까지 감축될 전망이다. 시범·연구학교 등 학교단위 지원 사업은 최소화하고, 사업 신청·결과 보고·집행 정산 과정을 간소화한다. 사업추진 방식은 기존 교육부 주도형에서 시도교육청이 사업을 선택하는 정책메뉴판 형식으로 변경한다. 시도교육청의 사업 운영 자율성이 확대되는 것이다. 시도교육청과 교육지원청이 학교를 대상으로 하는 공모사업과 목적사업도 축소된다. 그 대신 학교운영비를 확대해 총액으로 교부하도록 적극 유도한다. 시도교육청과 교육지원청의 학교지원 전담기구

운영은 활성화할 수 있도록 지원한다.

교육부는 학교지원 전담기구의 안정적 운영을 지원하기 위해 관련 법령을 개정하고, 인력 재배치 등 전담기구 설치·운영을 촉진하기 위한 지원방안을 마련할 예정이다. 단순 홍보성 문서 처리 간소화를 위해선 K-에듀파인 시스템을 개선한다. 2024년부터는 외부기관에서 학교로 보내는 홍보성 문서는 문서등록대장에 자동 등록되고 공문 게시판을 통해 열람할 수 있도록 한다.

교육부는 수업 방해 학생 분리에 필요한 행·재정적 지원을 위해 시도교육청과 협의를 추진한다고 밝히기도 했다. 지난 1일 '교원의 학생생활지도에 관한 고시'가 공포·시행되면서 앞으로는 교원이 수업 방해 학생을 분리 지도할 수 있게 됐다. 학생 분리 지도에 따르는 행·재정적 지원이 필요하다는 현장 요청에 따라 교육부는 시도교육청과 함께 협의하고, 학생생활지도 고시 해설서에도 반영할 계획이다.

교육부는 학교 내 업무부담 원인으로 지적되는 각종 위원회의 정비도 검토한다. 학교 내 위원회를 조사·분석하고 설치·운영의 필요성이 낮은 비법정위원회를 통합·폐지하는 등 정비를 추진하는 것이다.

이주호 부총리 겸 교육부장관은 "교원단체 및 현장 교원 등이 참여하는 '현장 교원 TF'를 구성·운영하여 교권 추진 과제뿐만 아니라 학교 행정업무 경감 및 효율화 과제를 지속적으로 발굴하겠다"고 말했다.

출처: 파이낸셜 뉴스, 2023.09.25.

토론거리

◑ 위의 사례를 읽고 우리나라의 교육행정이 어떤 방식으로 행해지고 있는지 설명하고, 교육행정이 어떠한 관점에 터 하고 있는지 논의해보자. 아울러 이러한 교육행정 환경에서 학교중심의 교육행정이 처해 있는 위상과 문제점을 알아보고, 학교중심의 교육행정이 왜 필요하고 이를 위해 무엇을 해야 할지 토론해보자.

02 │ 교육행정과 교육행정학[2]

　인간과 사회의 현상을 탐구의 대상으로 하는 오늘날의 인문 사회과학의 각 학문 분야는 점차 그 경계가 폐쇄적이기보다는 개방화되어 가는 추세에 있다. 그리고 경계의 개방화에 따라 각 학문의 탐구 대상으로서의 연구내용 역시 광역화와 아울러 복잡다기해지는 경향이 있다. 그리하여 이제 더 이상 학문 간의 영역 논쟁은 무의미해졌고, 오로지 탐구 대상으로서의 인간 사회 현상에 대해 학제 간 접근 (interdisciplinary approach) 혹은 다학제적 접근(multidisciplinary approach)에 의한 연구가 최선인 것으로 여기는 의식이 확산되고 있는 실정이다. 이러한 의식을 가진 연구자들에 따르면, 어떤 현상을 탐구하는 데 있어서 특정 학문의 독점적 연구는 학문 자체가 안고 있는 제한된 시각과 탐구방법의 경직성 때문에 그 현상이 충분히 설명 예측되어 이론이나 법칙으로 기술되는 과정에서 반증가능성(falsifiability) 혹은 반론가능성(refutablity)이 제기될 수 있다는 것이다. 따라서 현상 탐구의 결과로서 주어지는 이론이나 법칙은 과학적 오류(scientific fallacy)를 내재한 부분적 혹은 잠정적 사실로서밖에 치부될 수 없으므로 인간과 사회현상은 다양한 시각과 방법에 의해서 탐구되어야 한다는 것이다. 이러한 입장에서 볼 때 어떤 특정 학문의 고유 영역과 방법론적 체계는 필연적으로 느슨하고 유연하게 결합되어질 수밖에 없다. 그에 따라 그 학문의 정체성 위기가 논해지고, 그 위기를 극복하고자 하는 연구자들에 의한 학문적 정체성 회복을 위한 일련의 노력들이 추진되기 마련이다.

　한편, 현상에 대한 학제 간 접근에 대해 부정적이고 여러 학제 간 협동연구에 소극적인 입장을 취하는 특정 학문 분야의 연구자들은 소속 학문 분야의 보수적 전통과 역사에 근거하여 고유의 탐구영역과 독자적인 연구논리는 항상 존재하며 변하지 않는다고 믿는 경향이 있다. 이러한 입장의 연구자들은 자신들의 학문 분야에 대한 강한 자아정체감을 갖고 있으며, 탐구영역과 방법론적 체계를 조직적으로 결합하여 학문의 내적 규율을 정립하는 데 관심을 갖고 있다. 또한, 그들은 학

2　본 절은 현재 절판이 된 권기욱 외(2006)의 책에서 신현석이 작성한 1장의 내용을 수정·보완하였음.

문의 내적 규율과 학문적 위상을 제고하기 위하여 연구 혹은 학술대회 등을 통하여 주요 주제로서 학문적 정체성 회복을 다루기도 한다. 오늘날 학자들의 학술활동이 주로 전통적인 분류에 대한 학문 분야를 중심으로 이루어지고 있고 또한 제도적으로 관행화된 현시점에서 볼 때, 학문 분야 중심의 탐구를 중시하는 연구자들의 활동이 주류를 이루고 있는 것 또한 사실이다.

인간행동과 사회현상에 대한 과학적 탐구의 접근으로서 학제 간 협동연구와 학문 분야별 독자적 연구는 나름대로 설득력 있는 이유를 토대로 저변을 확보해 나가고 있다. 먼저 학제 간 협동연구는 탐구 대상으로서의 현상을 관계된 학문 분야들로부터의 협동을 통해 전면적(full-fledged)으로 분석 종합할 수 있다는 데 최대의 장점이 있다. 학문 분야별 독자적 연구에 의한 현상의 탐구는 체계적인 내적 규율의 긴밀성을 바탕으로 전문적으로 심도 있게 진행될 수 있다는 유리한 점이 있다. 한편, 학제 간 협동연구는 학문적 내부 규율에 의한 긴밀성의 정도가 부족한 관계로 연구체계 성립의 어려움이 있고, 학문 분야별 독자적 연구는 일면적이고 부분적이어서 연구결과의 외적 효용성에 어느 정도 제한이 따르게 마련이다.

이상과 같은 두 접근은 실제 현상을 과학적으로 탐구하는 데 있어서 혼재해 있는 것이 보통이다. 즉, 어느 특정 학문 분야이든 핵심적인 탐구영역은 독자적 연구논리에 의해 그리고 주변부의 탐구영역은 학제 간 협동연구에 의해 이루어지는 경향이 있다. 그럼에도 불구하고 교육연구의 경우에 미국에서는 학제 간 협동연구에 의한 학술활동이 활발한 데 비해 우리나라에서는 분야별 독자적 연구에 의한 학술활동이 주조를 이루고 있다. 교육행정학의 경우도 예외는 아니어서 교육행정 현상의 성격적 특성에 비추어 제 학문 간의 응용적 탐색이 필수적임에도 불구하고 교육행정학의 인접학문 간 교류에 의한 연구는 아직 미진한 편이다.

교육행정 현상을 과학적으로 탐구하는 학문인 교육행정학은 탐구의 대상으로서 교육행정 현상이 보여주는 특이성 때문에 독자적인 학문분야로서 교육행정학의 학문적 정체성과 위상을 제고하기가 쉽지만은 않다. 무엇보다도 사회현상의 일부로서 교육행정 현상은 복합적이고 응용적이다. 교육행정 현상이 복합적이라 함은 교육과 행정이라는 두 고유의 현상이 혼재되어 있는 양상으로 우리 앞에 표출된다는 의미이다. 이렇게 복합적으로 표출되는 교육행정 현상은 이제 더 이상 교육적으로 혹은 행정적으로만 해석되어질 수 없는 양상을 띠게 되고 이에 따라 새롭게 응용되어진 어떤 틀 속에서 융화되어 독특한 관점 속에서 탐구될 수밖에 없다. 현상을 조망하고 관찰하는 관점의 기본적 구조인 틀(framework of reference)은 학문탐구의 대상으로서 현상이 발단된 토양에 기초하여 형성된다. 오늘날 미국과 대륙에서 형성된 교육행정학의 연구 풍토는 바로 이러한 과정을 거쳐 독특한 연구 틀의 형성을 통해 이룩되었다고 볼 수 있다. 독특한 틀이 완성된 하나의 학문분야로서 교육행정학은 교육행정 현상을 탐구하기 위한 학문적 정체성이 확보되고 학문적 위상이 공인 받기에 이른다.

1967년 한국교육행정학연구회가 발족된 이래 우리나라의 교육행정학은 그간 놀랄 만한 학문적 발전과 성과를 거듭해 왔다. 주로 양적인 측면에서 나타난 성과의 이면에는 우리의 교육행정학이 봉착한 이중적인 문제가 있다는 것을 간과해서는 안 될 것이다. 그 문제는 지금까지 앞서 밝힌 학문탐구의 두 대비되는 접근을 통해 극명하게 드러난다. 즉, 우선 교육행정학의 학문적 정체성을 확립하는 데 필요한 독자적인 연구논리의 개발이 미흡했다는 데 있다. 복합적인 교육행정 현상을 다루는 교육행정학의 독자적인 학문체계를 구성한다는 것이 쉬운 일은 아니다. 그렇지만 그간 교육행정학 연구자들이 이 문제에 대해 소홀히 해왔던 것이 사실이고 이에 따라 향후 연구자들의 과제로 남을 수밖에 없다. 또한 한국의 교육행정학이 직면한 또 하나의 과제는 교육행정 현상이 복합적이고 응용적이라는 특성에 걸맞은 실질적인 학제 간 협동연구의 장을 개척하고 마련해야 한다는 것이다. 학문 간 서로 폐쇄적인 경향이 뚜렷한 우리의 학문 풍토에서 학제 간 협동연구가 쉽지는 않겠지만, 교육학의 영역 가운데에서도 교육행정학은 특히 사회과학의 제 영역과 공유하는 개념과 이론이 비교적 많다는 점에서 전망이 밝은 편이다. 이상과 같은 한국의 교육행정학이 직면한 이율배반적인 문제들을 어떻게 조화롭게 해결해 나가느냐가 향후 교육행정 현상을 탐구하는 교육행정학의 중요한 연구과제로 등장하게 될 것이다.

03 | 교육행정의 성격[3]

교육행정학이 하나의 학문으로서 독자적인 탐구영역과 연구방법론의 체계가 있다는 믿음은 점차 퇴색되어 가는 실정에 있다. 그 이유는 교육행정학 자체가 응용학문이며 교육학과 행정학[4]이라는 두 학문의 결합에 의한 것이기에 그 공통분모를 찾아내는 작업이 그리 쉽지 않기 때문일 것이다. 이렇게 쉽지 않은 상황 속에서도 대부분의 교육행정학자들은 교육행정학을 하나의 논리정연한 과학으로서 내적 규율성을 제고하여 학문적 위상을 높이고자 노력하고 있다. 이에 따라 많은 학자들이 교육행정학이 고유한 탐구 영역과 방법론적 체계를 정립하고자 심혈을 기울이고 학문적 정체성 회복을 위한 정기적인 학술활동을 전개해 나가고 있다. 교육행정학자들이 교육행정학의 학문적 정립과 관련된 활동을 전개할 때 필연적으로 제기될 수 있는 교육행정학 연구상의 중요한 몇 가지 쟁점에 직면하게 된다. 이 쟁점들은 교육행정 연구자들이 연구를 진행할 때 선택의 상황으로 주어지는 중요한 문제이고, 또한 어느 것을 선택하느냐에 따라서 교육행정학의 학문적 성립 가능성은 물론이고 독자적인 학문으로서 교육행정의 성격이 달라질 수 있다. 교육행정학을 연구하는 과정에서 연구자들이 직면하게 될 주요 네 가지 쟁점들을 상호 대비되는 개념들의 집합으로 구성하면 다음과 같다.

(1) 개념 정의: 법규해석적 접근과 행정행위적 접근

교육행정의 개념적 정의는 물론이고 그 연구와 실제에 대한 접근 방법은 법규해석적인 방법과 행정행위적인 방법의 두 측면으로 나누어 볼 수 있다. 먼저, 법규해석적인 접근방법은 각종 교육관련 법 규정에 입각하여 교육행정을 운용해 나가고, 행정작용에 있어서 권력적, 강제적, 통제적 요소들을 강조한다. 법규해석적 접근에

---

3 본 절은 현재 절판이 된 권기욱 외(2006)의 책에서 신현석이 작성한 1장의 내용을 수정 · 보완하였음.
4 사실은 사회과학 전반이라고 할 수 있다. 비단 행정학 뿐 아니라 법학, 경제학, 경영학, 정치학 등 사회과학의 다양한 학문과 교육학이 결합하여 교육행정학의 지식을 구성하기 때문이다.

의한 교육행정은 교육의 공공적 성격에 비추어 자연스러운 것처럼 보이나 과도한 경우 명령과 지시에 의한 획일적 통제로 인해 자율적이고 독창적인 교육행정을 해칠 수 있다. 이러한 입장에서의 교육행정 연구경향은 주로 교육 관련 법규의 정비와 실제 적용시 나타날 수 있는 사례와 올바른 법규해석, 교육행정조직의 운용방향, 그리고 교육행정 원리의 탐구 등에 초점을 맞춘다.

한편, 교육행정에 있어서 행정행위적 접근은 교육행정이론의 과학화 운동과 깊은 관련이 있다. 이 접근으로부터 교육행정은 교육조직의 공동목표를 달성할 수 있도록 구성원들로 하여금 합리적 협동 행위를 이룩하게 하는 작용이라고 볼 수 있다. 여기에 동원되는 연구방법으로는 교육행정 특유의 개념, 법칙, 이론정립이 가설 연역적 방법으로 경험적 타당화의 과정을 거쳐 확립되는 행동과학의 탐구논리가 주로 이용된다. 연구의 결과로서 제시되는 교육행정의 개념적 모형이나 이론들은 현재의 교육행정 실제에 적용되어 현상을 사실적으로 기술하거나 미래 사건의 예측을 위해 사용되곤 한다. 1960년대 이후 지금까지 각종 측정 도구와 조사기법의 발달 그리고 자료의 분석을 위한 통계방법 등의 진보로 교육행정의 과학적 연구에 대한 관심과 노력은 가속화되고 있는 추세에 있다.

교육행정을 연구하고 실제 운용해 나가는 과정에 있어서 법규해석적 접근과 행정행위적 입장은 공히 필요하다. 단지, 연구자의 개인적인 학문적 배경에 따라서 혹은 특정의 접근방법이 필요한 영역인지의 여부에 따라서 양 접근 중의 한 접근이 우세하게 적용될 수 있다. 따라서 교육행정 연구자들은 현상의 맥락과 배경에 대한 심층적인 사전 분석을 토대로 적정한 접근 방법을 신중하게 적용하도록 해야 한다.

(2) 지식 구성: 규범적 진술과 사실적 진술

교육행정학 연구에 있어서 연구자들은 그들이 가지고 있는 연구의 배경 논리구조에 따라 학문적 진술의 형태가 규범적(normative) 혹은 사실적(descriptive)으로 정향되어지는 경향이 있다. 교육행정학의 지식 구성내용이 규범적이어야 한다고 믿는 연구자들은 교육행정에 있어서 당위적으로 이루어져야 할 행위 규범 등을 중심으로 교육행정의 원리를 밝히는 데 그 초점을 맞춘다. 이들에게 있어서 교육행정 이론의 논리적 진술방식은 '교육행정은 무엇이어야 한다(Educational administration ought to be ~)' 혹은 '교육행정은 무엇을 해야 한다(Educational administration must do ~)'로 집약된다.

한편, 교육행정학의 지식 구성내용이 사실적이어야 한다고 믿는 연구자들은 교육행정 조직 내외의 인간행위와 현상들을 경험과학적으로 분석하여 철저한 이론적 검증작업을 거쳐 행위와 현상에 관한 가설들을 타당화시키는 데 그 주안점을 둔다. 따라서, 이들은 교육행정이론의 논리 전개 과정에서 타당화된 사실을 바탕으로 객관적이고 사실적인 진술을 중요시 한다. 즉, 교육행정의 사실적 진술을 주장하는 연구자들의 논리진술 방식은 '교육행정은 무엇이다(Educational administration is ~)' 혹은 '교육행정은 무엇을 한다(Educational administration does ~)' 등으로 전개되어 진다.

교육행정학의 학문적 내용이 규범적으로 진술되어야 하느냐 아니면 사실적으로 진술되어야 하느냐의 문제는 연구자의 취향과 교육행정 현상을 보는 관점 그리고 학문적 정향화의 배경에 따라 다를 수 있다. 교육행정학의 경우 특히 어느 한 쪽으로 시종일관 진술되기는 사실상 불가능할지도 모른다. 교육행정학은 기본적으로 인적 자원과 관계된 교육행정 현상을 대상으로 하므로 전적으로 가치중립적인 사실적 진술로서 구성되기도 어렵다. 또 한편으로 교육행정학은 물적 자원과 관계된 교육행정 현상도 그 대상으로 하므로 가치가 부하된 규범적 진술로만 표현하기에는 객관성과 보편타당성이 보장되기 어렵다. 따라서 규범적 혹은 사실적 진술의 양자를 어떻게 조화시켜 교육행정학의 지식 내용을 구성할 것인가의 문제는 사실 정답이 없다. 단지, 가능하다면 사실적으로 진술하되, 규범적 진술이 필요한 영역에 있어서는 객관성이 어느 정도까지는 보장될 수 있도록 연구자 나름대로 보편타당성의 확보를 위한 노력이 필요하다고 하겠다.

(3) 현상 인식: 과학성과 예술성

교육행정이 과학(science)이냐 예술(art)이냐의 논의는 오랫동안 교육행정 연구자들 사이에 관심의 대상이었다. 교육행정을 과학적으로 보는 연구자들은 교육행정 현상을 체계적으로 연구하여 교육행정의 과학적 실증적 이론과 지식을 생성하는 데 관심을 갖는다. 이들은 검증되지 않은 규범이나 원리를 배격하며 경험의 결과로서 제시되지 않는 선험적 혹은 직관적 판단과 통찰력을 거부한다. 그들에게 있어서 오로지 관심의 대상이 되는 것은 경험되고 지각된 행동과 현상일 뿐이다. 또한 그들은 교육행정 현상을 과학적으로 탐구하여 산출된 지식과 이론들을 토대로 확고한 내적 규율로 무장된 과학으로서의 교육행정학을 정립하고자 노력하고, 그렇게 함으로써 학문적 위상이 제고될 수 있다고 믿는다.

한편, 교육행정을 일종의 예술로 보는 연구자들은 교육행정 현상의 주요 동인인 인간을 다루는 데 있어서 과학적인 방법으로는 설명되지 않는 부분이 너무 많다고 주장한다. 따라서 과학적 이론 혹은 지식에 의해서 설명되지 않는 교육행정 현상은 필연적으로 교육행정의 주요 동인인 교육행정가의 직관이나 통찰력 또는 개인적 기지 등이 발휘되었기 때문에 발생한 것이다. 사실, 교육행정을 운위하는 데 있어서 과학적으로 모든 것을 설명하고 예측하기에는 교육행정 현상 자체가 너무 포괄적이며 변수가 많이 존재한다. 이에 따라 교육행정가들은 때로 그들의 영감, 직관, 창의성에 의존하여 기존의 방식이 아닌 새로운 것을 찾아내려는 능력과 의지를 표명하고자 한다.

교육을 의술에 비교하여 설명한 Silberman은 교육이 과학적 요소와 예술적 요소 두 가지 측면을 다 가지고 있다고 주장한다. 교육행정도 마찬가지로 과학성과 예술성을 동시에 지니고 있다. 교육행정가가 필요로 하는 대부분의 행정 및 경영 지식은 과학적 연구결과의 산물이므로 과학에 속한다. 그러나 행정가의 직관, 통찰력, 판단 또는 행정가의 수완과 응용능력은 예술에 속한다. 따라서 교육행정은 과학과 예술이 조화된 사회과학이 한 분야라 할 수 있다(이군현, 1992: 28-29). 그러므로 교육행정 연구자와 교육행정가들은 교육행정이 과학성과 예술성의 두 성격이 혼재되었다는 사실을 염두에 두고 연구와 실제에 임해야 할 것이다.

(4) 중심 활동: 교육중심적과 행정중심적

교육행정은 교육과 행정이 결합된 복합어로서 교육현상과 행정현상의 공통분모에 해당되는 현상이다. 교육행정에 있어서 교육이 우위에 있느냐 혹은 행정이 우위에 있느냐의 관점은 교육행정의 정의들로부터 확연히 드러난다. 즉, 조건정비적 정의에 입각한 교육행정은 교육행정을 '교육을 위한 행정'으로 보는 반면에, 법규해석적 정의에 입각한 교육행정은 교육행정을 '교육에 관한 행정'으로 본다. 즉, 전자는 교육이 잘 수행될 수 있도록 밑에서 위로 조성해 주고 지원해 주는 행정이라고 한다면, 후자는 교육을 행정한다고 하는 행정이기 때문에 행정이 교육보다 우위에 있게 되고 권력을 가지고 위에서 밑으로 통제하는 행정이라 할 수 있다(이형행, 1992: 19).

한편, 교육행정을 행정행위적으로 접근한 Halpin은 응용과학으로서 교육행정학의 과학적 접근을 주장하면서 종래의 교육행정 연구자들의 연구경향을 비판하였다. 즉, 그는 교육행정이 타 분야의 행정과 마찬가지로 행정 앞의 접두어인 '교육'을 지나치게 강조한 나머지 '행정'을 소홀히 취급해 왔다고 주장하면서, 교육행정을 이해하기 위한 선행 과제로서 행정학에 대한 이해가 필요하다고 강조하였다. 즉, Halpin(1970)의 주장에 따르면 교육행정 연구자들은 교육행정을 일반 행정과 별개의 특수한 행정으로 보려는 편협한 시각을 버리고, 행정 앞의 접두어인 '교육'과 관계없이 행정을 행정 그 자체로서 연구할 때, 과학적 탐구의 주제로 성립할 수 있다는 것이다.

교육행정은 행위 주체의 관심과 지향성의 향배에 따라 교육중심적이 될 수도 있고 행정중심적이 될 수도 있다. 교육행정 연구자의 입장에서 볼 때, 교육행정은 교육조직에서 인간 및 행정 현상에 대한 과학적인 탐구에 의해서 설명·예측될 수 있는 영역이므로 교육과 행정 모두 연구주제로서 포함될 수 있다. 따라서 교육행정이 행정중심적으로 연구된다 하여 그 결과를 모두 과학적이라 할 수 없는 것과 마찬가지로, 교육행정 연구자들은 교육중심적인 관점에서 교육행정을 연구하되 과학적 탐구의 방법과 과정에 의해 진행할 수 있도록 각별히 유념할 필요가 있다.

04 | 교육행정의 이론·연구·실제[5]

교육행정학은 행동과학론의 시기에 과학적, 체계적으로 연구되기 시작하여 하나의 학문분야로서 그 입지를 공고히 해왔다. 그러나 교육행정학은 교육행정이라는 다분히 실제적인 영역을 학문탐구의 대상으로 하기 때문에 교육행정학의 구성 지식의 내용이 이론적이어야 하는가 아니면 실제적이어야 하는가의 문제는 교육행정의 역사를 통해 계속되어온 논쟁의 단골 주제였다. 교육행정학이 이론중심이어야 하느냐 혹은 실제중심이어야 하는 문제는 교육행정 연구자들의 역할과 의무와도 직접적으로 연결되어 있는 사안이기 때문에 교육행정학의 학문적 성격에 결정적인 영향을 줄 수도 있는 중요한 주제이다.

흔히 우리는 이론과 실제는 엄연히 다르다는 말을 많이 한다. 즉, 이론과 실제는 별개의 것으로 각각의 적용되는 장이 엄격히 다르다는 것이다. 이론은 궁극적으로 과학적 탐구, 즉 실험과 관찰을 통해서 앞으로 더 정밀한 실험과 관찰을 해낼 수 있는 상호 관련된 원리들을 발전시켜 나가는 과정의 결과로서 제시되는 과학적 지식체이다. 구체적으로, 이론은 인간 및 사회현상을 체계적으로 설명하고 서술하는 공통적 감각의 최소 단위로서의 개념, 두 가지 이상의 개념을 연결하는 규칙적인 관계인 법칙, 구성 개념들 간에 혹은 법칙들 간의 관계를 잠정적으로 진술해 놓은 가설들, 그리고 가설들을 연역적 방법에 의해 과학적인 증명 과정의 결과로서 나타나는 일반화 등이 체계화되고 경험적으로 타당화 된 것이다. 따라서 이론은 현상(혹은 사실)→ 개념 → 법칙 → 가설 및 일반화 → 이론으로 이어지는 단계별 구성요

---

5 본 절은 현재 절판이 된 권기욱 외(2006)의 책에서 신현석이 작성한 1장의 내용을 수정·보완하였음.

소로 이루어지며 그 요소들 간의 순차적인 관계를 통해 형성된다(Owens, 1981: 46). Hoy & Miskel(1987)은 교육행정학 연구에 있어서 이론을 교육조직 내 인간의 행위를 체계적으로 기술하고 설명하는 일련의 상호 관련된 개념, 가정, 일반화들이라고 정의하고 있다.

일련의 경험적 과정을 통해 형성된 이론은 실제적인 현상을 설명하고 기술하며 예측하는 기능을 하게 된다. 이론이 실제와 관련되었다는 근거는 이론의 형성과정에서 근원적으로 이론은 현상 혹은 사실을 바탕으로 생성되고 있다는 점에서 찾을 수 있다. 즉, 이론을 구성하고 있는 개념들이 사실적 근거를 가지고 있고, 일련의 개념들이 법칙을 형성하며, 다시 이 법칙들이 논리적인 구조인 이론이 될 때, 이론은 실제가 아니기 때문에 오히려 실제에 있어서 무엇보다도 유용하다고 할 수 있다(이형행, 1992: 29).

이론(theory)은 적어도 세 가지 면에서 실제와 직접적으로 관련된다(Hoy & Miskel, 1987: 6-8). 첫째, 이론은 실무행정가들에게 준거의 틀을 제공해 준다. 즉, 이론은 실무행정가들이 직면한 실질적인 문제들을 예리하게 그리고 집중적으로 분석하는 데 필요한 지침을 마련해 준다. 둘째, 이론화의 과정은 실무행정가가 실제적인 사건을 분석하고자 할 때 이용할 수 있는 일반적인 방식을 제공해 준다. 즉, 이론은 실제 문제를 해결하는 데 있어서 적용 가능한 자료수집이나 그것의 분석방법 등을 제시해 준다. 셋째, 이론은 실무행정가들이 실제적이면서 합리적인 의사결정을 내리는 데 필요한 지식과 기술을 제공해 준다. 즉, 이론은 실무행정가들로 하여금 연구자들이 발전시킨 이론을 현실의 실제 문제를 해결하는 데 응용하여 적용할 수 있도록 과학적 근거의 역할을 하게 된다.

지금까지 논의된 바와 같이 이론과 실제는 불가분의 관계를 맺고 있음에도 불구하고 현실적으로 교육행정학의 연구자들과 교육행정가들 사이에는 깊은 골이 있음을 인정하지 않을 수 없다. 그리고 교육행정학 연구자들 사이에서도 교육행정학의 성격을 논할 때, 교육행정학의 내용이 이론 중심적이어야 한다. 혹은 실제적인 것이어야 한다는 상반된 주장이 대립하고 있다. 사실, 이러한 반목은 대부분 이론과 실제의 관계를 궁극적으로 이해하지 못한 결과로부터 기인한다. 이론과 실제는 별개의 것이 아니라 하나로 통합되어 상호 보완적으로 적용될 수 있을 때 온전하고 건강한 학문의 구성내용으로서 자리 잡을 수 있다. 이때 중요한 역할을 하게 되는 것이 이론과 실제 사이에 개재할 수 있는 연구(research)이다. 즉, 연구는 실제의 사실이나 현상을 배경으로 이루어지는 과학적 탐구과정을 일컫는다. 올바른 탐구과정을 거쳐 형성된 것이 바로 이론이고, 이 이론은 다시 연구를 통해 실제적 장면에 적용된다. 따라서 이러한 일련의 관계는 이론 → 연구 → 실제 → 연구 → 이론 → … 의 반복 순환적인 흐름으로 표현될 수 있다.

정리하기

❶ 학교중심의 교육행정은 "학교에서 이루어지는 교육의 목적을 달성하기 위하여 국가는 요구되는 인적 · 물적 자원을 조건적으로 정비하여 제공하고, 법적 · 제도적 뒷받침을 통해 학교의 구성원들이 그들의 일을 기획 · 결정 · 조정 · 평가해 나가는 과정"이다.

❷ 교육행정 현상의 과학적으로 탐구하는 학문으로서 교육행정학은 학문적 위상 제고를 위한 정체성 탐구 노력과 다학문적 간 협동적 접근을 통한 연구를 동시에 하고 있다.

❸ 교육행정의 성격은 개념 정의면에서 법규해석적 접근과 행정행위적 접근, 지식 구성면에서 규범적 진술과 사실적 진술, 현상 인식면에서 과학과 예술성, 중심 활동면에서 교육중심적과 행정중심적 활동 등 서로 대립된 관점에서 살펴볼 수 있다.

❹ 교육행정은 실제에서 나타나는 교육행정 현상을 체계적으로 연구하여 이론과 지식을 생성해 내는 일련의 과정이다. 이때 실제는 과학적 탐구인 연구의 대상이며, 이론을 창출해내는 원천이다. 따라서 연구는 실제와 이론을 매개하며, 이론의 축적은 지식을 형성하게 된다.

학습문제

01 교육행정의 다양한 접근들에 대해 설명하고, 이들에 대한 문제의식을 바탕으로 학교중심의 교육행정이 필요한 이유와 그 중요성에 대해 설명하시오.

02 교육행정의 성격을 서로 대립된 관점에서 기술하고, 이러한 대립된 성격이 왜 형성되었는지 그 이유를 설명하시오.

03 교육행정의 이론, 연구, 실제 간의 관계를 기술하고, 이론과 실제 사이의 괴리가 왜 발생하는지 설명하시오.

CHAPTER 02

교육행정 이론의 발달

 학/습/목/표

- 과학적 관리론, 행정관리론, 관료제론의 특징과 원리를 이해할 수 있다.
- 인간관계론의 등장에 공헌한 호손 실험연구의 의미를 설명할 수 있다.
- 학교조직을 규범적, 개인적, 정치적, 문화적, 기술적 차원으로 나누어 설명할 수 있다.
- 대안적 관점은 고전이론, 인간관계론, 행동과학론과 어떻게 다른지 설명할 수 있다.

생각해보기

　　교육행정학은 과학적 방법을 통해 교육행정 현상을 기술·설명·예측하는 학문
이다. 교육행정 현상에 대한 보다 의미 있는 설명과 해석을 위해서는 현상을 바라
보는 이론적 틀이 필요하다. 교육행정 연구자나 실무가는 이론을 통해 교육행정
현상을 이해하고, 예측하며 통제하는 관점과 이에 의거한 행동 지침을 도출할 수
있다. 교육행정 현상의 본질을 어떻게 바라보느냐에 따라 현상에 대한 해석이 달
라지고 바람직한 모습으로 이끌기 위한 접근방법이 달라지는 것이다.

　　교육행정 이론은 교육조직의 어떤 측면을 강조하느냐에 따라 고전이론, 인간
관계론, 행동과학론으로 발전해 왔다. 그러나 새로운 접근이 등장했다고 해서 이
전의 접근이 소멸하는 것이 아니라 함께 공존하며 확장된 기반 위에서 재해석되
고 발전과정을 거듭한다. 19세기 말에 등장한 과학적 관리론이 당시에 학교현장
에 도입되면서 벌어졌던 논쟁은 오늘날에도 여전히 유효하다.

교육행정은 학교를 중심으로 하는 공교육제도의 도입과 밀접한 관련을 맺고 있다. 산업혁명의 영향으로 사회적·경제적·기술적 혁명이 촉발되고 인구증가와 도시화 등으로 교육에 대한 정부의 관심과 개입이 두드러지기 시작했다. 인구의 증가로 학교규모가 점차 커지고 복잡해졌으며 교직원 수가 증가함에 따라 다양한 활동들을 조정하고 통제할 수 있는 새로운 형태의 행정 조직이 필요하게 되었다. 이러한 시대적 요구에 의해 발전한 관리이론이 바로 고전이론이다. 고전이론은 조직의 목적을 효과적으로 달성하기 위해 조직을 어떻게 구조화할 것인가에 초점을 두었으며, 대표적인 이론은 과학적 관리론, 행정관리론, 관료제론 등이다.

(1) 과학적 관리론

가. 과학적 관리론

교육행정 사상에 영향을 끼친 초기의 대표적인 접근 중 하나는 19세기 말에 등장한 과학적 관리론(scientific management)이었다. 당시 산업계는 노사 간의 긴장과 분쟁으로 곤경에 처해 있었으며, 노동자들에게 동기를 부여하고 규모가 커진 조직을 효과적으로 조정하고 통제할 수 있는 관리기법의 도입이 절실한 상황이었다. Taylor(1911)는 산업현장에서 기계 기술자로 일했던 자신의 경험을 바탕으로 생산과정을 표준화하여 제시하였는데, 이것은 훗날 과학적 관리론으로 불리게 되었다.

과학적 관리론은 조직의 생산성을 극대화하기 위해 고안된 것이다. Taylor(1911)는 생산과정에서 관리자와 근로자들의 태도에 문제를 제기하였다. 즉, 기업의 규모가 커지고 복잡하며 고도로 분화되어 가는데 관리자는 여전히 주먹구구식으로 무질서하게 기업을 운영하고 있으며, 근로자들 역시 생산과정에서 자신의 능력을 최대한으로 발휘하지 않는다는 것이다.

이에 직무에 대한 과학적 분석을 통해 관리 방식을 재구조화해야 한다고 보았다. 유능한 근로자가 특정 과업을 수행하는 과정을 관찰하여 생산 공정의 개별 작업을 단일요소로 분리하고, 최상의 실행 방법으로 표준화해야 한다는 것이다. 이와 함께 근로자들의 태도 변화가 함께 수반되어야 하며, 작업수행에 대한 적절한 물질적 보상을 통해 변화를 이끌 수 있다고 보았다. 즉, 근로자 개개인이 자신에게 부과된 매일의 과업을 주어진 시간 안에 성공적으로 수행할 때마다 상여금을 지급하면 노력의 성과가 지속적으로 유지된다는 것이다. 이러한 생산과정에 대한 과학적 관리의 주요 원리를 정리하면 다음과 같다(Taylor, 1911).

- 과학적 직무분석을 통한 재구조화
  유능한 근로자들의 행동을 시간-동작 연구를 통해 분석하고 이를 일련의 단순한 활동으로 변환하여 작업자와 기계의 비효율적인 동작을 제거하는 방식으로 과학적 직무분석을 통해 재구조화한다.
- 과학적 선발과 훈련
  과업을 수행하는 데 가장 적합한 근로자를 과학적으로 선발하고 훈련시켜서 능력을 개발한다.
- 관리자와 근로자 간 협력
  새롭게 개발된 과학적 원리에 따라 작업이 이루어지고 근로자들은 노력의 성과에 대해 적절하게 보상을 받으므로 관리자와 근로자가 상호 번영하고 양자가 긴밀하게 협력한다.
- 관리자와 근로자의 역할분화
  관리자들은 일을 효율적으로 진행할 수 있도록 과업에 대한 아이디어와 계획을 수립하여 근로자에게 전달하고 근로자는 이를 충실히 수행한다.

과학적 관리기법의 도입으로 생산과정에서 근로자 개인의 기술과 지식에 의존했던 구습을 탈피하게 되었다. 직무를 새로운 방식으로 처방하고 세밀한 감독과 상세한 작업 지시를 내림으로써 조직 운영의 모든 측면에서 관리자들의 일괄적인 통제가 가능하게 된 것이다. 반면에 생산과정에서 근로자들의 영향력은 점차 감소되었다. 이러한 새로운 조직관리 방식은 당시에 산업계뿐만 아니라 대중의 폭넓은 관심을 받았고 효율성의 원리가 각 부문으로 확대되었다.

나. 과학적 관리론과 교육행정

과학적 관리론은 19세기 말부터 공교육의 빠른 성장으로 학교 조직 운영에 곤란을 겪고 있던 교육 행정가들에게 영향을 주었다. 학교의 급속한 성장은 자연스럽게 교육비용의 증가로 이어졌다. 학교 행정가들은 학교운영의 구습과 비효율적인 실행 방식을 개선하라는 사회적 요구에 직면하게 되었고, 이에 대응하기 위해 과학적 관리기법을 도입하였다.

미국 뉴저지 주 뉴턴 교육구의 교육감이었던 Spaulding(1913)은 자신의 경험을 바탕으로 교육의 효율성 추구를 위한 가장 핵심적인 요인은 수업 관련 비용을 통제하는 것이며, 교사의 수업시수 및 학급당 학생 수를 늘림으로써 상당한 예산을 절감할 수 있다고 주장하였다. 즉, 그는 Taylor(1911)가 제시한 과학적 관리기법을 학교회계 분야에 적용하면서 교육 지도자들이 과학적 관리기법을 통해 자신들의 업무를 수행하는 경영관리자가 될 것을 주문하였다. 또한 시카고 대학 교육행정학과 교수인 Bobitt(1913)은 미국 도시학교들의 행정문제 해결을 위해 산업 분야에서 그 성과가 확실히 드러나고 있는 과학적 관리기법을 학교 조직에 적용해야 한다고 주장했다. 그는 특히 학교를 공장에 비유하고 의사결정, 과업관리, 급여, 교수방법, 교직원 선발 및 훈련, 교육시설 등 학교행정 및 장학분야에까지 총체적으로 과학적 관리기법을 도입하여 조직운영의 효율성을 높여야 한다고 주장하였다.

이처럼 교육계에서 과학적 관리기법의 유용성을 인정함에 따라 효율성 운동은 여러 가지 측면에서 행정 사고와 실무에 지대한 영향을 끼쳤다. 학교운영에 있어서 경영적인 측면을 강조하고 기업가들의 행정실무를 모방하는 경향이 나타났으며, 학생들의 필요나 교육적 가치를 고려하기보다는 비용 효율성의 원리가 강조되는 분위기가 조성되었다.

(2) 행정관리론

가. 행정관리론

과학적 관리론이 중간관리자의 입장에서 작업과 근로자 관리에 초점을 둔 것이 었다면 행정관리론은 최고관리자의 입장에서 그들이 담당하는 직무가 무엇이며 전체 조직을 어떻게 구성하고 관리할 것인가에 초점을 두었다.

Fayol(1916)은 산업조직에서의 생산과 관리 활동을 구분하여 행정기능을 다음과 같이 다섯 가지로 제시하였다.

- 기획(plan)
  미래를 예측하고 운영계획을 수립하는 것
- 조직(organize)
  조직 내의 인적 · 물적 자원을 확보하고 이를 체계화하는 것
- 명령(command)
  조직구성원으로 하여금 과업을 수행하도록 지시하는 것
- 조정(co-ordinate)
  조직 내 모든 활동을 통합하고 조정하는 것
- 통제(control)
  모든 활동이 정해진 규칙이나 지침에 따라 수행되고 있는지 감독하는 것

Fayol(1916)은 조직의 규모나 복잡성 수준과 관계없이 모든 조직에서 관리 요소가 필수적으로 요구되며, 위의 기능이 원활히 작용할 때 조직의 효율성이 높아진다고 보았다. 이와 함께 그는 행정기능을 보다 효율적으로 수행하기 위한 조직관리 원칙을 제시하였다. 이 원칙은 분업, 권위, 규율, 명령의 통일, 지시의 통일, 개인보다 전체이익 우선, 보상, 집권화, 명령 계층화, 질서, 공평성, 안정성, 자발성, 공동체 의식고양 등 14가지이다.

이후에 Gulick과 Urwick(1937)은 Fayol의 이론을 보다 발전시켰다. 특히 Gulick (1937)은 최고행정가의 직무가 무엇이며, 어떤 일을 수행하고 있는가의 질문에 대한 답을 찾기 위해 Fayol(1916)의 이론을 바탕으로 행정과정의 구성요소를 기능적으로 분석하였다. 그리고 분석 결과를 바탕으로 POSDCoRB, 즉 기획(Planning), 조직(Organizing), 인사(Staffing), 지시(Directing), 조정(Co-ordinating), 보고(Reporting), 예산편성(Budgeting) 등 일곱 가지 직무를 제시했다. 그리고 POSDCoRB는 어느 조직에서나 행정가가 기능적으로 담당하는 주된 직무이며, 조직의 규모와 복잡성 수준에 따라 각 영역의 하위 구성요소가 결정된다고 보았다.

나. 행정관리론과 교육행정

일반행정 분야에서는 일찍부터 행정관리를 기능적인 측면에서 고려하였으나 교육행정 분야에서 행정의 과정에 관심을 두고 연구하기 시작한 것은 1950년대부터이다. 이는 교육행정에서는 기능적인 면보다는 인사관리나 사무관리 등 운영의 문제로 보는 시각이 우세했기 때문이다(이형행, 1983: 250).

Sears(1950)는 산업관리의 연구결과를 교육행정에 최초로 도입하였으며, 학교행정가의 직무를 계획, 조직, 조정, 통제, 지시 등 다섯 가지로 제시하였다. 이후에 교육행정 분야에서 행정과정에 관한 연구가 다각도로 전개되었다. 대부분의 연구들은 Fayol(1916)이 제시한 다섯 가지 요소를 바탕으로 이루어졌으며, 학자에 따라 교육행정의 특성을 반영해 표현을 달리하거나 자극(stimulating), 평가(evaluating), 의사결정(decision-making), 의사소통(communicating), 영향력(influencing) 등의 요소를 추가로 제시하였다(Litchfield, 1956; Gregg, 1957; Campbell et al., 1958).

행정관리론은 학교 행정가의 직무를 체계적으로 분석하여 수행해야 할 과업이 무엇인지 제시해 주었다는 데에 의의가 있다. 그러나 이러한 행정과정 요소는 본질상 그 범위가 직선적이고 이차원적인 단순한 분류 방법이라는 한계점을 지니고 있다.

(3) 관료제론

가. 관료제론

Weber(1947)는 합리성을 최대로 보장해주는 하나의 이상적인 형태의 조직으로 관료제를 제안했다. 그는 조직을 이끄는 리더십의 원천을 권위(authority)로 보았으며, 권위가 인정되고 사용되는 방법에 따라 다음의 세 가지 유형으로 구분하였다.

- 카리스마적 권위
  카리스마적 지도자는 개인의 비범한 특성을 바탕으로 하위자들의 존경과 복종을 이끌어내며, 이들의 권위는 하위자들의 믿음 또는 충성에 의해 유지된다.
- 전통적 권위
  지도자의 명령권이 전통에 의해 대를 이어 세습되는 형태의 리더십이다.
- 합법적 권위
  공식적으로 명문화된 법규에 의해 합법적으로 권위의 위계가 주어지고 훈련 및 능력을 바탕으로 개인에게 권한이 부여되는 형태의 리더십이다.

Weber가 제시한 관료제는 위의 권위 유형 가운데 합법적 권위에 기초하고 있다. 관료제는 조직 운영에 관한 합리적 지침에 의거하고 있으며 그 특징은 다음과 같이 정리할 수 있다(Hall, 1963: 33).

- 기능적 전문화에 기반을 둔 과업의 분담
- 명확하게 정의된 권위의 위계구조
- 조직구성원의 권리와 의무를 포함한 체계적인 규칙과 규정
- 업무를 처리하기 위한 체계적인 절차
- 개인적인 감정의 배제
- 전문적 능력과 기술을 기반으로 한 선발과 승진

합리적 조직 운영에 대한 Weber의 관점은 조직 연구의 고전으로 여겨지고 있으며 후대의 학자들에게 많은 영향을 끼쳤다. 또한, 실제적인 측면에서도 대부분의 산업계와 공공분야 조직이 관료제를 기초로 하고 있을 만큼 현대 조직의 운영원리로서 많은 기여를 하였다.

나. 관료제와 교육행정

학교 조직도 기업이나 일반행정 조직과 마찬가지로 관료제의 많은 특성을 내포하고 있다. 예를 들어, 학교의 교무 분장표를 보면 교무부, 학생부, 연구부, 정보부, 체육부 등으로 업무가 기능적으로 분업화되어 있으며, 비록 그 층이 많지는 않으나 교장-교감-부장교사-교사 등 직무수준을 달리하여 학교행정상의 직제에 따라 위계구조를 갖추고 있다. 그뿐만 아니라 교육기본법이나 초·중등교육법 등에 의해 교원의 자격 및 역할이 엄격하게 규정되어 있다. 비록 교사는 직제의 위계상으로는 하위에 있지만 전문적 훈련을 바탕으로 교직에 종사하고 있으며, 수업 및 학급 운영에 있어서도 전문가로서 많은 재량권을 갖고 있다(Campbell et al., 1987). 따라서 학교 조직에서는 관료적 통제를 엄격하게 적용하기 어려우며, 관료성과 전문성을 함께 지니고 있는 것으로 이해할 필요가 있다.

02 | 인간관계론

과학적 관리론과 관료제가 조직의 효율성을 증대시키는 데는 많은 공헌을 했지만 지나치게 합리성을 추구하고, 인간을 도구화함으로써 노동계의 반감을 불러일으켰다. 이에 대한 비판으로 인간관계론적 사조가 등장하게 되었다. 20세기 초에 미국 사회가 노동자의 복지 및 권리 관련 문제에 관심을 두기 시작한 것도 관리 및 행정에서 인간적 요인에 관심을 갖도록 이끌었다. 인간관계론은 고전이론에서 거의 다루지 않았던 조직구성원들의 인성 및 욕구 등 인간행동의 심리적 측면과 결부된 요인들을 중요하게 고려하였다.

(1) Follet의 조직심리연구

Follet(1924)은 행정에 사회학적·심리학적 개념을 도입함으로써 사회적 행정철학의 근간을 제공했다. 그녀는 조직 효과성을 높이기 위한 방안을 관리자와 노동자 간의 관계개선 및 인사행정 영역에서 찾았다. 조직의 규모가 방대해지고 복잡해지면서 각 작업집단을 조정하고 통제하는 것은 한계가 있으며, 관리자가 성공적으로 조직을 이끌기 위해서는 구성원 각자가 자발적으로 능력을 최대한 발휘하도록 하는 것이 중요하다고 본 것이다.

조직의 효과성은 구성원의 사기, 의사소통 등과 관련이 있으며, 궁극적으로 생산성을 높이기 위해서는 조직 내의 권력관계를 개편하고 권한을 분산시켜야 한다고 Follet(1924)은 주장했다. 즉, 위계적 서열에 의한 개인적 권력에 의존하는 것이 아니라 조직의 정책이나 결정에 영향을 받는 사람들을 정책 결정 과정에 참여시킴으로써 집단권력에 호소하여 구성원들이 조직의 목적달성과정에 자발적으로 참여하도록 유도해야 한다고 보았다(Campbell et al., 1987). 이는 당시에 널리 받아들여지고 있던 조직관리기법과 현저히 다른 관점이며, 조직관리를 위한 권력의 개념을 '지배'에서 '공유'로 대체하는 것이었다.

Follet은 전통적 조직이론에서 병리현상으로 생각했던 갈등에 대해서도 다른 시각을 제공했다(진동섭 외, 2011: 58). 갈등은 정상적인 과정에서 필연적으로 생기는 것으로 서로 다른 사회적 가치가 대립하고 있는 것으로 이해하였다. 또한 지배, 타협, 통합이라는 세 가지 갈등 해소 방법 가운데 각자의 요구를 반영한 통합에 의해 갈등이 해소된다면, 모두가 만족하는 결정에 도달할 수 있을 것으로 보았다.

이처럼 Follet은 근로자가 자발적으로 협동할 수 있도록 작업 상황을 마련하는 것이 관리자의 주요한 과업이라고 제시함으로써 새로운 시각을 제공하였다. 이러한 사상적 기초는 호손실험에 많은 영향을 주었으며, 인간관계 모형에 기반한 조직 효율성 접근의 단서가 되었다.

(2) 호손 실험연구

Mayo(1923)는 근로자들이 단순히 과학적인 것이 아니라 인간적이라고 주장하며 생산과정에서의 인간적 요인을 강조했다. 호손 실험은 작업 집단의 사회·심리적 요인이 조직의 효과성과 관련이 있음을 보여주었으며 1930년대 이후 인간관계론적 사조가 등장하는 계기가 되었다.

Mayo와 Rothlisberger 등은 과학적 관리기법의 원리를 검증하기 위해 미국 시카고 근교에 위치한 서부전기회사의 호손공장에서 실험연구를 진행하였다. 연구의 목적은 작업장의 물리적 환경과 생산성 간의 관계를 밝히기 위한 것이었다. 1922년부터 10년간 연구가 진행되었으며, 여공들을 대상으로 조명 실험, 전화계전기 조립 실험, 면접 프로그램, 건반배선 조립 관찰 실험을 실시하였다.

조명 실험은 작업 현장의 조도와 노동자의 작업능률과의 관계를 분석하기 위한 실험으로 작업장의 조도를 높이면 작업능률도 향상될 것이라는 가설을 검증하고자 실시되었다. 이를 위해 통제집단은 이전과 똑같은 상태에서 업무를 수행하도록 했다. 실험집단의 여공들에게는 연구와 관련한 내용을 설명하고 서로 다른 크기의 전구를 설치하여 실험을 진행하였다. 연구결과 통제집단에서는 참여하기 전과 동등한 생산성을 나타냈으나, 실험집단은 작업 공간의 조도를 높임으로써 생산성이 향상하였다. 그러나 추가적인 연구에서는 크기만 다르고 조도가 일정한 전구를 설치했는데도 실험집단의 생산량은 계속 증가하는 것으로 나타났다. 즉, 물리적 환경의 변화가 생산성과 관련 있는 것이 아니라, 타인의 기대와 관심의 대상이 되는 것 등 심리적 요인이 결부되어 있음을 나타낸 것이다(Owens & Valesky, 2010).

전화계전기 조립 실험에서는 참가자들이 일반 작업장과 분리된 별실 내 자유로운 분위기에서 작업하도록 했으며, 근무환경의 변화에 따라 생산성이 어떻게 변화되는지를 관찰했다. 여공들은 실험 내용에 관한 설명을 듣고 자발적으로 참여했다. 실험과정에서 휴식시간, 특별 점심시간, 근무시간 단축, 성과급 제공 등 추가적인 혜택을 제공했다가 참가자들의 동의하에 다시 원상태로 환원하는 등 근무환경에 변화를 주며 다양한 실험처치가 이루어졌다. 작업 여건이나 근무환경이 열악해지면 생산성이 감소할 것으로 가정되었으나 물리적 환경의 변화와 관계없이 실험집단의 생산성은 지속해서 증가하는 결과를 나타냈다. 그리고 실험처치가 이루어지기 이전과 동일한 근무환경하에서도 높은 생산성이 유지되었다.

이후에 실시된 면접 프로그램 및 건반배선 조립 관찰 실험을 통해 조직의 생산성은 경제적 유인체제나 물리적 환경보다는 조직구성원의 개인적·사회적 감정, 태도, 신념 등 인간적 요인이 높은 관련이 있으며, 작업장 내의 비공식조직이 구성원들의 태도에 큰 영향을 끼친다는 사실을 밝혀냈다. 즉, 공식조직 내에 자발적으로 비공식집단이 형성되고 비공식집단의 집단 규범에 의해 구성원들의 행동이 규제되고 있다는 사실이 밝혀졌다.

호손 실험연구로 촉발된 인간관계론적 접근은 인간적 가치만을 중시하여 조직의 생산성이나 효과성 문제를 도외시하였다는 비판을 받고 있으나, 참여경영, 직장 민주주의, 권한위임 등 오늘날의 지식확장에 이바지하였다.

(3) 인간관계론과 교육행정

고전이론이 교육조직의 효율성을 증대시키는 데 어느 정도 공헌했지만 과학적 관리론에 대한 교육계의 우려는 계속되었다. 대표적으로 Dewey(1916)는 「민주주의와 교육」에서 학교 지도자들 사이에 과학적 관리기법이 크게 유행하는 것을 비판하며, 행정가들은 부하직원들의 동의를 얻어서 조직을 운영할 필요성이 있음을 강조하였다. 그는 이른바 민주적 행정철학인 협동적 학교경영을 주문하였는데, 이는 전제적으로 교육목적과 방법을 부과하는 것이 아니라 상호작용을 통해 지적인 자극과 방향을 제시하는 지도성을 의미한다.

민주적 행정철학은 개인의 복지 및 협동에 대한 사회적 관심의 증대, 학교 조직의 특성에 따른 통솔의 한계와 의사소통 문제, 일부 학교 지도자들의 전제적·권위적 행위에 대한 비판 등 여러 가지 요인으로 교육행정 영역에서 호응을 얻기 시작했다. 1940년대 중반 이후 민주적 교육행정은 산업계에서 촉발된 인간관계론과 자연스럽게 결합되었다. 민주적 행정과 인간관계론은 주요 부분에서 여러 가지 공통점을 지닌 것으로 인식되었으며 교육행정에 영향을 끼쳤다. 특히 인간관계론 연구들은 민주적 지도성 발휘를 통해 조직의 사기와 생산성을 향상시킬 수 있다는 민주적 행정의 주창들이 가지고 있었던 생각을 경험적으로 증명하는 데 도움을 주었다(Campbell et al., 1987).

이처럼 민주적 행정과 인간관계론은 인간관계기술을 활용해 생산성을 향상시키고, 의사소통 및 교사들의 사기를 높이며, 개인 및 집단 간 갈등을 줄임으로써 당시 학교 조직이 지니고 있었던 문제들을 해결할 수 있는 여러 가지 방법을 제공할 것으로 기대되었다. 그러나 교육행정의 인간관계론자들은 관리자의 목표와 교사들의 목표가 서로 불일치할 수 있으며, 관료적 규범과 전문적 규범 간에 생기는 자연적 긴장 상태 혹은 정치적·경제적·사회적 가치들이 서로 경쟁하며 갈등이 일어날 수 있다는 점을 고려하지 못했다(Campbel et al., 1987).

03 | 행동과학론

고전이론과 인간관계론은 공히 조직의 효율성 향상을 목표로 하였으나 접근방법에서는 차이를 나타냈다. 고전이론에서는 조직의 합리적 구조화를 지나치게 강조한 나머지 조직 내적인 요소들을 소홀히 했으며, 인간관계론적 접근에서는 조직 구성원들의 심리·사회적 관계에 지나치게 초점을 맞추어 공식적 구조의 차원을 간과하였다. 이에 1950년대를 전후하여 두 이론을 통합하고 심리학·사회학·정치학·경제학에서 도출된 명제를 더하여 다학문적 접근을 통해 인간 행위를 규명하고자 하는 행동과학론이 등장하게 되었다.

(1) 교육행정 이론화 운동

행정에 대한 행동과학적 접근을 최초로 시도한 학자는 Barnard(1938)이다. 그는

공식적 조직과 비공식적 조직의 상호작용 관계를 구조적 개념과 역동적 개념으로
설명하였다. 비공식조직은 공식조직 내의 의사소통을 촉진하며, 집단결속을 강화
하고, 개인의 인격을 통합하는 기능을 담당한다고 보았다. 따라서 그는 조직관리에
있어 공식적이고 구조적인 측면과 아울러 자유의지, 협동, 의사소통 등 역동적 차
원을 함께 고려하여 균형을 이루어야 한다고 강조하였다.

　　Simon(1957)은 다학문적 접근을 통해 조직이론 연구에 선도적인 역할을 했다. 그
는 경제학 · 심리학 · 사회학적 측면을 종합적으로 고려하여 Barnard(1938)가 제시했
던 균형론, 의사결정, 의사소통, 권한 등의 개념을 발전시켰다. 또한 행정을 조직
구성원의 행위에 영향을 주는 합리적 의사결정과정으로 보고 의사결정과정에서 일
어나는 갈등이론과 권위이론을 전개하였다. 이처럼 Simon은 논리실증주의에 입각
하여 행정 현상에 대한 가치와 사실을 구분하고 이들 간의 관계를 체계화함으로써
행정이론의 발전에 크게 공헌하였다.

　　조직의 공식적 구조와 조직의 내적인 요소를 함께 고려하여 인간 행동을 연구하
는 경향은 교육행정 분야에서 1950년대를 전후하여 이론화 운동으로 전개되었다.
교육행정에서는 이와 같은 이론화 경향을 당시에 신운동(New Movement)이라고 지칭
하였으며, 이 운동을 주도했던 학자들이 취했던 공통적인 관점은 다음과 같다(이형행,
1983: 87).

- 교육행정을 연구하는 데 이론의 역할이 중요함을 인정하고, 이론에 근거한 가설 · 연역적 연구 방법
  을 택해야 한다.
- 교육행정을 일반행정이나 기업경영 등과 다르게 보는 편협한 관점을 택하지 않으며, 교육이라는 수
  식어와는 관계없이 행정은 그 자체로서 과학적인 연구주제가 될 수 있다.
- 교육은 사회체제로서 가장 잘 이해될 수 있는 것이기 때문에, 교육행정의 연구는 행동과학적인 접
  근방법에 크게 의존하지 않을 수 없다.

　　이 운동은 교육행정교수협의회(NCPEA), 교육행정협동연구(CPEA), 교육행정 대학협

의회(UCEA) 등 대학을 중심으로 한 교육행정학자와 실무행정가들이 주도하면서 교육행정에 대한 행동과학적 접근방법을 통해 교육행정의 이론발전에 크게 공헌하였으며, 이후에 교육행정학자와 사회과학자들 간의 협동연구로 확대되었다(이형행, 1983: 87-92). 이처럼 교육행정 이론화 운동을 촉진시켰던 행동과학의 발흥은 구조기능적 패러다임이 미국에서뿐만 아니라 전 세계적으로 그리고 모든 사회과학 분야에서 지금까지 지배적인 패러다임으로 자리 잡도록 이끌었다(신현석, 2009).

(2) 사회체제이론

Getzels와 Guba(1957)는 학교 조직을 사회체제로 보고 사회적 행위분석을 위한 이론적 개념모형으로 사회과정모형을 제시하였다. 사회체제는 조직적 차원과 개인적 차원의 두 개의 서로 독립적인 요소가 긴밀한 유대를 갖고 상호작용하는 가운데 사회적 행위가 이루어진다고 보았다. 조직적 차원의 구성요소는 조직, 역할, 역할기대이고, 개인적 차원의 구성요소는 개인, 인성, 욕구성향이다.

◐◑ 그림 Ⅰ-2-1 Getzels와 Guba의 사회과정 모형

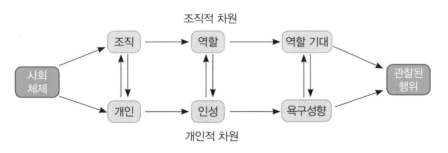

출처: Getzels, J. W., & Guba, E. G. (1957). Social behavior and the administrative process. *School Review*, 65(4), p. 429.

독립된 인격체로서의 개인은 자신의 행위를 자신만의 고유한 인성과 욕구성향에 따라 결정할 수 있다. 욕구성향은 개인의 선호도·관심·태도 등 행위를 결정하

는 잠재적 요인으로 작용한다. 이렇게 자신의 인성 및 내적인 욕구성향에 따라 표출된 행위는 개인의 능률성(efficiency) 수준을 나타낸다. 개인의 욕구성향에 따라 행동할 경우, 그 행위는 자연스럽고, 유쾌하며, 긴장이나 정신적 노력을 최소화할 수 있다. 그러나 조직원으로서의 개인은 조직 내에서 역할을 부여받게 되며, 역할기대에 부응하여 자신의 행위를 결정하게 된다. 이렇게 조직 내 역할 및 역할기대에 부응하여 표출된 행위는 조직의 효과성(effectiveness) 수준을 나타낸다. 사회적 행위는 조직적 차원과 개인적 차원이 동시에 이루어지기 때문에 사회체제에서의 개인의 행위(B)는 제도를 통해 부여된 역할(R)과 자신의 고유한 인성적 특성(P)이 상호작용한 결과라 할 수 있다. 이것을 함수로 표현하면, B = f (R × P)로 나타낼 수 있다.

Getzels와 Guba(1957)는 표출된 행위 함수는 조직마다 역할과 인성 간의 상호작용 관계가 상이하며 [그림 Ⅰ-2-2]와 같이 나타날 수 있다고 제시했다. 즉, 군대 조직에 속한 개인은 주로 자신에게 주어진 역할에 의존해 자신의 행위를 결정하는 반면에, 예술가 조직에 속한 사람은 주로 자신의 인성에 의존해 행동하게 된다는 것이다.

Hoy와 Miskel(2013)은 사회체제 모형을 더욱 정교하게 발전시켜서 [그림 Ⅰ-2-3]과 같이 제시하였다. 이들은 학교 조직의 체제 모형을 개발하는 데 있어서

◯◯ 그림 Ⅰ-2-2 역할과 인성의 상호작용 모형

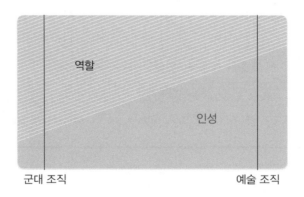

출처: Getzels, J. W., & Guba, E. G. (1957). Social behavior and the administrative process. *School Review*, 65(4), p. 430.

●● 그림 I-2-3 학교체제의 내부 요소

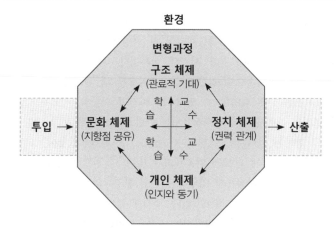

출처: Hoy, W. K., & Miskel, C. G. (2013). *Educational administration: Theory, research, and practice (9th ed.).* New York, NY: McGraw Hill. p. 25.

기본적으로 Parsons(1960)가 제시한 개방체제 관점을 취하였다. 개방체제 관점은 조직 행위가 외부의 요인들과 결부되어 있으며, 조직이 환경에 영향을 받을 뿐만 아니라 환경에 의존하는 것으로 본다. Hoy와 Miskel은 개방체제인 학교 조직에서의 행동은 구조적, 개인적 요소들에 의해 영향을 받을 뿐만 아니라 문화적, 정치적 요소들, 그리고 핵심기술 요소인 교수-학습체제에 의해 영향을 받고 있다고 보았다. 구조는 조직의 목적달성을 위해 설계되고 조직된 공식적·관료적 기대라 할 수 있다. 개인은 조직의 목적을 성취할 수 있는 에너지와 능력을 제공하며 욕구·목적·신념·역할에 대한 인지적 이해의 관점으로 파악할 수 있다. 문화는 조직 참여자들이 일에 대해 공유하고 있는 지향점으로서 조직의 정체감을 제공한다. 정치는 통치체제에 저항하여 생겨난 비공식적 권력관계로서 학교 조직의 핵심기술인 교수-학습 요인과 환경으로부터 유입되는 주요 세력들이 체제 내 요소들과 상호작용하는 것을 억제한다. 개방적 사회체제로서의 학교 조직은 생존과 번영을 위해 적응, 목적성취, 통합, 잠재성의 문제를 해결해야 한다.

뉴스 살펴보기

"생물은 여러 조직이 모인 복합체로서 한 생명을 유지한다는 것에서 힌트 받아 조직이론으로 발전시킨 것이 시스템 이론이다. 시스템 이론은 두 개 이상의 Sub-System이 유기적으로 결합하여 상호작용할 때 생기는 조직의 시너지 효과 (Synergy Effect)를 설명할 수 있다. 또 이전의 전통적, 신고전적 조직이론과는 달리, 조직을 주변 환경과 상호작용하는 개방 시스템으로 본다. 모든 우주 만물은 무질서로 향하는 에너지인 엔트로피(Entropy)가 내부에 있듯이, 조직에도 조직을 쇠약하고 무질서하게 만드는 엔트로피가 있다. 그 엔트로피를 외부로 방출하고 새로운 에너지를 외부로부터 영입하는 주변 환경과의 상호작용을 끊임없이 해야 그 조직이 건강하게 오래 갈 수 있다. 조직내 불평불만자는 내보내고 긍정적, 적극적 태도의 조직원을 새로 영입하는 것은 그 비근한 예이다."   - 진의환 -

출처: 매일경제, 2023.08.09., 모든 조직이론의 최종 수렴은 오직 사람!

04 | 대안적 접근

교육행정 이론화 운동 이후 논리 실증주의적 철학적 사고를 바탕으로 조직에서의 인간의 행위를 연구하는 풍토가 주도적 관점으로 자리 잡았다. 이들은 자연과학적 탐구 논리에 의해 교육행정 현상을 관찰·분석함으로써 객관적 설명과 예측이 가능한 지식을 추구한다는 특징을 갖고 있다. 그러나 1970년대 중반 이후 논리 실증주의적 사회과학 방법론에 의문을 제기하고 대안적 패러다임을 탐색하려는 다양한 노력이 전개되었다. 이러한 새로운 관점들은 현상의 의미를 강조하거나, 구조적 억압과 인간소외의 원천에 초점을 맞추거나, 전통적 지식체계에 구속받지 않고 독창적으로 행정행위와 조직행동을 연구하려는 경향을 보인다.

(1) 해석적 관점

해석적 관점은 현상학과 해석학의 철학적 사고를 바탕으로 성립된 것으로 행동 과학론적 접근의 객관적 혹은 본질상 존재하는 교육행정 현상을 부정하고 개인의 주관적 지각에 따라 구성된 의미로서의 현상 그리고 인간의 상호작용으로 인해 비롯된 생활 속에서 합의된 의미로서의 현상을 강조한다(신현석, 2009: 40).

행정에 대한 과학적·합리적 접근에 의문을 제기한 대표적인 학자로 Greenfield (1975)를 들 수 있다. 그는 행정행위와 조직행동은 본질상 가치 내재적 성격을 지니고 있어서 객관적 사실만을 강조하는 실증주의 사회과학 방법론을 통해서는 교육행정 현상을 제대로 다룰 수 없다고 비판한다. 이러한 주장은 인간은 자기 자신의 사회적 실재를 구성한다는 가정에 기초한 것으로 주요한 명제는 다음과 같다 (Campbell et al., 1987).

- 조직은 인간에 의해 성취된다.
- 조직은 의지, 목적 및 가치에 의해 표현된다.
- 사실(fact)이란 인간의 행동 및 관심에 의해서 창조되지 않으면 존재하지 않는 것이다.
- 인간은 행동하고 그 후에 그 행동을 판단한다.
- 조직은 본래 상징으로 엮어진 실재(reality)에 대한 임의적 정의이고 언어로 표현된 것이다.
- 조직의 목표를 달성하기 위한 기술은 존재하지 않는다.

이처럼 Greenfield(1975)는 독립된 사회적 실재란 존재하지 않기 때문에 보편적 법칙에 의해 영향을 받는 구조로서가 아니라 조직 내의 구성원들이 가지고 있는 특정한 의미와 의도에 의존하는 문화적 인공물로서 파악해야 한다고 주장한다. 따라서 자연과학에서 도입한 과학적 패러다임 대신에 조직연구에 현상학적 주관주의 방법론을 역설하였다. 해석적 접근은 일반화할 수 있는 설명을 발전시키거나 조직 사회의 다양한 측면을 예언하는 데 있지 않다. 오히려 귀납적이고 가치 지향적이며 질적인 연구방법론을 통하여 특수한 여러 사회적 상황을 이해하고 해석하고 의미를 찾고자 한다. 해석적 관점의 교육행정가는 교육조직의 인공물(artifacts), 관점(perspectives), 가치(values), 가정(assumptions) 등 조직이 지니고 있는 개별성과 특수성에 더 많은 관심을 둔다.

(2) 비판적 관점

비판적 관점은 막시즘의 지적 전통에 영향을 받은 프랑크푸르트 학파의 사회비판철학을 그 배경으로 한다(신현석, 2009). 비판적 관점을 이끈 대표적 학자는 Foster(1985)와 Bates(1984)를 들 수 있다. 특히 Bates(1984)는 비판적 관점을 체계화하는데 선도적 역할을 수행한 것으로 평가받고 있다(박선형, 2002).

비판주의 교육행정학자들은 보다 나은 사회를 구축하기 위해 구조적 모순을 발견해내고 교육 실제를 개선하는 데 초점을 맞춘다. Bates(1984)는 자본주의의 발달로 현대국가가 다양한 위기 상황에 직면하고 있으며, 교육체제도 이러한 위기 상황을 초래하는 데 기여하고 있다고 보았다. 학교교육이 소수집단을 위한 사회통제기제로 이용됨으로써 사회적 불평등이 영속화되고 있다는 것이다. 따라서 자본주의와 교육의 내재적 위기를 극복하기 위해서는 보다 나은 사회건설과 사회정의 실현에 필요한 참여민주주의와 인간해방 등 집합적인 사회적 가치를 사회에 폭넓게 전파할 수 있는 새로운 접근이 필요하다고 주장한다. 그리고 Bates(1985)는 이러한 대안적 접근으로서 변증법적 비판이론이 가장 적합한 이론 체제라고 제시하였다(박선형, 2002: 142-146).

(3) 포스트모더니즘

포스트모더니즘은 교육행정 연구에서 다양성과 상대성을 강조한다. 주류패러다임의 존재에 대해서는 인정하지만 이들을 통해 오늘날 사회의 다원주의적·다문화주의적 특성을 설명하기에는 부족하므로 그에 상응하는 새로운 패러다임을 능동적으로 탐색하거나 전통적 주류패러다임에 대해 방어적 자세를 취한다(신현석, 1994a;

2009). 사회가 복잡해짐에 따라 교육행정 현상에 관한 연구의 시각과 관점은 다양할 수밖에 없고 그에 따라 다변화된 패러다임이 적용될 수밖에 없다는 것이다. 또한 포스트모더니스트들은 우리가 공유하는 언어에 의해 세계가 구성되며, 인간의 언어와 행위는 조직 속에서 고정되어 있는 것이 아니라 또 다른 가능성을 위해 유동적으로 움직인다고 본다(박선형, 2002). 따라서 이들은 교육행정 연구에서 전통적 주류패러다임을 구성하고 있는 지식기반의 해체를 적극적으로 시도하고, 탈정형화된 조직의 불안정성과 나약함을 드러내는 데 논의의 초점을 둔다.

사례

- 경기도, N초등학교: 학교장의 결정에 의한 수직적 전달 구조가 아니라 교사 회의를 통해서 대부분 교육과정 내용과 실현 방법들을 논의하고 결정하고 실천한다.

- 경기도, Y중학교: 학생과의 배움을 증진하기 위해 업무조직을 이원적으로 재구성했다. 즉, 교사들이 학생을 가르치는 일에 전념할 수 있도록 교수조직을 확대하고 행정업무를 담당할 수 있는 행정조직을 최소화했다.

- 경기도, D고등학교: 자체 개발한 성적관리 프로그램을 바탕으로 학생 개개인의 과목별 성적이 어느 정도의 위치에 있으며 어떻게 변화되고 있는가를 누적 데이터로 표시하여 관리하고 있다. 그리고 학생 성적을 단기, 장기적으로 관찰하고 상담을 통하여 성적 향상을 위한 학습을 제시하고 있다.

출처: 한국교육학술정보원(2012), 초·중등교육 혁신사례 분석.

토론거리
◑ 학교 내실화를 위해 시행한 위의 학교개선 사례는 교육행정이론 가운데 어느 이론으로 설명할 수 있는지 논의해보자.
◑ 위의 학교운영 사례가 학교 내실화로 이어지기 위해 추가로 수반되어야 할 실천과제는 무엇인지 생각해보자.

정리하기

❶ 과학적 관리론, 행정과정론, 관료제론 등 고전이론은 조직의 구조적 측면을 합리적으로
정비함으로써 생산성을 극대화하고자 하는 접근방법이다.

❷ 호손 실험은 작업 집단의 사회·심리적 요인이 조직의 효과성과 관련이 있음을 보여주었다.

❸ 개방체제인 학교조직에서의 행동은 구조적, 개인적, 문화적, 정치적, 기술적 요인에 의해
영향을 받는다.

❹ 해석적 관점, 비판적 관점, 포스트모더니즘은 행정에 대한 과학적·합리적 접근에 의문
을 제기하며 대안적 관점을 제공했다.

학습문제

01 이 장에서 논의한 고전이론, 인간관계론, 행동과학론적 접근이론 가운데 오늘날 학교행정에 적용하기에 가장 적합하다고 여기는 이론은 무엇이라고 생각하는가? 그 이론은 왜 지금까지 효과적인지 설명해보시오.

02 고전이론, 인간관계론, 행동과학론적 접근이 우리나라 교육행정의 실제에 적용되고 있는 사례를 하나씩 찾아 어떠한 방식으로 시행되고 있는지 토론해보시오.

PART 2

교육조직론

학교중심의
교육행정 및 교육경영

CHAPTER 03

학교 조직의 성격

 학/습/목/표

- 여러 학자들이 정의한 다양한 조직의 개념은 공통적으로 어떻게 정리될 수 있는지 그 공통된 속성을 설명할 수 있다.
- 공식조직과 비공식조직, 계선조직과 참모조직이 학교 조직에서 어떤 순기능과 역기능으로 작용하고 있는지 설명할 수 있다.
- 조직의 다양한 유형을 이해하고, 학교 조직은 어떠한 유형에 속하는지 설명할 수 있다.
- 학교 조직 특성의 다양한 측면를 수업활동과 일반행정 측면으로 구분하여 관료제를 비롯한 다양한 이론을 들어 설명할 수 있다.

생각해보기

　(중략) 대의민주주의에서 국가 대사(大事)의 방향 선택권은 국민과 국민으로부터 권한을 위임받은 대통령, 국회에 있다. 직업공무원은 국가적 정책의 방향을 거스를 권한이 없는 것이다. 전 정권에서 그랬듯이 현 정권도 마찬가지다. 정책의 옳고 그름은 다른 차원의 문제다. 국민과 국회에 맡기면 된다. 늘공은 영혼을 버려야 국정이 매끄럽게 운영된다. 배알도 없느냐는 비난도 듣겠지만 불가피한 일이다. 국가 정책을 일관되고 신속하게 추진하려면 그래야 한다. 머리와 몸통이 따로 놀면 나라가 돌아가지 않을 것은 자명하다. '이상적인 관료는 영혼이 없다'는 독일의 사회학자 막스 베버의 말 뜻이 그런 것이다.

　　출처: 파이낸셜뉴스. 2023.06.14. [손성진 칼럼] 영혼 없는 공무원 중 발췌, 인용.
　　(https://www.fnnews.com/news/202306141819372171)

　다각적 변화의 시대 속에 학교교육의 효율성 향상을 위해 각계에서 학교경영의 혁신적 변화를 요구하는 목소리가 높다. 따라서 여느 조직과 같이 학교 조직 역시 능률을 중요하게 생각하지 않을 수 없다. 동시에 학교 조직은 교사와 학생, 행정직원 등의 집단이 공존하며 교육의 목적을 달성하는 집단으로 이윤 추구의 사회집단과는 다르다. 결과도 즉각적으로 나오기보다는 오래 걸리고 어디서 어떤 효과가 있었는지 결과를 평가하기도 힘들고, 아무도 책임을 지지 않는 집단처럼 보일 수도 있다. 본 장에서는 대표적인 조직이론 가운데 하나인 관료제를 비롯해 학교 조직의 여러 가지 특성을 잘 설명해 주는 이론들에 대해 살펴볼 것이다. 위에서 소개한 "영혼없는 공무원론"은 관료제의 어떠한 특성으로 인해 설명될 수 있는지 생각해 보자. 또한 '영혼 없는 공무원'이 학교 조직에도 적합한지에 대한 여부를 관료제와 이에 반박하는 다른 이론을 근거로 하여 어떻게 설명될 수 있는지 생각해 보며 이 장을 공부해 가도록 하자.

01 | 조직 이해의 기초

인간은 사회적 동물이라는 아리스토텔레스의 말도 있듯이, 인간(人間)은 혼자서는 살 수 없는 존재이다. 한자어에서도 인(人)은 두 사람의 합이요, 간(間)도 두 사람의 관계를 의미하리만큼 조직과 인간은 떼려야 뗄 수 없는 관계를 가지고 있다. 예컨대 인간은 태어나는 순간부터 병원 조직의 도움으로 생(生)을 열어가며, 조직 속에서 배우고 성장하며 삶을 살아가면서 여러 조직과 관련을 맺으며 조직을 떠나서 살 수 없기 때문이다. 병원 이외에도 학교, 기업, 군대, 교회, 회사, 관공서 등이 그 좋은 예이다. 그렇다면 이러한 조직은 어떻게 정의될 수 있을까? 인간이 살아가는 데 있어 가장 기본적인 개념 중 하나인 조직의 개념은 학자들의 관점에 따라 매우 다양하다. 각각의 정의를 살펴보면 다음과 같다.

- Barnard
  조직이란 두 사람 이상의 사람들이 일정한 목표를 추구하기 위하여 의식적으로 조직 구성된 사회체제 또는 조직된 활동이다(Barnard, 1938).
- Etzioni
  조직이란 특정한 목적을 달성하기 위하여 신중하게 구성된 일정한 구조를 지닌 사회단위 또는 인간의 집합체이다(Etzioni, 1964).
- Weber
  조직이란 협동집단으로서 계속적이고 의도적인 특정한 종류의 활동체제이다(Weber, 1947).
- Gaus
  조직이란 어떤 기능과 책임의 분배를 통하여 합의된 목표수행을 촉진하기 위한 인적 배치이다(Gaus, 1952).
- Simon
  조직이란 의사결정구조이다(Simon, 1974).

이상에서 살펴보았듯이 조직에 대한 다양한 정의에 포함된 특성은 다음과 같다. 먼저, 조직에는 성취하고자 하는 특정의 목표가 있다. 둘째, 특정의 목표를 달성하고자 하는 2인 이상의 구성원으로 이루어진다. 마지막으로 조직의 구성원은 공유된 인식을 가지고 각자의 역할과 권한, 책임, 과업 등을 분담하면서 공동의 목표를 달성하기 위해 지속적으로 의사소통과 지원을 통해 상호 작용한다.

02 | 조직의 구조

(1) 공식조직과 비공식조직

어느 조직이나 그 안에는 구성원들이 있고, 조직의 존재 이유를 설명하는 목표나 비전 등의 공식적 내용이 존재한다. 공식조직(formal organization)은 조직의 목적 달성을 위해 의도적으로 구성된 조직으로서, 주로 공식적인 조직표나 기구표를 통해 살펴볼 수 있다. 반면, 어느 조직이나 관리자의 의도와는 별개로 비공식조직이 존재하기 마련이다. 비공식조직(informal organization)은 공식조직 내에서 자연발생적으로 형성된 조직으로서, 공식적인 조직의 의사결정에 영향을 주는 조직 내의 사람과 사람 사이의 관계체제를 말한다. 이는 인간관계를 뜻하는데, 공식조직에 의해 충족되지 못하는, 예컨대 동료 간의 우정, 의리, 사랑 등의 심리적 기능에서부터 조직 내 취미활동, 모임 등의 비공식집단을 들 수 있다. 초기의 공식적 관계가 설정된 후에는 업무와 관련된 분위기와는 차이가 나는 새로운 분위기가 나타난다(Hoy & Miskel, 2007). Mayo와 동료들이 수행한 호손 연구 등은 비공식조직의 중요성을 시사하고 있으며, 비공식조직은 조직의 기능에 직·간접적으로 영향을 미치고 있음을 증명하고 있다. 공식조직과 비공식조직의 대표적인 특성들을 비교하면 [표 Ⅱ-3-1]과 같다.

학교 조직 내에서 비공식조직은 어떤 형태로 나타날까? 비공식조직은 공식적인 기구표와 업무분장표에서 보이는 공식적인 관계 이외에도 다른 교사나 집단들을 좋아하거나 싫어하는 것과 같은 분위기로 나타난다. 또한 비공식조직은 교사들 사이에 이상적이고 적절한 행동에 대한 기준도 설정할 것이다.

표 II-3-1 공식조직과 비공식조직의 특징 비교

	공식조직	비공식조직
학문적 배경	합리적, 관료제적, 인위적 측면에 중점	비합리적, 감정적, 대면적 측면에 중점
	구조적, 전통적 조직이론에서 중시	사회심리적 조직이론에서 중시
조직의 성격과 실제	공적 목적달성을 위한 인위적 조직, 공식적 기구표 등으로 문서화 ex) 학년조직, 교과별 조직, 분장업무조직	사회 목적달성을 위한 자연발생 조직, 공식적 기구표 등과 관계없음 ex) 계, 친목회, 동창모임 등
구성원	논리적 합리성에 기초한 대규모 조직	대면적-현실적 인간 관계에 기초한 소집단 혹은 조직구성원의 일부
운영 원리	능률의 원리가 지배적	조직원의 친근감 등 감정의 원리가 지배적
	전체적 질서 중시	부분적 질서 담당
조직 형태	지도자의 권위가 상부에 의해서 주어지는 하향적 조직	지도자의 지위는 부하들의 동의에 의해서 존재하는 상향적 조직

출처: Hoy & Miskel(2007, 오영재, 신현석 외 역, 2009) pp. 104~109, 신현석, 안선회 외(2012) p. 92 요약정리.

조직으로서의 학교는 학교 및 직무에 관련된 공식적인 요구 조건들에 의해 함께 모아 놓은 개인들의 집합에 지나지 않는다. 그러나 한 학교의 교사 조직은 이 조직을 구성하고 있는 개인들의 합 이상으로 변한다. 조직의 구성원인 교사들의 행위는 학교가 설정한 공식적인 기대에 의해 결정될 뿐 아니라 다음의 [현장 살펴보기]에서 확인할 수 있듯이 참여자들이 상호작용을 함에 따라 자연적으로 발생한 비공식조직에 의해서도 영향을 받게 된다. 따라서 비공식조직은 공식조직 내에서 나타나며, 공식조직과 상호작용을 하면서 조직의 규범, 소규모 집단으로의 분화, 그리고 개인 및 하위 집단의 지위 등은 직접적으로는 공식구조에, 간접적으로는 학교의 환경에 의해 좌우된다. 조직은 하나 뿐이지만 비공식조직은 공식조직 내에서 계속 나타나며 계속해서 공식조직에 영향을 끼치며 서로 병행해 간다(Hoy & Miskel, 2012).

현장 살펴보기

올해 3월, 샘물중학교로 새로 부임해 온 경력 8년차 윤초록 교사는 2학년 학급담임을 맡게 되었다. 한창 사춘기를 겪고 있는 학생들 지도의 고충과 교과 및 생활지도 방안에 대해서도 동료교사들과 이야기를 나누다 보니 서로의 학급경영 스타일에 대해서도 파악하게 되었다.

이 가운데 관심의 초점은 단연 새로 부임해온 윤 교사와 그 학급 학생들에게로 모아지게 되었다. 학년의 특성상 생활지도에 상당한 고충이 따르는 보통의 중2 교실과는 달리, 윤 교사 학급 학생들은 담임교사의 지도에 비교적 잘 따르는 편이고, 문제 행동도 타 학급에 비해 없는 편이며, 학교 생활을 긍정적으로 즐기는 모습이 역력했다. 교사들은 티타임 등의 친교활동 중에 윤 교사에게 학급 경영의 비결과 관련된 궁금증들을 묻기 시작했다. 동학년 교사들에게 조심스레 소개하며 공유해 준 윤 교사의 교수학습 자료와 학급 경영 활동들은 다른 교사들의 지도 의욕을 자극하기에 충분했다. 윤 교사가 공유해 준 자료와 활동들을 적용해 보니, 실제로 학생들이 좋아하는 활동들이었으며, 학생들은 학교 생활에 점차 적극성을 띠며 조금씩 변화된 모습을 보이기 시작했다. 그 뒤로도 동료교사들의 지속적인 요청에 대해 윤 교사는 자신이 가진 실질적인 정보를 아낌 없이 공유하고, 수업 및 학급 경영의 직접적인 활동 면에서 유용한 정보를 꾸준히 제공해 주었다. 위 사례에서 보듯이, 새로 부임해 온 윤 교사는 학년부장 교사도, 기타 영역 부장도 아닌 공식조직상으로는 동료교사들과 동일한 평교사 위치에 있다. 다만, 학급 경영 및 수업 지도의 탁월성과 관련된 그 유용한 정보를 동료교사들에게 제공함으로써, 교사들의 이상적인 교사 모델로 설정되어 비공식적이지만, 동료교사들의 실질적인 멘토 역할을 수행하고 있다.

(2) 계선조직과 참모조직

일반적인 조직도에는 수직적인 라인에 있는 부서와 수평적 라인에 있는 부서들이 있다. 수직적 라인에 있는 조직을 계선조직이라 하고, 수평적 라인에 있는 조직을 참모조직이라 한다.

계선조직(line organization)은 조직 내에서 명령이 전달되는 수직적 계층적 구조를 갖추고 업무를 직접 수행하는 제1차적인 조직이다. 조직구성원은 명령 일원화의 원칙에 따라 직속 상위자의 명령에 따라 행동하고, 이에 대한 책임을 진다. 장관 ─ 실·국장 ─ 과장 ─ 계장 ─ 계원의 체계를 갖춘 행정관료조직이나 참모총장 ─ 군단 장 ─ 사단장 ─ 연대장 ─ 대대장 ─ 중대장 ─ 소대장 ─ 분대장 ─ 분대원으로 이어지는 군 대의 지휘명령계통 등이 계선조직의 좋은 예이다(윤정일, 2009). 학교 조직 내에서는 교무분장조직이 대표적인 계선 조직이라 할 수 있다.

표 II-3-2 계선조직과 참모조직 비교

구분	계선조직	참모조직
개념	조직 내에서 명령이 전달되는 수직적 계층적 구조를 갖추고 업무를 직접 수행하는 제1차적인 조직	조직의 공식적 목적을 원활하게 수행하도록 자문하고 조언하는 역할을 하는 횡적 조직
형태	계층적 구조를 갖는 수직적 조직	횡적 자원을 하는 수평적 조직
능력	일에 대한 권한과 책임	지식, 기술, 경험의 전문성
태도	현실적, 실제적, 보수적	이상적, 이론적 비판, 개혁적
장점	① 권한과 책임의 한계 명확 ② 강력한 통솔력 ③ 조직이 안정적 ④ 신속한 업무의 결정, 능률적인 업무 수행 ⑤ 명령통일성으로 책임소재 분명 ⑥ 저비용, 소규모 조직에 적합	① 수평적인 업무의 협조 가능 ② 조직의 신축성으로 경직성 탈피 ③ 전문적인 지식과 기술 활용 ④ 상급자의 의사결정의 범위를 확대시키며 최고경영자 독선방지 ⑤ 합리적인 지시와 명령
단점	① 상급자의 주관적이고 독단적인 조치 가능성 ② 상급자의 마비가 하부조직에 연쇄적으로 마비 ③ 융통성 없는 조직의 경직화 가능성 ④ 의사전달 불충분 가능성 ⑤ 최고관리자의 업무량 증가 ⑥ 전문가의 지식과 경험을 이용할 수 없음 ⑦ 통솔범위가 한정됨	① 조직 운영을 위한 많은 경비 소요 ② 의사 전달 경로의 혼란 가능성 ③ 책임소재 불명확 ④ 참모와 계선의 불화 가능성

출처: 신현석(2012) p. 93, 윤정일(2009) p. 127 요약정리.

참모조직(staff organization)은 막료조직이라고도 하는데, 계선조직이 조직의 공식적 목적을 원활하게 수행하도록 자문하고 조언하는 역할을 한다. 참모조직은 계선조직이 그 기능을 원활하게 수행하도록 연구, 조사, 계획 등의 기능을 수행하며 조직목적 달성에 간접적으로 기여할 뿐, 결정 및 집행을 직접 행사할 수는 없다. 따라서 이러한 참모조직에서는 행정 원리 가운데 전문화의 원리가 강조된다. 학교 조직 내의 직원회, 기획위원회, 학교운영위원회 등이 참모조직이라 할 수 있다.

현대 조직의 대부분은 계선조직과 참모조직이 혼합된 형태를 취하고 있는데, 계선조직과 참모조직의 장단점으로 인해 갈등이 야기되기도 한다. 그 밖에도 조직이 대규모화되어 가는 현대 사회에서 대규모 행정조직의 경우, 계선조직을 지원해 줄 별도의 기술 혹은 연구 지원팀의 필요성 증대로 인해 참모조직 이외에도 별도의 보조조직(auxiliary organization)을 두기도 한다. 보조조직은 계선조직의 내부나 외곽에서 그 기능을 부분적으로 심화·보조하기 위한 역할을 하는 일종의 참모적 역할을 담당한다.

03 │ 조직 유형론

조직의 실체를 정확하게 이해하기 위해서는 그 조직이 다른 조직과 비교하여 어떠한 유사점 혹은 차이점이 있는지 알아볼 필요가 있다. 이들의 특성을 이해하는 데에는 특정 기준을 중심으로 유형화한 분류 체계가 도움을 준다. 이처럼 유사한 성격을 지닌 조직들을 집단으로 묶어 보는 것을 조직 유형론이라고 한다. 유형론은 공통된 특징을 가진 조직을 묶어서 유형화함으로써 다양한 조직을 보다 단순화시켜 보려는 데 근본 취지가 있다. 이번 절에서는 이러한 다양한 조직 유형론 가운데 Parsons, Etzioni, Blau & Scott, Minzberg, Carlson 등에 의한 다섯 가지 유형론에 대해 알아보고자 한다.

(1) Parsons의 유형론: 조직의 기능에 따른 분류

Parsons(1960)는 조직의 목표 및 사회적 기능을 기준으로 조직 유형을 4가지로 나누었다. 또한 조직의 사회적 기능을 사회체제이론을 근간으로 하여, 적응(adaptation), 목표 성취(goal attainment), 통합(integration), 체제 유지(latency)로 분류했다. 적응은 자원 확보, 목표 성취는 목표의 설정과 집행, 통합은 체제 구성 부분들의 조정 및 결속, 그리고 체제 유지는 문화와 가치를 창출·보존·전승하는 것을 지칭한다.

Parsons(1960)는 사회 체제가 유지되고, 발전하기 위하여 필요한 일반적인 기능에 기반을 두고, 조직을 생산 조직, 정치적 목표지향 조직, 통합 조직, 그리고 유형 유지 조직으로 구분했다. 이들을 자세히 살펴보면 [표 II-3-3]과 같다.

표 II-3-3 Parsons 분류에 따른 조직의 유형론

조직 유형	특징
생산 조직 (Production organization)	일차적인 기능으로 사회가 소비하는 재화나 용역 등의 생산을 담당하는 조직, 사회의 적응 기능 수행(기업체)
정치적 목표지향 조직 (Political goal oriented organization)	사회의 공동 목표를 설정하고 달성하는 기능을 수행하는 조직, 목표 성취를 위해 권력을 배분하고, 조직의 가치성 부여(은행, 행정기관)
통합 조직 (Integrative organization)	구성원 간에 결속과 통일을 유지하는 사회통합의 기능을 수행하는 조직. 동기유발 촉진, 유능한 인재양성, 부서 간의 갈등 요소 해소(법원, 정당, 사회 통제 기관)
유형유지조직 (Pattern maintenance organization)	사회의 계속성을 유지하는 기능. 교육, 문화, 표현 등의 행동을 통하여 이루려는 조직(교육기관, 박물관, 교회)

(2) Etzioni의 유형론: 조직의 권력 행사에 따른 분류

Etzioni(1961)는 조직의 질서와 구조의 핵심을 지배-복종 관계로 보고 순응(compliance)이라는 개념에 기초하여 조직의 유형을 분류하였다. 순응은 구성원을 통

제하기 위하여 행사하는 권력과 그 결과 구성원이 조직에 참여하는 태도 사이에서
형성되는 관계를 의미한다. Etzioni의 조직 유형 분류는 조직 내의 권력 종류와 배
분에 관련된 구조적인 성격과 조직 참여자의 반응과 관련된 동기론적 성격을 동시
에 가지고 있다.

Etzioni(1961)는 참여 수준을 세 가지로 제시하였다.

❶ 소외적 참여(alienative involvement)는 심리적으로는 소외되어 조직에서 이탈할 의사가
   있지만, 조직에 남아 있는 형태이다.
❷ 타산적 참여(calculative involvement)는 조직에 복종함으로써 물질적 보상을 취할 수
   있으므로 대체로 중립적인 태도지만, 때로는 적극적 혹은 소극적이기도 하다.
❸ 도덕적 참여(moral involvement)는 조직의 임무와 나의 일이 가치 있는 것이라고 스스로
   생각하는 매우 긍정적인 참여를 말한다.

논리적으로는 세 가지 행사권력과 세 가지 참여수준을 조합하면 9개의 조직 유
형을 생각할 수 있다. 그러나 Etzioni는 9개의 가능한 조직 유형 중 권력의 성격과
복종의 성격이 부합되는 유형은 세 가지라고 제시한다. 대부분의 조직은 권력의
형태와 구성원의 참여가 부합되는 상태로 존재하며, 부합되지 않는 조직은 비효과
적인 유형이기 때문에 결국 부합되는 유형으로 변화해 간다고 보았다. 구체적인

표 II-3-4 Etzioni 분류에 따른 조직의 유형론

참여 통제수준(권력)	소외적 참여	타산적 참여	도덕적 참여
강제적	강제적 조직[1]		
보상적		공식적 조직[2]	
규범적			규범적 조직[3]

1. 물리적 제재와 위협, ex) 군대, 경찰, 교도소
2. 돈이나 그 밖의 물질적 보상, ex) 회사
3. 상징적 보상이나 제재, ex) 학교, 가정

권력, 통제수단, 그리고 참여 수준을 함께 제시하면 조직 유형은 [표 Ⅱ-3-4]와 같다.

(3) Blau와 Scott의 유형론: 조직의 수혜자가 누구인가에 따른 분류

Blau와 Scott(1962)은 조직활동을 통하여 누가 가장 많은 혜택을 받았는지 주된 수혜자가 누구인가를 기준으로 하여 조직 유형을 분류하였다. 이들은 우선 공식적 조직에 관련된 사람들을 조직의 구성원, 조직의 소유자, 고객, 일반 대중의 네 범주로 분류하고 이들 중 조직활동결과에 대해 주된 수혜자가 누구인가에 따라 조직의 유형을 나누었다.

이들 중 어느 한 범주의 집단만이 조직의 혜택을 독점하는 경우는 찾기 어렵다. 따라서 조직 유형 분류의 기준이 되는 수혜자는 주된 수혜자이다. 주된 수혜자를 기준으로 조직을 분류하면 호혜 조직, 사업 조직, 공익 조직, 봉사 조직으로 나뉜다. Blau와 Scott(1962)은 하나의 조직이 반드시 하나의 조직 유형에 소속되는 것은 아니며, 혼합형의 존재가 가능하다고 보았다. 이상의 내용을 기초로 하여 네 가지 조직 유형의 주된 수혜자, 각 조직에서 중요한 문제, 조직의 예 등을 간단히 정리하면 다음과 같다.

❶ 호혜조직(mutual benefit associations): 이 조직의 주된 수혜자는 조직구성원으로, 참여를 보장받는 데 관심을 가지고 있다. 정당, 노동조합, 전문적 단체, 종교단체 등이 여기에 해당된다.

❷ 사업조직(business concerns): 이 조직의 주된 수혜자는 조직 소유주로, 이윤 획득을 주된 목표로 하고 있다. 제조 회사, 보험회사, 은행 등이 여기에 해당된다.

❸ 공익조직(commonwealth organizations): 이 조직의 주된 수혜자는 일반 대중이다. 행정기관, 군대, 경찰, 소방서 등이 여기에 해당된다.

❹ 봉사조직(service organizations): 이 조직의 주된 수혜자는 조직과 직접적으로 접촉하는 일반 대중이며, 이 조직의 기본적인 기능은 고객에게 서비스를 제공하는 것이다. 학교, 병원, 사회사업기관 등이 여기에 해당된다.

(4) Minzberg의 유형론

Minzberg(1979)는 조직 유형 분류의 기준으로 구성원과 조정 기제를 제시하고, 조직의 효율성에 미치는 요인으로 상황 요인을 제시하였다. 이 절에서는 조직의 구성원에 대해서만 살펴보고, 조정기제와 상황요인은 후술하는 Minzberg의 관료제 모형에서 자세하게 알아보도록 하자.

조직의 구성원은 과업 수행과 조정에 관하여 서로 다른 역할을 수행하는 다섯 개 집단으로 구분하였다. 이들은 운영 핵심층, 전략적 고위층, 중간 관리층, 기술 구조층, 지원 부서층 등이다.

❶ 운영 핵심층(Operating core): 운영 핵심층은 기본적인 업무, 즉 제품 및 서비스 생산과 직접 관련된 활동을 수행하는 사람들로 구성된다. 운영 핵심층은 조직의 심장부로서 조직의 궁극적인 결과물들을 생산한다. 학교의 경우, 교사들이 운영 핵심층이 되며, 교수 학습 활동이 그 궁극적인 결과이다.

❷ 전략적 고위층(Strategic apex): 조직의 상층부에 위치하여 조직의 효과적인 임무 수행에 대한 책임을 지는 최고 행정가로 구성되어 조직의 목표를 설정하고 조직의 전략을 제시한다. 공립학교 체제에서 교육감이 이에 해당한다.

❸ 중간 관리층(Middle line): 공식적 권위 구조를 통해 운영 핵심과 전략적 정상을 연결하며 운영 핵심층을 감독하고 통제하며 자원을 제공하는 행정가들이다. 학교 체제의 경우 중간 관리자는 학교장이다. 일반적으로 직접적인 감독을 통해 통제 및 조정이 이루어지는 조직들에는 중간층이 폭넓게 형성되어 있다.

❹ 기술 구조층(Technostructure): 조직의 생산과정을 검사하는 분석가들로 조직의 업무를 계획하고 분석하고 훈련하는 업무를 담당하는 층이다. 교육과정개발 담당자, 수업장학 담당자, 연구업무 담당교사 등 기획에 대한 책임을 맡고 있는 행정요소이다. 이는 다른 사람들의 업무를 표준화하고 자신들의 분석 기술을 통해 조직이 환경에 적응할 수 있도록 도와주는 분석가들로 구성되어 있다.

❺ 지원 부서층(Support staff): 작업 계통 외부에서 조직을 지원하기 위해 존재하는 특수 부서들로 구성된다. 학교에서는 건물 및 시설 담당부서, 보수 및 유지 담당부서, 식당 및 급여 담당 부서들, 양호실, 서무실, 버스 기사실을 찾아볼 수 있다.

(5) Carlson의 유형론: 고객 선발에 의한 분류

Carlson(1964)은 조직과 고객이 서로를 선택할 수 있는 정도에 따라 서비스 조직 (service organization)을 네 가지 유형으로 분류하였다. 분류 기준은 조직에 대한 고객의 참여 결정권 유무와 조직의 고객 선택권 유무인데, 예컨대 어떤 서비스 조직은 고객이 참여를 선택할 수 있으며, 또 다른 서비스 조직은 선택할 수 없는 경우도 있다.

❶ 유형 I : 고객이 조직을 선택하기도 하고 조직이 고객을 선발하기도 한다. 이처럼 조직과 고객이 독자적인 선택권을 가지고 있어 생존을 위한 경쟁이 필연적이기 때문에 야생 조직이라고도 한다. 대학, 사립학교, 개인병원, 공공복지기관 등이 여기에 해당된다.

❷ 유형 II : 조직이 고객을 선발할 수 없는 반면에 고객은 조직을 선택할 수 있다. 요컨대, 고객의 조직 선택권만 존재하는 유형으로 고졸 지원자를 받도록 학칙에 명시되어 있는 미국의 주립 대학과 대부분의 지역사회대학이 여기에 해당된다.

❸ 유형 III : 고객은 조직 선택권을 갖고 있지 않고, 조직만 고객 선택권을 가지고 있는 경우로서, 이 경우에는 서비스 조직이라고 볼 수 없다. 따라서 이론적으로는 존재하나 실제로는 존재하지 않는다.

❹ 유형 IV : 조직이나 고객 모두 선택권을 갖지 못하는 조직으로 법적으로 그 존립을 보장받기 때문에 사육조직(domesticated organization)이라고도 한다. 공립학교, 정신병원, 형무소 등이 여기에 해당된다.

표 II-3-5 Carlson 분류에 따른 조직의 유형론

		고객의 참여 결정권	
		유	무
조직의 고객 선택권	유	유형 I (야생 조직)	유형 III (강압 조직)
	무	유형 II (적응 조직)	유형 IV (온상 조직)

04 | 학교 조직의 특성

학교 조직에 관한 매우 다양한 관점, 개념, 이론 등은 학교 조직 이해의 관점을 발전시켜 왔는데, 이들 개념과 이론은 서로 배타적인 것이 아니며, 학교 조직의 포괄적인 이해에 있어서 서로 상보적인 관계에 있다. 이에 비추어 볼 때, 학교 조직은 어떠한 특징이 있는지 이를 설명하는 주요 이론들에는 어떤 것들이 있는지 살펴보고자 한다.

(1) 관료제의 특징과 학교 조직

현대에 들어 학생인구가 급증하고 이에 따라 교사와 교직원 수가 늘어나면서 학교의 신설이 많이 필요하게 되었고, 학교 규모의 대형화 추세로 이어져 왔다. 또한 공교육 체제가 정착된 이후 학교에 대한 사회의 일차적 관점은 주로 학교를 어떻게 하면 효율적으로 운영하여 그 생산성을 높일 수 있는지에 관심이 집중되었다. 학교의 효율적 조직 및 운영에 대한 실천적·행정적 처방에 집중되다 보니 생산성과 효율성 제고를 위한 관료제에 초점이 맞추어졌다. 이러한 배경으로 학교 조직을 본다면, 고전적 조직 이론의 대표 이론인 관료제의 성격으로 설명될 수 있다.

가. Weber의 관료제 모형

관료적 구조는 분명한 목적을 성취하고 행정적 과업을 수행하기 위해 의도적으로 설정된 공식적 조직이다. Minzberg(1979)에 의하면, 관료적 구조란 "행동이 사전에 결정되거나 예측할 수 있는 정도, 즉 표준화의 정도"라 정의하고 있다. 조직의 목적이 무엇이건 간에, 규칙·규정, 위계, 분업·전문화와 같은 구조적 특성들은 그 목적을 달성하기 위해 의도적으로 설계됨을 시사하고 있다. Weber에 따르면, 관료제는 합리적 의사결정을 달성하고 효율의 극대화를 위해 이러한 수단들을 통해 권위를 사용한다. 분업과 전문화는 사실에 근거하여 기술적으로 올바르고 합리적인 결정을 내리는 비정적 전문가를 만든다. 이러한 결정이 일단 내려지면, 위계화된 권위로서 규칙과 규정을 통해 분업화된 인력들이 과업을 잘 이행하도록 지시한다. 경력 지향의 피고용인들은 인센티브를 가지고 성실하게 과업에 임한다.

[표 Ⅱ-3-6]에서 보듯이, 베버의 관료제는 그 주요 특징들을 분업(division of labor)과 전문화(specialization), 비정성(impersonal orientation), 권위의 위계(hierarchy of authority), 규정과 규칙(rule and regulation), 경력 지향성(career orientation)의 다섯 가지로 요약 제시하였다. 베버의 관료제의 특징들은 상호 결합할 때 역기능으로 작용할 가능성이 존재한다. 이러한 측면에서 Hoy와 Miskel(2012)은 앞에서 제시한 관료제의 특징에 따라 관료제의 순기능과 역기능을 분석하였다.

❶ 분업과 전문화: 일을 분업화, 전문화해야 조직을 효율적, 과학적으로 관리할 수 있다. 학교는 효율적인 교육을 위해 전문화와 분업의 체제를 갖추고 있다. 학교 조직은 교육목적을 효과적으로 달성하기 위해 학교급별, 교과별, 학년별, 업무별(교무, 연구, 학생업무 등)로 분업, 전문화되어 있다. 또한 교과의 전문화를 위하여 교사자격증 제도를 도입하고 있으며, 교사 선발시 자격증을 취득한 전문적 능력에 기초하여 경쟁에 의해 선발한다.

❷ 비정성: 공적인 일을 할 때는 사적인 감정을 배제하며 공식적 관계에 초점을 두고 있다. 학교에서의 업무처리는 사적 감정을 배제하고 원리원칙에 의해 이루어지고 있다.

표 Ⅱ-3-6 관료제의 특징

역기능	관료제의 특징	순기능
권태감의 누적	분업과 전문화	전문성 향상
사기 저하	비정성	합리성의 증진
의사소통 장애	권위의 위계	순응과 원활한 조정
경직과 목표 전도	규정과 규칙	계속성과 통일성 확보
실적과 연공의 갈등	경력 지향성	동기의 유발

출처: 윤정일(2009) p. 46, Hoy & Miskel(2007, 오영재, 신현석 외 역, 2009) pp. 99~104 발췌정리.

❸ 권위의 위계: 업무의 효율성을 위해 명확한 권위의 계층제를 형성하여 상위직의 통제
와 감독을 받으며 상하관계를 명확히 한다. 학교 조직은 교장-교감-부장-교사로
구성원들의 업무를 수직적으로 분화시켜, 상하의 위계에 따라 권한과 직위를 배분하
였다.

❹ 규정과 규칙: 확립된 규정과 규칙을 통해 활동의 일관성을 유지한다. 그렇지 않으면
비효율적이고 비용이 낭비된다. 학교 조직은 업무의 수행 및 운영절차에 있어서 통일
성을 확보하기 위해 복무지침, 내규, 업무편람 등을 규정하여 교직원들의 행동을 규제
한다.

❺ 경력 지향성: 경력을 지향한 승진제도가 있다. 학교 조직 역시 경력과 같은 연공서열
주의에 의한 승진과 포상 제도가 기본이 된다.

학교 조직은 전문화의 요구와 함께 계층적 조직으로서의 성격을 가지고 있다.
초중등학교의 분리, 교과의 구분, 교수와 행정의 분류가 전문화의 요구에 해당된
다. 그리고 교육감, 교육위원회, 교육장과 같은 학교 외부의 계층과 교장, 교감, 교
사와 같은 학교 내 계층이 계층적 조직의 성격을 보여 준다(신현석 외, 2012).

나. Minzberg의 구조이론

Minzberg는 조직을 환경에 의해 영향 받는 구조, 즉 개방체제로 서술하면서 관
료적 구조를 분석하는 또 다른 틀을 제안하고 있다. 그에 따르면, 조직이 과업에
따라 구성원을 5집단으로 나누고, 이들 간의 조정을 이끌어 내는 5가지 조정 기제
(mechanism)로 구조를 설명하고 있다. 그는 이처럼 조직 유형 분류의 기준으로 구성
원과 조정 기제(mechanism)를 제시한 뒤, 조직의 효율성에 미치는 요인으로 5가지
상황 요인을 제시하였다.

우선 조직을 묶어주는 5가지 조정 기제로는 상호 조절(mutual adjustment), 직접적
감독(direct supervision), 작업 과정의 표준화(standardization of work), 결과의 표준화
(standardization of output), 기술의 표준화(standardization of skills)가 있다.

또한 앞서 조직의 유형론에서 살펴 보았듯이, 조직구성원을 과업 수행과 조정에

관하여 서로 다른 역할을 수행하는 다섯 개 집단으로 구분하였다. 이들은 운영 핵심층, 전략적 고위층, 중간 관리층, 기술 구조층, 지원 부서층 등이다. 위와 같은 핵심적인 다섯 가지 조정 기제(mechanism)들과 다섯 가지 부분들은 다음과 같은 다섯 가지 조직 형태의 근거가 된다.

(가) 단순 구조(Simple structure, 집권화하려는 최고 경영진)

"전략적 고위층"이 핵심 부분이며 조직은 소규모이고 역동적인 환경 속에서 존재하며 감독은 직접적으로(direct supervision) 이루어진다. 중간 관리층이 없고, 기술 구조층 및 지원 부서층도 거의 없고, 분업 및 전문화가 되어 있지 않다. 행정적 위계화 정도가 낮기 때문에 정교화되어 있지 못하여 어떤 사건이 일어나자마자 해결되는 경향이 있다. 규칙과 규정에 구애받지 않는 비공식적인 분위기에서 전략적 고위층인 최고 행정가는 융통성을 발휘할 수 있다는 이점이 있으나, 소규모의 전략적 고위층들에 의해 중요한 모든 의사 결정이 내려지는 매우 집권화된 구조이다. 따라서 공식적 권위 역시 위에서 아래로의 일방향으로만 전달된다.

학교 조직의 경우, 소규모 초등학교가 이에 해당되는데, 조직의 특성상 강압적, 전제적, 때로는 카리스마적인 학교장에 의해 학교가 운영된다. 일반적으로 교사들은 행정가의 움직임에 따라 조직이 움직이는 이러한 구조를 전제적이라 생각하기 마련이다. 동시에 이러한 학교들은 집권화되어 있기에 참여자들 간에 이완된, 비공식 구조도 존재하고 있다. 단순 구조는 조직 성장 및 발전 과정에서 나타나는 비교적 지속적인 형태라 할 수 있다.

(나) 기계적 관료제(Machine bureaucracy, 공식화하려는 기술 구조)

여러 부속들로 이루어져 규칙적으로 움직이는 기계와 같이 표준화되고 조정되는 조직을 기계적 관료제라고 한다. 철강제조회사나 항공사와 같이 "기술 구조층"이 핵심을 이루며, "작업 과정의 표준화"가 핵심적인 조정 기제인 업무 특성을 가진 대규모조직이다. 이러한 조직에서는 공식화에 의해 고도의 집권화가 유지된다.

즉, 규칙과 규정이 조직 전반에 적용되며, 모든 수준에서 공식적 의사소통이 지배적이며, 의사결정은 위계적인 권위 계통에 따라 이루어진다. 따라서 "전략적 고위층"인 최고 행정가에게 상당한 권한이 부여되어 있는데, 이들과 권력을 공유하는 유일한 사람들은 "기술 구조층"의 분석가들이다. 이들의 역할이 조직의 "작업 과정을 표준화"하는 조직에서 중요한 역할을 수행하기 때문이다.

학교 조직의 경우, 기술 관료층에서 학교의 업무를 표준화하여 교사들의 업무 내용이 표준화된다. 이러한 기관들은 대규모 학교이거나 많은 학교를 관할하는 고도의 작업 표준화가 필요한 지역 단위의 교육지원청이거나 광역 단위의 교육청, 혹은 교과부와 같이 국가 전체에 걸쳐 정교한 기술 구조에 대한 기대를 받고 있는 중앙 단위의 기관 등이다. 이러한 조직은 광범위한 일련의 규칙, 절차 및 직무 상세화를 통해 행동이 공식화된다. 비록 대부분의 학교가 기계적 관료구조의 특징을 가지고 있긴 하나, 엄밀한 의미에서 보자면, 학교는 대규모의 중간 계층과 정교한 기술 구조를 갖추고 있지 않기 때문에 기계적 관료제라 하기는 어렵다. Minzberg에 따르면, 대부분 공립학교 구조는 단순구조와 기계적 관료제 사이에 걸쳐 있는 "단순 관료제(simple bureaucracy)"의 형태를 띠고 있다.

(다) 전문적 관료제(Professional bureaucracy, 전문화하려는 교사들)

"전문적"이라는 표현에서 알 수 있듯이, "운영 핵심층"이 핵심 부분이고, "기술의 표준화"가 핵심적인 조정 기제이므로 분권화와 표준화를 동시에 허용하는 구조이다. 작업이 아주 복잡해서 관리자들에 의한 "직접적 감독"이나 "표준화"는 불가능하기 때문에 권력의 상당 부분이 "운영 핵심층"의 전문가들에게 위임된다. 따라서 상대적으로 행정 구조가 덜 위계화되어 있어 통제와 조정을 위한 복잡하고 정교한 조직 위계나 작업 기준을 설정하는 기술 구조가 필요하지 않다. 전문가들은 무엇을 어떻게 할 것인지 상당한 권한을 행사하고 고객들과 긴밀한 관계를 형성하며 업무를 수행하지만 동료들과는 긴밀한 관계를 유지하지는 않는다.

표 II-3-7 Minzberg의 구조 이론

	적응 기제	조직의 핵심부분	주설계의 매개변수	상황 요소	직무의 전문화	권력
단순구조 조직	직접감독	전략적 고위층	중앙집권	단순, 역동, 동태적	낮은 전문화	최고 경영자가 통제
기계적 관료제	작업과정 표준화	기술 구조층	행동의 공식화	단순, 안정적	수평, 수직적 전문화	기술자가 통제
전문적 관료제	기술의 표준화	운영 핵심층	전문화된 훈련	복잡, 안정적	높은 수평적 전문화	전문가가 통제
부서화 형태	결과의 표준화	중간 관리층	시장중심 집단화	단순, 안정적, 다양한 시장	사업부와 본사 간의 부분적 전문화	중간관리층의 통제
임시조직 구조	상호조절	지원 부서층	연락장치	복잡, 역동, 동태적	전체적으로 중요	전문가 통제

출처: Hoy & Miskel(2007, 오영재, 신현석 외 역, 2009), pp. 121~129 요약정리.

전문적 관료제를 가진 학교들은 자신들의 업무를 통제하고, 팀워크와 협력, 동료들과 수업 리더십을 공유하는 매우 능력 있고 잘 훈련된 교사들로 구성되어 있다. 이는 분권화되어 있고 민주적인 구조이다.

(라) 부서화 형태(Divisionalized form)

"중간 관리층"이 핵심 부분이며, 분업형 조직으로서 "결과의 표준화"가 핵심적인 메커니즘으로 작동한다. 대규모 회사와 같이 조직의 각 부서는 고유의 구조가 있고, 그 구조는 이미 정형화된 하나의 형태를 취한다.

(마) 임시조직 구조(Adhocracy)

지원 부서층이 핵심적인 부분이며, "상호 조정"이 핵심적인 조정 기제(mechanism)

로 작용한다. 연구개발실험팀과 같이 환경이 역동적이고 미지의 상태이며, 조직의
구조는 상황에 따라서 급격하게 변화한다(Hoy & Miskel, 2012).

  이처럼 학교 조직은 관료제적 특성에 지배를 받고 있으나 행정가의 일사분란한
통제만으로 운영되지만은 않는다. 교사들은 전문가로서 상당히 큰 재량권과 수업
에 대한 의사결정권을 행사하고 있기 때문이다. 그러나 전문적 관료제에서조차 결
국은 결과물의 획일성에 대한 요구, 정해진 순서대로 상급 학년과 상급 학교로 학
생들을 진급시키거나 진학시켜야 할 필요성 및 장기간에 걸친 학교 교육 등의 활
동의 표준화를 요구한다. 따라서 학교 조직에 여전히 관료적 원리가 적용되고 있
음을 확인할 수 있다. 이명박 정부 때 시행했던 전국 단위의 학업성취도평가와 학
력 향상을 목표로 한 획일화된 평가에 대한 요구가 높아지면 높아질수록 학교에
대한 집권화, 공식화 및 표준화하려는 시도 또한 무관하지 않다는 것을 우리는 이
미 경험한 바 있다. 학교 구조에 관한 최근 연구에서는 구조가 학교의 효과성과
효율성에 가져오는 긍정적 또는 부정적 결과는 구조의 크기가 아닌 유형에 의해
결정된다고 제안하고 있다. 이처럼 학교는 관료제적 특성과 비관료제적 속성을 모
두 가지고 있는데, 다음 절에서는 관료제 이외의 어떤 특성으로 설명될 수 있는지
구체적으로 살펴보도록 하겠다.

(2) 다양한 이미지로서의 학교 조직

가. 이완결합체제로서의 학교

  관료제에서 설명하는 조직은 목표를 달성하는 데 보다 효과적으로 일하기 위해
서 여러 사람들이 과업을 분담하여 과업을 수행한다. 대부분의 조직은 누가 그 일
을 얼마나 잘 하는가에 대한 관심으로 업무의 생산성과 효율성을 목표로 하여 과
업을 수행하는 사람들 간에 상하 관계가 있고, 업무를 구조화하여 기능적으로 이
루어진다. 이러한 특성으로 인해 조직을 설명하는 데 있어 관료제라는 관점이 설
득력을 얻을 수 있는 측면이 있다.

그러나, 학교에서는 어느 교사가 수업을 얼마나 잘 하는가와 같이 질서정연하게 구조화되거나 기능적으로 분명하게 연결되지 않는 측면도 있다. 즉, 학교 조직에서 교장이나 교감, 그리고 교사들 간의 연결 체제는 지식, 명령체계가 엄격하게 지켜지는 기업이나 군대와는 달리 구조적 느슨함을 특징으로 하고 있다. 또한 교수학습 활동이 핵심인 학교 조직의 특성상 자율성과 자유재량권을 가지고 있으며, 때로는 교사도 형식적인 교장의 지시와 통제를 받을 뿐이다. 왜냐하면 학교 조직을 구성하고 있는 부서들 간에 상호 관련되어 있지만 각자의 자주성과 개별성을 유지하고 있기 때문이다. Weick는 이러한 학교의 모습을 비유적으로 '이완결합체제 (loosely coupled systems)'라고 묘사했다. 즉, 학교의 경우, 조직의 각 부서가 서로 연결은 되어 있으나 개인은 상호 감시 받지 않고 기능을 수행해 나가는 등 각자가 독자성을 유지하면서 어느 정도 분리되어 있는 모습을 표현한 것이다.

예컨대, 교사들의 수업활동에 대해서 감독을 한다는 것은 현실적으로 상상하기 어렵다. Meyer와 Rowan은 학교의 핵심적인 활동인 수업이 조직구조의 통제로부터 벗어나 있는 점을 들어 학교 조직의 이러한 특성이 이완결합적 특성을 가질 수밖에 없음을 들고 있다. 여기에서 이완결합은 구조가 수업활동과 분리되어 있고, 또 수업활동과 그에 따른 성과가 분리되어 있다는 점을 의미한다. 학교 조직이 수업 활동에 대해서 조정과 통제를 충분히 할 수 없는 이유는 다음의 세 가지로 들 수 있다.

첫째, 평가의 측면이다. 수업활동이 교실이라고 하는 개개의 분리된 상황에서 이루어지고 있어서 조직통제로부터 벗어나 있으며, 수업의 과정과 성과가 조직으로부터 철저한 평가와 감독을 받고 있지 않다. 중등의 경우 특히 각 전문교과 영역을 가진 교사의 활동을 교장들이 감독하고 통제할 기회를 거의 갖지 못하며, 이들이 매일 함께 일하는 것도 아니다. 심지어는 교사들 간의 상호작용도 별로 없으며 수업이 교장이나 동료교사들에게 공개되는 경우도 많지 않다.

둘째, 교육과정과 교수방법의 측면이다. 일상적으로 사용하는 매우 효과적인 방법이나 기술은 통제를 보다 용이하게 하는 기능을 가진다. 그러나 학교에서는 수업내용이나 과정이 어떠해야 효과적인가를 규정하는 구체적인 기준을 가지고 있지 못하다. 고작 교육과정에 관한 일반지침이 있는 정도여서 이에 관심을 갖는 교사는 많지 않은 실정이다. 수업방법도 교사에 따라 각양각색이며, 교사가 사용하는 수업방법에 대하여 교장이 어떠한 영향력도 행사하기 어렵다.

셋째, 권한과 관련된 측면이다. 교육행정가는 수업활동에 관하여 직접적인 권한을 가지고 있지 않다. 행정가들은 수업의 내용과 방법을 계획하고 조정하는 일반적인 책임을 가지고 있지만, 수업을 어떠한 방식으로 하게 하는 권한은 사실상 가지고 있지 못하다. 수업 이외에 시간표 작성, 학급편성, 담임배정, 공간배치, 예산배분 등에 대해서는 실질적인 권한을 행사한다. 이와 같이 교육행정가는 교육조직의 핵심을 이루는 수업기능에 대해서는 최소한의 통제 밖에는 발휘하지 못한다.

이완결합조직은 조직의 자율성을 높이고 타부서의 영향력을 제한함으로써 각자가 자신의 판단에 따라 일하고, 필요한 변화를 시도할 수가 있게 된다. 그러나 이러한 자율적 의사결정에 대한 강조는 단단하게 결합되거나 연결되어 있어야 할 측면들을 무시하거나 행정관리적 측면의 엄격한 법적 행정적 통제를 지나치게 외면하므로 교육조직의 효과성 차원에 상당한 문제를 야기할 수 있다. 학교 조직에서는 구성원들 간에 또는 부서 간에 목표에 대한 합의수준이 높고, 의사소통이 원활히 이루어지며, 상호지원과 협력이 활발하게 이루어져서 체제가 견고하게 결합될수록 조직효과성은 높아질 수 있기 때문이다.

학교는 이완결합과 견고한 결합을 동시에 가지고 있는 조직체로 인식되어질 수 있으며 학교가 어느 한쪽으로 치우칠 수 없는 이중성을 가지고 있다는 사실에 유의해야 한다.

나. 조직화된 무질서로서의 학교

March와 Olsen에 의해 도입된 "조직화된 무질서(Organized anarchy)" 용어는 조직이 합리적, 과학적, 논리적, 분석적으로 파악할 수 없는 측면이 있음을 강조하기 위해서 사용한 용어이다. 학교 조직을 움직이는 목표나 기술, 그리고 구성원들 간의 관계가 전통적 조직이론에서 지적하는 것처럼 명명백백하게 구조화되어 있지만은 않다는 점에서 비유적으로 무질서라는 표현을 사용하고 있다. 학교 조직에 있어 조직화된 무질서의 구체적인 특성으로는 불분명한 목표, 불확실한 기술, 그리고 구성원의 유동적 참여를 들고 있는데, 그 특징은 다음과 같다.

❶ 불분명한 목표: 교육조직의 목표는 수시로 변하며, 단위 학교마다 학생들의 수준이 다르고, 또 동일한 학교의 동일한 학년이라도 매년 학생들 개개인의 수준과 특성, 성향이 다르므로 행동적으로 표현하기가 쉽지 않다. 따라서 교육조직은 그 목표를 일관성 있게 명료화하기가 쉽지 않다. 때로는 목표 간에 갈등이 있을 수도 있고 쉽게 해결되지 않기도 한다. 또한 구성원들이 뚜렷한 목표의식을 가지고 교육활동을 전개하지 못하기도 한다.

❷ 불확실한 기술: 기술이란 교육기자재, 컴퓨터 등과 같은 학습기기 조작 뿐 아니라 문제해결에 동원되는 체제기법, 절차, 방법, 고안, 계획 등을 포함한다. 학교 조직 내에서의 업무 활동이나 교수학습 활동에 있어 교사들 각자는 다른 기술과 방법을 사용한다. 따라서 교사와 학생의 특성마다 달라지는 기술을 표준화시키기는 어렵다. 이로 인해 조직은 시행착오를 거듭하면서 운영되고, 주로 과거경험으로부터 얻은 기술을 사용하게 된다.

❸ 구성원의 유동적 참여: 교육조직에서의 참여는 유동적이다. 우리나라 공립학교의 경우, 교사와 행정가는 4-5년 교육청에서 정해진 기간 동안 근무하다가 다른 학교로 이동한다. 사립학교 역시 재단 내 학교 간 교사 이동으로 인해 교사 참여는 역시 유동적이다. 학생들 역시 입학하고, 3년 혹은 6년 후 졸업하면서 상급학교 진학으로 인해 이동한다. 학부모들의 개인적 혹은 집단적 참여 역시 상황에 따라 다르게 나타난다. 자녀들의 해당 학교 재학 기간에는 헌신적으로 참여하다가도 졸업 후에는 그 참여에 소극적일 수밖에 없는 모습들은 쉽게 찾아볼 수 있는 예이다.

이와 같은 무질서 상태는 어느 조직에서나 부분적으로 나타나거나 시간에 다소 차이가 있지만, 특히 공공조직과 학교 조직에 현저하게 나타나는 특징이라고 Cohen(1972)은 지적하고 있다. 조직화된 무질서 개념은 고전적 관료제에서 간과했던 많은 변인들을 검토하는데 충분히 기여했다. 그러나 이 모형은 학교 조직의 예측불가능성, 모호성, 불확실성을 지나치게 강조함으로써 교육과정운영이나 학사계획운영 등과 같이 확실하고 예측 가능한 측면은 설명하지 못하고 있다.

다. 이중조직으로서의 학교

학교 조직은 이완결합체제 개념만으로는 그 특성이 모두 설명되지 않는다. 학교
는 느슨하게 결합된 측면도 있지만, 한편 엄격한 관료제적 특성 또한 공존하고 있
기 때문이다. 예컨대, 학교의 중추적인 활동인 교수학습은 형식적이거나 직접적인
통제에서 벗어나 있으므로 이완결합조직으로 설명될 수 있으나 수업 이외의 활동,
즉 제도 운영 및 관리 영역은 일반 조직과 마찬가지로 엄격하게 연계되어 있고 응
집력 있는 구조를 가지고 있다는 것이다. 즉, 수업시간 운영, 학습집단 구성, 학생
관리, 재무관리, 사무관리, 자원의 배분, 경영적 기능, 법규 적용 등의 학교경영 활
동들은 철저한 통제 속에 엄격한 결합을 맺고 있다.

이러한 양존하는 특성으로 인해 학교 조직을 설명하는 데 있어 이중조직이 설득
력을 얻고 있다. 수업활동 등의 측면에서는 이완결합체제의 관점으로 설명될 수
있으나, 행정관리라는 보편적인 조직관리의 측면에서는 엄격한 결합구조로 이해될
수 있다는 것이다. 때때로 지나친 독립성이 학교 조직의 효율성과 생산성 저하로
이어질 수 있는 반면, 엄격한 경직성 역시 교사들의 사기 저하로 이어져 과업수행
의 효과를 반감시킬 수 있다. 따라서 학교행정가는 학교의 느슨한 결합과 엄격한
결합에 대한 충분한 이해를 바탕으로 양자의 장점을 충분히 살려 조직관리의 효율
성과 수업 등의 전문영역의 자율성을 보장하는 전략적인 학교경영 수립을 위한 지
도성을 발휘할 필요가 있다(윤정일 외, 2009: 163-164).

초임교사인 유아미 교사는 올해 3월, 은별고등학교에 발령 받아 1학년 담임업무와 학교 환경·미화 업무를 배정받게 되었다. 대학 재학 시절, 수업을 통해 이미 교직 실무에 대해 충분히 고민해 보고, 준비되었다고 생각했지만, 막상 학생들 생활지도, 학급경영, 교과교수법, 학교 업무 등의 실제에 맞닥뜨리니 고민이 이만저만이 아니다. 우선 환경미화 업무와 관련해서 먼저 학급, 학년마다 필요한 환경물품을 조사하여 수합 후, 물품 구입을 위한 예산 품의서부터 기안해야 한다. 발령받기 전, 이미 선배 교사에게 연수받았던 공문 기안 작성 요령과 틀이 있다. 게다가 전년도 담당자가 기안해 둔 예산 품의서를 참고하여 정해진 규정에 의해 작성하면 큰 고민 없이 해결될 것 같다. 다음은 수업과 관련해서 우선 학급 학생들의 학습 수준과 생활 상태를 신속하게 파악한 후, 그들에 적합한 학급경영 기본 목표와 방침을 설정하고, 구체적인 계획 하에 어떤 다양한 활동들을 꾸려가야 할지 결정해야 한다. 이러한 활동들이 과연 학생들에게 어떤 교육효과로 나타날지 고민스럽기만 하다. 또한 다양한 특성을 지닌 학생과 학부모의 교육적 요구를 어떻게 잘 수합하여 모두를 만족시킬 수 있을지, 그들에게 만족스러운 평가를 받을 수 있을지도 고민스럽고 막막하기만 하다. 곧 3시부터 교직원회의가 있다는 이야기를 전해 들었다. 잠시 고민을 접고 교직원회의에 참석해야 할 것 같다. 아직 취업 준비 중인 친구들은 정년도 보장되어 정리해고당할 위험도 없겠다, 일상이 전쟁터요, 치열한 생존 경쟁하에 야근을 밥 먹듯이 해야 하는 일반 기업도 아니고, 생존과 관련한 별 고민 없이 정해진 시간에 퇴근할 수 있는 안정된 직장이라 얼마나 좋겠냐고들 하지만, 모르는 소리다. 오늘도 유 교사는 각종 수업자료와 다양한 일거리들을 usb에 잔뜩 저장하여 퇴근해야 할 거라 한숨을 쉬며 회의 장소로 발걸음을 옮긴다.

토론거리

◑ 학교 조직 내에 혼재된 다양한 이미지에 따른 학교 조직의 특성들을 어떤 다양한 이론으로 설명할 수 있는지 위의 사례를 바탕으로 자세하게 분석해보자.

정리하기

❶ 여러 학자들이 다양하게 정의내린 조직 개념들의 공통된 속성으로는 특정한 목표, 둘 이
상의 구성원, 구성원 간 공유된 인식, 의도성, 역할과 권한·책임·과업·의사소통 등에
관한 공식구조와 규범, 환경과의 상호작용 등이 있다.

❷ 조직의 구조는 공식조직과 비공식조직으로 나눌 수 있는데, 조직 목적 수행을 위해 설계
된 공식조직과 그 속에 깃든 개인 간의 선호에 따라 형성된 비공식조직이 존재하며, 이
는 조직의 역할 수행에 긍정적 또는 부정적 영향을 미친다. 조직의 또 다른 구조로는 수
직적 업무수행 중심의 계선조직과 상층부의 의사결정을 돕는 수평적인 참모조직이 있으
며, 어느 쪽을 더 강조할 것인가는 조직의 성격과 목적에 따라 달라진다.

❸ 조직의 유형은 학자에 따라 여러 가지 유형으로 구분되는데 이에 따르면, 학교 조직은 주
된 수혜자가 고객인 봉사조직이고, 문화와 가치를 창출·보존·전승하는 유형유지조직이
며, 규범적 권력과 도덕적 참여가 조합된 규범적 조직이고 온상조직의 성격을 가지고 있다.

❹ '조직화된 무질서로서의 학교'는 조직을 움직이는 목표나 기술(technology), 그리고 구
성원들 간의 관계가 관료제와 같은 전통적 조직이론에서 지적하는 바와 같이 명백히 기
능적이거나 합리적이지만은 않다는 점을 들고 있다. '이완결합체제'도 조직 내의 구조가
서로 연결은 되어 있으나 각자가 독자성을 유지하면서 어느 정도 분리되어 있는 모습을
표현한 것이다.

학습문제

01 다음 사례를 읽고 박 교장이 학교 조직의 평화를 깨지 않으면서 동시에 업무의 효율성도 높일 수 있는 성공적인 학교 경영을 하려면 어떤 리더십을 발휘해야 할지 공식조직과 비공식조직의 개념 및 순기능과 역기능에 근거하여 서술하시오.

> 50대 후반 강 교사는 소위 '교포교사(교감 승진 포기 교사)'로 동년배의 여느 교사들과는 달리 학교 내 부장직책 등의 보직을 전혀 맡고 있지 않은 평교사이다. 그러나 교무회의 석상에서 교장·교감의 눈치를 보지 않으며, 적재적소에 입바른 소리를 하는 소신파로 알려졌다. 때론 갈등과 긴장 국면에서 특유의 위트로 분위기를 완화시키기도 하는 그는 학교 내 "미스터 쓴소리"로 불리며, 평교사들 사이에 든든한 선배교사로 자리매김하고 있다. 한편, 교장·교감 등의 학교경영자들에게는 어려운 존재이기도 하다. 최근에 이 학교로 부임해 온 박 교장은 신임 학교 재임 중 크고 작은 업무를 추진하며 뭔가 큰 업적을 남겨 보고자 한다. 그런데, 전임 교장에게 인계인수를 받으며 '미스터 쓴소리' 강 교사에 대한 사전 정보를 받고 학교를 어떻게 이끌어가야 할지 고심 중이다.

02 지방분권, 수요자 중심, 저비용 고효율, 평생교육이라는 최근의 교육개혁의 방향에 따라 학교 조직 역시 변화하고 있다. 미래 학교의 모습은 수요자 중심 교육목표를 달성하기 위해 조직 구조의 필요에 따라 유동적으로 조직의 존폐를 결정하고, 조직의 비용을 줄여 효율성을 극대화하기 위한 시도로서 슬림화 현상이 가속화될 전망이다. 이같은 학교 조직의 변화 속에 미래의 학교 조직은 기존의 학교 조직이 관료제적 특성을 가지고 있었던 배경과 이유에 비추어 볼 때, 어떤 특성과 이미지로 설명될 수 있는지 이 장에서 공부했던 이론들을 토대로 분석하시오.

CHAPTER 04

교원의 동기부여

 학/습/목/표

- 동기의 개념과 중요성에 대해 이해할 수 있다.
- 동기의 내용이론과 과정이론을 이해하고 설명할 수 있다.
- 동기이론이 교원과 학교 현장에 주는 시사점에 대해 논의할 수 있다.

생각해보기

　　조직구성원의 직무 동기란 직무환경에서 직무와 관련이 있는 행동을 유발시키고, 목표를 지향하도록 하는 한편, 유지시키는 데 영향을 미치는 조건이라 정의될 수 있다. 이러한 정의를 학교 조직에 적용하면, 교사의 직무 동기란 교사들이 학교 조직의 효과적인 목적달성을 위한 행동을 개시하고, 그 행동을 활성화하며, 이를 유지시키는 내적 상태라 정의할 수 있다. 즉, 학교 조직에서 교사의 직무 동기는 교사들이 학교 조직의 효과적인 목적달성을 위한 행동을 개시하고 그 행동을 활성화하며, 이를 유지시키는 내적 상태라고 할 수 있다.

　　학교 교육의 본질적인 기능인 교수활동에 종사하고 있는 교사들로 하여금 열의와 만족감을 갖고 학생들을 가르치도록 동기를 부여하는 일은 학교경영에서 중요한 관심사가 되고 있다. 그 이유는 교사들은 교직생활을 통해 개인적으로 바라고 충족하고자 하는 바가 있고, 학교 조직은 개인의 요구에 적절한 보상을 제공할 수 있을 때에 목표의 달성이 용이해지기 때문이다. 이러한 점에서 교사들의 동기부여는 국가적인 교원정책이나 학교경영의 차원에서 중요하게 다루어지고 있다.

라틴어인 'movere'에서 유래한 motive는 움직인다는 의미를 지니고 있다. 이는 동기가 행동 그 자체를 의미한다기보다 소망(want), 원망(desire), 충동(drive) 등과 같이 개인으로 하여금 목표지향적인 행동을 유발하도록 하는 인간의 내적인 상태를 의미한다(권기욱·김민희, 2011: 139). 따라서 동기의 실체를 파악하기 위해서는 욕구(needs)와 행동(behavior)의 개념을 함께 고려할 필요가 있다.

욕구는 개인이 경험하는 결핍의 상태를 의미하는데, 이는 행위의 활성장치 또는 촉진제의 역할을 한다. 반면에 행동은 개인을 동기화시키는 욕구충족의 수단을 말한다. 여기에 목표라는 개념을 추가하여 동기의 의미를 정리할 수 있다. 즉, 동기란 어떠한 행동을 하도록 만드는 내적인 요인 또는 마음의 상태로서, 개인의 행동을 자극하고 조직에 유익한 방향으로 지속되게 하는 심리적 과정이다(Miner, 2006: 57).

이러한 동기를 내재적, 외재적으로 나누어 살펴보면, 내재적 동기는 어떤 일에 대한 관심, 흥미, 호기심 등이 일에 대한 몰입을 유도하는 것을 의미한다. 즉, 일 자체에 대한 만족, 도전감, 기쁨 등의 감정이 업무수행의 동력으로 작용하는 것이다. 그리고 외재적 동기는 어떤 일에 대한 동기가 외적 보상, 처벌에 있는 것을 의미한다. 즉, 어떤 활동의 결과가 보상 또는 처벌로 이어지는 것에 관심을 두고 행동하는 것을 의미한다.

조직구성원이 느끼는 개인적 의미에서의 동기는 인간의 행동을 활성화시키고, 지시하고, 유지시키는 요소로 구성되어 있다. 그래서 이러한 개인적 동기는 조직의 목적을 성취하기 위하여 개인의 행동을 자극하고 유발하고 유지하는 것을 목표로 한다(Steers & Porter, 1989: 3-21). 반면에 조직에 있어 동기부여는 조직구성원으로 하여금 어떤 행동을 일으키게 하는 내적 마음상태를 만들기 위해 의도적으로 노력하는 것을 의미한다. 그래서 조직의 지도자는 구성원들이 조직의 목표 달성을 위해 자발적으로 헌신할 수 있도록 하는 방안에 대해 늘 고민하게 된다.

동기이론의 주된 흐름을 간략히 살펴보면 다음과 같다. 우선 과학적 관리론에서 물질적 보상에 개인적 관심이 있었다면, 인간 관계론에서는 조직구성원과의 인간 적인 관계와 의사소통에 초점을 맞추게 되었다. 그리고 1940년대 후반에는 동기에 대한 행동과학적인 접근이 대두되었고, 1950년대에서는 심리학적 접근이 주류였는 데, 이 시기에는 인간의 행동을 유발하는 요인이 무엇인가를 식별하는 연구에 초 점이 맞춰졌다.

　동기와 관련된 연구는 '무엇'이나 '어떻게'에 초점을 맞추고 있고, 이에 따라 두 가지로 동기이론의 유형을 구분할 수 있다. 첫째, '무엇이 인간의 행동을 활성화시 키는가?'와 '무엇이 일련의 행동을 하도록 지시하고 유도하는가?'에 관심을 두는 이 론을 '동기의 내용이론'이라고 한다. 둘째, '일련의 행동은 어떻게 유지되는가?'와 '그러한 행동은 어떻게 종료되는가?'에 관심을 두는 이론을 '동기의 과정이론'이라 고 한다.

02 | 동기의 내용이론

(1) Maslow의 욕구위계이론

욕구(Needs)는 개인이 내적 균형을 획득하기 위하여 어 떤 행위 과정을 추구하도록 하게 하는 내적 불균형의 상 태를 의미한다(Steers & Porter, 1991).

Maslow(1970)가 제시한 욕구위계이론의 기본가정은 다 음과 같다. 첫째, 인간은 항상 무엇을 원하는 존재이고, 더 많이 원한다는 점이다. 둘째, 이미 충족된 욕구는 동력을 상실하고, 충족되지 못한 욕구만이 인간 행동을 유발하는 동기로 작용한다. 셋째, 인간의 욕구는 위계적으로 배열할 수 있다.

Abraham Harold Maslow
(1908.4.1~1970.6.8)

　[그림 Ⅱ-4-1]과 같이 Maslow(1970)의 5단계 욕구위계는 생리적 욕구, 안전의

욕구, 소속과 애정의 욕구, 존경의 욕구, 자아실현의 욕구이다.

◯◯ 그림 Ⅱ-4-1 Maslow의 욕구위계이론

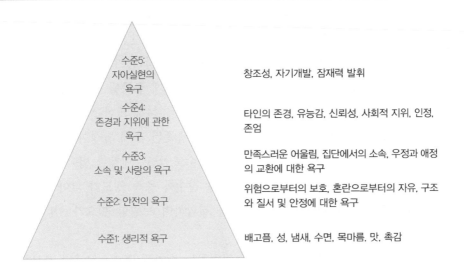

수준5:
자아실현의
욕구   창조성, 자기개발, 잠재력 발휘

수준4:
존경과 지위에 관한
욕구   타인의 존경, 유능감, 신뢰성, 사회적 지위, 인정,
                       존엄

수준3:
소속 및 사랑의 욕구   만족스러운 어울림, 집단에서의 소속, 우정과 애정
                       의 교환에 대한 욕구

수준2: 안전의 욕구   위험으로부터의 보호, 혼란으로부터의 자유, 구조
                       와 질서 및 안정에 대한 욕구

수준1: 생리적 욕구   배고픔, 성, 냄새, 수면, 목마름, 맛, 촉감

출처: Hoy & Miskel(2005), 오영재 외(역)(2007). 교육행정 이론, 연구, 실제. p. 148. 발췌, 수정.

첫째, 생리적 욕구(physiological needs)는 배고픔, 갈증, 배설, 잠 등으로 생활을 유지하는데 필요한 기초적인 욕구이자 생존에 관련된 욕구이다.

둘째, 안전의 욕구(safety needs)는 물리적 침입이나 공격으로부터의 안전 뿐 아니라 심리적인 안정감까지 포함한 개념이다. 위험과 위협으로부터의 보호, 공포·불안·무질서로부터의 보호, 구조·질서·법·제약·안정에 대한 욕구 등이 포함된다.

셋째, 소속 및 애정의 욕구(social needs)는 사회 속에 소속되어 구성원들과 친밀한 관계를 유지하려는 감정이다. 타인과의 만족스러운 관계, 집단에의 소속감, 우정과 애정을 주고받는 것 등이 포함된다.

넷째, 존경의 욕구(esteem needs)는 자신이 유능하고 꼭 필요한 사람임을 확인받

고 싶은 욕구이다. 일종의 성취감, 능력, 자신감을 포함하는 욕구로서 건설적 또는
비건설적으로 충족되기도 한다.

다섯째, 자아실현의 욕구(self-actualization needs)는 욕구이론의 최정상에 있으며,
자신의 잠재력을 인식하고 계속적인 자기발전을 추구하게 하는 감정이다.

Maslow에 따르면 대다수의 사람들에게 생리적 욕구, 안전과 보호에 대한 욕구,
소속 및 애정의 욕구는 일정 수준에서 충족되면 더 이상 동기화 효과를 갖지 못하
지만, 존경과 자아실현과 같은 상위의 욕구는 완전하게 충족될 수 없기 때문에 지
속적인 동기유발 요인이 된다고 하였다(오영재 외, 2007: 149). 또한 Maslow의 욕구위
계이론은 상위단계의 욕구는 하위단계의 욕구가 충족된 후에 활성화된다고 전제하
고 있으나, 여러 단계의 욕구가 동시에 발생할 수도 있고, 단계를 밟아나가지 않을
수도 있다. 또한 일반적으로 고차원의 욕구로 갈수록 충족 정도가 낮아지므로, 시
간의 경과에 따른 논리와 상대성의 가정을 결합하여 보완할 필요가 있다(Lawless,
1972: 87).

조직의 구성원들은 조직 목표 달성에 공헌하는 대가로 조직으로부터 충분한 보
상을 받기를 원한다. 보상에는 인센티브, 직업의 안정성 보장, 근로조건 개선 등이
포함된다. 이는 학교 현장에서 근무하는 교사들에게도 적용된다. 학교 조직의 효과
성을 제고하기 위해 교장, 교감 등의 관리자들은 교사들의 욕구의 종류와 내용에
대해 정확히 파악해야 한다.

Hersey와 Blanchard(1977: 34)는 Maslow의 욕구위계이론을 바탕으로 생활수준의
정도에 따라 사람들의 욕구가 다르게 나타난다고 하였다. 생활수준이 낮은 집단은
생리적 욕구와 안전의 욕구 수준이 상대적으로 크고, 생활수준이 높은 집단은 하
위욕구는 대부분 충족되어 있으므로, 주로 존경의 욕구와 자아실현의 욕구를 충족
시키기 위한 행동을 보인다는 것이다.

교사집단은 생활수준이 비교적 높은 집단에 속한다고 볼 수 있다. 따라서 교권
이 훼손되지 않고 교사로서의 자긍심을 갖고, 교직에 대한 만족감을 충분히 느낄
수 있도록 사회적인 분위기가 형성되는 것이 중요하다. 그리고 교사들이 인간으로

서 성장하면서 자아실현의 욕구를 충족할 수 있도록 교사-학생-학부모 간의 신뢰관계 회복에 더욱 관심을 집중해야 할 것이다.

(2) Alderfer의 ERG이론

Alderfer(1972)의 생존, 관계, 성장이론은 Maslow의 5단계 욕구위계이론을 현실에 맞게 3단계로 축약하여 수정한 이론이다. Alderfer의 세 가지 욕구를 살펴보면 다음과 같다.

첫째, 생존(existence)의 욕구는 인간의 생존유지를 위해 필요한 욕구로서 Maslow의 생리적 욕구(배고픔, 목마름 등)와 안전의 욕구 중 일부(월급, 업무환경 등)를 포함한다.

둘째, 관계(relatedness)의 욕구는 사회적인 존재로서 타인과 인간관계를 맺고자 하는 욕구이다. Maslow의 안전의 욕구 중 일부(대인관계 등), 애정 및 소속의 욕구, 존경의 욕구 중 일부를 포함한다.

셋째, 성장(growth)의 욕구는 개인적인 성장을 위한 노력과 관련된 욕구를 말한다. Maslow의 자아실현의 욕구, 존경의 욕구 중 일부(자기 존경 등)가 포함된다.

Maslow는 하위단계의 욕구가 충족되면 그 다음 단계로 이동한다고 하였으나, Alderfer는 상위욕구가 충족되지 않았을 경우에 낮은 단계의 욕구 충족으로 이동하는 접근법을 제시하였다. 즉, 관리자로 진급할 수 없다고 판단한 조직구성원은 성과 달성보다는 개인적인 취미생활이나 가정생활에 더 관심을 기울일 수 있다는 것이다. 그리고 Alderfer는 하위단계의 욕구가 충족되지 않았더라도 상위단계의 욕구가 발생할 수 있다고 하였다. 이처럼 Alderfer의 ERG이론은 실증적인 연구가 별로 없어 보편성의 문제가 제기되기는 하지만, Maslow의 욕구위계이론보다는 비교적 현실적인 대안을 제시할 수 있는 이론으로 평가받고 있다.

Alderfer는 두 가지 이상의 욕구가 동시에 작용할 수 있다고 주장하였다. 즉, 기간제 교사들의 경우에 생존의 욕구나 관계의 욕구가 완전히 충족되지 못했더라도 일 자체에 대한 만족감과 학생들과의 끈끈한 유대감을 바탕으로 성장욕구가 충족되어 교직에 대한 동기가 충분히 부여될 수도 있다는 것이다. 이는 동일한 직무상

황에서 하나의 동기요인이 다른 동기요인을 대체하여 전체적으로 직무수행의 동기
나 열의가 높아질 수 있음을 의미한다.

두 가지 이상의 욕구가 동시에 발현될 수 있다는 Alderfer의 ERG이론에서와 같
이, 동일한 직무상황이 마련되지 않아 생존의 욕구가 충족되지 못했지만 교육업무
를 수행하면서 자존감을 경험하게 되면 성장의 욕구가 자아실현의 욕구를 충족시
킬 수 있다고 생각된다.

(3) Herzberg의 동기-위생이론

Herzberg 동기-위생이론의 핵심은 만족과 불만족을 연
속선상에 두지 않고, 서로 독립된 별개의 개념으로 구분하
고, 각 차원에 작용하는 요인 역시 별개로 존재한다는 것
이다.

첫째, 동기(motivation)요인은 직무에 대한 만족감과 성취
감을 느끼게 하는 내적 요인으로서 목표달성, 승진, 책임
등의 감정을 포함한다.

Frederick Irving Herzberg
(1923.4.18~2000.1.19)

둘째, 위생(hygiene)요인은 주로 직무환경에 관한 요인으
로 급여, 고용형태, 지위, 동료관계, 작업조건, 감독기술
등을 포함한다.

Herzberg에 의하면, 동기요인이 충족되지 않는다고 해서 조직구성원에게 불만
족을 초래하지 않는다. 또한 위생요인, 즉 외적 요인들이 충족되지 않으면, 조직구
성원은 불만족을 느끼고 조직을 이탈하거나 낮은 성과 달성을 보이게 된다. 반면
에 외적 요인이 잘 갖추어졌다고 해서 조직구성원에게 만족감을 안겨주는 것은 아
니다. 즉, 위생요인은 내적 동기와 관련 없이 조직의 불안 요소를 제거하여 직무환
경을 유지시키는 정도를 제공할 뿐이다.

미국의 피츠버그 지방의 기업체 구성원을 대상으로 실시된 Herzberg(1959, 1966)
의 면접연구의 결론은 인간에게는 독립적으로 작용하는 서로 다른 개념의 욕구가

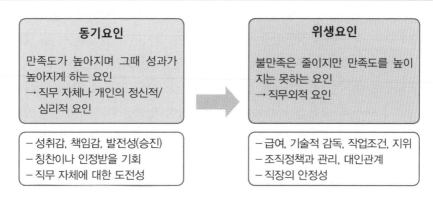

그림 II-4-2 Herzberg의 동기위생이론

출처: Hoy & Miskel(2005), 오영재 외(역)(2007). 교육행정 이론, 연구, 실제. p. 148. 발췌, 수정.

있다는 것이다. 즉, 조직의 구성원들은 본인의 업무에 불만을 느끼게 되면 자신이 일하고 있는 직무 환경에 대해 관심을 갖게 되고, 직무에 만족감을 느끼고 있으면 직무 그 자체에 몰입한다는 것이다.

그리고 동기요인 추구자는 심리적으로 성숙되고 만족을 추구하려는 욕구와 불만을 회피하려는 욕구가 강하다. 위생요인 추구자는 자기실현 단계에 도달하지 못한 자로서 불만을 없애는 데에 치중하려는 욕구가 강하여, 만성적인 불만족에 시달리게 된다.

Herzberg의 동기-위생이론에서는 직무만족으로 이끄는 요인과 직무불만족으로 이끄는 요인이 서로 배타적이라고 가정한다. 동기욕구와 위생욕구는 서로 독립되어 있어 위생요인의 만족이 직무만족으로 이어지지는 않는다. 위생요인이 만족되면 직무에 대한 불만족이 제거될 뿐이고, 업무 의욕이나 성취감을 올려주지는 못한다는 것이다. 반면에 동기요인이 충족되면 구성원들이 성장하여 업무의 능률을 올려주고 이는 직무만족으로 연결되나, 업무 환경에 대한 불만족을 해소시키지는 못한다는 것이 그의 이론이다. 따라서 불만족의 반대는 만족이 아니라 불만족 없음이고, 만족의 반대는 불만족이 아니라 만족 없음이라는 것이 그의 논리이다.

Robbins(1933: 143)은 Herzberg의 동기-위생이론에 대해 몇 가지 비판을 제기하
였다. 첫째, Herzberg가 사용한 연구절차가 방법론상으로 제약되어 있고, 신뢰성
이 의심된다는 점, 둘째, 직무만족에 대한 측정이 실시되지 않았다는 점, 셋째, 선
행연구 결과와의 불일치 문제, 넷째, 생산성 측면을 간과했다는 점이다.

Sergiovanni(1967)는 Herzberg의 동기위생이론을 학교 조직에 적용시켰다. 그는
일반 산업체 현장과 교육집단 사이에는 다른 점이 있음을 지적하였는데, 업무 자
체와 승진체계 등은 교사들에게 동기유발의 요인이 되지 못한다는 것이다. 교사들
은 다른 조직체와는 달리 지도자급(교장, 교감, 주임교사 등)과의 인간관계보다 학생들과
의 교감 및 관계를 더욱 중요하게 생각하고 있었다. 따라서 교사들이 자존감, 존경
받고자 하는 욕구, 자율감, 도전감 등의 다양한 욕구를 발휘할 수 있도록 교육현장
에서의 장이 충분히 마련되어야 할 것이다.

이처럼 Herzberg의 동기이론은 교원들의 사기제고를 위한 방안을 도출하는데
매우 중요한 시사점을 제공한다. 이 이론에 따르면 교사들은 보수 수준이나 근무
여건의 개선 등에 의해서 동기가 유발되는 것이 아니라 교직이라는 직무 자체를
통해 동기부여가 되므로 직무 풍요화(job enrichment), 과업의 재설계(work redesign)전
략을 수립하는 것이 효과적일 수 있다. 즉, 교사들의 교직 만족감과 사기 진작을
위해 불만족요인을 제거하고, 만족요인이 충족될 수 있도록 학교정책의 방향을 수
립하는 것이 바람직하다는 의미이다.

(4) McGregor의 X-Y이론

McGregor는 Maslow의 욕구계층이론에 기반을 두고, 저차원적이며 부정적인 인
간관을 가정하는 X이론과 고차원적이고 긍정적인 인간관을 가정하는 Y이론을 설
정하였다. X이론과 Y이론을 간략히 살펴보면 다음과 같다.

첫째, X이론은 고전적 인간관, 성악설에 해당하는 것으로 권위주의 경영관리방
식인 엄격한 감독, 상세한 명령 및 지시, 금전적 자극 등을 특징으로 하는 조직에
서 주로 나타난다.

둘째, Y이론은 성선설에 해당하며 인간을 자아 실현적 존재로 규정하고, 본질적으로 일을 하는 것을 싫어하지 않는다고 가정한다.

표 II-4-1 X-Y이론의 비교

X 이론	Y 이론
인간은 본질적으로 악하다.	인간은 본질적으로 선하다.
인간은 본능적으로 행동한다.	인간은 인본주의에 따라 행동한다.
인간은 강제적으로 동기화된다.	인간은 자발적인 협력에 의해 변화한다.
인간의 본성은 경쟁적이다.	인간의 본성은 협동적이다.
개인이 가장 중요하다.	집단이 가장 중요하다.

출처: Hoy & Miskel(1982). Educational Administration: Theory, Research, and Practice. p. 173.

인간에 대한 기본 가정을 X이론과 Y이론으로 나누어 비교해보면 [표 II-4-1]과 같다.

X이론의 조직관리 전략은 기본적으로 부하 조직원을 통제하고 엄격하게 감독하여 업무를 구조화하는 것이다. 이러한 외적인 통제는 인간을 본질적으로 믿을 수 없다는 사고방식에서 기인한 것으로 X이론 체제하에서의 전통적인 경영방식은 조직구성원의 낮은 수준에 해당하는 욕구만을 충족시키는 데 그칠 확률이 높다. 그 결과로 조직구성원들의 근무 의욕이 떨어지고, 조직의 효율성이 저하될 가능성이 매우 높다.

Y이론적 조직관리 전략에서는 조직의 목표를 성취하기 위해 구성원들이 자발적으로 노력하도록 유도하는 민주적인 리더십이 요구된다. 또한 권한위임, 직무확대, 참여적 경영 등의 방법을 적용하여 조직의 구성원들에게 신뢰와 책임을 함께 부여한다. 이러한 조직에서는 비공식조직의 활용을 통해 구성원들의 개별적인 욕구충족과 자체평가를 통한 자기역할의 확인과 인식을 새롭게 할 수 있다. 그리고 수직적인 조직구조를 업무수행 중심의 수평적인 구조로 개선하여 상하 간의 급간과 거

리감을 제거할 수 있어 보다 높은 조직 효율성을 달성할 수 있다.

그러나 조직의 실제 관리전략에서는 상황에 따라 X이론과 Y이론이 혼용되는 것이 일반적이다. X이론의 조직 전략인 지시, 감독, 통제가 요구되는 경우도 있고, Y이론적 인간관을 대비시켜 구성원의 개인목표와 조직목표를 통합적으로 성취하도록 하는 경우도 있을 수 있다.

(5) Argyris의 성숙-미성숙이론

미성숙-성숙이론은 X-Y이론과 연관된 것으로, X이론적 바탕의 관료적이고 전통적인 조직에서는 인간을 미성숙한 존재로 가정한다. 이러한 조직에서는 강압적 관리전략을 사용하여 개인의 성숙을 방해하고, 수동적이고 의존적인 행동을 장려하여 미성숙한 존재로 남게 한다. 반면에 Y이론에 바탕을 둔 인간적인 조직에서는 조직구성원을 자발성, 책임감, 목표지향성을 지닌 성숙한 인간을 가정한다. 이 조직에서는 민주적 가치와 신뢰를 바탕으로 대인관계가 형성된다.

Argyris(1957)의 라디오 조립작업 실험의 결론을 요약해보면, 구성원을 미성숙 단계에 묶어두지 말고, 성숙의 단계로 진입할 수 있도록 물꼬를 터주는 역할을 조직에서 담당해야 한다는 것이다. 조직구성원들에게 좁은 분업을 지양하여 더 많은 책임감을 부여하면 성숙한 인간임을 인정하고, 결과적으로 조직의 효과성도 향상된다는 것이 그의 결론이다.

그는 인간이 미성숙 상태에서 성숙 상태로 발달하려면 [표 Ⅱ-4-2]의 7가지 요소가 변화해야 한다고 지적하였다(Argyris, 1957: 18).

표 II-4-2 미성숙-성숙의 연속성

미성숙(immaturity)	성숙(maturity)
수동적(passive)	능동적(active)
의존성(dependence)	독립성(independent)
한두 가지의 단순한 행동방식 (behave in a few ways)	여러 가지의 다양한 행동 (capable of behaving in many ways)
변덕스럽고 천박한 흥미 (erratic shallow interests)	보다 깊고 강한 흥미 (deeper and stronger interests)
단기적 전망 (short time perspective)	장기적 전망 (long time perspective)
종속적인 직위 (subordinate position)	대등하거나 우월한 직위 (equal or superordinate position)
자아의식의 결여 (lck of awareness of self)	자아의식과 자기통제 (awareness and control over self)

출처: Bennis(1969). Organizational Development: Its Nature, Origins and Prospects. p. 13.

Argyris는 작업환경 내에서의 인간관리전략을 분석하기 위해 X이론적 인간성에 상응하는 관료적 피라미드 조직체계와 Y이론적 인간성에 상응하는 민주적 조직체계로 나누어 설명하였다. Argyris에 의하면, 관료적 피라미드 조직에서는 개인의 성숙이 미성숙 단계에 고정될 수 있다고 하였다. 즉, 공식조직에서는 과업의 전문화, 지시의 일원화, 명령체계, 통솔의 범위에 근거하여 조직구성원을 조직에 귀속시키고 수동적인 상태로 만들기 때문이다(Duncan, 1978: 271).

공식조직에서의 의사결정권 박탈, 심리적 실패, 개인 욕구충족 기회의 좌절 등에서 오는 갈등을 제거하기 위해 Argyris(1962: 38-54)는 관리자와 구성원 간의 대인적 교류를 강화하고, 직무를 확대하여 책임감을 많이 부여하고, 참여적 지도성으로 전환하는 방안을 제시하였다. 이러한 Argyris의 방안은 민주적 가치체계인 Y이론적 인간관이 함축되어 있다.

03 | 동기의 과정이론

(1) Vroom의 기대이론

기대이론은 인간이 사고와 이성을 지닌 존재로서 의식적인 행위선택을 한다고 가정하며 동기화 과정에서의 개인적 지각이 매우 중요하다고 강조한다. 그리고 조직의 구성원의 동기부여는 어떤 행동의 결과로 얻게 될 주관적 가치의 크기와 개연성에 의해 결정된다고 가정한다. 예컨대 높은 성과가 승진을 보장하지 못한다고 느낄 때 조직의 구성원은 높은 성과를 위한 행동을 추구하지 않는다는 것이다. 또한 구성원 본인이 승진에 대한 의욕이 없을 경우 높은 성과에 대한 동기 자체가 낮게 작용하게 된다.

Vroom(1994)은 유인가, 기대감, 성과, 수단성 개념을 가지고 기대이론을 정립하였다. 각각의 개념에 대해 살펴보면 다음과 같다.

Victor H. Vroom
(1932~)

첫째, 유인가(valence)는 어떤 한 개인이 특정한 결과에 대해 갖는 선호의 정도를 말한다. 선호하는 결과는 정(+) 유인가를, 무관심일 경우에는 영(0), 선호하지 않은 결과는 부(-)의 값을 갖게 된다.

둘째, 기대감(expectancy)은 어떤 행위를 했을 경우에 특정한 성과가 도출될 것이라는 가능성과 확률에 관한 주관적 믿음이다.

셋째, 성과(outcome)는 직무성, 생산성, 노동이동 등의 직접 결과와 급전, 승진, 휴가, 인정 등의 보상적 결과를 말한다.

넷째, 수단성(instrumentality)은 보상기대를 일컫는 용어로서 1차적인 성과가 2차적인 성과로 연결될 것이라는 주관적인 생각을 말한다.

Vroom(1994: 52)의 기대이론은 직무와 동기의 관계에서 인지론적 관점에 관심을 갖고, 직무상의 역할 중에서 하나를 선택하는 과정, 개인의 만족 정도, 직무의 수행과 효율성 등에 대해 언급하면서 다음의 가정을 설정하였다.

첫째, 인간은 자신의 욕구, 동기, 과거 경험에 근거한 기대를 가지고 조직에 참여한다.

둘째, 개인의 행동은 의도적인 선택이다.

셋째, 인간은 조직에서 보수, 직업적 안정성, 승진 등의 다양한 것을 얻기 원한다.

넷째, 인간은 개인적인 산출을 극대화하기 위해 노력한다.

Vroom의 기대이론을 구성하는 이상의 개념들 간 관계를 정리해보면 [그림 Ⅱ-4-3]과 같다. 우선 개인의 기대치는 노력과 업무의 수행을 연결시켜준다. 그런 후 유인가는 이차 결과인 목표에 대한 매력이고, 수단성은 업무의 성취와 보상 간의 관계를 제시해준다.

⚫⚫ 그림 Ⅱ-4-3 Vroom의 기대이론

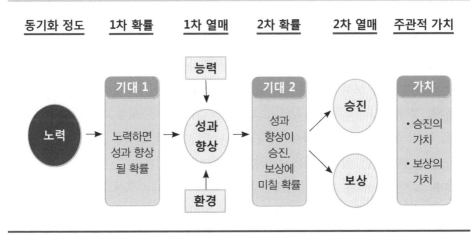

Vroom의 기대이론에서는 인간의 동기(M)는 유인가(V)가 긍정적일수록, 기대치(E)가 높을수록, 수단(I)이 효율적일수록 동기는 더욱 강력해진다고 주장한다. 그래서 인간의 동기를 M = f(E·I·V)의 수리적 공식으로 나타낼 수 있다고 본다. 그러나 공식에 따르면 세 가지 요인 중에서 하나라도 제로(0)가 되면 동기는 아예 나타나지 않게 되는 기본 가정의 한계가 존재한다. 또한 기대이론이 내용체계가 복잡하

여 실증적 검증이 어렵고, 변수에 대한 조작적 정의가 애매하다는 비판도 존재한
다. 그리고 인간이 과연 위와 같은 복잡한 경로를 통해 의사결정을 하거나 업무
수행 능력을 발휘하는지에 대한 의문도 남는다.

그럼에도 불구하고 Vroom의 기대이론은 학교 현장에서 교사들의 교직에 대한
목표의식과 만족감을 고취시키기 위해 필요한 여러 가지 체계적 지원 프로그램의
중요성에 대해 시사점을 주고 있다. 특히 저경력교사에게 멘토링 프로그램을 제공
하거나, 성과와 보상 체계를 명확히 제시하거나, 직위배분 및 결정에 있어 일반교
사의 참여 확대 등의 방안이 모색될 수 있다.

(2) Porter와 Lawler의 성취-만족이론

성취-만족이론은 업무성과의 달성을 통해서 만족을 얻을 수 있다는 논리로, 직
무성과는 조직구성원이 원하는 목적과 결과를 얻으려는 노력에 의해 결정된다는
것이다. 우선 기본 구성요인에 대해 살펴보면 다음과 같다.

첫째, 노력(effect)은 업무과정에서 발휘되는 조직구성원의 에너지를 의미한다. 노
력의 크기와 양은 보상의 가치 및 기대감에 따라 달라질 수 있다.

둘째, 성과(performance)는 조직의 목적달성을 위한 업무 실행정도로서, 구성원의
노력, 능력, 특성, 역할지각 등에 의해 결정된다. 아무리 노력을 해도 기본적인 능
력이 안된다면 높은 업무실적을 기대할 수 없다는 것이다.

셋째, 보상(rewards)은 개인의 업무 성과에 부여되는 대가로서 내재적 보상과 외
재적 보상으로 나눌 수 있다. 내재적 보상은 정서안정, 자아실현, 성장 욕구 등이
고, 외재적 보상은 보수, 승진, 지위, 안전 등의 조직적인 강화요인이다.

넷째, 만족감(satisfaction)은 보상에 대한 개인의 욕구충족의 정도를 말한다.

Porter와 Lawler의 성취-만족이론에는 중요한 두 가지 피드백 과정이 있다. 첫
째, 만족감이 보상의 가치에 연결된다는 것이다. 만족감의 종류가 결핍욕구에 해당
된다면 보상의 가치는 하락하여 개인의 노력을 이끌어내지 못할 것이다. 반대로
만족감이 자아실현과 같은 성장욕구에 해당된다면 보상의 가치가 상승하여 개인의

충분한 역량을 이끌어낼 수 있을 것이다. 둘째, 성과에 따라 보상이 제대로 주어졌
는가에 따라 차후의 노력의 정도가 달라진다는 것이다.

Porter와 Lawler의 성취−만족이론은 보상의 가치, 노력, 보상에 대한 기대감이
노력에 영향을 미치고, 노력이 성과에, 성과가 보상에, 그리고 보상이 만족감에 영
향을 미치는 일련의 과정을 설명하고 있다. 성취−만족이론의 기본모형을 제시하
면 [그림 Ⅱ−4−4]와 같다.

◍◍ 그림 Ⅱ-4-4 성취-만족이론 모형

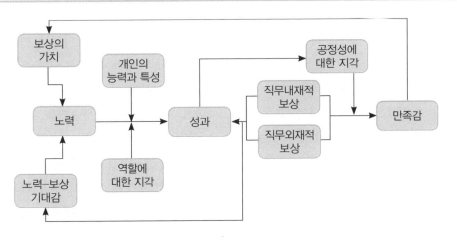

출처: Porter & Lawler(1969). Managerial Attitudes and performance. p. 165. 발췌, 수정.

Porter와 Lawler의 성취−만족이론에서의 직무수행 능력은 과업 성취와 보상에
부여되는 가치, 그리고 어떤 노력이 보상을 가져다 줄 것이라는 기대에 의해 좌우
된다. 그리고 노력에 의한 직무성취는 개인에게 만족을 줄 수 있으며 내재적 및
외재적 보상에 의해 강화된다. 그러나 보상이 충분히 주어지지 않고, 불공정하다고
지각되면 조직구성원에게 만족감을 안겨줄 수 있다고 본다.

따라서 교사들이 느끼는 과업 및 보상의 차이와 이유를 정확하게 파악하여 상황

에 적합한 기법들이 적용되어야 한다. 조직구성원들이 느끼는 보상의 정도는 개개인이 다르게 이해할 수 있다. 따라서 실적과 보상 간의 균형에 대해 명확한 근거가 제시되고, 조직구성원, 즉 교사들의 동의를 충분히 받을 수 있어야 한다. 유능한 교사는 학생들의 가정배경, 학년, 성별, 성적 등에 따라 다양하게 존재하는 욕구를 잘 파악하고 헤아릴 줄 아는 교사이다. 이와 마찬가지로 유능한 교장은 학교의 전반적인 운영에 대한 책임과 함께 조직구성원 중 교사집단의 욕구를 잘 파악할 줄 알아야 한다.

(3) Adams의 공정성이론

공정성이론은 개인이 타인에 비해 얼마나 공정한 대우를 받고 있다고 느끼는가에 초점을 맞춘 이론이다. 투입−성과 비율이 자신과 타인이 동등하다고 느낄 때 조직구성원은 공정한 거래를 하고 있다고 느끼고, 직무에 대한 만족감을 느끼게 된다. 투입요소에는 성, 나이, 교육 정도, 사회적 지위, 자격, 업무수행을 위한 노력 등이 포함되고, 성과요소에는 보수, 승진, 안정성, 내적 흥미 등이 포함된다.

공정성이론에 따르면 과대보상과 과소보상은 모두 불공정성을 자극한다. 즉, 조직구성원들은 부족한 보상에 불만족을 느끼고, 과도한 보상에 대해서 부담감을 지각하게 된다는 것이다. 따라서 불공정한 거래를 하고 있다고 느낄 때에는 직무에 불만족감을 갖고 공정성을 회복하기 위한 행동을 선택하게 된다. 조직의 구성원이 불공정성을 감소시키기 위해 취하는 행동을 살펴보면 다음과 같다.

첫째, 투입조절이란 비교 대상에 비해 낮은 대우를 받고 있다고 느끼면 업무에 대한 시간과 노력의 투입을 감소시킬 것이라는 논리이다.

둘째, 성과조정은 임금인상이나 작업조건을 개선하는 경우를 말한다.

셋째, 투입과 성과에 대한 인지적 왜곡이란 타인이 자신보다 높은 성과를 받았을 경우에 그 타인의 지식, 능력 등이 본인보다 더 낮다고 추론함으로써 지각을 왜곡시키는 것을 말한다.

넷째, 비교대상의 투입과 성과의 변경은 비교대상인 타인에게 투입을 감소시키거나 압력을 가해 성과를 낮게 조정하려는 것을 말한다.

다섯째, 비교대상의 변경이란 본인과 비교했을 때 공정하다고 느낄만한 사람으로 대상을 변경하는 것을 말한다.

여섯째, 조직의 이탈은 전보, 퇴직, 이직 등을 선택하여 조직을 벗어나는 것을 일컫는다.

공정성이론에 따르면, 조직의 구성원은 비교대상으로 여러 가지 면에서 본인과 비슷하다고 느끼는 사람을 선택하게 된다. 그러나 공평에 대한 기준이 주관적이라는 점과 조직구성원이 본인의 가치를 과대평가한다는 점이 단점으로 존재한다.

🔵🔵 그림 II-4-5 Adams의 공정성이론

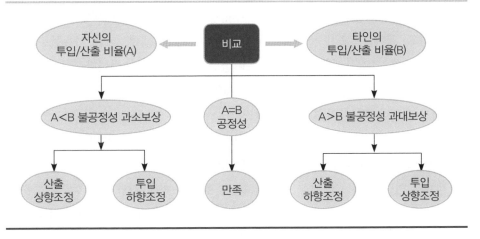

교직과 교단에 대한 개인적인 지각은 교사 개개인의 소산일 수 있으나, 인간행동을 사회적 관계 속에서 이해하게 되면 상황이 달라질 수 있다. 즉, 조직구성원 간의 상호작용이 만들어 낸 조직문화와 풍토가 개인에게 큰 영향력을 미쳐 결국에는 개인의 인식 자체를 변화시킬 수 있다는 것이다. 따라서 학교 현장에서 건설적인 교사문화, 조직풍토가 구축될 필요가 있다. 냉소적이고 적대적인 학교풍토가 형성되면 거기에 속한 교사들은 서로 간에 불신과 반감을 지각하게 되어 결국에는 학교의 비효과성, 비효율성을 야기하게 된다. 따라서 학교의 장과 구성원인 교사들 간의 끊임없는 피드백과 상호작용을 통해 민주적인 학교문화를 만들어 나가야 할 것이다.

(4) Locke 등의 목표설정이론

목표설정이론에서는 목표의 내용과 강도가 동기 유발을 위한 중요한 기제라고 주장한다. Locke 등의 연구결과에 따르면, 목표는 개인의 동기와 업무수행을 높이는 결정적인 요인이 될 뿐 아니라 업무 수행의 방법을 효율화하여 성공적인 결과를 도출하게끔 한다고 하였다. Locke와 Latham의 1990년 연구에 따르면, 목표는 다음의 네 가지 조건을 갖췄을 때 높은 수행정도를 보인다고 하였다. 첫째, 목표가 구체적이고, 둘째, 목표가 도전할 만한 것이어야 하고, 셋째, 도달 가능한 것이어야 하며, 넷째, 조직구성원이 목표달성에 헌신하여야 한다는 것이다.

기대이론과 목표설정이론은 조직에서 개인의 행동을 인지적인 과정으로 보는 공통점이 있으나, 몇 가지 차이점을 발견할 수 있다(권기욱 · 김민희, 2011: 175). 첫째, 기대이론은 가치에 대한 개인의 평가와 보상에 대한 기대를 강조한 반면, 목표설정이론은 목표를 성취하기 위해 거쳐야 할 의도적인 과정을 강조한다. 둘째, 기대이론은 가치가 인간의 행동에 영향을 미치고, 이 행동에 의해 결과가 야기된다고 하여 사고과정을 단순화하였다. 그러나 목표설정이론은 가치와 행동 사이에 정서적인 반응과 목표라는 과정을 포함시켜 보다 복잡한 기대이론의 과정을 설명하였다.

목표설정이론의 일반적인 모형을 살펴보면, [그림 Ⅱ-4-6]과 같다. 조직의 구성원은 개개인의 가치관에 따라 정서 욕구를 자극하여 일정한 목표를 설정하게 된다. 목표달성을 위해 주의력, 노력을 기울이고, 전략을 개발하여 행동한다. 행동수행의 결과로 일정한 성과를 얻게 되면 이는 피드백을 통해 과정의 전반에 다시 영향을 미치게 된다.

그러나 목표설정이론은 목표의 수용성, 곤란성 등이 어떻게 결합되어 개인의 노

○○ 그림 II-4-6 목표설정이론의 일반모형

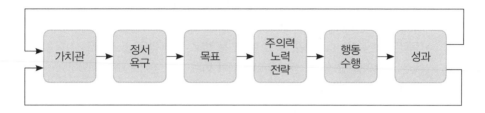

출처: Locke & Latham(1990). A Theory of Goal Setting and Task Performance. p. 121. 발췌, 수정.

력 여부를 결정하는지에 대한 구체적인 검증이 없고, 교육현장과 같은 복잡하고 산출물이 구체적인지 않은 조직에서는 활용되기 어렵다는 단점이 있다. 이를 수정하여 실질적인 조직경영에 적용할 수 있는 현대적인 기법으로 목표관리기법(MBO)이 개발되었다.

학교 조직에서의 목표에 의한 관리는 교사들이 스스로 목표와 실천방안을 계획, 결정하여 교직에 대한 긍정적인 태도와 목표의식을 갖게 하는 것이다. 이러한 과정을 통해 교사들 간의 유대감이 증진되고, 개인적인 동기부여와 사기 진작이 도모될 수 있다고 기대한다.

- 교원성과급제는 좋게 생각했을 때 교원들의 동기유발이 된다는 점, 그리고 선의의 경쟁을 촉진하여 교직 문화 개선에 기여하는 측면은 긍정적이에요. 평가를 받는다는 것이 내심 좋지만은 않지만, 교사들도 자신이 하는 일에 대해 비판적인 시각으로 평가를 해봐야 하고, 건전한 선의의 경쟁은 필요하다고 생각은 해요. (초등교사 16년차, 김OO)
- 요즘은 부장 보직을 맡는 것도 부담된다고 다들 기피하는 상황에서, 성과급마저 없다면 누가 하려 할까요? 성과급제는 현실적인 보상 수단 중에 하나라고 생각해요. (초등교사 9년차, 안OO)
- 교원성과급…, 교사 간 경쟁을 유발할 수밖에 없어요. S, A, B등급으로 업무평가에

대한 등급을 나눠야 하는데, 누구는 S고, 누구는 B가 될 수밖에 없잖아요? 그게 바로 서열화라 할 수 있고, 그럼 누가 협력해서 발전하려 하겠어요? 내가 더 앞서야 하는데. (초등교사 5년차, 이OO)
- 등급은 비공개로 나오지만, 학교 분위기는 별로 좋지 않은 것 같아요. 상대평가를 받는 기분이랄까? 일 년 동안 일한 결과가 이런 건가 싶기도 해서 허탈하고…. (초등교사 5년차, 전OO)

출처: 노길명, 이재덕(2021). 교원성과급제의 패러독스. 교원교육, 37(4), 391-418. p. 400 발췌.

토론거리
◑ 교원의 동기유발을 위해 마련된 교원성과급 제도를 Vroom의 기대이론을 활용하여 논의해보시오.
◑ 위의 사례와 같이 교원성과급 제도의 장단점을 고려하여 문제점 해결 방안을 논의해보시오.

04 | 동기유발을 위한 직무재설계

직무재설계 프로그램은 사람들의 작업에 대한 동기를 유발시키기 위해 직무의 내용과 과정을 바꾼다. 동기유발의 관점에서 직무에 대한 외재적인 보상이나 유인보다는 직무 자체의 내재적 측면을 증가시킴으로써 개인의 동기를 유발하고자 한다(김형관 외(역), 2003). 직무의 재설계 방법으로는 직무확장(직무 풍요화)이론, 직무특성이론, 교사의 경력별프로그램 등이 있다.

(1) 직무확장이론

직무확장이란 직무재설계를 통해 조직구성원의 동기를 유발하여 업무성과를 향상시키는 방법으로, 직무를 수직적으로 확장하여 개인에게 보다 많은 자유, 권한,

피드백을 제공함으로서 직무에 대한 부정적인 위생요인을 감소시키고, 동기요인을
증가시키고자 하였다(윤정일, 2008). 직무확장은 조직구성원들의 심리적인 성숙기회를
제공하는 것(수직적인 직무확대)인 반면에, 직무확대는 단순히 여러 가지 활동을 추가시
킴으로써 업무량만 확대(수평적인 직무확장)한 것이다. 직무확장의 특성을 살펴보면 다
음과 같다(Herzberg, 1982).

첫째, 고객중심: 고객에게 서비스를 제공한다.

둘째, 피드백: 구성원에게 결과에 대한 피드백을 준다.

셋째, 새로운 학습: 새로운 전문적인 능력을 습득할 수 있는 기회를 제공한다.

넷째, 자율과 재량: 구성원에게 자원에 대한 통제권을 부여하여 성과를 증진시
킨다.

다섯째, 직접적 의사전달: 필요한 정보에 대해 직접적으로 의사를 전달한다.

여섯째, 개인적 책임: 결과에 대한 개인적 책임을 조장한다.

직무확장이론의 기본설계를 위해서는 성취와 인정을 통해 개인적인 전문화를
추구하고, 책임감과 성장 가능성을 강조하여 창의성을 증진시키는 것이 우선이다.
또한 승진의 기회 제공을 통해 의사결정경험의 기회를 제공하여 직무에 대한 이해
도를 높이는 것도 방법이다. 교사들은 봉급수준이나 근무조건의 개선 등에 의해서
동기유발되는 것이 아니라 직무 그 자체를 통한 인정감, 발전감, 책임감 등에 의해
동기부여되기 때문에, 직무 자체 또는 그 수행 방식 등의 변화, 즉 직무 풍요화(job
enrichment) 전략이 효과적인 동기화 전략이 된다는 것이다.

직무 풍요화 전략을 활용하여 교사들로 하여금 직무수행상의 책임을 증가시키
고, 권한과 자유재량권을 부여하며, 구성원들로 하여금 자신의 능력을 발휘할 수
있는 기회를 가지도록 하여 직무 속에서 심리적 보상을 얻도록 하자는 것이다.

(2) 직무특성이론

1970년대 후반 이후 직무재설계에 대한 주된 관점은 Hackman과 Oldham(1976)
의 직무특성모형이다. 이 모형은 Maslow의 욕구위계이론, Herzberg의 직무확장이

론, 기대이론을 기초로 설계되었다. 직무특성모형은 직무 자체가 작업결과에 대한 보람을 느끼게 하여 그 일이 가치 있고 의미 있다고 느끼게 하는 것이 중요하다고 본다. 어떤 일이 의미가 있기 위해서는 기술의 다양성, 과업의 일체성, 과업의 중요성, 자율성, 피드백의 다섯 가지 핵심 직무특성이 있다고 하였다(김형관 외(역), 2003; 232-236).

첫째, 기술의 다양성(skill variety)은 직무를 수행함에 있어 여러 가지 기능이나 재능을 사용하는 다양한 활동들이 요구되는 정도를 말한다. 직무 자체가 조직구성원들에게 그들의 기술이나 능력을 다양하게 발전시킬 수 있게 한다면 구성원들은 자신의 과업을 의미 있는 것으로 인식하게 될 것이다.

둘째, 과업의 정체성(task identity)은 직무가 요구하는 전체로서의 완결 정도를 의미하는 것으로, 직무가 시작부터 끝까지 전체 작업 중에서 차지하는 정도를 말한다.

셋째, 과업의 중요성(task significance)은 직무 자체가 조직구성원의 일상생활에 실질적인 영향력을 미칠 때 그 의미가 증가하는 것을 말한다.

넷째, 자율성(autonomy)은 직무계획을 세우거나 직무를 수행하는 절차를 결정할 때 조직의 구성원에게 허용되는 자율권, 독립, 재량권을 말한다. 자율성이 보다 높으면, 직무의 성과 자체가 조직구성원의 노력, 창의성, 의사결정에 의하여 도출된 것으로 간주할 수 있기 때문이다.

다섯째, 피드백(job feedback)이란 직무성과의 유효성에 대해 작업자가 직무로부터 받게 되는 직접적이고 확실한 정보의 양을 말한다. 그리고 직무수행 결과에 대한 자료 또는 평판 등을 직무 행위 자체에서 얻는 지식 정도를 말한다.

(3) 교사의 경력별 프로그램

경력단계 프로그램은 교사들이 직무 자체를 보다 흥미 있게 만들고, 자율성과 책임을 증가시키며, 심리적 성숙에 대한 기대를 증대시킴으로써 교사들의 동기를 유발할 수 있다(김형관 외(역), 2003; 236-241).

첫째, 수습교사 단계: 일차적으로 학생을 가르치면서 수석교사로부터 교과지도 및 학생지도에 대한 지도와 조언을 받고 정규교사가 되기 위한 수습기간을 마친다.

둘째, 정규교사 단계: 교과지도와 학생지도에 대한 독자적인 책임을 지고 자율성을 갖는다.

셋째, 선임정규교사 단계: 특수한 과제(교사연구, 수업연구, 교재개발 등)에 대한 책임이 확대된다.

넷째, 수석교사 단계: 교단교사로는 가장 높은 단계로 교실수업은 경감되고 동료교사들을 지원해 주는 역할을 담당한다. 지원역할에는 교육과정의 개발 및 평가, 수습교사에 대한 지도 및 조언, 교과연구, 교사연수 등이다.

이상과 같이 교직경력은 교사발달을 이해하는데 중요한 요소이다. 그래서 교사발달과 관련된 많은 연구들은 초임교사의 발달에 집중하거나 교사발달을 교직 경력과 연계해 왔다(mok, 2005). 일반적으로 교사발달은 직선모형과 순환모형으로 구분된다. 직선모형에서는 교사들의 성장과 발달이 경력이나 연령 등 일정한 단계에 따라 순차적으로 발생한다고 본다. 순환모형에서는 교사 개인의 요인과 환경적 요인들이 결합되어 복합적이고 역동적으로 교사발달이 이루어진다고 주장한다(조대연, 2009).

예를 들어 교직생애 중에서 경력 5~10년차인 정규교사 시기에는 교직형성 또는 생존단계의 어려움을 거쳐 성장단계에 접어들면서 교사로서의 정체성이 형성된다. 또한 교직에의 자신감과 안정감을 바탕으로 교육과정, 교수능력, 학생지도능력 등이 성장하는 때이다. 이처럼 성장단계에 접어든 교사는 학급경영과 수업에 대한 지식을 중요시하게 된다(정금현·장홍재, 2005). 그리고 동료 교사 간의 대화와 논의 및 토론 공동체의 중요성과 가치에 대해 정확하게 인지하게 된다. 따라서 이 시기의 교사에게는 교수학습과 학급경영에 관한 보다 실질적인 지식을 습득할 수 있도록 직무연수 프로그램이 구성되어야 하고, 수석교사 등 고도로 숙련된 교사들의 멘토링, 코칭 프로그램이 지원되어야 할 것이다.

정리하기

❶ 동기(motive)란 어떠한 행동을 하도록 만드는 내적인 요인 또는 마음의 상태로서, 개인
의 행동을 자극하고 조직에 유익한 방향으로 지속되게 하는 심리적 과정이다. 내재적
동기(intrinsic moti- vation)는 어떤 일에 대한 관심, 흥미, 호기심 등이 일에 대한 몰
입을 유도하는 것을 의미하고, 외재적 동기(extrinsic motivation)는 어떤 일에 대한 동
기가 외적 보상, 처벌에 있는 것을 의미한다.

❷ Maslow의 5단계 욕구위계는 생리적 욕구, 안전의 욕구, 소속과 애정의 욕구, 존경의
욕구, 자아실현의 욕구로 구성되어 있다. Herzberg의 동기-위생이론에서는 직무만족으
로 이끄는 요인과 직무불만족으로 이끄는 요인이 서로 배타적이라고 가정한다.
McGregor는 Maslow의 욕구계층이론에 기반을 두고, 저차원적이며 부정적인 인간관을
가정하는 X이론과 고차원적이고 긍정적인 인간관을 가정하는 Y이론을 설정하였다.

❸ Vroom의 기대이론은 유인가, 기대감, 성과, 수단성 개념으로 구성되어 있다. 인간의 동
기(M)는 유인가(V)가 긍정적일수록, 기대치(E)가 높을수록, 수단(I)이 효율적일수록 동기
는 더욱 강력해진다고 주장한다.

❹ 직무특성모형에는 기술의 다양성, 과업의 일체성, 과업의 중요성, 자율성, 피드백의 다섯
가지 핵심 직무특성이 있다. 교사의 경력단계 프로그램은 교사들이 직무 자체를 보다 흥
미 있게 만들고, 자율성과 책임을 증가시키며, 심리적 성숙에 대한 기대를 증대시킴으로
써 교사들의 동기를 유발할 수 있다.

학습문제

01 동기이론 중 내용이론과 과정이론의 특징에 대해 각각 간략히 서술하시오.

02 동기이론 중 인간을 선한 존재와 악한 존재로 구분하여 조직전략을 설명한 이론에 대해 간략히 설명하시오.

03 교원의 학습연구년 특별연수 제도를 동기이론 중 하나를 예로 들어 분석하시오.

CHAPTER 05

학교 리더십

 학/습/목/표

- 학교 리더십의 의미와 중요성을 설명할 수 있다.
- 학교 리더십 관점의 발전과정과 주요 특징을 설명할 수 있다.
- 학교 리더십의 새로운 접근 방식과 학교 현장에 적용할 수 있는 전략을 설명할 수 있다.

생각해보기

　리더십은 학교 조직뿐만 아니라 기업, 공공기관, 군대에서 중요한 연구 주제로 다루어져 왔다. 리더십이 조직 연구에서 핵심적인 키워드 중 하나로 여겨지는 이유는 리더십이 조직의 성패를 결정하는 중요 요인 중 하나이기 때문이다. 리더십의 전통적 관점에서 학교 리더십 발휘의 주체는 학교 조직의 장이며 교육 행정가인 교장 선생님이었다. 하지만, 급변하는 사회 환경과 과거와 다른 학교 조직 내부 환경으로 인해 교장 선생님 단독의 노력과 리더십 실행만으로는 지속적인 학교 발전 및 개선이 불가능하게 되었다. 현대 학교 조직의 대내외 환경 및 학교마다 다른 조직 상황을 고려해 볼 때, 우리나라 학교 조직에서 필요한 리더십은 무엇인지에 대해 생각해 볼 필요가 있다.

01 | 학교 리더십의 의미와 중요성

(1) 학교 리더십의 의미

지도성, 지도력, 통솔력 등의 용어와 함께 사용되는 리더십(leadership) 개념에 대한 정의는 인류의 긴 역사만큼 바라보는 시각에 따라 다양하게 이해되고 해석되어 왔다. 하지만, 리더십의 개념 자체가 조직 내 두 사람 이상의 상호 관계에 초점을 맞추고 있다는 점에서 한 사람이 조직구성원들에게 미치는 영향력 또는 영향력을 행사하는 과정으로 정의될 수 있다(서정화 외, 2003; 신현석 외, 2011). 리더십의 의미를 학교 현장에 적용해 보면, 학교 리더십(school leadership)은 단위 학교 조직의 리더가 구성원들에게 미치는 영향력 또는 영향력 행사 과정으로 볼 수 있다(이병진, 2003: 137).

(2) 학교 리더십의 중요성

학교 리더십을 이해하고 공부해야 하는 이유는 학교 조직의 목표 달성에 리더십이 중요한 부분을 차지하고 있기 때문이다. 어떤 상황에서 어떠한 리더십이 발휘되고 있는가는 학교 조직문화, 학교 구성원 간 관계뿐만 아니라 개별 조직구성원의 동기에 큰 영향을 주게 되고, 이는 결국 교육활동과 학생들의 교육적 성취에 영향을 주게 된다(Hoy & Miskel, 2008). 또한, 학교 조직은 전문적 관료제, 이완결합체제로서의 성격을 지니고 있기 때문에 학교 조직의 리더는 학교 조직의 중핵적 활동이라고 할 수 있는 교수-학습 촉진을 위해 학교 조직의 상황, 교사-학생-학부모와의 다차원적인 관계를 이해하면서 효과적인 리더십을 발휘해야 한다.

02 | 학교 리더십의 관점

리더십 이론은 행정과 경영 분야를 중심으로 발전되어 왔고, 주요 이론으로는 특성¹론적 접근법, 행동²론적 접근법, 상황³적응적 접근법이 있다. 리더십에 대한 전통적 접근방법으로도 불리는 이들 이론들은 리더십이 효과적이냐 비효과적이냐가 주요 관심분야라고 할 수 있다.

(1) 특성론적 접근법

20세기 초부터 1950년대까지 리더십 연구를 위한 최초의 시도였던 특성론적 접근법은 리더가 갖추고 있는 선천적 특성을 규명하고자 하였다. "무엇이 위대한 리더가 되게 만드는가"에 답을 찾기 위해 첫 발을 내딛은 특성론적 접근법은 리더들이 갖추고 있는 자질과 특성을 확인하는데 초점을 두었기 때문에 위인론(great man theory)으로도 불리고 있다(김남현·김정원, 2002: 22). [표 II-5-1]에서 보는 것처럼, 학자들이 제시하는 리더의 특성은 지능, 자신감, 사교성, 신뢰감 등과 같이 다양하다.

표 II-5-1 리더의 특성

Mann(1959)	Stogdill(1974)	Lord 외(1986)	Kirpatrick & Locke(1991)	Zaccaro 외(2004)
지능	성취욕	지능	추진력	인지적 능력
남성적 기질	인내력	남성적 기질	동기부여	외향성
적응력	통찰력	지배력	성실성	성실성
지배력	진취성		자신감	정서적 안정감
외향성	자신감		인지적 능력	개방성
보수적 기질	책임감		과업 지식	쾌활성
	협동성			동기부여
	포용성			사회적 지능
	영향력			감성 지능
	사교성			문제해결력

출처: Northouse(2013). Leadership: Theory and practice (6th ed). p. 23.

---

1 특성: 어떤 사물에 존재하는 성질 또는 주어진 사물이 다른 것과 비교되는 특질.
2 행동: 내적·외적 자극에 대하여 생물체가 보이는 반응.
3 상황: 현재 처해있는 상태.

학교에서 효과적인 리더의 특성은 Hoy와 Miskel(2008: 424)이 구체적으로 언급하고 있다. 이들은 학교에서 효과적인 리더의 특성을 인성적 측면, 동기적 측면, 기능적 측면으로 나누어 제시하고 있는데, 구체적인 내용은 다음과 같다.

- 인성적 측면: 자신감, 스트레스 인내, 정서적 성숙, 성실, 외향성
- 동기적 측면: 과업과 대인관계 욕구, 성취지향, 권력욕구, 기대, 자아효능감
- 기능적 측면: 지식, 대인관계, 인지적 능력

(2) 행동론적 접근법

1950년대 이후 리더십 연구자들의 관심은 리더의 특성에서 "리더는 어떻게 행동해야 하는가"와 같은 리더의 행동으로 전환되었다. 리더십에 대한 행동론적 접근 방식에서는 효과적 리더와 비효과적 리더의 행동을 분류하면서, 리더의 행동 유형을 공통적으로 과업 지향형 리더와 인간 지향형 리더와 같이 두 가지 유형으로 나눈다(이병진, 2003: 65). 과업 지향형 리더는 조직 과업 달성을 우선시하고, 작업 감독과 과업 분배 및 지시에 초점을 두는 유형이다. 반면 인간 지향형 리더는 조직구성원 간 문제 해결과 결속력 강화를 강조하는 유형이다. 행동론적 접근법에는 아이오와 대학교 연구, 오하이오 주립대학교 연구, 미시간 대학교 연구, Blake와 Mouton의 관리망 이론 등이 있으며 이 중에서 오하이오 주립대학교 연구와 Blake와 Mouton의 관리망 이론에 대해 살펴보도록 한다.

가. 오하이오 주립대학교 연구

리더십의 특성론적 접근법에 회의를 가진 오하이오 주립대학교(Ohio State University) 연구진들은 "리더들이 집단이나 조직을 지도하고 있을 때 어떻게 행동하는가"에 관심을 가지게 되었고(Northouse, 2013), 직무환경에서 리더의 행동 차원을 밝혀내기 위해 리더 행위 기술 설문지(Leader Behavior Description Questionnaire: LBDQ)를 개발하였

다. LBDQ 설문지는 교육, 군대, 산업 조직 종사자들에게 배부되었고, 연구진들은
그 결과를 토대로 리더 행동을 구조주도적 행동(Initiating structure)과 배려 행동
(Consideration)으로 분류하였다(Hughes et al., 2008). 구조주도적 행동에는 과업 및 직무
목표 달성, 업무 구조화, 역할 배정 등이, 배려 행동에는 종업원들과의 신뢰 구축,
인간관계 형성 등이 포함된다. 구조주도적 행동과 배려 행동이 학교 조직에 미치는
영향에 대한 연구는 윤영채·채은영(2008)의 결과를 주목할 만하다. 이들은 노종희
(1988)가 LBDQ를 우리나라 실정에 맞게 개발한 LBDQ-KOR[4]을 사용하여 학교장
의 리더십 유형과 조직효율성 간의 관계를 분석하였다. 그 결과, 학교장의 리더십
유형 중 인간 지향적 행동과 목표 지향적 행동은 조직효율성에 긍정적인 영향을 준
반면 관료주의적 행동은 조직효율성에 부정적인 영향을 준 것으로 나타났다.

⬤⬤ 그림 II-5-1 구조성과 배려성 차원에 따른 지도성 유형

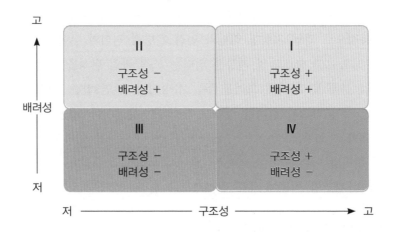

출처: 신현석 외(2011). 학습사회의 교육행정 및 교육경영. p. 156.

---

4 LBDQ-KOR은 리더 행동을 목표지향성, 인간지향성, 관료지향성 등 세 가지로 구분한다. 목표지향성은
계획과 실행, 과정 및 결과의 확인, 개인보다 목표와 원칙을 강조하는 행동이며, 인간지향성은 친밀, 온
정, 관심, 인정, 칭찬 등의 행동이 해당된다. 마지막으로 관료지향성에는 겉치레 행정, 실적 중시, 독단,
일방적인 의사결정 행동이 포함된다.

나. Blake와 Mouton의 관리망 이론

1960년대 초에 등장한 Blake와 Mouton(1964)의 관리망 이론은 리더십의 행동론적 접근 방법 중에서 가장 널리 알려진 모형이다. 관리망 이론은 인간에 대한 관심(concern for people)과 생산에 대한 관심(concern for production), 두 개의 차원으로 구성되어 있는데, 이들 두 요인은 앞서 살펴본 구조주도적 행동(Initiating structure)과 배려 행동(Consideration)과 밀접하게 관련되어 있다(Northouse, 2013). Blake와 Mouton (1964)의 관리망 이론에서는 총 81개의 리더십 행동 유형이 가능하다. 하지만, 이들은 아래 그림과 같은 다섯 가지 리더십 유형을 제시하고 있으며, 이 가운데 인간과 생산에 대한 관심이 가장 높은 팀형 리더십이 가장 이상적인 지도성 유형이라고 하였다.

◯◯ 그림 II-5-2 Blake와 Mouton의 관리망

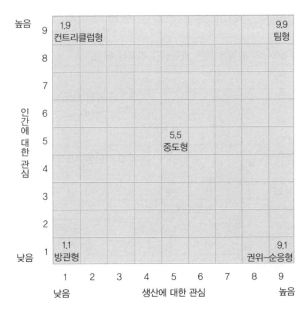

출처: Hughes 외(2008). Leadership: Enhancing the lessons of experience (6th ed.). p. 211.

(3) 상황적응적 접근법

상황적응적 접근법은 특성적 접근법과 행동론적 접근법의 한계를 인식하고, 효과적인 리더십은 지도자의 특성과 행동, 조직의 상황 간 상호작용에 의해서 결정된다고 본다. 상황적응적 접근법에는 Fiedler의 상황론, Reddin의 3차원 리더십 모형, House의 경로-목표 이론, Hersey와 Blanchard의 상황적 리더십 이론 등이 있다. 이중 아래에서는 Fiedler의 상황론과 Hersey와 Blanchard의 상황적 리더십 이론을 살펴보도록 한다.

가. Fiedler의 상황론

Fielder(1967)는 지도자의 지위권력(양호 또는 불량), 과업구조(구조적 또는 비구조적), 지도자와 구성원의 관계(강 또는 약) 등 세 가지 변인이 상황의 개념을 구성하는 것으로 보면서 상황 변인의 결합 관계에 따라 효과적인 리더십 유형이 달라진다고 본다. 지도자의 지위 권력은 조직의 과업 수행을 위해 조직이 지도자에게 부여한 공식

◐◯ 그림 II-5-3 Fiedler의 상황에 따른 효과적인 리더십 유형

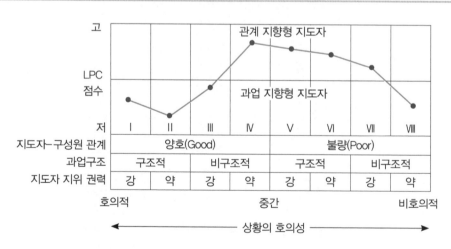

출처: 윤정일 외(2011). 교육행정학원론. p. 103.

적, 합법적 권력을 의미한다. 과업구조는 조직 내 과업이 명확하게 구체화된 정도를 뜻하며, 마지막으로 지도자-구성원 관계는 지도자가 조직구성원으로부터 신뢰나 존경을 받는 정도이다.

표 Ⅱ-5-2 LPC 척도

										점수
1. 쾌활한 사람	8	7	6	5	4	3	2	1	쾌활하지 않은 사람	
2. 우호적인 사람	8	7	6	5	4	3	2	1	우호적이지 않은 사람	
3. 거부적인 사람	1	2	3	4	5	6	7	8	수용적인 사람	
4. 긴장하는 사람	1	2	3	4	5	6	7	8	여유 있는 사람	
5. 거리를 두는 사람	1	2	3	4	5	6	7	8	친근한 사람	
6. 냉정한 사람	1	2	3	4	5	6	7	8	따뜻한 사람	
7. 지원적인 사람	8	7	6	5	4	3	2	1	적대적인 사람	
8. 따분한 사람	1	2	3	4	5	6	7	8	흥미 있는 사람	
9. 호전적인 사람	1	2	3	4	5	6	7	8	조화로운 사람	
10. 우울한 사람	1	2	3	4	5	6	7	8	유쾌한 사람	
11. 개방적인 사람	8	7	6	5	4	3	2	1	폐쇄적인 사람	
12. 험담을 잘 하는 사람	1	2	3	4	5	6	7	8	충실한 사람	
13. 신뢰할 수 없는 사람	1	2	3	4	5	6	7	8	신뢰할 수 있는 사람	
14. 사려 깊은 사람	8	7	6	5	4	3	2	1	사려 깊지 못한 사람	
15. 비열한 사람	1	2	3	4	5	6	7	8	점잖고 멋있는 사람	
16. 마음에 맞는 사람	8	7	6	5	4	3	2	1	마음에 맞지 않는 사람	
17. 진실 되지 못한 사람	1	2	3	4	5	6	7	8	진실한 사람	
18. 친절한 사람	8	7	6	5	4	3	2	1	불친절한 사람	

출처: Fiedler, F. E., & Chemers, M. M. (1984). Improving leadership effectiveness: The leader match concept (2nd ed.). New York: John Wiley & Sons. "The LPC Questionnaire".

상황 변인의 결합관계에 따라 결정되는 상황의 호의성은 리더가 구성원들에게 영향력을 발휘할 수 있는 정도를 의미하는데, 여덟 가지(I~Ⅷ)로 범주화된다. 상황이 우호적이거나 비호의적인 경우(I, II, III, Ⅷ)에는 과업 지향형 지도자가 효과적이며, 상황이 중간인 경우(Ⅳ, Ⅴ, Ⅵ, Ⅶ)에는 관계 지향형 지도자가 효과적인 경우라고 할 수 있다.

Fiedler는 리더십 유형을 측정하기 위해 '가장 싫어하는 동료 척도(Least Preferred Coworker scale: LPC)'를 개발하였다. 응답자들은 LPC 척도에 응답하기 전 지금까지 살아오면서 아르바이트를 했을 때, 학교 친구와 팀 발표 준비를 했을 때 등 일하기가 가장 힘들었던 동료들을 떠올려야 한다. 주의할 점은 감정적으로 싫어하는 사람이 아니라는 점이다. 앞서 [표 Ⅱ-5-2]의 문항별로 여러분의 경험을 떠올리면서 응답해 보자. 응답을 할 때 점수가 문항별로 왼쪽과 오른쪽 최고 점수가 다르기 때문에 주의하여야 한다.

점수 산출 방식은 문항별로 체크한 점수를 모두 합하면 된다. 최종 점수가 57점 이하이면 응답자의 리더십 유형이 과업지향형이라는 것이고, 64점 이상인 사람은 관계지향형이라는 의미이다. 최종점수가 58점과 63점 사이인 응답자는 사회적으로 독립적인 유형임을 뜻한다. LPC 점수는 일종의 성격측정이기 때문에 시간이 흐르더라도 쉽게 변화하지 않는 경향이 있다(김남현·김정원, 2002: 131).

나. Hersey와 Blanchard의 상황적 리더십 이론

Hersey와 Blanchard(1969)의 상황적 리더십 이론의 전제는 상황에 따라 효과적인 리더십이 다르다는 것이다. Hersey와 Blanchard는 상황을 구성원의 성숙도(maturity of followers)로 상정하고 있는데, 이는 직무 성숙도와 심리적 성숙도로 구분된다. 직무 성숙도는 "개인적 직무수행 능력"을 말하며, 심리적 성숙도는 "개인적 동기 수준"을 의미한다(윤정일 외, 2011: 108). Hersey와 Blanchard의 상황적 리더십 이론에서 핵심적인 내용은 관계성 지향 행동과 과업 지향 행동을 구성원의 성숙도 수준에 맞게 결합해야 한다는 점이다. 구성원의 성숙도에 따른 리더십은 지시형,

● 그림 II-5-4 Hersey와 Blanchard의 상황적 리더십 모형

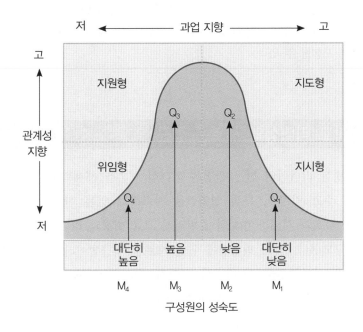

출처: 윤정일 외(2011). 교육행정학원론. p. 109.

지도형, 지원형, 위임형 네 가지로 유형화된다. 구성원의 성숙도에 따른 리더십 유
형별 구체적 활동은 다음과 같다(신현석 외, 2011: 163).

❶ 구성원의 성숙도가 M1 상황(낮은 능력, 낮은 동기): 높은 과업과 낮은 관계성 행동을 가
   진 지시형 리더십이 효과적이다. 구성원들이 목표를 어떻게 달성해야 하는지에 대해
   감독하고 작업 지시를 내리는 활동을 해야 한다.
❷ 구성원의 성숙도가 M2 상황(낮은 능력, 높은 동기): 높은 과업과 높은 관계성 행동을 지
   닌 지도형 리더십이 효과적이다. 리더는 구성원들의 팀정신을 함양하면서 참여를 유
   도하는 활동을 해야 한다.
❸ 구성원의 성숙도가 M3 상황(높은 능력, 낮은 동기): 낮은 과업과 높은 관계성 행동을 지닌

지원형 리더십이 효과적이다. 리더는 경청, 칭찬, 피드백 제공 활동 등을 해야 한다.

❹ 구성원의 성숙도가 M4 상황(높은 능력, 높은 동기): 낮은 과업과 낮은 관계성 행동을 지닌 위임형 리더십이 효과적이다. 통제와 지시적 행동을 줄이면서 자율성을 부여하는 활동이 포함될 수 있다.

03 │ 학교 리더십의 새로운 접근

앞서 설명한 리더십의 접근 관점은 리더십 이론을 체계화하면서 중요한 통찰력을 제공해 주고 있지만, 특정 영역만을 강조하고 있는 한계를 가지고 있다(Yukl, 1998). 또한 사회와 시대가 변화함에 따라서 교육 현장과 리더십을 이해하는 새로운 관점이 요구되었다. 학교 리더십에 관한 새로운 접근법이라고 할 수 있는 변혁적 리더십, 수업 리더십, 분산적 리더십, 도덕적 리더십, 문화적 리더십, 교사 리더십에 대해서 그 내용을 살펴보고 학교 구성원들의 역할과 활동을 제시하도록 한다.

(1) 변혁적 리더십

변혁(transformation)은 "한 상황 혹은 한 체계로부터 다른 상황 혹은 다른 체계로의 변환"(이병진, 2003: 104)을 뜻하는 것으로써 질적으로 전혀 다른 상황을 의미하기 때문에 단순한 변화와는 다른 의미이다. 변혁의 단어가 다른 차원으로의 변화를 의미하는 것처럼, 변혁적 리더십은 구성원의 가치관, 윤리, 행동규범, 장기적 목표를 바꾸어 개인, 조직, 문화를 바꾸어 나가는 데 초점을 둔다(김남현·김정원, 2001: 200). 변혁적 리더십은 미국의 학교 재구조화 운동(school restructuring)을 배경으로 등장(Hallinger, 2003: 341)한 것으로 리더와 구성원 간 계약에 기초한 거래나 교환을 중시하는 거래적 리더십(transactional leadership)과 대비된다. 구체적으로 거래적 리더십은 공식적 지위와 합법적 권위를 바탕으로 과업 달성이 주된 관심으로 부하들의 욕구와 개인의 발전에 무관심하다.

표 II-5-3 변혁적 리더십과 거래적 리더십 비교		
관점	변혁적 리더십	거래적 리더십
권위의 원천	리더의 도덕성에 대한 구성원의 신념에 기초. 카리스마적 권위를 바탕	공식적 지위에 근거. 합법적 권위를 바탕
구성원에 대한 동기부여	비전과 높은 가치의 제시 구성원의 발전에 대한 진정한 관심 조직에의 헌신	과업에 대한 보상과 이윤
주된 관심	조직의 보다 높은 가치, 즉 비전의 실현 조직구성원의 능력 개발 조직구성원의 신념, 가치, 욕구의 변화	거래를 통한 과업의 달성
요구되는 능력	미래에 대한 통찰력, 자신감, 헌신적인 노력, 정열적인 자세	합리적인 사고와 행동
시간경향성	장기적, 미래지향적	단기적, 현실지향적
의사소통	다방향적	수직적, 하향적

출처: 고려대학교 교육문제연구소(2012). K교육학. 서울: 원미사. p. 664.

변혁적 리더는 구성원들 성과에 대한 제재 혹은 보상에 기초한 관계가 아니라 구성원들의 역량 개발과 자아실현 욕구를 자극함으로써 궁극적으로 조직의 효과성 제고를 목적으로 한다. 변혁적 리더에게 요구되는 특성으로는 이상화된 영향력, 동기화, 개별적 배려, 지적 자극을 제시할 수 있으며(Bass, 1985; 신현석 외, 2011: 165), 학교 현장에서 가지는 의미와 구체적인 활동은 다음과 같다.

❶ 이상화된 영향력: 높은 수준의 윤리성을 바탕으로 구성원으로부터 신뢰와 존경을 얻고 구성원들에게 모범을 보이는 것을 의미한다. 관료제의 특징을 가지는 학교 조직은 위계적 방식으로 운영되고 있지만, 변혁적 리더로서 교장 선생님은 권위주의적 학교 경영 방식을 과감히 버리고 교사들과의 긴밀한 인격적 관계 형성을 통해 신뢰와 존경을 얻도록 해야 한다. 또한 학교 경영에 학생과 학부모의 참여를 적극 유도하고, 구성원들과 협조적인 관계를 형성해야 한다.

❷ 동기화: 구성원들이 과업을 달성하고 발전할 수 있도록 비전과 도전감을 갖도록 한다
는 뜻이다. 학교 내 생활에서 동기화되어 있지 않은 교사는 학교 교육활동에 무관심
하고 고립감을 느끼게 된다(Rait, 1995). 교장 선생님은 학교가 추구하는 교육목표를
교사들이 인식하고 내면화할 수 있도록 솔선수범해야 하며, 교사들의 다양한 경험을
구성원들이 공유하도록 해야 한다.

❸ 개인적 배려: 구성원들의 개별화된 발전 요구에 관심을 가지고 학습기회를 제공한다
는 의미이다. 학교는 전문가인 교사들로 구성되어 있지만, 동시에 관료제적 특징을 가
지고 있다. 이는 변혁적 리더로서 교장 선생님의 학교 구성원들에 대한 개인적 배려
가 필요한 이유이다. 구성원들에게 학습기회 제공을 의미하는 개인적 배려는 교육의
질 향상을 위해서도 중요한 활동이다. 교육의 질은 교사의 질을 능가하지 않는다는
말처럼 교사가 요구하는 발전 요구를 수용하고 시의적절한 연수와 학교 차원의 지원
은 변혁적 리더인 교장 선생님에게 필수적인 활동이라고 할 수 있다(박균열, 2007).

❹ 지적 자극: 구성원들이 현실의 문제를 창의적이고 혁신적인 방식으로 접근할 수 있도
록 한다는 의미로 교사들의 전문성 제고와 밀접하게 관련되어 있다. 변혁적 리더로서
교장 선생님은 교사들이 교직생활을 반성을 통해 개선하고, 혁신과 변화를 추구할 수
있도록 독려해야 한다.

(2) 수업 리더십[5]

교장 선생님은 단위학교의 경영 책임자로서 그가 학교경영과 교육활동에 관련
하여 어떠한 리더십을 발휘하는가에 따라 학교경영과 학교 교육의 성패가 좌우된
다. 교육활동의 본질적인 요소인 수업과 관련하여 리더십을 행사하는 것이 중요하
다는 인식이 높아지면서 수업 리더십(instructional leadership)이라는 용어가 일반화되
어 사용되고 있다(이윤식, 2002). 특히 1980년대 미국의 '효과적인 학교운동(effective
school movement)'과 관련하여 교장 선생님의 수업 리더십이 강조되기 시작하였다.
교장 선생님의 수업 리더십은 학생의 학습 성취 향상을 위하여 교장 선생님이 직
접 실행하거나 타인에게 위임하는 일련의 행위를 의미하는데(주삼환 외, 1999), 구체적

---

5 주영효(2006). 학교장의 수업지도성이 학교효과성에 미치는 영향에 관한 구조적 분석. 교육행정학연구,
   24(1), 1-24의 주요 내용을 발췌한 것임.

으로 수업 리더십은 학생의 학업성취 개선을 위한 교장 선생님의 수업장학 활동과 지원·관리·조정의 행정활동을 포함하는 포괄적인 활동으로 정의될 수 있다(주영효, 2006, p. 3). 수업 지도자로서의 교장 선생님의 역할은 비전제시, 수업평가, 수업개선, 교육과정 운영으로 요약될 수 있으며, 구체적인 활동은 아래와 같다.

❶ 비전 제시: 교장 선생님의 분명한 사명과 비전 제시는 학교의 가치 체제를 만들어 줌으로써 구성원의 의식을 통제하는 근거가 되고, 동기를 진작시키며 구성원들을 하나로 묶어준다. 효과적인 학교를 만들기 위해 교장 선생님은 학생의 학업성취와 관련된 구체적인 교육목표를 제시하고, 교육목표 달성을 위해 구성원들의 안내자 역할을 해야 한다.

❷ 수업평가: 효과적인 교장 선생님은 교사의 수업활동에 대해 지속적으로 관심을 가지고 교육의 질 향상을 위해 교사의 수업을 평가한다. 교장 선생님의 수업평가 영역은 교사의 수업지도 능력, 수업평가에 대한 준거 마련, 팀티칭과 같은 새로운 수업방법의 적용 권장 등이 해당된다.

❸ 수업개선: 수업 리더로서 교장 선생님은 교사들에게 수업방법 개선의 필요성을 지속적으로 인식시키고, 교사와 함께 다양한 수업개선 전략을 개발하여 실천하도록 해야 한다. 교장 선생님의 수업개선 영역은 교사의 수업에 대한 정기적인 참관, 수업개선과 관련된 전문적 조언, 교내연수 실시 등이 포함된다.

❹ 교육과정 운영: 수업 리더로서 교장 선생님은 학생과 교사들의 요구를 수용하고, 학교 현실과 교과 특성에 맞는 교육과정을 운영한다. 또한 학교 특색을 살리는 교육과정을 운영하며, 학생들의 요구와 개인차에 따른 교과 조정 활동 등을 하게 된다.

(3) 분산적 리더십[6]

분산적 리더십은 최근 영미권 국가에서 교육 및 학교 조직 개혁의 핵심적인 대안으로 여겨지고 있다. 그 이유는 첫 번째로 분산적 리더십이 조직 내에서 현재 실행되고 있는 지도성을 반추하고 분석하는 틀로서 뿐만 아니라 조직 경영 혁신을 위

---

6 주영효(2012)의 "분산적 지도성"(한국교육행정학회 소식지, 제112호)의 주요 내용을 수정·보완한 것임.

한 통찰력을 제공해 줄 수 있다는 점 때문이며, 두 번째는 분산적 리더십이 수평적 상호관계에 대한 시대적 요청과도 아주 밀접하게 관련되어 있다는 점 때문이다.

분산적 리더십은 'distributed leadership'의 번역어이다. distributed를 "분산적"으로 칭하는 이유는 distributed leadership이 단순한 나눔, 협동, 공유보다는 조직의 맥락 속에서 지도성이 "흩어져" 있는 현실에 그 초점이 맞춰져 있기 때문이다 (주영효·김규태, 2009). 그렇다고 하여 분산적 리더십에서 나눔, 협동, 공유 등의 개념이 분산적 리더십과 전혀 별개인 것도 아니다. 왜냐하면, 분산적 리더십의 개념과 속성에는 그 자체에 네트워크(network)화된 인적 요소 간 긴밀한 상호작용뿐만 아니라 신뢰와 집단효능감과 같은 긍정적인 조직문화(positive school culture)를 전제하고 있기 때문이다. 이는 분산적 리더십이 영웅적 개인 혹은 조직의 상황 등 개별 요소에만 초점을 맞춘 지도성 이론이라기보다는 조직에 실재하는 요소들(예를 들어, 인적·문화적·구조적 요소)을 포괄적으로 고려하고 있다는 증거가 되기도 한다.

분산적 리더십은 전통적으로 중시되어 온 공식적인 지도자 외에 학교 구성원, 그리고 상황이라고 하는 복합적 개념을 지도성 실행의 큰 틀 속에 포함시키고 있다. 여기서 상황은 기존의 지도성 이론이 연구자들의 조작적 정의에 따라 그 개념의 범위와 내용이 달랐던 것과 달리, 조직의 실재적 모습들을 그 요소의 범위 안에 포함한다. 구체적으로 분산적 리더십은 지도자와 구성원 요소가 통합된 지도자 확대(leader-plus), 구성원들의 상호의존, 신뢰, 협력에 바탕을 둔 긍정적인 조직문화, 그리고 상황의 요소들이 핵심적인 요소이며, 이들 요소 간 상호작용의 결과물로 파생된 지도성 실행이 분산적 리더십 의미를 구성하게 된다(Joo, 2011).

❶ 지도자확대: 지도자확대 요소는 학교 내 교장·교감 선생님 등 공식적인 지도자뿐만 전문성을 갖춘 공식적·비공식적 교사지도자(teacher leader)들을 포함한다. 따라서 지도자확대 요소는 민주적 학교 운영 및 의사결정과 맥을 같이 한다. 이는 학교 현장에서 다양한 지도자들이 학교 경영에 참여하는 현실적인 모습을 반영하는 것일 뿐만 아니라 분산적 리더십이 이미 우리들의 학교 속에서 실행되고 있는 실체라는 점을 보여준다. 여기서 교장 선생님의 역할에 주목할 필요가 있다. 교장 선생님의 역할과 기능

은 학교 전체의 사회·문화적 상황에 의존하기도 하고 때로는 지배하기도 한다. 분산적 리더십이 실행되고 있는 학교의 교장 선생님은 조직의 상황에 맞게 때로는 변혁적 리더로서, 때로는 카리스마를 가지고 지시 또는 지도하는 역할을 담당하게 된다.

❷ 상황: 상황의 요소는 정례화된 활동, 도구, 인공물 등을 포함하는 요소이다. 우리가 흔히 언급하는 "어떠한 상황에 처해있다 혹은 어떠한 상황이다"에서의 상황과는 전혀 다른 의미이다. 분산적 리더십에서의 상황은 조직의 실재에 더 가까운 개념이라고 할 수 있다. 상황의 요소는 지도자확대의 요소처럼 지도성 실행을 규정하고, 동시에 지도성 실행을 가능하게 한다. 조직구성원은 소속 구성원들뿐만 아니라 상황과도 상호작용하게 된다. 학교 구성원들은 학생들의 시험성적 데이터와 각종 평가자료뿐만 아니라 교직원 회의 같은 정례화된 활동을 통해서 지도성을 실행하며, 지도성 실행의 결과로 정례화된 활동과 도구 등이 새롭게 개발되기도 한다(라연재, 2009).

❸ 조직문화: 분산적 리더십에서는 학교 내 구성원들의 상호 신뢰, 협력, 높은 집단효능감, 소통과 개방 등의 조직문화 또한 중요하다. 긍정적인 조직문화는 분산적 리더십의 핵심적인 요소 중 하나이다. 조직문화 개선이 빠진 학교 개혁은 표면적이고 피상적인 결과만을 가지고 오게 될 뿐이다(이석열 외, 2011). 협력적이고 신뢰로운 조직문화 설계에 있어서 학교 구성원들의 합심된 노력도 중요하지만 무엇보다 교장 선생님의 역할이 중요하다. 촉진자(facilitator)로서의 교장 선생님의 역할이 더욱 부각될 수밖에 없다.

(4) 도덕적 리더십

지금까지 살펴본 리더십의 접근 방법은 관료적, 심리적, 합리적 권위에만 관심을 둔 나머지 개인의 가치와 정서를 경시하는 결과를 초래했다(Sergiovanni, 1992). 도덕적 리더십은 조직 내 가치와 도덕의 역할과 중요성을 강조하게 되면서 등장하게 되었는데, 지도자가 조직구성원들의 과업 수행 과정에서 요구되는 규범이나 가치 등을 내면화해 가는 영향력을 의미한다(이병진, 2003: 116). 리더십에 있어서 "도덕"이 중요한 이유는 리더십 자체가 인간을 대상으로 하기 때문으로, 리더가 구성원들에게 미치는 영향이 크다는 점을 생각한다면 리더십에서 도덕의 중요성은 두말 할 필요가 없다. 같은 맥락에서 학교에서 도덕적 리더십이 중요한 이유는 교장과 교감 선생님을 비롯한 교사들이 학생들에게 도덕적인 모범을 보임으로써 학생들에게 긍정적인 영향을 주어야 하기 때문이다(신현석 외, 2011: 170).

Sergiovanni(1992: 104)는 도덕적 관점에서의 선의(善意, good-will)와 관리적 관점에서의 성공(success)을 축으로 네 가지 유형의 학교를 설명하고 있다. [그림 II−5−5]에서 도덕적인 학교(I)는 학교 구성원들이 선의에 의한 동기 유발은 되지만 학교 목적 성취에 있어서는 성공적이지 못하다. 하지만 학교 구성원들은 교장 선생님의 선의를 이해하게 되면서 점차적으로 도덕적이고 효과적인 학교(II)로 탈바꿈하게 된다. 정략적인 학교(IV)의 경우는 도덕적인 학교와 달리 학교 구성원의 선의에 의한 동기 유발은 되지 않지만, 학교목적 성취에 있어서는 성공적이다. 하지만 장기적으로 도덕적인 학교(I)에 비해 성공 가능성이 낮기 때문에 교장 선생님은 선의를 중시하는 학교를 만들 필요가 있다.

◐◑ 그림 II-5-5 Sergiovanni의 선의와 성공에 따른 학교 유형

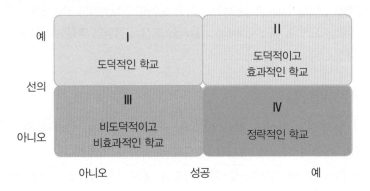

출처: Sergiovanni, T. J. (1992). Moral leadership: Getting to the heart of school improvement. San Francisco, CA: Jossey-Bass. p. 104.

학교를 도덕적인 학교로 만들어 나가기 위해서는 리더뿐만 아니라 학교 구성원의 역할도 중요하다. 왜냐하면 도덕적 지도성의 의미에는 "지도자의 도덕성"과 함

께 학교 구성원들의 자율성 확보를 통한 존경과 신뢰 획득이 내재되어 있기 때문이다(명제창, 1998: 93). 구체적으로 교장 선생님은 직위를 이용하여 부정부패하지 않고(청렴성), 자신의 일에 대해 긍지와 자부심을 가지며(사명감), 근면·성실하게 근무(장인정신)해야 한다. 또한, 학교 업무 처리에 있어서 공정해야 하며(공정성), 학교행정 및 경영에 있어서 책임(책임감)을 다 해야 한다(김재덕, 2008: 265-266). 교사들은 학교가 당면하고 있는 문제 해결을 위한 학교 내 협의회에 성실하게 참여하도록 해야 하며, 자신만의 수업방법을 개발하고, 동료 교직원들과 끈끈한 동료의식을 가지면서 학생 수업 및 생활지도에 최선을 다해야 한다(명제창, 1998).

(5) 진정성 리더십[7]

우리나라는 교권 추락, 업무 스트레스에 따른 교사들의 심리적·정서적 고통 증가, 학교 구성원 간 교류와 소통이 감소하는 추세를 보여주고 있다. 이 같은 현실에서 리더의 윤리성과 책임 증대, 리더-구성원 상호관계 증진을 통한 조직 역동성과 구성원의 긍정심리자본 형성이 필요하다는 공감대가 형성되면서 교장 선생님의 진정성 리더십(authentic leadership) 필요성 주장과 함께 관련 학술적 논의와 연구가 크게 증가하고 있다.

진정성 리더십은 "공동체 도덕에 기초한 개인 성찰 결과가 사회문화적 맥락, 타인과의 상호관계 과정에서 내면화되어 표출되는 긍정적 심리와 감정, 조직 행동과 특성 및 과정"(주영효, 2019: 36)으로 정의될 수 있다. 주영효(2019: 44)는 질적 연구를 통해 진정성 리더십을 발휘하는 교장 선생님의 특성과 행동을 교장 개인의 진정성, 학교 업무 관계에서의 진정성 리더십, 일상적 인간관계에서의 진정성 리더십 등과 같이 크게 세 가지로 분류하면서 세부 내용을 다음과 같이 제시하고 있다.

---

7 주영효(2019). 질적 연구방법을 활용한 교장의 진정성 리더십 의미 구조 분석. 교육행정학연구, 37(1), 31-62의 주요 내용을 발췌한 것임.

표 II-5-4 교장의 진정성 리더십 주제와 의미			
	주제	의미 형성	
교장 개인의 진정성	자아 성찰 인식하는 교장	• 투철한 교직관과 교육철학을 가진 교장 • 교사의 성찰 기회를 만들어주는 교장	• 자아 성찰하고, 장·단점을 아는 교장 • 변화된 학교 환경에 적응해 나가는 교장
	자아 개방하는 교장	• 생각을 솔직하게 말하는 교장 • 자신을 드러낼 줄 아는 교장	• 자신의 한계를 드러내는 교장 • 잘못을 인정하는 교장
	자아 규제하는 교장	• 자기 욕심을 버리는 도덕적인 교장 • 교육 가치 중심으로 행동을 규제하는 교장	• 감정을 조절하는 교장 • 가치관과 언행에 일관성이 있는 교장
학교 업무 관계에서의 진정성 리더십	교사의 긍정심리자본을 형성하는 교장	• 외부 압력에 보호막이 되어주는 교장 • 실수를 허용하고, 자존감을 높여주는 교장	• 긍정적 사고 태도를 보이는 교장 • 솔선수범하고, 모범을 보이는 교장
	교사 전문성을 인정 신뢰하는 교장	• 교사 능력을 믿고, 위임해주는 교장 • 교사 업무 의견을 존중하는 교장	• 교사 노력과 역할을 인정하는 교장 • 교사 직무를 이해·인정하는 교장
	공정한 교장	• 공평하게 대우하는 교장 • 정당한 절차에 따라 투명·공정하게 업무 처리하는 교장	• 이성적이고, 상식적인 교장 • 편견 없이 전후사정을 종합적으로 파악하는 교장
	개방적 소통 의사 결정하는 교장	• 강요하지 않고, 설득하는 교장 • 탈권위적인 교장	• 정보를 공유 공개하는 교장 • 경청하고, 반대를 수용하는 교장
일상적 인간관계에서의 진정성 리더십	교사와 정서적 신뢰관계를 형성하는 교장	• 가족같이 편안한 교장 • 교사와 일상적 친분 관계를 형성하는 교장	• 공감대를 형성해 가는 교장 • 교사의 일상에 관심을 가지고, 걱정 해주는 교장
	인간미 있는 교장	• 인간적으로 존중·대우해 주는 교장 • 감동을 주는 교장	• 정(情) 있고, 친절한 교장 • 교사를 이해 배려해주는 교장

출처: 주영효(2019). 질적 연구방법을 활용한 교장의 진정성 리더십 의미 구조 분석. p. 44.

(6) 문화적 리더십

조직문화는 "한 조직을 다른 조직과 구별하여 주고, 조직 구조의 골격에 생명을 불어넣는 전통과 신념"(Mintzberg, 1989: 98)으로 조직이 어떠한 문화를 가지고 있느냐는 조직의 성공과 직결된다고 할 수 있다(Hoy & Miskel, 2008). 문화적 리더십은 이러한 문화를 만들고 관리하는 리더십을 뜻한다(허병기, 2008: 490). 기업, 관공서, 군대 등의 조직과 달리 학교라는 조직은 학교행정가, 교사뿐만 아니라 학생, 학부모, 지역사회 간에 의식과 가치체계를 공유하게 된다. 따라서 학교 조직의 리더가 가치 있는 문화를 만들어 나가고, 구성원들과 공유하는가는 조직운영과 조직의 성공에 있어서 중요한 문제라고 할 수 있다(이병진, 2003). 문화 형성을 위한 학교 리더의 주요 역할을 허병기(2008: 497-498)가 제시하는 내용을 중심으로 정리하면 다음과 같다.

❶ 역사가 및 탐정으로서의 문화 리더: 학교 리더는 과거의 성공과 위기 등을 통해 학교의 현재와 문화를 이해하고, 기존의 규범과 가치를 평가함으로써 새로운 역사와 문화를 창조해 나가야 한다.

❷ 비전 창조와 공유자로서의 문화 리더: 비전은 미래 가치와 신념을 내포하고 있는 것으로써 학교 리더는 미래 학교의 희망을 발굴해내어 구성원들과 공유하고 그들이 비전을 내면화할 수 있도록 도와야 한다.

❸ 예술인으로서의 문화 리더: 학교 리더는 때로는 시인으로서, 때로는 배우(actor)로서 학교 조직이라는 예술 무대에서 구성원들을 감동시키고, 자신이 의도하는 메시지를 전달할 수 있어야 한다. 상징이 담겨있는 문화 리더의 언어, 의미 전달 기법은 그 자체가 문화이자 긍정적인(positive) 조직 문화 형성에 도움을 준다.

❹ 치유자로서의 문화 리더: 학교 조직에는 항상 긴장과 스트레스가 동반되고 때로는 구성원 간 상처를 받기도 한다. 학교 리더는 구성원들이 받는 심리적 · 정서적 문제를 치유해 줄 수 있어야 한다.

(7) 교사 리더십

교사 리더십은 1980년대 미국에서 교사의 '권한 강화'와 '분권화 전략' 등이 우세해지면서 등장한 비교적 새로운 리더십 이론으로 학교 개혁의 주체로서 교사의 역할을 강조한다. 따라서 교사 리더십은 교사 중의 교사 혹은 교사 리더(teacher leader)의 역할뿐만 아니라 학교 변화와 혁신의 주체로서 모든 교사의 역할을 상징적으로 보여준다. 교사 리더십에는 교사의 의사결정 공유, 권한 강화, 팀워크 활동 등이 포함되는데(황기우, 2009), 보다 구체적으로 Lieberman과 Miller(2000)는 학교 조직 내에서 공식적이든 혹은 비공식적이든 리더십을 발휘하는 교사의 특성과 역할을 다음과 같이 제시하고 있다.

❶ 전문가학습공동체(professional learning community) 참여: 교사 리더십을 발휘하는 교사는 전문성을 개발하고, 책임감 있게 자신의 직무를 수행하기 위해 전문가 학습공동체에 참여해야 한다.

❷ 공동의 리더십 실천: 전문가학습공동체 참여는 교사 리더십의 본질이 개인적 활동과 책임이 아니라 함께하는 공동의 리더십이라는 사실을 보여준다. 교실에서 리더 역할을 수행하는 교사나 교사들을 앞에서 이끄는 교사 리더 모두 학교라는 조직 내에서는 학생들의 학습에 대해 공동의 책임을 가지게 된다.

❸ 학습중심으로 사고 전환: 과거의 교사는 교수활동에만 초점을 두었다. 하지만, 실질적인 수업 리더로서 학생들의 학습을 강조하는 교사는 학생들의 학습 진도, 학생의 배경 등을 고려하여 수업전략을 구상하고, 교육과정을 편성해야 한다.

학교 조직에서의 학교 리더십

점심 식사 후 교직경력 20년차인 주 교사와 임용 두 번째 해가 되는 박 교사가 5월 어느 따스한 날 학교 벤치에 앉아 대화를 나누고 있다.

주 교사: 박 선생님, 날씨가 참 좋네요. 그렇지요? 벌써 박 선생님이 학교 온 지도 꽤 되었네요. 요즘 학교생활 어떠세요?

박 교사: 예, 즐겁게 지내고 있습니다. 그런데 아직 배워야 할 게 너무 많은 거 같아요. 솔직히 걱정도 있구요.

주 교사: 뭐 어려운 점이 있나요? 있으면 편하게 이야기 해 봐요.

박 교사: 사실, 올해 처음으로 담임을 맡게 되었는데, 학급 운영에 미숙한 점이 많은 거 같아요. 어떻게 해야 할지 잘 모를 때 옆 반 담임선생님께 여쭤보려고 해도 바쁘신걸 아는데 괜하게 시간을 뺏는 것 같기도 하고요. 그래서 괜히 학생들이 저 때문에 피해를 보는 건 아닌지 걱정이 앞서네요.

주 교사: 사실 선생님들이 많이 바쁘시죠. 수업 준비하랴 학교 행정 업무 담당하랴. 암튼 선생님들 일이 많죠. 더군다나 사실 선생님들 사이에서는 다른 선생님들 일에 선뜻 나서서 도와주기가 어려워요. 왜냐하면, 선생님들은 자기 분야에서 전문가들이신데 선뜻 나섰다가는 오해를 살 수도 있고, 감정이 상할 수도 있거든요.

박 교사: 요즘만 그런 건가요? 예전에는 선생님들 간 관계가 어땠나요?

주 교사: 예전에는 선생님들 간에 교류가 많았지요. 교무실에 컴퓨터가 들어오기 전에는 동호회 활동이며 많은 모임을 가졌었지요. 그런데 언제부턴가 점점 교류가 없어지더니 이제는 아주 친한 사이가 아니면 선생님들끼리 조언해 주고 이야기를 들어 주는 시간이 많이 줄어들었네요.

출처: 정병호 외(2009), 교육개혁은 왜 매번 실패하는가에서 발췌 수정.

토론거리

◑ 학교 문화와 학교 리더십의 관계에 대해 논의해보자.

◑ 위 사례와 같은 학교 문화를 바꿀 수 있는 교장 선생님과 교사의 역할에 대해 논의해보자.

정리하기

❶ 학교 조직은 투입의 결과가 명확하지 않고, 이완결합체제로서의 성격을 지니고 있기 때문에 학교 조직 리더는 교육목표 달성을 위해 학교 조직의 특수성과 교사-학생-학부모와의 다차원적인 관계를 이해해야 한다.

❷ 학교 리더십에 관한 전통적 관점은 특성론적 접근법, 행동론적 접근법, 상황적응적 접근법으로 분류될 수 있다. 특성론적 접근법은 리더와 리더가 아닌 사람을 구별할 수 있는 특성이 존재한다고 본다. 반면 행동론적 접근법은 효과적인 리더의 실제적 행동에 관심을 둔다. 상황적응적 접근법은 효과적 리더십이 특정 상황에 의해 결정된다고 본다.

❸ 학교 리더십의 새로운 접근법은 학교 리더십에 관한 전통적 관점들이 특정 영역만을 강조하고 있는 한계에 대한 반성과 함께 변화하는 학교 조직 환경에 대한 요구로 등장하였다. 학교 리더십의 새로운 접근법은 학교 현장에 적합하게 발달된 이론들로서 학교의 여건에 맞는 리더십 실행 전략이 필요하다.

학습문제

01 과거의 학교 리더십은 어떠한 모습이었는지를 설명하고 미래 학교 리더십은 어떠해야 하는지를 설명하시오.

02 오늘날 학생과 학부모의 요구가 다양해지고 있는 현실에서 교사는 어떠한 리더십을 발휘해야 하는지를 설명하시오.

03 수석교사제 도입과 관련하여 학교 조직에서 필요한 리더십은 무엇인지 설명하시오.

CHAPTER 06

학교의
조직 문화와 풍토

 학/습/목/표

- 조직 문화와 조직 풍토의 개념을 이해하고 구별할 수 있다.
- 학교 조직 문화의 하위 요소와 그것의 발견 방법, 학교 효과성에 영향력을 끼치는 과정을 설명할 수 있다.
- 학교 조직 풍토의 하위 요소와 그것의 발견 방법, 학교 효과성에 영향력을 끼치는 과정을 설명할 수 있다.

생각해보기

　학부모로서 학교를 방문했을 때 교문 앞에서부터 학생들이 낯선 방문자에게 자연스럽게 인사를 건네는 학교가 있는가 하면 교사들조차 어색한 태도로 시선 맞추기를 피하는 학교가 있다. 교사가 교장실에 부담 없이 출입하면서 어려움을 토로하거나 새로운 제안을 시도하는 학교도 있지만 교사들이 가급적이면 교장실에 가지 않으려 하고 교장 또한 교사들과 그다지 소통하기를 원치 않는 학교도 있다. 학교마다 학교장이 교사들과 함께 의논하여 결정하는 문제의 영역이나 수가 각각 다르다. 교무회의의 절차나 진행 방식, 교사들의 참여 분위기, 후속 절차 등도 학교에 따라 천차만별이다. 이 모든 차이들이 어디에서 기인하는가에 대한 질문에 대해 '조직 문화와 풍토'라는 개념이 유용한 개념적 틀을 제공한다.

　학교 조직은 기업과 같은 일반 사회 조직과 구분되는 독특한 조직 문화를 가진다. 이 학교 조직은 또한 가르치는 학생의 발달 단계에 따라서 급별 간 상이한 문화를 가지기도 하며 같은 급별 안에서도 학교가 위치한 사회경제적 배경이나 구성원들의 여러 특징들이 초래하는 환경에 의해 독특한 문화와 풍토를 형성하게 된다. 이러한 학교 조직의 문화와 풍토는 교사들의 신념과 행동에 영향을 끼치고 궁극적으로 학생들의 학업과 학교 생활에까지 중대한 영향을 끼치게 되기 때문에 교사와 학교장, 그리고 교육정책 운영자들은 학교의 조직 문화와 풍토를 학교의 효과성을 높이는 방향으로 유도하고 개선시키기 위해 노력해야 한다. 이번 장에서는 학교 조직의 문화와 풍토의 기본 개념을 이해하고 이것이 학교의 효과성에 영향을 끼치는 과정에 대해 탐색해 보고자 한다.

01 | 조직 문화와 조직 풍토

일반적 의미에서의 조직 문화와 풍토에 대한 연구들은 '조직 연구'라는 이름으로 경영학, 사회학, 행정학, 심리학 등 여러 인접 학문 분파에서 이루어져 왔다. 조직 문화(organizational culture)와 조직 풍토(organizational climate)는 매우 긴밀하게 연결된 개념이어서 연구 목적에 따라 구분하여 사용하는 데 있어 상당한 어려움을 수반한다.

(1) 조직 문화

문화라는 개념 자체가 매우 복잡하고 다면적인 성격을 가지고 있어 조직 문화에 대한 완전하고 공통된 정의를 제시하는 것은 불가능하다. Ouchi(1983)나 Peters와 Waterman(1982), Schein(1985) 등 1980년대 기업 조직 연구에서 출발한 조직 문화 연구자들은 조직 문화를 조직구성원들이 공유하는 일련의 가정, 신념, 혹은 가치 체계로 보고 이를 통해 조직 행동을 이해하고 나아가 조직의 효과성을 높일 수 있는 새로운 분석의 틀로 이해하였다. 즉, 조직 문화는 조직의 구성원들이 생각하고, 느끼고, 의사소통하는 데 있어 당연하게 생각하는 규범이나 방법이다(Schein, 2010). Tierney(1998)는 이를 '이 곳에서는 일이 어떤 식으로 이루어지는가'라는 질문에 대한 답이라고 풀어서 설명하기도 하였다.

조직 문화를 이해하는 유용한 분석적 틀로서 Schein(1985)은 다음 [그림 II-6-1]과 같은 빙하 모형을 제시하였다. 이 모형에 따르면 조직 문화는 가장 기저에 있는 기본 가정(basic assumptions)과 그 위의 가치 신념체계(values), 그리고 그러한 가정과 가치들이 가시화된 인공물(artifacts) 등 세 수준으로 이해할 수 있다.

조직구성원의 의식 기저에 있는 기본 가정들은 사실 거의 무의식적으로 준수되어 있어서 더 이상 그 이유에 대해 묻지 않고 당연시된다. 학교 내에서 교사나 선배들에게 존대를 한다든지 수업이 시작되면 조용히 해야 한다든지 등이 이러한 기본 가정에 해당된다고 할 수 있다. 가치와 신념체계는 그보다 더 의식적인 수준에서, 외부로부터 어느 정도의 도전을 받으면서 존속되는 가치체계를 뜻한다. 학교

◉○ 그림 II-6-1 Schein의 조직 문화 빙하 모형

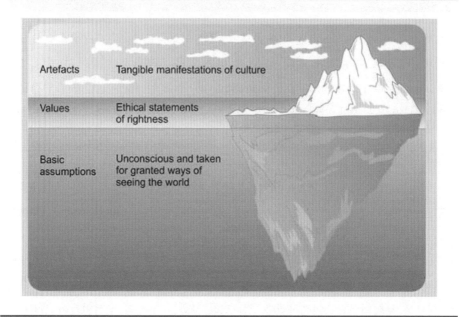

내에서 우열반을 운영한다거나, 교과 외 활동을 확대하는 등의 결정을 내릴 때 결
정의 근거가 되는 지배적인 신념이 이에 속한다고 할 수 있다. 마지막으로 인공물
은 이러한 가정과 신념을 반영하는 상징물이다. 전교생의 시험 등수를 적어 공개
하던 방법이나 교무실 자리 배치 및 교장실의 구조 등이 조직 문화를 드러내는 대
표적인 인공물이라 하겠다. Hoy와 Miskel(2012)도 Schein의 3단계 분석틀에 대체적
으로 동의했지만 가시적 인공물이 건물이나 물건뿐만 아니라 특정한 규범이나 의
식(ceremonies), 절차(procedures)가 될 수 있다는 점에서 조직 문화의 수준을 암묵적
가정 - 가치 - 규범으로 나누어 제시했다.

　일반적인 조직 연구뿐만 아니라 학교 조직 연구에서도 조직 문화는 거의 항상
리더십과 함께 거론될 정도로 리더십 개념과 긴밀하게 연결되어 있다. 리더십의
성격이 조직 전체의 문화를 형성할 때가 있고 조직 문화의 결과로서 특정 성격의

리더십만이 효과를 발휘하면서 유지될 때도 있다. 이 두 요소는 조직구성원들의 의사소통과 중요한 의사 결정 과정에 지대한 영향을 끼치면서 조직의 성과를 결정하고 조직의 변화와 혁신 가능성에도 직간접적인 영향을 끼치는 것으로 알려져 있다(박삼철, 2005; 이정선, 2007).

(2) 조직 풍토

조직 풍토는 '풍토(climate)'라는 단어가 의미하듯 조직구성원들이 느끼고 인식하는 조직 안팎의 환경이나 분위기를 뜻하는 개념으로 조직 건강 혹은 조직 생태(ecology)의 개념들을 내포하고 있다. 즉, 일반적 의미에서 풍토라는 것이 어떤 지역의 자연 환경과 기후, 그리고 그것들과 상호작용을 가지는 거주민의 습성과 사고 방식, 인심 등을 총체적으로 뜻하는 것처럼 조직 풍토 역시 조직이 처한 환경과 조직구성원의 사고 방식 및 행동 양식 등이 상호작용을 일으키며 형성하는 '분위기(atmosphere)'를 뜻한다고 볼 수 있다. "한 조직을 다른 조직과 구별하여 주고 구성원들의 행동에 영향을 끼치는 특성들"이라는 Gilmer(1966: 57)의 정의처럼 조직 풍토는 구성원들의 사고와 행동에 일정한 패턴을 형성하며 구성원들은 이를 집단적으로 인식한다. 따라서 조직 풍토는 "내부 정책이나 관행, 절차에 대한 조직의 공유된 인식이나 조직이 그것에 부여하는 의미에 대한 경험"임과 동시에 "조직 내에서 보상과 지지를 받기 때문에 마땅히 그렇게 하기를 바라는 일련의 행동"이기도 하다(Schneider, et al., 2013: 362).

(3) 비교

조직 연구에서 조직 문화가 훨씬 더 오래 전부터 사용되어 온 개념이지만 실제 연구에 있어서는 조직 풍토 개념을 사용한 사례가 훨씬 더 많은 것은 조직 풍토가 조직 문화에 비해 좀 더 구체적인 개념일 뿐만 아니라 조직 풍토에 대한 연구가 처음부터 측정도구의 개발 과정과 결부되어 있었기 때문이다(Hoy & Miskel, 2012). 세부 학문 영역과 관련하여서도 조직 문화는 인류학과 사회학에 기원을 두면서 참여 관찰 및 심층면담과 같은 질적 연구 방법을 통해 연구되는 경우가 많지만, 사회심리학과 산업심리학에 역사적 뿌리를 두고 있는 조직 풍토는 측정척도를 기반으로 한 양적 접근 방식을 통해 분석되어 왔다. 그럼에도 불구하고 조직 풍토는 조직 문화와 매우 유사하고 겹치는 부분이 많은 개념이어서 그 단어를 사용하는 사람들 사이에 많은 혼란을 야기한다. 따라서 쉽지는 않지만 조직 문화와 조직 풍토 간의 개념적 차이를 규명함으로써 조직 풍토에 대해 보다 잘 이해할 수 있다.

조직 문화와 조직 풍토의 개념적 관계는 사실 상당히 위계적이면서 동시에 조직에 대한 약간은 다른 관심사를 수반하고 있다. 먼저 두 개념의 관계가 위계적이라는 말은 특정한 조직 문화를 바탕으로 하여 조직 풍토가 형성되는 것을 의미한다. Stolp와 Smith(1995)는 학교의 조직 문화는 역사적이고 내면화된 가정과 가치를 뜻한다면 조직 풍토는 조직 문화를 바탕으로 하여 형성된 보다 피상적이고 일시적인 지각이라고 주장했다. Tagiuri(1968)의 관점을 수용한 Owen과 Valesky(2007)는 [그림 II−6−2]와 같이 조직의 생태와 환경(milieu), 구조, 그리고 문화 등의 역동적 상호작용 속에 형성되는 교집합으로서의 조직 풍토의 정의를 제시했다.

다음으로 조직에 대한 상이한 관심사라는 말은 조직 문화 연구자에 비해 조직 풍토 연구자가 조직 풍토를 보다 더 도구적으로, 혹은 조작 가능한 것으로 이해하면서 조직의 행동 변화에 초점을 맞춘다는 것을 뜻한다. 다시 말해 조직 문화 연구자들은 조직의 생리나 내적 작동 원리를 탐색하는 것 자체에 의미를 둔다면 조직 풍토 연구자들은 보다 실용적 관점에서 조직의 행동 변화를 이끌기 위해 조작을 가해야 하는 풍토가 과연 무엇인지 규명하는 것에 관심을 두는 경향이 있다. 조직 문화를 조직 변화 및 혁신과 연결지어 접근하는 연구도 이와 유사한 방법을 취하는데 특히 측정도구를 사용하여 조직 문화와 조직 변화 간의 관련성을 실증적으로 분석하는 연구의 경우 조직 문화와 풍토 간의 개념적 구별이 어려워지는 경우가 빈번하게 발생하여 분석결과의 해석 면에서 주의를 요하고 있다.

⚪⚪ 그림 Ⅱ-6-2 네 가지 핵심 조직 요인들의 중복과 상호작용으로 조성되는 조직 풍토

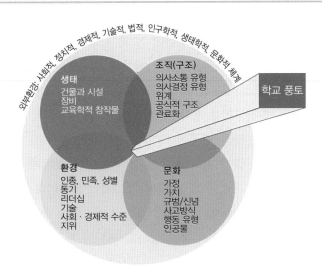

출처: Owen & Valesky(2007), 김혜숙 외 역(2012), p. 249.

02 │ 학교 문화

(1) 학교 문화의 정의와 특징

학교 문화에 대한 국내외 연구자들의 정의는 '학교 구성원들에게 당연하게 받아 들여지면서 이들의 행동과 사고방식을 지배하는 일련의 신념과 가정, 가치, 규범' 으로 정리할 수 있다(김준기, 1991; 이석열, 1997; Hoy & Miskel, 2012). 이러한 학교 문화의 정의는 일반적인 조직 문화의 정의와 크게 다르지 않다. 다만 일반 기업 조직과는 다르게 학교 조직은 성인인 교사와 미성년자인 학생이 생활하는 조직이며 전문가 인 교사들 간의 관계가 기업에 비해 수평적이라는 것, 또한 조직의 성과를 기업처 럼 양적으로 측정하기 어렵다는 등의 구별된 특징을 가지기 때문에 일반적인 기업

의 조직 문화와 구별되는 독특한 성격을 가지는 것으로 이해되고 있다.

학교 문화가 기업 조직 문화와 구별되는 가장 큰 특징은 학교의 이완결합체제 (loosely-coupled system)(Weick, 1976)적 성격이다. 교사 조직처럼 주요 구성원들이 일정 수준의 전문성을 가지면서 상당히 평등한 관계로 연결되는 경우 이들은 상호의존 적이기 보다는 독자적으로 업무를 처리하게 된다. 이런 조직에서 구성원들 사이의 상호작용은 '느슨한' 연결고리를 통해 이루어지기 때문에 조직 내외에서 발생하는 변화의 압력이나 충격이 조직 전체에 제대로 전달되지 못한다. 때문에 학교 조직 과 같은 이완결합체제는 중앙 리더십의 일사불란한 명령체계가 잘 작동하지 못하 고 리더십은 형식적인 성격을, 조직 문화는 개인적 전문성이나 자율성을 중시하는 특징을 나타낼 때가 많다(오영재·정지선, 2006; 김병모, 2010). 학교 조직이 다른 어떤 사회 조직보다 개인주의나 안정 위주 성향이 강하고 변화와 혁신이 어렵다는 인식도 이 러한 조직적 특징과 문화에서 기인하고 있다고 할 수 있다.

그러나 학교들도 형태와 규모, 설립 주체와 외부 환경 등에서 매우 다양하기 때 문에 이와 같은 이완결합체제적 조직 문화와 리더십에서도 정도의 차이가 크게 나 타난다. Scott(1995)은 같은 교육조직이라 하더라도 구성원의 전문성이 높고 조직의 규모가 클수록 전문가 중심의 자율적 조직으로 운영되고 반대의 성격이 강할수록 행정 영역이 전문가 구성원들을 통제하는, 기업과 유사한 이질적 전문가 조직이 된다고 주장했다. 대학의 경우에 이러한 대조적인 차이가 극명하게 나타나는데 대 규모 연구 중심 대학이 전문가 중심의 조직 문화를 나타낸다면 전문대학이나 소규 모 학부 중심 대학들은 관료제의 하향적 관리 문화가 강한 이질적 전문가 조직에 해당된다고 할 수 있다. 일반적으로 초·중등학교는 대부분 후자에 해당되겠지만 교 사의 전문성이나 학업 중시 정도에 따라 급별 간의, 혹은 학교 유형 간에 교사의 자율성과 관련한 조직 문화상의 차이가 발생할 수 있을 것으로 보인다.

변화와 혁신에 소극적인 학교 특유의 조직 문화는 지난 수십 년 동안 공교육 혁 신에 대한 사회적 요구가 국내외에서 고조되면서 교육행정가들 뿐만 아니라 연구 자들 사이에도 중요한 관심사로 다루어져 왔다. 이 과정에서 학교 문화를 보다 조작 가능한 것으로 보는 입장이 강하게 부상하였는데, 이 문제는 앞으로도 뜨거운 논쟁의 대상이 될 것으로 보인다(Hoy & Miskel, 2012). 즉, 학교 문화에 대해 문화인류학적으로 접근하는 연구자들은 학교 문화를 학교가 처한 대내외적 환경의 불가피하며 독특한 산물로 보고 이를 탐색하고 기술하는 데서 연구의 의의를 찾으려 하지만, 행정가적인 입장을 취하는 연구자들은 학교 문화를 학교의 변화와 개선을 촉진하는 유용한 도구로 파악하면서 학교 문화를 의도적으로 관리할 수 있고 또 그렇게 해야 한다는 입장을 취했다.

두 입장이 반드시 충돌하는 것은 아니지만 후자의 처방적 목적을 지나치게 중시할 경우 '구성원들의 의식 기저에 깔려 있으면서 당연시되는(따라서 변화시키기가 매우 힘듦) 기본 가정'이라는 문화의 기본 정의를 간과하면서 매우 다양하고 복잡한 문제에 대해 지극히 단순한 처방을 제시할 위험이 있다. 즉, 새로운 신념이나 가치는 구성원들 사이에 장기간에 걸쳐 내면화되어야 비로소 문화로 자리잡을 수 있는 법인데, 그것이 내면화될 수 있는 환경이나 맥락, 과정에 대해 충분히 고찰하지 않는다면 결국 내면화를 기계적, 혹은 자동적으로 이해하면서 그간의 학교 문화에 대한 탐색을 유명무실하게 만들게 된다. 즉, 학교의 변화와 혁신에 효과적인 학교 문화의 내용이 무엇이냐에 대한 탐색과 함께 그러한 문화가 구성원들 사이에 내면화 혹은 제도화된 과정과 방법에 대한 분석이 함께 이루어져야 학교 문화를 통해 변화와 혁신을 유도하기에 유용한 연구 결과를 제시할 수 있을 것이다.

(2) 학교 문화의 유형

학교 문화의 유형을 몇 가지로 구분한다는 것은 사실 불가능한 일이다. 한 조직 구성원들 사이에 형성되어 있는 수많은 가정과 신념, 행동 방식 등은 매우 다양한 조직의 특성과 환경에서 기인하고 있기 때문에 무엇을 기준으로 삼느냐에 따라 여러 차원의 분류와 해석이 가능하다. 교사들 사이에 상호 신뢰의 문화가 있다고 느껴질 경우 그것을 보다 깊이 탐색하다 보면 교사들의 탁월한 전문성과 실력의 문화에서 기인하기도 하고 교장과 교사들 간의 분산적 리더십이나 권한 위임 문화의 다른 표현으로 해석할 수 있다. 또한 교사 문화와 학생 문화가 항상 일맥상통하는 것은 아니기 때문에 누구를 주된 구성원으로 볼 것이며 누구의 행동을 원인과 결과로 삼을 것이냐에 따라 매우 다른 해석도 가능해진다. 학교 문화를 탐색하는 것이 거의 장님이 코끼리를 더듬는 것과 비슷하여 개인의 관점이나 초점이 되는 영역에 따라 상이한 기술과 해석이 가능하기 때문에 여기서는 교사의 관점에서 학교의 주된 활동을 기준으로 학교 문화의 구체적인 내용을 정리하려 한 입장들을 제시하고자 한다.

가. 학업적 낙관주의 문화

모든 조직에서 조직 문화는 조직의 주된 활동(혹은 기술, technology)을 중심으로 형성된다. 이런 점에서 학교 조직의 주요 기술이자 목표인 학업도 학교 문화의 중요한 내용을 형성할 수밖에 없는데 Hoy와 Miskel은 이를 '학업적 낙관주의(academic optimism)'라고 명명했다. Hoy와 Miskel은 학교 구성원 사이에 형성된 상호 신뢰의 문화나 개별적 혹은 집단적 효능감의 문화가 상호작용을 일으키며 학업적 낙관주의 문화를 창출하게 된다고 주장했다. 즉, 교사 간, 혹은 교사와 학생 간에 높은 상호 신뢰가 존재하고 구성원들이 자신 혹은 자신이 속한 집단의 능력에 대해 일정 수준 이상의 확신과 자신감을 느끼게 될 때 학습에 대한 강조 분위기가 형성되고 궁극적으로 '우리는 공부를 잘 하는 학교이다', '열심히 공부하면 좋은 성과를 거둘 수 있다'는 등의 긍정적인 신념을 공유할 수 있다는 것이다. Hoy와 Miskel(2012)은 이러한 학업적 낙관주의 문화의 형성 환경을 다음의 [그림 Ⅱ-6-3]을 통해 설명했다. 여기에서 볼 수 있듯이 신뢰의 문화와 효능감의 문화는 학업적 낙관주의 문화를 창출하는데 매우 중요한 배경이 된다.

학업적 낙관주의는 학교 문화의 여러 유형 중에서도 학생들의 학업 성취도 증진과 보다 직접적으로 연결되어 있는 문화적 요소이다. 때문에 행정가와 교사들은 학업적 낙관주의 문화가 학교 조직에 잘 정착되어서 바람직한 방향으로 교사와 학생들을 동기 부여하도록 노력해야 한다. Hoy와 Miskel은 학업적 낙관주의의 세

◐◐ 그림 II-6-3 학업적 낙관주의 문화의 형성 구조

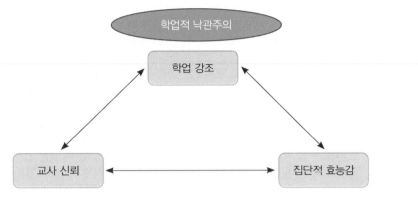

출처: Hoy & Miskel(2012), 오영재 외(역)(2013). p. 223.

요인이 동시에 서로를 지지하며 증진되어야만 바람직한 학교 문화를 형성할 수 있다고 강조했다. 특히 교사 신뢰나 효능감의 증진 없이 학업 경쟁만을 부추겨 학업 강조를 강화하는 전략은 교사, 학생 및 학부모들의 신뢰를 손상시킬 수 있기 때문에 경계해야 한다. 또한 지도자는 무엇보다 조직 내에 비관주의가 확산하는 것을 방지해야 한다는 점에서도 균형을 잃은 학업 강조는 위험하다. 낙관주의는 목표의 설정과 설정한 목표의 성취를 통해 형성되고 강화될 수 있는 데 반해 지나친 학업 강조는 두려움과 실수 회피 성향만을 강화시킬 가능성이 높기 때문이다.

표 II-6-1 McGregor의 X이론과 Y이론의 기본 가정	
X이론	**Y이론**
1. 보통의 사람은 본래 일을 싫어하고 회피하려 한다.	1. 만약 근로자들이 만족하고 있다면 그들은 일을 당연하게 여길 것이며 놀이로서 받아들일 것이다.
2. 따라서 사람들은 철저히 감독해야 한다. 조직의 목적 달성을 위해 처벌을 이용하고 지시하고 강요, 위협해야 한다.	2. 만약 근로자들이 조직의 목표에 헌신한다면 일에 대해 스스로 계획을 세우고 자기지시적 태도를 보이며 자제력을 발휘할 것이다.
3. 노동자들은 보통 책임을 회피하기 때문에 담당자에게 공식적 지시를 받으려 할 것이다.	3. 사람은 보통 적절한 상황에서 일에 대한 책임감을 받아들이며 이를 추구하기 위해 학습한다.
4. 대부분의 노동자들은 일 자체보다는 고용 보장을 더 중요하게 생각하며 일에 대한 의욕이 거의 없다.	4. 근로자는 보통 창의력, 즉 좋은 결정을 내릴 수 있는 능력을 중요하게 생각하며 일에서 창의성을 발휘할 수 있는 기회를 찾기 위해 노력한다.

출처: Owens & Valesky(2007), 김혜숙 외(역)(2012).

나. 학교 통제의 문화

학교 문화의 두 번째 차원은 학교 통제의 문화이다. 통제 문화에 대한 초기 이론은 McGregor의 X이론과 Y이론으로 거슬러 올라갈 수 있다. 즉, 구성원의 기본 성향을 어떻게 보느냐에 따라 관리자들은 상반된 관리 방법을 사용하고 결과적으로 대조적인 조직 문화가 형성된다. McGregor의 X이론과 Y이론의 기본 가정은 다음과 같다.

이와 같은 McGregor의 이론은 학교 조직 문화 연구에도 널리 반영되었다. 그 대표적인 연구가 Steinhoff와 Owens(1989)의 연구인데 이들은 학교 조직의 내부적 운영 원리를 기준으로 학교 문화를 가족문화, 기계문화, 공연문화, 공포문화 등 네 가지 유형으로 분류하였다. 가족문화의 학교는 부모이자 코치 역할을 하는 교장을 중심으로 애정이나 우정, 존경 등의 가족적 가치가 운영 원리를 지배한다. 기계문화는 구성원들이 학교 내의 모든 관계를 기계적으로 파악할 때 형성된다. 구성원들은 자신이 맡은 자리에서 제 역할을 다해야만 학교가 가진 추진력이 발생한다. 공연문화는 학교를 하나의 오케스트라나 서커스단처럼 파악하는 관점이다. 즉, 기계문화와 유사하게 모든 구성원들이 자신의 자리와 역할을 가지지만 기계보다는 끈끈하고 가족보다는 공식적인 공동체적 관계를 맺어 조직 전체의 목적을 달성하려 한다. 마지막으로 공포문화는 교장이 군대를 이끄는 장군, 혹은 고립된 성의 성주처럼 공포를 통제의 최대 수단으로 사용하며 운영하는 조직의 문화이다. 학생과 교사는 흔히 이런 학교를 교도소나 수용소로 인식하게 된다. Steinhoff와 Owens가 조직문화평가척도를 이용해 미국 내 47개 초중등학교 교장, 교사들의 조직 문화 인식을 조사해 본 결과 가족문화와 기계문화 유형의 학교(각 33%)가 대부분을 차지하고 공연문화(10%)와 공포문화(8%)의 학교는 비교적 적은 것으로 나타났다고 한다 (윤정일 외, 2008: 47).

다. 교사 직무수행 문화

마지막으로 보다 미시적인 관점에서 교사 문화를 연구한 이론들을 들 수 있다. 교사의 직무수행에 끼치는 학교문화의 영향력을 연구한 Quinn(1988)은 조직의 내외적 지향 차원과 변화 지향(신축) – 안정(질서) 등 두 차원을 축으로 하여 학교 문화를 친화적 문화, 진취적 문화, 보존적 문화, 합리적 문화 등 네 가지로 분류하였다. 이와 비슷한 관점에서 학교장의 지도성과 교사의 재량권 사이의 관계를 연구한 이석열(2005)은 [그림 Ⅱ-6-4]와 같이 학교 문화를 집단 문화, 혁신 문화, 위계 문화, 합리 문화 등 네 가지로 분류하였다. 이 모형에 따르면 한 학교의 문화는 외부 환경 기준인 적극성 – 소극성, 내부 환경 기준인 유연성 – 경직성의 정도에 따라 네 가지 문화 중 하나에 속하게 된다. 즉, 조직구성원이 외부 환경의 변화에 적극적으로 대응하고 내부적으로 유연한 행동 태도를 가질 때 혁신 문화가 형성되는 반면, 반대의 경우에는 서열 의식과 기존 규정의 준수를 중시하는 보존적 문화가 우세하게 된다.

◐◑ 그림 II-6-4 학교 문화의 유형

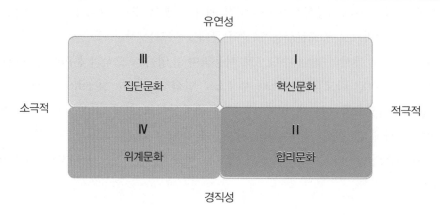

출처: 이석열(2005), 학교 조직문화와 도덕적 지도성이 교사의 전문적 수용권에 미치는 영향 분석. 교육행정학연구, 23(1), p. 75.

(3) 학교 문화와 학교 효과성

학교 문화는 조직의 구성원의 행동에 막대한 영향을 끼치는 요소 중의 하나라는 점에서 연구자는 물론 학교 행정가와 교사들도 새로운 시대의 요구에 따라 학교를 효과적으로 변화시키는데 지속적인 관심을 가져야 한다. 학교 문화와 학교 효과성의 관계에 대한 연구는 '과연 효과적인 학교 문화의 구성요소는 무엇이고 그것을 순조롭게 정착시키기 위한 방법은 무엇인가'라는 연구 문제에 대한 답을 모색해 왔다.

이러한 연구에서 주목해야 할 두 가지를 정리하면 다음과 같다. 첫째, 효과적인 학교 문화의 구성요소가 과연 무엇이냐는 것을 찾기 전에 학교의 효과성을 무엇으로 정의하느냐, 혹은 학교 효과성을 무엇에서 확인할 것이냐를 결정하는 것이 중요하다. 학교는 이윤을 추구하는 기업과는 달리 교수-학습이라는 핵심 기술이 불분명하고 그 성과 또한 정량화하기 어렵다. 따라서 학교 문화로부터 분명한 영향을 받는 학교의 효과성 지표를 무엇으로 정할 것이냐에 따라 학교 문화라는 광대한 개념에서 주목할 영역을 어느 정도 압축할 수 있다. 둘째, 학교 문화가 학교의 효과성에 직접적인 영향을 끼치는지, 그것이 아니라면 학교 문화가 학교 효과성에 영향을 끼치는 과정에서 매개하거나 조절하는 중요한 변인은 무엇인지 규명하는 것이다. 이것은 앞서 언급한 특정 문화가 특정 조직에 내재화되느냐 마느냐를 결정하는 일련의 맥락들에 대한 고찰을 의미한다. Bryk과 Scheider(2002)는 교사 신뢰가 학생들의 학업 성취도에 간접적인 영향만을 끼친다고 주장하면서 이러한 간접적인 영향을 매개하면서 학업 성취도에 보다 직접적인 영향을 주는 학교의 조건들로, 교사의 효능감과 책임감, 학부모들과의 긴밀한 협동, 전문가 공동체 의식 등을 제시하였다.

　위의 두 가지 점에 대한 연구자들의 고민은 학교 문화와 학교 효과성을 연결시키려는 선행 연구의 일반적 경향에서 잘 확인할 수 있다. 첫째, 학교 문화를 독립변수로 놓고 학교 효과성 지표를 종속변수로 설정하는 양적 연구들은 학교 효과성의 지표로서 학생들의 학업 성취도보다는 교사의 효능감이나 직무수행 정도, 만족도를 택하고 있다(곽상기, 2004; 강경석, 2006; 김지은, 2006; 전유정, 2011; 신재흡, 2012). 학교 조직의 기저에 깔린 학교 문화와 학교 조직의 가장 표면에 있다고 볼 수 있는 학생의 학업 성취도에 직접적인 영향을 끼치기는 어려우며 그 과정에서 학업 성취도에 영향을 끼치는 전혀 다른 종류의 변수들도 매우 다양할 것이기 때문이다. 그런 점에서 볼 때 교사의 효능감이나 만족도 등은 학교 문화가 학생의 학업 경험에 끼치는 과정의 중요한 내적 환경과 맥락을 형성하는 변수라고 볼 수 있다.

　둘째, 학교 문화의 개혁을 통해 학교의 혁신을 추구함으로써 학교 효과성 제고를 지향하는 연구자들은 학교장의 지도성의 성격과 교사의 직업적 정체성과 연결시켜 접근할 때가 많다. 이는 교사들의 효능감이나 만족도, 직무수행 능력 등을 결정하는 데 있어 학교장의 지도성이 상당한 영향력을 끼치는 내적 환경으로 작용하기 때문일 것이다. 때문에 앞서 언급한 바와 같이 학교 조직은 기업 조직보다 이완결합체제적 성격이 강해 중앙집권식 하향식(top-down) 지도성이 큰 효과를 거두지 못하는 조직이지만, 학교 조직의 특성을 고려하는 여러 대안적 지도성 모델은 학교 문화 개혁의 중요한 전제조건임에 대다수의 행정가와 연구자, 그리고 교사들이 동의하는 것으로 보인다(정일환, 2003; 조경원, 2004; 이정선, 2007; 장성집 이점조, 2007; 전유정, 2011). 이러한 연구 결과들은 학교 문화와 학교장의 지도성을 긴밀하게 연결하여 접근 분석해야 하며, 학교 문화의 변화를 촉진할 수 있는 학교장의 지도성에 대한 다양한 개발 방법과 적용 사례에 대한 연구가 수반되어야 함을 시사하고 있다.

03 | 학교 풍토

(1) 학교 풍토의 정의와 특징

Hoy와 Miskel(2007)은 학교 풍토를 "참여자들이 경험하고, 그들의 행동에 영향을 주며, 학교 내 행동에 대한 교사들의 집단적인 인식에 근거하고 있는 비교적 지속적인 학교 환경의 특징"이라고 정의했다. 간단히 말하자면 개인에게 '인성'에 해당되는 것이 학교에게는 '풍토'라고 표현할 수 있다. 교육행정학의 영역에서 이루어진 학교 풍토 연구들은 일부의 예외적 연구를 제외하고는 대부분 학교 풍토를 주로 교사들의 경험과 인식에서 측정하고 있다.

그러나 조직 문화와 조직 풍토 간의 관계에서처럼 학교 조직의 문화와 풍토에 대한 연구에서도 두 개념을 명확히 구분하는 일은 쉽지 않다. 실제로 김세호(2010)의 연구에 따르면 국내외 연구자들 사이에 학교 문화와 학교 풍토 사이의 개념 정리가 제대로 이루어지지 않아 상당한 혼란이 발생하고 있다. 이 연구에 따르면 1990년부터 2009년까지 발표된 국내 학술지와 석박사 학위논문 중 학교 문화에 대해 다룬 논문이 185편이었고 학교 풍토에 대해 다룬 논문은 총 348편으로 후자의 경우가 두 배 가량 많았다. 같은 기간 학교 문화를 주제어로 선택한 국내 석박사 학위 논문 141편 중 16편이 조직 문화와 조직 풍토 간의 개념 분리에 대한 어려움을 언급하고 있었고, 심지어 조직 풍토를 종속변인으로 설정한 한 논문에서는 조직 문화 측정도구를 사용한 것으로 나타났다(김세호, 2010: 2). 이러한 혼란은 과거

주로 질적 연구 방법을 사용했던 학교 문화 연구가 최근 들어 정량적 측정도구들을 사용하는 예가 증가하면서 한층 더 심화되고 있다.

조직 문화와 조직 풍토 간의 위계적 관계를 주장하는 이론들을 감안할 때 두 개념 사이의 중복이 발생하는 것은 사실 당연한 결과이다. 다만 학교 문화는 보다 더 깊은 수준에서 장기적으로 형성되는 포괄적인 가정과 신념 체계를 뜻한다면 학교 풍토는 학교 문화의 기반 위에서 비교적 단기간에 형성되고 변화할 수 있는 인식이나 행동 패턴을 의미한다고 이해할 수 있다. 연구자나 행정가 모두 이러한 두 개념의 관계를 충분히 이해하여 개념상의 혼란을 최소화하려 노력하는 자세가 필요하다.

(2) 학교 풍토의 구성 요소

일반적인 조직 풍토 연구와 같은 맥락에서 학교 풍토 역시 양적인 측정도구의 개발을 통해 개념적 발전을 이루어 왔다. 지금까지 가장 널리 알려진 학교 풍토 측정도구는 Halpin과 Croft(1963)가 개발한 조직 풍토 기술질문지(Organizational Climate Description Questionnaire: OCDQ)이다. Hoy와 Miskel(1996)은 이 척도의 한계점을 보완하여 초등학교, 중학교, 고등학교용 버전을 개발하였다. OCDQ의 질문들은 급별에 따라 하위 척도와 질문의 수가 상이하다. 초등학교 척도의 경우 [표 Ⅱ -6-2]와 같이 총 42개의 질문이 학교장 행동 척도 3개와 교사 행동 척도 3개로 나누어진다.

국내 연구자 중에서는 노종희(1990)가 한국판 조직 풍토 설문지(OCDQ-KOR)를 개발했는데, OCDQ와 유사하게 학교장 행동(친교적, 헌신적, 방관적) 척도와 교사 행동(인간지향적, 목표지향적, 관료지향적) 척도 등 6개 하위 척도(총 30문항) 구조를 취하고 있다. 이와 같은 OCDQ는 조직 풍토의 하위 요소 중에서도 주로 학교장과 교사 사이, 혹은 교사들 사이의 의사소통 및 상호작용의 개방성을 측정하는 데 중점을 두고 있다.

표 II-6-2 Hoy와 Miskel의 조직 풍토 척도 구조

대표 척도	하위 척도	대표 질문
학교장 행동 척도	지원적 학교장 행동	학교장은 구성주의적 비판방법을 사용한다; 학교장은 교사들의 제안을 경청하고 개방적이다.
	지시적 학교장 행동	엄격하고 밀착된 감독을 요구한다; 학교장은 교사뿐만 아니라 아주 작은 학교 활동에 이르기까지 밀착되고 지속적인 통제를 한다.
	제한적 학교장 행동	교사들의 일을 수월하게 해주기보다는 오히려 방해한다; 학교장은 교사들에게 잡무, 회의, 판에 박힌 업무, 바쁜 일로 업무 부담을 준다.
교사 행동	동료적 교사 행동	교사들 간의 개방적이고 전문적인 상호작용을 지원한다; 교사들은 열성적이고 수용적이며 동료의 전문 능력을 존중한다.
	친밀한 교사 행동	교사들 간의 강하고 결속력 있는 사회적 지원망을 반영한다; 교사들은 서로 잘 알고 친밀한 친구이며 정기적으로 교제한다.
	일탈적 교사 행동	전문적 활동의 의미와 집중이 부족함을 뜻한다; 교사들은 단순히 시간을 때운다; 교사들은 그들의 동료에 대해 부정적이고 비판적으로 행동한다.

출처: Hoy & Miskel(2012), 오영재 외(역)(2013). p. 239.

이 척도를 사용하여 학교 효과성에 대한 영향력을 분석한 선행연구들은 개방적인 풍토의 학교가 폐쇄적인 풍토의 학교보다 교사들의 조직 헌신과 참여(Tarter, Hoy, & Kottkamp, 1990; Barnes, 1994), 심지어는 학생의 학업 성취(Hoy & Sabo, 1998)에도 더 효과적이었다고 보고하였다.

조직 풍토가 개방-폐쇄성의 정도뿐만 아니라 '조직 건강'으로까지 개념을 확장하면서 학교 풍토 측정도구 역시 학교 내의 건강한 대인 상호작용은 물론 학교와 지역 사회 간의 원활한 상호작용도 포괄하고 있다. Hoy와 Miskel(2007)은 Miles(1965)가 처음으로 개발한 조직건강 측정도구인 조직건강목록(Organizational Health Inventory: OHI)의 수정판과 함께 조직 풍토 지표인 OCI(Organizational Climate Index)를 개발하였다. 이 중 보다 종합적 성격의 조직 풍토 측정도구인 OCI는 제도적 수준과 교장 수준, 교사 수준, 학생 수준 등 네 가지 수준에서의 조직 내 건강한 상호작용의 정도를 측정하고 있다.

(3) 학교 풍토와 학교 효과성

학교 풍토가 학교 효과성에 끼치는 영향력을 분석한 연구들 중 해외 연구들은 학교 효과성 지표를 학생의 학업 성취도로 삼은 연구도 많지만 국내 연구들은 학교 문화 연구와 마찬가지로 교사의 효능감이나 만족도, 직무수행 등의 교사 변인들을 선택하는 경우가 많았다. 그러나 학생의 학업 성취도는 아니더라도 학생의 자기 효능감과 같은 학생 변수를 학교 효과성 지표로 삼는 연구가 학교 문화의 연구에 비해 많다고 할 수 있다.

교사가 학교 풍토를 긍정적으로 인식할수록 높은 효능감을 가지게 된다는 것은 이미 많은 국내외 선행 연구를 통해 보고된 바 있다(Hoy & Woolfolk, 1993; Talyor & Tashakkori, 1994; 김아영 김민정, 2002; 이숙정, 2008). 유지승·최신영(2021)은 서울형 혁신학교 교사 467명을 대상으로 한 연구에서 리더십공유, 협력학습, 실천공유 등의 학교 풍토가 수업혁신에 유의한 정적 영향을 끼친다고 보고하였다. 교사의 효능감이 학생들의 학업 성취 및 학교 적응과 밀접한 관련이 있다는 점(Woolfolk, Rosoff & Hoy, 1990)을 고려할 때 이와 같은 학교 풍토의 영향력은 교사를 넘어 학생들에게까지 폭넓은 파급력을 가지고 있음을 유추할 수 있다. 이와 같은 관점을 보다 세부적으로 발전시킨 우한솔·서지희·엄문영·이수지(2023)는 교사가 인식하는 학교장의 리더십과 학교풍토가 교사의 협력을 매개로 하여 교사의사결정 권한에 유의미한 영향을 끼치는 과정을 분석했다. 교사들이 지각한 학교풍토는 교사 협력 및 의사결정 권한과 통계적으로 유의한 관계를 가지고 있었고, 학교풍토는 교사 협력을 매개로 교사의 의사결정 권한에 간접적인 영향을 미치고 있었다.

아울러 학교풍토는 학생들에게도 직간접적인 영향을 끼친다. 건강한 학교풍토는 학업 성취도를 높이는 효과가 있는 반면(이석열, 1997; 장내찬, 2002; 배용득, 2003; Forsyth, Adams, & Hoy, 2011), 건강하지 못한 학교풍토는 학교 폭력의 피해 및 가해 경험에 유의한 영향을 끼치는 것으로 보고되었다(노언경·이현정·이은수·홍세희, 2017; 박수희, 2020, Forsyth, Adams, & Hoy, 2011).

이와 같은 학교 풍토의 긍정적인 효과를 확대하기 위해서는 장기적으로 학교 풍토를 원하는 방향으로 변화시켜 나가는 노력이 필요하다. 그러나 학교 문화와 마찬가지로 학교 풍토 역시 쉽고 빠르게 바꾸기는 어려우며, 단기적인 유행을 좇기보다는 장기적인 체제적 노력이 필요하다(Hoy & Miskel, 2007). 조직 풍토의 변화전략으로 Hoy와 Miskel(2007)은 다섯 단계(조직에 대한 지식 얻기-진단-예측-처방-평가)의 임상적 전략과 함께 변화에 대한 구성원들의 가정 설정과 관련된 성장중심전략의 상보적 활용을 제안했다. 즉, 조직 풍토와 관련한 어떤 문제가 지각되었을 때 학교는 여러 측정도구를 사용하여 구성원의 기본 규범이나 가치, 생활 방식을 분석한 후, 문제의 성격, 원인 등을 진단한다. 다음으로 임상적 전략을 주도하는 사람은 상황의 심각성을 판단하고 해결 방법의 우선 순위를 정한다. 마지막으로 우선 순위가 매겨진 처방을 실행에 옮긴 후 그 결과를 지속적으로 모니터링하며 평가한다. 반면 성장중심전략은 특별한 문제가 발생하지 않았다 하더라도 변화에 대해 구성원들이 긍정적이며 적극적인 가정들을 공유하도록 의식적으로 노력함으로써 전반적인 풍토 변화를 꾀하는 전략이다. 다시 말해 성장중심전략을 취하는 조직은 변화를 조직 건강의 신호로 받아들이고 진보적 방향의 변화를 희망하며 교사들이 이러한 변화를 받아들일 강한 잠재력이 있다고 가정하고 그 가정하에 행정적 의사결정을 진행하는 것이다. 이러한 가정들은 사실 앞서 말한 집단적 효능감이나 학업적 낙관주의, 교사 신뢰 등의 학교 문화의 기본 요소라고 볼 수 있는데 학교 풍토의 성장중심전략은 이러한 가정이 자연스럽게 내면화되기를 기다리기 보다는 전면적으로 수용하여 조직의 의사결정절차에 반영하는 방법이라 할 수 있다.

교무실에서 박 교사와 김 교사가 대화를 나누고 있다.

사례

김 교사: 이 선생, 자유학기제에 대해 들어봤어요?

이 교사: 아, 예. 뭐 대충은 들어 봤는데, 자세히는 몰라요.

김 교사: 우리 학교처럼 점수 경쟁이 치열한 학교에서 잘 될 것 같아요?

이 교사: 솔직히 잘 모르겠어요. 우리 학교는 학생들이나 학부모들이나 학업성적에 너무 관심들이 많아서 한 학기 동안 그냥 자유롭게 놔두는 것을 잘 받아들일지 모르겠어요.

김 교사: 맞아요. 뽑혀서 들어오는 학교다 보니 학생들이 교과외 활동보다는 교과 수업에 대한 관심이 굉장히 높죠. 경쟁이 치열하기는 하지만 나름대로 학업적 수월성에 대해 학생들이나 교사 모두 진지하고 긍정적으로 임하는 분위기인 것은 좋은 것 같아요. 그래서 자유학기제에 대해 어떻게 반응할지 걱정이에요.

이 교사: 그런데 자유학기제가 학생들을 그냥 놀리는 것은 아니고 교사들도 좀 다른 방식으로 수업을 구성해서 해야 하는 거잖아요? 예전에는 그냥 가르치고 문제 풀고 했는데 자유학기제에서는 각 교과마다 직업 탐색이나 인성 함양 이런 것들에 초점을 맞춘 내용으로 수업을 구성해야 한다고 들었어요.

김 교사: 그러니까 더 걱정이에요. 우리 학교 교사들이 실력은 좋지만 개인주의적이고 또 상당히 보수적인 분위기가 강하잖아요. 주어진 일은 시키는 대로 하겠지만 더 이상은 간섭하지도 말고 더 시키지도 말라는 분위기랄까. 교장 선생님도 말로는 자율성을 주신다 하지만 중요한 것은 혼자 결정하시고, 또 다른 학교들이 하는 것 이상의 새로운 것은 별로 원하시지 않구요. 이런 분위기에서 자유학기제에 맞는 교육 내용을 개발하고 실험해 보고 발전적으로 평가하는 것이 가능할지 모르겠어요.

이 교사: 맞아요. 걱정이네요. 제 친구가 있는 학교는 공립학교지만 대안학교와 비슷한 취지로 설립되고, 또 그런 쪽에 관심있는 학부모들이 자녀들을 보내다 보니 새로운 교육 정책 실험에 대한 교사들의 참여나 학부모들의 호

응이 굉장히 좋더라구요. 물론 그렇게 한 후 학생들 성적은 어찌될지 걱정은 좀 되지만 교사로서 일한다면 그런 곳에서 일하고 싶었어요.

토론거리

◗ 두 교사가 속한 학교의 조직 문화와 조직 풍토의 대표적인 특징이 무엇인지 설명해보시오.

◗ 학생이 경험한 학교의 조직 문화 및 풍토는 어떠했을까? 자유학기제를 도입하기에 적당한 문화였을까? 아니면 무엇이 문제였을까?

정리하기

❶ 조직 문화와 조직 풍토는 학교를 비롯한 여러 사회 조직의 행동과 효과성에 영향을 끼치는 조직의 중요한 내적 요소이다.

❷ 학교 문화란 학교의 구성원들에게 당연하게 받아들여지면서 이들의 행동과 사고방식을 지배하는 일련의 가정과 신념체계이다. 학교 풍토는 학교의 구성원들의 행동과 사고방식에 직접적 영향을 주는 조직 내의 분위기에 대한 집단적 인식으로서 학교 문화에 비해 구성원들 사이에 표면화되어 있다.

❸ 학교 문화와 학교 풍토는 모두 교사의 효능감이나 만족도, 학교 폭력과 같은 학생들의 행동과 만족도, 학습 몰입 및 학업 성취도 등 학교 조직의 다양한 효과성 지표들과 상호작용을 주고 받는다.

학습문제

01   학교 문화와 학교 풍토의 정의는 무엇이고 두 개념은 어떻게 구별될 수 있는지 설명하시오.

02   자신이 속한 학교의 전반적인 조직 문화(혹은 보다 구체적으로는 교사 문화)를 Schein(1985)의 3 수준 빙하 모형(기본 가정-가치-인공물)으로 설명해 보시오. 그러한 특정 문화가 형성되게 된 중요한 원인이 무엇인지 학교 내외 환경적 요소에서 찾아보시오.

03   '혁신학교' 등 지난 10년 동안 정부가 시도해 온 주요 학교 변화 정책 중 하나를 골라 이러한 정책이 학교 문화/학교 풍토로부터 어떤 영향을 받고, 또한 어떤 영향을 주었는지 언론이나 학술논문 등을 통해 조사해 보시오.

CHAPTER 07

학교 조직 내 의사소통

 학/습/목/표

- 의사소통이 학교 조직 내에서 갖는 의미와 중요성을 설명할 수 있다.
- 의사소통의 유형과 네트워크를 알고 유형별 장단점을 설명할 수 있다.
- 교육조직 내 의사소통의 장애요인을 이해하고 그 극복방안을 제시할 수 있다.

생각해보기

　　올해 새빛중학교에 부임한 나초보 교사는 초임교사이다. 설레임과 두려움을 안고 첫 학기를 맞이한 나 교사는 매주 월요일에 열리는 교직원회의시간이 다가오면, 지루한 교장 선생님 훈화말씀을 듣느라 괴로워했던 학창시절 애국조회시간이 생각난다. 교장 선생님의 지시사항을 전달하는 것이 주된 내용일 뿐 아니라, 무엇이 중요한 내용이고 급한 내용인지 집중이 안 된다. 또한 의사결정이 필요해 보이는 내용에 대해서 교사들의 의견을 모으기 보다는 교장 선생님의 의사대로 진행하려는 경향이 있으며, 도무지 교사들의 생각이나 의견에 대해 궁금해하는 모습이 보이지 않기 때문이다. 더 아쉬운 것은 선배 교사들이 다른 의견이나 새로운 아이디어가 있어도 의사를 잘 피력하지 않으려 하고, 서로 간 소통하는 데 어려움을 느끼고 있다는 점이다.

　　새빛중학교에서 교직에 첫발을 내딛은 나 교사가 열정을 가지고 교직생활에 임하기 위해서, 그리고 더 나아가 나 교사 자신은 물론 학교 조직 내에서 의사소통 활성화를 위해 어떤 변화가 필요할지 생각해보자.

학교를 비롯한 모든 조직에서 일어나는 대부분의 과정들은 의사소통을 통해 이루어지며, '현 시대의 키워드는 소통(疏通)'이라는 말이 있을 정도로 원활한 의사소통은 우리 삶에 중요한 의미를 갖는다. 의사소통(communication)의 원어인 라틴어 Com-munis는 '공통되는(common)' 또는 '공유한다(share)'라는 뜻을 지니고 있다. 우리가 공동체를 표현할 때 흔히 사용하는 'community' 역시 이 단어에서 파생되었다고 한다. 이처럼 의사소통은 둘 이상의 사람들 간에 사실, 생각, 감정, 의견 등을 교환하는 과정을 통해 의사를 교환하고 상호 이해에 도달하도록 상호작용함으로써, 서로의 공통된 의미를 수립하고 서로의 행동에 영향을 미치는 과정이다.

Simon(1957)은 의사소통이란 "조직의 한 구성원으로부터 다른 구성원에게 결정전제(decisional premise)가 전달되는 과정"이라고 하였으며, Barnard(1938)는 의사소통을 조직경영의 핵심적인 과정이라고 하였다.

학교 현장에서는 교사, 교육행정가, 학생과 학부모 간의 의사소통을 통하여 많은 업무들을 처리하고 있으며, 의사소통방식에 따라 학교의 조직 문화와 풍토가 좌우되기도 한다. 의사소통은 정보의 상호 교류과정으로써 발신자와 수신자 간의 사실이나 의견이 전달되어 상호 간의 행동이나 의사결정에 영향을 미치는 것으로 인체의 혈액순환이나 신경계통과 같은 역할을 한다(Hoy & Miskel, 2001; 윤정일 외, 2008: 166 재인용).[1] 그러므로 원활한 의사소통은 조직이 건강하게 유지되는 데 있어 가장 중요한 요소라고 볼 수 있다.

---

[1] Hoy와 Miskel(1991)은 사회심리학적 의사소통이론을 제시하였다. 그들은 사람의 개인적·사회적 환경을 의사소통 과정의 기본으로 여기고 있으며 의사소통을 하나의 환류순환과정(feedback loop)으로 보고 있어, 발신자와 수신자의 역할은 과정 속에서 환류를 통해 바뀌기도 한다. 이처럼 의사소통은 환류순환과정을 통해 전달되며 교환되어 쌍방 의사소통으로 계속 이어진다. 의사소통의 이러한 환류과정은 조직의 공식적·비공식적 구조, 집단 역학 그리고 개인의 특성 등으로 구성되는 사회적 상황에서 이루어진다(김창걸, 2003: 355).

　학교는 학생들의 성장발달을 목적으로 하는 교수학습이 중심이 되며 전문직인 교사들이 구성원으로 존재하는 공동체의 성격을 가진다. 그러므로 학생들의 학습과 성장이라는 공동의 목표를 달성하기 위해서는 역동적이고 유용한 의사소통이 활발히 이루어져야 한다. 그래야만 학교의 목표가 구성원들에게 잘 전달될 수 있고, 원활한 의사소통을 통해 구성원들의 자발성을 동반한 직무몰입을 기대할 수 있다. 교사들의 직무몰입은 결국 학생을 비롯한 구성원 모두의 성장을 가져오게 되어 학교의 성장에 좋은 영향을 미친다.

02 | 학교 의사소통의 유형

　학교에서 일어나는 의사소통의 유형은 그 교류방식과 형식, 방향, 수단에 따라 구분되며, 의사소통의 상호연결구조에 따라 의사소통 네트워크의 유형을 분류한다.

(1) 의사소통의 유형

가. 일방적 의사소통과 쌍방적 의사소통

　발신자와 수신자 간 의사소통의 교류방식에 따라 일방적 의사소통과 쌍방적 의사소통으로 나눌 수 있다. 일방적 의사소통(one-way communication)은 한 사람이 다른 한 사람에게 일방적으로 이야기하고 다른 한 사람은 듣기만 하는 형태의 의사소통으로서, 연설이나 강의식 수업이 전형적인 예이다. 일방적 의사소통과 달리 쌍방적 의사소통(two-way communication)은 의사소통에 참여하는 사람들이 이야기하기도 하고 듣기도 하는 의사소통방식으로서 발신자와 수신자의 역할은 수시로 바뀌고, 대화도 양방향으로 이루어지는 것을 의미한다.

나. 언어적 의사소통과 비언어적 의사소통

　언어적 의사소통은 가장 일반적인 의사소통 유형으로서 주로 구두와 문서에 의해 이루어진다. 학교를 비롯한 교육조직의 경우 공문을 통해 공식적인 의사소통을 하는 과정에서 문서를 많이 활용하게 되며, 대다수의 행정적인 업무 뿐 아니라 교무분장 업무처리에 있어서 언어적 의사소통이 이루어진다. 학교 내(쿨 메신저)에서나 학교와 교육청 간(교육청 메신저)에는 메신저를 활용한 의사소통도 활발히 이루어지고 있는 상황이다.

비언어적 의사소통은 전달되는 메시지 내용 자체(what)보다는 발신자의 신체접촉, 몸짓, 손짓, 억양, 얼굴표정, 복장, 심리적 거리 등 비언어적 기호로서의 전달양식과 태도(how)에 의해 이루어진다. 준언어라는 표현이 사용되기도 하는 비언어적 의사소통은 일반적으로 언어적 의사소통을 보조하지만, 때로는 그 자체로 독립적으로 의미를 전달하거나 언어적 의사소통보다 더 강력하게 의미를 전달하기도 하므로 매우 중요한 의사소통이다.

다. 공식적 의사소통과 비공식적 의사소통

의사소통이 이루어지는 형식에 따라 공식적 의사소통과 비공식적 의사소통으로 구분된다.

학교 내 교원 업무처리에 있어서는 일반적으로 '교장 → 교감(또는 수석교사) → 부장교사 → 교사'로 이어지는 의사소통 경로를 통해 개인별 업무를 명령, 지시, 통제하고, 업무를 분담받은 개인의 입장에서는 '교사 → 부장교사 → 교감(또는 수석교사) → 교장'의 공식적 의사소통을 통해 업무처리가 진행된다. 행정실 업무에 있어서는 '업무담당자 → 행정실장 → 교장'의 의사소통 과정을 거쳐 업무처리가 진행되는데, 행정직원과 교원 간의 관계에 있어서는 교감, 교장으로부터 결재와 지시를 받고, 교사들과는 상호협조적 의사소통을 통해 업무처리를 진행한다. 이러한 공식적 의사소통은 조직도상의 통로와 절차, 수단을 통해 이루어지기 때문에 의사소통이 정확하게 이루어지고 책임소재가 분명하다는 장점이 있다. 그러나 공식적 의사소통은 융통성이 부족하고, 속도가 느리며, 구성원들의 복잡한 내면을 솔직하게 전달하기 어렵다는 단점이 있다.

조직계통에 따라 이루어지는 공식적 의사소통과 달리 비공식적 의사소통은 발신자의 조직 내 역할, 지위와 무관하게 이루어지므로, 여러 가지 측면에서 공식적 의사소통과 대조된다. 근무공간에서 일어나는 공식적 의사소통과 달리 비공식적 의사소통은 근무공간이 아닌 곳에서 주로 일어나며, 공식적 의사소통의 방향이 수직적인 데 반해 수평적이며, 메시지의 성격이 사적, 일회적인 경향이 있다. 또한 공문서, 서한, 게시판 등을 활용하는 공식적 의사소통과 달리 대화, 담소, 대면, 전화, 사회연결망서비스(SNS)나 메신저 등의 수단을 활용하여 이루어진다.

예를 들어 학교 조직의 경우, 조직계통과 상관없이 동호회나 교우회, 각종 친목회 등과 같은 비공식 조직을 통해 구성원들 간의 비공식적 의사소통이 이루어질 수 있다. 이러한 비공식적 의사소통은 일상 대화나 풍문, 소문 등을 통해 이루어지기 때문에 메시지의 정확도가 떨어지고, 책임소재가 불분명하다는 단점이 있다. 그러나 구성원들 간에 내면을 솔직하게 털어놓는 분위기로 인해 친밀도가 높고, 융통성이 있다는 장점이 있다.

라. 수직적 의사소통과 수평적 의사소통

의사소통의 흐름방향에 따라 수직적 의사소통과 수평적 의사소통으로 구분되며, 수직적 의사소통은 다시 상향적 의사소통과 하향적 의사소통으로 구분된다.

수직적 의사소통 중 하향적 의사소통(downward communication)은 조직 내 지위, 상하관계에 따라 지시, 방침, 규칙 등을 상사가 부하에게 전달하는 방식으로 정보전달이나 지시 위주의 의사전달이 여기에 해당된다. 상향적 의사소통(upward communication)은 하의상달식의 의사소통으로 보고, 의견조사 등이 해당되는데, 기본적으로 하의가 전달된다는 측면에서 상사와 부하, 학교에서는 평교사와 부장교사, 교감, 교장과의 쌍방적 의사소통이 가능하게 되어 의사소통의 질이 개선될 수 있다. 그러나 교원을 평가할 권한을 가진 교장, 교감이 듣기 싫어하는 내용이나 부정적인 정보들이 위로 올라가는 과정에서 여과되어 정확한 정보가 전달되지 못하는 경우가 생길 수 있다는 단점이 있다.

수평적 의사소통은 조직 내 상하관계에 의하지 않고 같은 계층에 있는 부서나 개인 간에 이루어지는 의사소통으로서 상호작용적인 성격을 가진다. 부서 간 갈등을 해소하거나 협력을 도모하여 업무를 조정하는 등 중요한 기능을 하며, 교사들 간의 동학년 협의회, 동교과 협의회 등 업무협의회가 해당된다.

마. 디지털 의사소통과 아날로그 의사소통

디지털 의사소통은 대개 디지털 방식으로 네트워크 시스템이 구축되어 있는 도구나 채널을 통해 의사소통하는 방식이다. 최근에는 교내에서는 쿨 메신저, 교육청과 학교 간에는 교육청 메신저, 광역 및 전국 수준에서는 NEIS 등을 활용하여 의사소통하는 것이 일반화되어 있다. 이러한 디지털 의사소통의 경우 짧은 시간에 많은 대상과 정보를 교류하고 의사소통할 수 있다는 장점이 있다. 그러나 개인정보 유출이나 기술적인 오류로 인한 통신망 마비 등의 우려가 있으며, 통신망을 활용한 가운데 친분관계와 이해관계가 없는 대상에 대한 악플 등으로 주관적 의사전달에 있어 오해를 야기할 수 있다는 단점이 있다.

아날로그 방식의 의사소통은 기존의 전화, 팩스, 종이공문 등을 활용한 방식이다. 최근에는 전자문서화로 인해 종이공문은 거의 사라졌으나, 전화와 팩스는 여전히 중요한 의사소통 수단으로 활용되고 있다. 전화의 경우 면대면의 방식보다는

현장 살펴보기

지나친 '공문 의존주의'는 학교의 관료화와 형식화를 부릅니다. 공문대로 이행되지 않는 경우 책임을 물을 수 있다는 것 때문에 공문은 관료제를 유지하는 대표적인 도구로 기능하고 있습니다. 또한 공문으로만 잘 보고되면 내실이 없어도 된다고 생각한다면 그것은 형식화의 대표적인 모습입니다. 통하는 학교가 되기 위해서는 공문 이상의 사고가 필요합니다.

출처: 함영기(2008). 통하는 학교, 통하는 교실을 위한 교사 리더십. 바로세움, p. 259.

소통에 있어 전달력이 떨어질 수 있으나 디지털 방식에 비해 직접적인 방식이기 때문에 메신저 등의 디지털 방식보다는 전달력이 우수한 장점이 있다.

(2) 의사소통 네트워크(communication network)

가. 의사소통 네트워크의 형태

의사소통의 네트워크는 조직 내 구성원 간에 여러 가지 방향으로 나타나는 의사소통 경로의 구조를 의미하는 것으로서, 발신자와 수신자를 연결해주는 흐름이나 형태의 연결망을 의미한다. 사슬형, 원형, 수레바퀴형, 완전연결형 등이 있으며, 각 유형에서 가장 중요한 차이점은 의사소통이 집중되거나 분산된 정도이다. 이러한 네트워크 유형에 따라 의사소통의 속도, 정확도, 구성원들의 사기나 만족도, 조직의 안정성과 융통성이 달라진다.

◐◑ 그림 Ⅱ-7-1 의사소통 네트워크

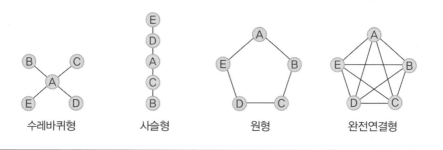

| 수레바퀴형 | 사슬형 | 원형 | 완전연결형 |

❶ 수레바퀴형: 정보가 중심인물인 한 사람에게 집중되는 형태로서, 가장 구조화가 잘되고 집권적인 형태이다. 단순업무의 경우 의사소통 속도가 빠르고 정확성이 나타나나, 복잡한 업무의 경우 효과가 떨어지며, 집단의 만족도는 낮은 편이다.

❷ 사슬형: 공식적인 지위계층에 따라 수직적으로 흐르는 집권적 형태의 의사소통이다. 주로 직속상관과 직속부하 위주로 의사소통이 이루어지며, 상위의 중심인물을 중심으로 이루어지기 때문에 의사결정 속도는 빠르나, 집단의 만족도가 낮으며, 정보가 아래

로 전달되는 과정에서 왜곡될 소지가 있다.

❸ 원형: 계층관계가 형성되어 있지 않고, 중심인물도 없는 상황에서 나타날 수 있는 의 사소통망이다. 수평적이고 분권적으로 의사소통이 이루어지는 형태로서 공식적 리더 가 있기는 하지만 이 사람에게만 정보가 집중되지 않으며, 조직구성원 간에 거의 동 등한 입장에서 의사소통을 하는 경우에 형성되는 의사소통 형태이다. 태스크포스나 위원회를 구성하는 사람들 사이에서는 원형의 의사소통망이 형성된다.

❹ 완전연결형: 원형이 확장된 형태로, 비공식적 의사소통과 같이 모든 구성원이 다른 구 성원과 자유롭게 정보를 교환하고 의사소통을 하는 형태이다. 구성원 상호 간에 의사 소통이 활발하므로 창의적 문제해결에 효과적이며 구성원 만족도가 높으나 사태파악 과 문제해결에 많은 시간이 소요된다는 단점이 있다.

나. 의사소통 네트워크의 효과

의사소통의 네트워크는 상황적 요인에 따라 그 효과가 달라질 수 있으나, 일반 적으로 단순한 업무처리에는 사슬형과 수레바퀴형의 경우가 속도는 빠르나 정보의 양이 많아질 경우 비효과적이다. 반대로 복합적인 문제에 대한 해결이나 의사결정 이 필요한 경우에는 분권적인 의사소통 네트워크라고 할 수 있는 원형이나 완전연 결형이 효과적이다. 많은 구성원들의 참여로 인해 공동해결이 가능하기 때문이다.

일반적으로 구성원들이 의사결정에 대한 참여도가 높을 때 직무만족도가 높은 것으로 알려져 있다. 김민조(2012)에 따르면 교수·학습 영역에는 초등 교원들 간의 연결정도가 높지만, 학교경영 영역은 상대적으로 낮게 나타났다. 그러나 이러한 의 사소통 네트워크 분석에 있어서 영역별 연결정도와 밀도는 학교급이나 개별 학교 에 따라 의사소통 영역에 따른 의사소통 네트워크의 구조적 특성에는 차이가 있을 수 있다(김민조, 2012: 82). 학교의 경우 효과적인 교수학습과 학생들의 성장발달을 도 모하기 위한 목적으로 회의가 개최되는 경우가 많기 때문에 회의주제, 해결해야 할 사안에 따라 적절히 의사소통 네트워크를 활용하는 것이 필요하다.

표 II-7-1 의사소통 네트워크의 효과

특성	원형	사슬형	수레바퀴형	완전연결형
속도	느림	빠름	매우 빠름	느림/빠름
정확도	빈약	양호	양호	빈약/매우 높음
구성원 사기	높음	낮음	매우 낮음	매우 높음
리더십 안정성	없음	뚜렷함	매우 뚜렷함	없음
조직 안정성	불안정	안정	매우 안정	불안정
융통성	높음	낮음	낮음	높음

03 | 학교 의사소통의 기법

(1) 의사소통의 기법 Johari의 창

조직 내에서 의사소통에 근거한 개인 간 갈등을 분석하는 데 많이 사용되는 모델이 Johari의 창(Johari's Window)이다. Joseph Luft와 Harry Ingham에 의해 고안된

그림 II-7-2 Johari의 창

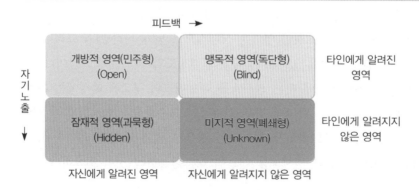

출처: Joseph Luft(1969). The Johari Window, Human Interaction.(Palo Alto, CA: National Press Book Co.). p. 313.

의사소통모형으로서 두 사람의 이름을 합성하여 만들어졌으며, Johari(Joe + Harry = Johari)의 마음의 창문(window of mind)이라는 의미를 가지고 있다. 이 창은 창틀의 크기와 형태가 고정된 것이 아니며, 상호신뢰 수준과 자아노출, 피드백의 교환 정도에 따라 유동적으로 결정된다고 본다. 여기에서는 다른 사람과 의사소통을 할 때 영향을 주는 자신에 관한 네 가지 종류의 정보를 알려준다.

(2) Johari의 창에 의한 의사소통의 유형

Johari의 창에서 모든 인간은 자신에 대한 정보가 자신과 타인에게 개방된 정도에 따라, 그리고 이러한 결합관계에 따라 의사소통의 유형이 달라진다.

첫째, 개방적 영역(민주형): 자기 자신에 대하여 본인은 물론이고 다른 사람에게도 잘 알려진 정보로 구성되어 있다. 자신에 관한 정보가 본인과 타인이 모두 잘 알고 있는 영역이다. 이 영역이 커지면 효과적인 의사소통이 가능해진다.

둘째, 맹목적 영역(독단형): 자기 자신에 대하여 남들은 알고 있는데, 정작 본인은 모르고 있는 정보로 구성되어 있다. 예컨대 타인은 자신을 거만하다고 인식하는데 당사자는 친절하다고 인식하는 경우이다. 독단형은 의사소통에서 자기 이야기는 많이 하면서 상대방의 이야기에 귀를 기울이지 않는다. 즉, 자기주장은 강하게 하면서 상대방의 의견에 대해서는 불신하고 비판적이며 수용하지 않으려 한다.

셋째, 잠재적 영역(과묵형): 자기 자신에 대하여 다른 사람들은 전혀 모르고 있고, 본인만이 알고 있는 정보로 구성되어 있다. 마음의 문을 닫고 자기에 관해서 남에게 노출시키기를 원치 않는 경우이다. 과묵형은 자기의 생각이나 감정은 표출시키지 않으면서 상대방으로부터 정보를 얻기만 하려고 한다.

넷째, 미지적 영역(폐쇄형): 이 영역은 나에 대해서 본인은 물론 타인도 모르는 정보로 구성되어 있다. 본인을 포함해서 어느 누구도 특정 개인을 완전히 알 수 없기 때문에 이 영역은 결코 없어지지 않는다. 폐쇄형은 자기의 의견을 노출시키지도 않으며, 상대방으로부터 의견을 들으려고 하지도 않는다.

이 모델의 결론은 대인관계에 있어서 자신을 타인에게 노출시키고, 또한 타인으로부터 피드백을 받아 공공영역을 늘려 나가야 한다는 것이다. 그렇게 함으로써 개인 간 갈등의 소지가 줄어들게 되고 함께 의사결정을 내려야 하는 경우에도 공감대를 이루어 마찰을 줄이고 문제해결을 신속하고 정확하게 이룩할 수 있게 된다(백기복, 2012: 272).

⦿⦾ 그림 Ⅱ-7-3 Johari의 창에 따른 의사소통 유형

04 │ 학교 의사소통의 현실과 대안

(1) 학교 의사소통의 장애요인

학교에서 의사소통을 적절히 잘 활용할 경우에는 학교 효과성을 극대화시켜줄 수 있지만, 때때로 의사소통이 원활하게 이루어지지 못할 경우 의사결정에 문제를 초래할 뿐 아니라 구성원들 간에 많은 갈등을 야기시키기도 한다. 원활한 의사소통을 방해하는 장애요인에는 개인적인 요소와 조직적인 요소, 기술적인 요소 등(Bedeian, 1980) 여러 가지 차원의 문제들이 있다.[2]

---

2 Bedian(1980)은 의사소통 장애요인을 개인 내 요인(intraperson factors), 개인 간 요인(interperson

가. 개인 내 장애요인(intraperson factors)

교사나 교장 개인의 신념, 성별과 연령 등의 개인배경, 태도 등 개인의 특성으로 인해 발생하는 장애요인이다. 교장이 구성원들과의 소통에 대한 의지는 있으나 교장 개인의 성격으로 인해 문제해결에 있어 적극적인 조정자의 역할을 수행하는 데 어려움을 겪게 되는 경우가 있을 수 있다. 한편, 이와 반대로 문제상황에 대해 적극적인 해결의지가 있는 교사라 할지라도 소통에 대해 열려있지 않은 배경에서 성장한 교사의 경우 구성원들과의 갈등만 커지게 될 수도 있다.

나. 개인 간 장애요인(interperson factors)

개인 간 장애요인은 기본적으로 대인관계에서 오는 장애를 의미한다. 개인 간의 친밀도, 신뢰도, 선입관이나 편견 등에서 야기되며, 특히 편견은 상대방의 메시지를 왜곡하여 수신하게 만드는 요인이 된다. 학교는 교수학습을 기본으로 하는 학습조직임과 동시에 학생의 성장을 목표로 하는 공동체이므로, 인간관계가 매우 중요하다. 그러나 일반적으로 전문직으로서의 교사들이 대개 혼자서 일을 하며, 자신의 일이나 문제에 대해 동료교사와 공유하고 함께 문제를 해결하는 것이 부족한 실상이므로 친밀도가 높지 않은 구성원과의 의사소통에 있어서는 많은 장애요인이 발생할 수밖에 없는 한계가 있다. 따라서 교사 간 그리고 교장·교감·수석교사와 교사 간의 의사소통이 활성화되기 위해서는 부서 간, 학년 간, 교과 간 의사소통이 활성화 될 수 있도록 학교 차원에서의 활성화방안이 수립될 필요가 있다.

다. 조직적 장애요인(organizational factors)

조직 내의 구조적 문제로 인한 장애요인으로서 지위, 조직크기 및 계통, 시공간적 문제 등과 관련된다. 계층구조가 분화될수록 의사소통의 전달단계는 길어지게 되고 전달과정에서 생략, 왜곡, 존경 등이 일어나게 되며, 폐쇄적인 조직 문화, 지

---

factors), 조직 내 요인(organizational factors), 기술적 요인(technial factors)의 네 가지로 분류하였다.

나친 관료주의적 구조, 권위주의적인 지도자와의 관계가 구성원들 간의 관계에 불신을 가져오게 되어 의사소통에 장애를 초래한다.

라. 기술적 장애요인(technical factors)

의사소통 과정에서 부정확하고도 모호한 매체를 사용하거나 의사소통 전달 과정상의 물리적 및 심리적 문제로 야기되는 장애요인들이 해당된다. 점차 정보의 양이 늘어남에 따라서 정보처리와 선택에 있어 생략, 처리 실수, 지연, 여과, 대충 훑어보기 등의 정보처리 문제가 발생하기도 한다. 한편 SNS나 메신저, 스마트폰 애플리케이션 등을 많이 활용하는 현 상황에서는 전산망 장애가 매우 큰 장애요인으로 작용하고 있어, 효율적인 정보처리 시스템 구축은 정보화 시대에 있어 조직의 중요한 과제이다.

 현장 살펴보기

통하지 않는 학교의 특징

통하지 않는 학교는 몇 가지 특징을 가지고 있습니다. 첫째는 공식적인 정보 유통의 양이 적다는 것입니다. 정보가 제대로 유통되지 않으면 구성원 간의 의미 있는 대화가 줄어들게 되겠지요. 둘째로 구성원의 뜻과 다른 의사결정이 자주 일어납니다. 의사결정을 하는 쪽은 충분히 의견을 수렴했다고 생각하고 의사결정을 실천으로 이행해야 하는 쪽은 본인들의 의견이 반영되지 않았다고 생각합니다. 따라서 마지못해 의사결정을 이행하는 분위기가 만들어집니다. 셋째로는 책임을 회피하거나 떠넘기는 사례가 자주 발생할 수 있습니다. 업무 역시 어떤 내용인지가 중요한 것이 아니라 어느 부서에서 처리해야 하는 것인가가 더 큰 관심사가 됩니다. 넷째는 구성원들의 자발성이 현저하게 감소합니다. 공문으로만 움직이려 합니다. 다섯째 교직원회의 등 공식 조직이 힘을 발휘하기 힘들어집니다. 결국 이런 현상에 빠진 학교는 구성원들이 행복감과 즐거움을 느낄 수 없습니다. 위에서 본 몇 가지 특징은 우리 주변에서 쉽게 발견되는 경우들입니다.

출처: 함영기(2008). 통하는 학교, 통하는 교실을 위한 교사 리더십. 바로세움, p. 258.

(2) 학교중심 의사소통의 효율화 방안

사람들은 일반적으로 자신보다 높은 지위의 사람들과 의사소통하려는 경향이 있으나 조직 내에서는 하위직이 상위직과의 의사소통을 꺼리는 경우도 많다. 학교 조직의 경우, 지위로 인한 장애가 발생할 경우 특히 문제가 심각하다. 다른 조직과 달리 학교는 교수학습에 대한 전문가인 교사들로 주로 구성되어 있으며, 학교행정 및 경영은 이러한 교수학습이 효과적으로 이루어지도록 지원하는 데 목적이 있으므로 구성원들 간의 소통이 활발하게 이루어져야 한다. 그런데 이러한 조직적 장애요소로 인해 교사들이 부장교사나 수석교사, 교감, 교장과 의사소통에 어려움을 겪거나 교직원회의가 상명하달식의 형식적이고 의례적인 행사가 되어서는 안될 것이다.

학교 내에서 개인적인 측면에서 의사소통을 효율화하기 위해 요구되는 기술은 반복과 경청, 공감, 피드백 등이 있다. 특히 조직 내에서는 피드백을 통한 의사소통의 효율화를 촉진할 수 있으므로, 조직의 발전을 위해서나 개인 간 관계개선을 위해서도 적시에, 구체적으로, 도움이 되는 방향의 피드백을 하려는 노력이 필요하다.

한편 학교행정가는 구성원 간의 개인적 의사소통 뿐 아니라 조직 차원에서 학교의 의사소통 체제를 지속적으로 점검해야 한다. 학교 내 효율적인 의사소통을 위해서 학교장의 개방적인 사고와 민주적인 리더십이 요구되고 있다. 특히 지위차에 의한 의사소통 장애 극복이 쉽지 않은 측면이 있다. 그러므로 자연스러운 수직적 의사소통이 가능해지도록 교장, 교감 등의 관리자는 평교사들과 의식적으로라도 의사소통 할 기회를 확대하려는 노력을 할 필요가 있다. 또한 교직원들 간 이루어지는 여러 협의회가 실질적인 의사소통 채널로서, 그리고 공식적인 기구로서 역할을 할 수 있는 풍토를 조성해야 할 것이다.

학교 내에서 교장, 교감(수석교사)과 교사 간, 교사 간의 의사소통이 원활하게 이루어짐으로써 원활한 의사소통이 학교 내에 자리잡게 되면, 교사들 역시 학생들을 대상으로 학급운영과 수업지도 시 자연스럽게 민주시민으로서 학생들을 지도함에 있어서 의사소통을 효율적으로 이루어질 수 있도록 지원할 수 있을 것이다.

Barnard(1938)는 의사소통을 조직경영의 핵심적인 과정으로 보고 조직의 효율적인 의사소통 체제가 갖추어야 할 요건을 다음과 같이 제시하였다(박병량 · 주철안, 2012: 284-285에서 재인용).

- 의사소통의 통로는 명확하게 알려져야 한다.
- 명백한 공식적인 의사소통의 통로를 통하여 조직의 모든 구성원들이 의사소통을 할 수 있어야 한다.
- 의사소통의 라인은 가능한 한 직접적이고 짧아야 한다.
- 의사소통은 의사소통 라인에서 생략되는 단계가 없이 완전한 의사소통 라인을 통해서 이루어져야 한다.
- 의사소통의 중심이 되는 사람은 유능하여야 한다.
- 의사소통의 통로는 조직이 기능하는 동안에 방해를 받지 않아야 한다.
- 모든 의사소통은 메시지가 권위 있는 직위에서 나올 때 신뢰할 수 있다.

인터넷 상용화와 스마트 기기의 보편화로 인해 업무처리나 회의에 있어서도 많은 변화들이 생기고 있다. 학교에서는 교사 간, 교사와 학생 간, 학부모와의 관계에서 SNS(카톡, 밴드 등)나 스마트폰 애플리케이션(아이엠스쿨, e알리미, 하이클래스 등)을 활용하여 수시로 소통할 수 있으며, 교직원 간에는 쿨 메신저나 회의용 애플리케이션 등을 활용하여 회의시간 및 빈도를 줄이거나 잦은 교류를 통해 친밀도를 높일 수도 있다. 이미 코로나19(COVID-19)라는 전 세계적인 팬데믹(pandemic)을 겪으면서 비대면회의(Zoom, Google Meet 등)나 온라인소통이 급증하였다. 이로써 시간과 공간에 구애받지 않고 비대면으로 소통하는 것이 이전보다는 훨씬 보편화되었다. 한편으로는, 오히려 비대면소통으로 인한 의사소통의 문제점이나 장애요인을 찾아 갈등요소를 제거하고 장애요인을 극복하는 것이 오늘날 우리에게 주어진 새로운 과제라고도 볼 수 있다.

◯◯ 그림 II-7-4 교장과 교사의 소통

출처: EBS 다큐프라임 '교장선생님, 뭐하세요?' 화면.

[교단 만필]
공감과 소통: 청렴한 학교문화의 비결

김*지/**누리학교 교사

"이번 주 금요일 커피는 제가 낼게요."

명절 상여금을 받아서, 코로나에 걸려서, 대화하고 싶어서 등 각종 핑계를 모아 금요일 오후 1시에 중학교 과정 교사들이 협의회실에 모인다. 주말 이야기, 육아 고민 등 개인사와 함께 중학교 학생들의 요구, 강약 점과 행동 지원 팁, 학교 행사, 학부모 등 학교 전반적인 이야기를 나눈다. 벌써 중학교 과정에서 2년째 이어지는 수다 시간이다. 처음엔 수다 시간에 참여하면 어색하고 자리만 채웠는데 어느새 소통 문화에 스며들었다. 금요일 방과 후 수다 시간은 학교에 출근하고 싶은 가장 큰 이유이다.

다른 시도 전출로 OO시 특수학교에서 근무하며 민주적이고 공감하는 학교문화에 감동했다. OO시 교육청은 특히 민주적이고 열린 마음을 가졌다는데 다른 학교도 민주적인지, 예전처럼 특수학급에서 외로이 근무하게 될지 걱정되어 'MZ세대 공무원이 만들어가는 청렴 서포터즈(아기자기)'에 지원했다. 바라던 대로 청렴 우수사례 발굴 모둠에 배정되어 청렴 우수기관으로 선정된 초, 중, 고, 특수학교를 방문하고 인터뷰를 진행하며 우수 학교의 청렴 특급 비결을 찾고 있다.

첫 번째로 방문한 학교의 교감 선생님과 교무부장님은 청렴의 비결에 대하여 저 경력과 경력 직원의 구성이 조화롭고 민주적인 학교문화, 갈등 없는 업무분장, 믿어주는 지도력, 성장을 위한 학교 운영이라 하였다.

가장 인상 깊었던 부분은 힘든 일이 있으면 서로 도맡고 함께 돕는 문화를 만들어 업무 분장 시기에도 갈등이 전혀 없다고 하였다. 선생님들의 말랑한 분위기는 학생들에게도 전해져 학폭 없는 학교, 교권 침해 없는 학교로 모든 구성원이 안정된 분위기에서 즐겁게 생활하고 있다고 하였다.

두 번째 학교의 청렴 비결도 경력 직원의 솔선수범, 민주적인 학교문화, 활발한 의사소통이었다. 특히 이 학교는 교장 선생님과 학부모의 소통이 빛났다. 교장 선생님은 달마다 교육계획을 상세히 써서 편지를 보내고 학부모의 피드백을 받는다. 학부모 편지에 소개할 거리를 찾아 교직원과 소통하며 자연스럽게 칭찬할 거리를 찾고 고충을 듣는다고 하였다.

세 번째로 방문한 학교의 선생님도 청렴한 학교의 비결을 민주적인 학교문화와 수평적인 의사소통으로 꼽았다. 이 학교에선 교직원과 학교 운영에 대해 자주 논의하는데 경력과 나이에 상관없이 모두에게 발언 기회를 제공하여 자유로운 소통 문화를 만들었다. 함께 어려움을 논의하고 돕다 보면 친해져서 젊은 선생님들과 종종 학교 근처 맛집을 탐방한다고 자랑하셨다.

청렴 우수기관을 찾아다니며 공감과 소통은 청렴으로 이어지는 지름길이라는 걸 느꼈다. 공감하고 소통하는 학교는 윤리적 행동, 타인에 대한 배려, 조직문화, 대인관계, 그리고 사회적 책임이라는 청렴 특급 비결을 모두 이루었다.

학교에서 다른 교직원의 감정과 필요를 이해하고 협력하는 공감 문화가 강화되면 자연스럽게 청렴한 조직문화로 이어진다. 원활한 대인관계는 신뢰와 협력을 증가하고 학교에서의 책임을 실천하게 한다. 공감과 소통이 원활한 학교는 교직원이 소속감과 책임을 갖고 부정행위와 부패를 예방한다.

2년 전 중학교 과정으로 복직할 때의 목표는 학급을 안정적으로 운영하고 육아시간을 써서 일과 가정 두 마리 토끼를 모두 잡는 것이었다. 복직 목표를 이루기 위해선 학교에서 존재감을 숨기고 일을 빨리 끝낸 후 살며시 퇴근하는 게 중요했다.

청렴 우수 학교의 특급 비결을 알게 된 후 새로운 목표를 세웠다. 앞으론 주변 사람의 감정과 필요를 이해하고 함께 나아갈 것이다. 내 일을 완벽하게 하지 못하는 것을 자책하기보다 힘들면 동료와 나누고 도와가며 출근하고 싶은 교직 생활을 만들고 싶다. 공감과 청렴으로 시작하는 건강하고 윤리적인 교직원 사회, 해볼 만하지 않을까.

출처: 중도일보, 2023.11.30.(이승규 기자)

토론거리

◑ 자칫 따분하고 지루할 수 있는 교직원회의와 각종 업무협의회가 구성원들 간의 원활한 의사소통을 촉진하고 친밀도를 높일 수 있도록 하기 위한 나만의 아이디어를 공유해보자.

◑ 학교 내 교사들 간의 원활한 의사소통 문화를 통해 학생들에게도 좋은 영향을 끼칠 수 있다. 학생들의 민주시민교육 차원에서 교사가 학급운영이나 수업운영에 있어 적용할 수 있는 새로운 방법에 대해 논의해보자.

정리하기

❶ 구성원들이 행복한 학교공동체를 만들어가기 위해서는 자유롭고 활발한 의사소통이 전
제되어야 한다. 학교 내 의사결정과 효과적인 수업촉진, 업무추진을 함에 있어서 구성원
간 의사소통은 가장 중요한 선결요소라고 할 수 있다.

❷ 의사소통 유형은 의사소통 과정에 있어서 지위, 형식, 행위, 방향, 흐름, 매체와 방법 등
에 따라 구분된다. 일반적으로 단순한 업무처리에는 사슬형과 수레바퀴형의 경우가 속도
가 빠르며, 복합적인 문제에 대한 해결이나 의사결정이 필요한 경우에는 분권적인 의사
소통 네트워크라고 할 수 있는 원형이나 완전연결형이 효과적이다.

❸ 의사소통의 장애요인으로는 개인 내, 개인 간, 기술적, 조직적 요인이 있으며, 학교행정가
는 조직 차원에서 학교의 의사소통 체제를 지속적으로 점검해야 한다. 학교 내 효율적인
의사소통을 위해서 점차 학교장의 개방적인 사고와 민주적인 리더십이 요구되고 있다.

학습문제

01 학교중심의 의사소통이 중요한 이유에 대해 교장, 교사, 학부모 입장에서 논의해보자.

02 효과적인 의사소통을 위해 교내 업무협의회를 어떻게 진행하는 것이 좋을지 동교과협의회, 동학년협의회 등을 선택하여 정리해보자.

03 보편화된 비대면회의와 온라인 소통과정에서 발생하는 의사소통 과정에서의 문제점을 생각해보고, 효율적이고 효과적인 의사소통을 위한 해결책을 논의해보자.

학교중심의 교육행정 및 교육경영

PART 3

교육인사행정

학교중심의
교육행정 및 교육경영

CHAPTER 08

교원의 양성 및 임용

 학/습/목/표

- 교원의 양성, 자격에 대해 이해하고 문제점 및 대안을 제시할 수 있다.
- 교원의 선발 및 신규임용에 대한 과정을 설명할 수 있다.
- 교원의 승진임용에 대한 개념과 특징을 이해하고 문제점과 대책을 분석할 수 있다.

생각해보기

    교원정책은 교육인사 행정과정의 주요 단계인 수급계획(planning), 양성(educating), 자격 부여(licensing), 임용(employing), 연수(training), 평가(evaluating), 인사이동(moving)에 대한 국가의 방침을 말한다. 교육인사행정의 각 단계들은 서로 독립적이면서도 서로 유기적으로 연계되어 있다. 마찬가지로 이를 계획하고 실행하는 교원정책의 각 영역 또한 서로 분리되어 있는 것처럼 보이지만 서로 연계되어 있기 때문에 특정 영역에서 발생된 문제를 해결하고자 할 때는 타 영역과의 유기적인 조화 속에서 접근되어야 한다. 즉, 교원수급, 교원양성, 교원자격, 교원임용, 교원연수, 교원평가 및 교원의 인사이동 등에 관한 계획은 서로 밀접한 관련성을 갖고 있다.

    특히 우수한 자격과 능력을 갖춘 교원을 필요한 만큼 확보하는 일은 교육인사행정에 있어 가장 중요한 일이다. 교육의 질이 학교체제 내 교원들의 질, 생산적인 인간관계가 인식되는 정도, 교원들의 질적 향상을 위한 능력 발전이 행해지는 정도에 달려 있다고 할 때, 그 중에서도 교원의 질은 교육의 성패를 가름하는 가장 중요한 요소이다. 교육에 대한 요구가 다양해지고 교육 수요자들의 목소리가 점점 커지고 있는 지금의 사회적 상황에서 현행 교원의 양성과 자격 및 임용제도가 교원들의 자질과 소양을 보장할 수 있는지 생각해 볼 필요가 있다.

01 | 교원의 양성

(1) 교원양성제도

인사행정에서 양성이란 사람을 조직의 구성과 발전을 위한 가장 핵심적인 자원으로 보고 조직의 목표를 잘 달성할 수 있도록 교육을 통하여 길러내는 것을 의미한다. "교육의 질은 교사의 질을 넘어설 수 없다"는 말처럼 교육의 질 향상을 위해서는 필연적으로 교원의 질적 수준이 중요하다. 따라서 교원이 학습자의 학습, 학교 교육의 질을 결정하는 전문직으로서 주어지는 직무를 올바르고 효과적으로 수행하기 위해서는 교원이 되기 전에 질 높은 교육을 거쳐야 한다. 교원은 학생들에게 양질의 교육을 위하여 교과에 대한 전문적인 지식, 학생에 폭넓은 이해와 학습을 효과적으로 지도하는 능력, 그리고 교직에 대한 사명감 등 교사의 자질을 충분히 갖추어야 한다. 특히 급속한 사회 변화에 따라 교육에 대한 사회의 요구, 교수 학습 방법 등의 변화에 유연한 대응능력을 갖춘 교원을 양성해야 할 필요성이 더욱 강조된다.

교원양성제도는 교원이 임용되기 전, 교사로서 필요한 지식, 기능, 태도 등을 체계적으로 계획된 교육과정을 통하여 장기적으로 습득할 수 있도록 하는 준비교육과정을 포함한다. 교원양성제도는 기본적으로 목적형과 개방형이라는 두 가지로 구분이 가능하다. 전문적인 교사 양성기관을 중심으로 폐쇄적으로 교사를 양성하자는 목적형 교원양성체제와 교사양성을 위해 특정한 양성기관을 설치·운용할 필요 없이 일정 조건을 갖춘 모든 대학에서 교사를 양성하도록 하자는 개방형 교원양성체제가 있다. 폐쇄적인 목적형 교원양성체제는 국가 차원에서 교원의 양과 질을 통제할 수 있어 교원수급과 관련된 문제를 효과적으로 해결할 수 있으나, 획일성과 통제성, 편협성 등의 단점이 있다. 개방형 교원양성체제는 자율성에 근거하여 다양성과 개방성, 융통성을 확보할 수 있으나, 교직 윤리의식의 결여, 전문적 기술체계성의 경시, 교원수급에서 자격증 소지자의 공급과잉 또는 부족 등의 문제를 야기할 수 있다. 우리나라의 경우는 초등교원 양성에서는 목적형 교원양성체제를, 중등교원 양성에서는 개방형 교원양성체제에 가까운 절충제를 채택하고 있다고 볼 수 있다.

표 III-8-1 목적형 및 개방형 교원양성체제의 장단점 비교

구분	목적형	개방형
장점	• 투철한 사명감과 뚜렷한 교사관을 갖춘 교사 양성 가능 • 교직에 관한 전문적 지식과 기술 향상 • 교과 교수법 개발 용이 • 통일된 기준에 의한 자격 부여	• 전공 교과목에 대한 체계적 지식 습득 • 폭넓은 안목의 교양 축적 가능 • 자유경쟁에 의한 자질 향상 • 별도의 교사양성기관이 필요치 않으므로 교육재정 절감
단점	• 모든 교과담당 교사양성 불가능 • 입학과 함께 임용이 보장되어 질 향상을 위한 경쟁력 미흡 • 폐쇄적 인성의 형성 • 획일적 교육과정의 운영 및 자격제도에 따른 다양성 결여	• 교직 윤리의식의 결여 • 교육학 및 교육일반에 대한 소극적 태도 • 전문적 기술체계의 경시 • 교과지도 능력 미흡

출처: 윤정일(1997). 한국교육정책의 탐구. p. 608.

초등교원의 양성은 폐쇄적인 목적형 교원양성체제로 주로 국립의 교육대학에서 양성되고 있으며, 그 외 한국교원대학교, 제주대학교, 이화여자대학교 등 총 13개 교육기관에서 이루어진다. 중등교원 양성체제에 비하여 비교적 통일된 교육과정을 운영하고 있으며, 교원의 질 관리도 체계적으로 이루어지고 있다.

초등의 폐쇄적인 양성체제와는 달리 중등교원의 양성은 45개의 사범대학과 일반대학교 교육학과 및 교직과정과 교육대학원을 포함한 다양한 교원양성기관에서 이루어지고 있다. 이와 같이 다양한 교육기관들의 자율적인 운영체제로 인하여 같은 자격증을 부여함에도 불구하고 교원양성에 있어 질적 편차가 존재한다는 점과 교사 자격증 남발 등의 문제점이 제기되기도 한다.

(2) 교사양성 교육과정

교사양성을 위한 교육과정은 교양, 교직(교육실습 포함), 그리고 전공과목으로 구분된다. 대부분의 교육과정의 내용은 수업과 관련된 교과의 전문적 지식이나 교직과 관련한 교육학의 이론적 측면을 강조하고 있다. 하지만 제도화되고 규격화된 삶과

지식보다는 유연한 사고와 태도로 끊임없이 생산적이고 창의적인 삶을 추구하는 교사를 양성하는 것이 더 중요하다. 따라서 예비교사들의 실질적인 교직 수행 역량을 기르는 실천적 측면을 강조하는 방향으로 교육과정의 개편이 요구된다. 즉, 교사양성교육의 교육과정은 짜여진 개념과 이론의 학습이 아닌 변화와 창조를 중시하는 특성화되고 전문화된 방향으로 재편되어야 할 필요가 있다(조영달, 2013). 왜냐하면 옛날과는 달리 오늘날의 교사들은 교과를 가르치고 학생들의 학교생활을 지도하고 학급을 운영하는 종래의 업무뿐만 아니라 학부모와 소통하고 지역사회를 비롯한 사회적 관계를 유지하는 등 수업 이외에서 많은 역할을 수행하도록 요구받고 있기 때문이다. 그러므로 예비교사를 성공적으로 양성하기 위해서는 질 높은 양성 프로그램 운영, 자격 관리, 행정적·재정적 지원 등 여러 영역에서 상호 유기적인 연계와 협력이 필수적이라고 할 수 있다.

02 교원의 자격

자격은 어떤 직무를 수행하는 데 필요한 특정한 능력 및 자질을 행정적·제도적으로 규정한 것이라 할 수 있다(김종철, 1982). 일반적으로 전문직의 경우 일정한 자격의 취득을 그 필수요건으로 규정한다. 교원은 교육전문가로 그 직무를 효과적이고 효율적으로 수행하는 데 필요한 자질과 자격을 갖추어야 하며, 자격증을 요구하고 있다. 현재 우리나라 교원자격제도 운영은 교육관계법에서 규정하고 있는 대로 주로 교원자격기준과 자격취득과정에 초점을 맞추어 왔다. 자격검정은 어떤 개인이 행정적·제도적으로 규정된 자격기준을 지니고 있는지 여부를 확인하는 행위이다.

교원정책의 단계 중 교원에 대한 자격 부여는 교원이 되기 위한 준비과정인 양성교육을 성공적으로 이수한 자에게 교원의 자질과 능력을 인증하는 공식적인 행위이다. 그뿐만 아니라 교원들의 전문성 심화에 따른 대우를 해주고 그들의 전문성을 신장·발전하도록 유도하고 촉진하기 위해서이다(서정화, 1994). 이처럼 교원자격제도의 운영목적은 자격의 질 제고를 통해 궁극적으로 교원이 직무수행을 하는 데 있어서 고도의 지적능력과 기술을 발휘하고, 교직의 전문성을 보장할 수 있도록 운영되어야 한다. 또한 교원자격제도는 교직의 전문성 제고를 위한 대표적인 국가주도형 통제기제의 하나로써 교원직의 사회적 공신력을 높일 수 있도록 기능해야 하며, 교원이 안정적으로 학생을 교육하는 본연의 직무를 충실히 임할 수 있도록 교원의 신분을 안정적으로 보장할 수 있는 기제로 기능해야 한다.

교원자격에 대한 법률 규정은 초·중등교육법 제21조, 교육공무원법 제3장, 사립학교법 제52조와 이에 근거한 관련 법령, 즉 교원자격검정령, 동령시행규칙 등에 기초하고 있다. 초·중등교육법 제21조는 교장, 교감, 교사의 자격을 규정하고 있는데, 교장 및 교감은 대통령령이 정하는 바에 의하여 교육부장관이 검정·수여하는 자격증을 받은 자이어야 한다. 교사는 정교사(1급·2급), 준교사, 전문상담교사(1급·2급), 사서교사(1급·2급), 실기교사, 보건교사(1급·2급) 및 영양교사(1급·2급)로 나누되, 대통령령이 정하는 바에 의하여 교육부장관이 검정·수여하는 자격증을 받은 자이어야 한다. 초·중등교육법에서는 교장, 교감, 교사의 자격기준을 [표 Ⅲ -8-2], [표 Ⅲ-8-3]과 같이 규정하고 있다. 한편 수석교사는 초·중등교육법 제21조 제2항(교사자격기준)의 자격증을 소지한 사람으로서 15년 이상의 교육경력(「교육공무원법」 제2조 제1항 제2호 및 제3호에 따른 교육전문직원으로 근무한 경력을 포함)을 가지고 교수·연구에 우수한 자질과 능력을 가진 사람 중에서 대통령령으로 정하는 바에 따라 교육부장관이 정하는 연수 이수 결과를 바탕으로 검정·수여하는 자격증을 받은 사람이어야 한다.

교원자격의 취득은 취득방법에 따라 무시험검정과 시험검정으로 나뉘고, 취득하는 자격의 종류에 따라 신규자격의 취득과 상위자격의 취득으로 분할된다. 교원자격검정제도[1]란 자격증을 취득하는 방법을 제도적으로 규정한 것으로 자격의 적부

---

1 교원자격검정제도의 법적 근거는 대통령령인 교원자격검정령에 명시되어 있는데, 이 령은 교원의 종별과 자격(초·중등교육법 제21조 제1, 2항) 및 교원자격검정에 관한 심의기구(교원자격검정위원회)의 설치와 운영(동법 제21조 제3, 4항), 교육공무원의 법적 자격기준(교육공무원법 제3장), 그리고 사립학교 교원의 자격기준(사립학교법 제52조)을 근거로 제정된 것이다.

를 판정하는 기준으로서의 역할을 한다(신현석, 1994a). 우리나라의 교원자격검정제도는 간접검정제라 할 수 있는 무시험검정과 직접검정제라 할 수 있는 시험검정의 두 종류로 운영하고 있다(교원자격검정령 제2조). 교원자격증 수여자는 교육부장관으로 명시되어 있다. 그러나 행정권한의 위임과 위탁에 관한 규정에 의거하여 시·도교육감 및 대학의 장에게 위임되어 있어서, 자격 종별로 검정기관을 달리 정하고 있다.

표 III-8-2 교장·교감 자격기준

자격 학교별	교장	교감
중등학교	1. 중등학교의 교감자격증을 가지고 3년 이상의 교육경력과 일정한 재교육을 받은 사람 2. 학식·덕망이 높은 사람으로서 대통령령으로 정하는 기준에 해당한다는 인정을 교육부장관으로부터 받은 사람 3. 교육대학·전문대학의 학장으로 근무한 경력이 있는 사람 4. 특수학교의 교장자격증을 가진 사람 5. 공모 교장으로 선발된 후 교장의 직무수행에 필요한 교양과목, 교직과목 등 교육부령으로 정하는 연수과정을 이수한 사람	1. 중등학교 정교사(1급) 자격증 또는 보건교사(1급) 자격증을 가지고 3년 이상의 교육경력과 일정한 재교육을 받은 사람 2. 중등학교 정교사(2급) 자격증 또는 보건교사(2급) 자격증을 가지고 6년 이상의 교육경력과 일정한 재교육을 받은 사람 3. 교육대학의 교수·부교수로서 6년 이상의 교육경력이 있는 사람 4. 특수학교의 교감자격증을 가진사람
초등학교	1. 초등학교의 교감자격증을 가지고 3년 이상의 교육경력과 일정한 재교육을 받은 사람 2. 학식·덕망이 높은 사람으로서 대통령령으로 정하는 기준에 해당한다는 인정을 교육부장관으로부터 받은 사람 3. 특수학교의 교장자격증을 가진 사람 4. 공모 교장으로 선발된 후 교장의 직무수행에 필요한 교양과목, 교직과목 등 교육부령으로 정하는 연수과정을 이수한 사람	1. 초등학교 정교사(1급) 자격증 또는 보건교사(1급) 자격증을 가지고 3년 이상의 교육경력과 일정한 재교육을 받은 사람 2. 초등학교 정교사(2급) 자격증 또는 보건교사(2급) 자격증을 가지고 6년 이상의 교육경력과 일정한 재교육을 받은 사람 3. 특수학교의 교감자격증을 가진 사람

출처: 초·중등교육법 제21조 1항 관련 〈별표 1〉 교장·교감 자격기준.

표 III-8-3   교사 자격기준

자격 학교별	정교사(1급)	정교사(2급)
중등 학교	1. 중등학교 정교사(2급) 자격증을 가지고 교육대학원 또는 교육부장관이 지정하는 대학원 교육과에서 석사학위를 받은 사람으로서 1년 이상의 교육경력이 있는 사람 2. 중등학교 정교사 자격증을 가지지 아니하고 교육대학원 또는 교육부장관이 지정하는 대학원 교육과에서 석사학위를 받은 후 교육부장관으로부터 중등학교 정교사(2급) 자격증을 받은 사람으로서 3년 이상의 교육경력이 있는 사람 3. 중등학교 정교사(2급) 자격증을 가진 사람으로서 3년 이상의 교육경력과 일정한 재교육을 받은 사람 4. 교육대학·전문대학의 교수·부교수로서 3년 이상의 교육경력이 있는 사람	1. 사범대학을 졸업한 사람 2. 교육대학원 또는 교육부장관이 지정하는 대학원 교육과에서 석사학위를 받은 사람 3. 임시 교원양성기관을 수료한 사람 4. 대학에 설치하는 교육과를 졸업한 사람 5. 대학·산업대학을 졸업한 사람으로서 재학 중 일정한 교직과 학점을 취득한 사람 6. 중등학교 준교사 자격증을 가진 사람으로서 2년 이상의 교육경력을 가지고 일정한 재교육을 받은 사람 7. 초등학교의 준교사 이상의 자격증을 가지고 대학을 졸업한 사람 8. 교육대학·전문대학 조교수로서 2년 이상의 교육경력이 있는 사람 9. 제22조에 따른 산학겸임교사 등(명예교사는 제외)의 자격기준을 갖춘 사람으로서 임용권자의 추천과 교육감의 전형을 거쳐 교육감이 지정하는 대학 또는 교원연수기관에서 대통령령으로 정하는 교직과목과 학점을 이수한 사람(이 경우 임용권자의 추천 대상자 선정기준과 교육감의 전형 기준에 관하여는 대통령령으로 정한다.)
초등 학교	1. 초등학교 정교사(2급) 자격증을 가진 사람으로서 3년 이상의 교육경력을 가지고 일정한 재교육을 받은 사람 2. 초등학교 정교사(2급) 자격증을 가진 사람으로서 교육경력이 3년 이상이고, 방송통신대학 초등교육과를 졸업한 사람 3. 초등학교 정교사(2급) 자격증을 가지고 교육대학원 또는 교육부장관이 지정하는 대학원 교육과에서 초등교육과정을 전공하여 석사학위를 받은 사람으로서 1년 이상의 교육경력이 있는 사람	1. 교육대학을 졸업한 사람 2. 사범대학을 졸업한 사람으로서 초등교육과정을 전공한 사람 3. 교육대학원 또는 교육부장관이 지정하는 대학원의 교육과에서 초등교육과정을 전공하고 석사학위를 받은 사람 4. 초등학교 준교사 자격증을 가진 사람으로서 2년 이상의 교육경력을 가지고 일정한 재교육을 받은 사람 5. 중등학교 교사자격증을 가진 사람으로서 필요한 보수교육을 받은 사람

자격 학교별	정교사(1급)	정교사(2급)
		6. 전문대학을 졸업한 사람 또는 이와 같은 수준 이상의 학력이 있다고 인정되는 사람을 입소 자격으로 하는 임시 교원양성기관을 수료한 사람 7. 초등학교 준교사 자격증을 가진 사람으로서 교육경력이 2년 이상이고 방송통신대학 초등교육과를 졸업한 사람
특수 학교	1. 특수학교 정교사(2급) 자격증을 가지고 3년 이상의 교육경력이 있는 사람으로서 일정한 재교육을 받은 사람 2. 특수학교 정교사(2급) 자격증을 가지고 1년 이상의 교육경력이 있는 사람으로서 교육대학원 또는 교육부장관이 지정하는 대학원에서 특수교육을 전공하고 석사학위를 받은 사람 3. 유치원·초등학교 또는 중등학교 정교사(1급) 자격증을 가지고 필요한 보수교육을 받은 사람 4. 유치원·초등학교 또는 중등학교 정교사(2급) 자격증을 가지고 1년 이상의 교육경력이 있는 사람으로서 교육대학원 또는 교육부장관이 지정하는 대학원에서 특수교육을 전공하고 석사학위를 받은 사람	1. 교육대학 및 사범대학의 특수교육과를 졸업한 사람 2. 대학·산업대학의 특수교육 관련 학과를 졸업한 사람으로서 재학 중 일정한 교직과정을 마친 사람 3. 대학·산업대학의 특수교육 관련 학과를 졸업한 사람으로서 교육대학원 또는 교육부장관이 지정하는 대학원에서 특수교육을 전공하고 석사학위를 받은 사람 4. 유치원·초등학교 또는 중등학교 정교사(2급) 자격증을 가지고 필요한 보수교육을 받은 사람 5. 유치원·초등학교 또는 중등학교 정교사(2급) 자격증을 가지고 교육대학원 또는 교육부장관이 지정하는 대학원에서 특수교육을 전공하고 석사학위를 받은 사람 6. 특수학교 준교사 자격증을 가지고 2년 이상의 교육경력이 있는 사람으로서 일정한 재교육을 받은 사람 7. 유치원·초등학교·중등학교 또는 특수학교 준교사 자격증을 가지고 2년 이상의 교육경력이 있는 사람으로서 교육대학원 또는 교육부장관이 지정하는 대학원에서 특수교육을 전공하고 석사학위를 받은 사람

출처: 초·중등교육법 제21조 2항 관련 〈별표 2〉 교사 자격기준.

　무시험검정은 교육대학, 사범대학 졸업자, 일반대학 교직과정 이수자, 교육대학원 교직과정 이수자 등이 교사양성과정을 마친 후 자격증을 신청하면 교육부장관이 수여하는 2급 정교사 자격증을 발급받을 수 있는 제도이다. 또한 하위자격증을 소지하고 소정의 연수를 받는 경우 상위자격증을 취득할 수 있다. 우리나라 교원검정제도는 대부분 무시험검정을 근간으로 이루어져 왔으며, 그 이유는 현재 교원자격증제도가 시험보다는 교육과 훈련을 중시하고 있기 때문이다. 시험검정은 교사자격의 종별에 따라 자격에 상응하는 과목의 각종 시험을 실시하여 합격한 자에게 교원자격증을 발급하는 제도로서, 주로 유치원, 초등학교, 중등학교의 준교사 자격을 취득하거나 특수교사자격증과 실기교사자격증을 취득할 목적으로 해당 양성교육과정을 성공적으로 이수한 자들에게 적용된다. 시험검정은 교원자격검정위원회가 주관하도록 규정되어 있다.

　이와 같은 내용의 우리나라 교원자격제도는 교원양성기관 간의 격차를 무시한 획일적인 자격을 수여하고, 평생자격증 부여로 인한 교원의 전문성 향상이 어려우며, 교원자격구분의 단순함 등의 문제점이 언급되고 있다(신현석, 2002b). 이를 해결하기 위해 교원자격증 발급에 보다 엄격한 기준을 적용하고, 교원양성기관 평가에 의한 기준 미달의 양성기관들을 교사자격 부여기관에서 배제할 수 있도록 하며, 상위자격 취득의 단순성을 개선하기 위해 수석교사제 및 교장공모제를 도입하는 등 다각적인 노력이 이루어지고 있다. 또한 한 번 교사가 되면 범죄 등으로 인한 결격사유가 없는 한 교단에서의 축출이 불가능한 현생 교원자격제도의 문제점을 보완하기 위한 '교사자격갱신제²'가 논의 중에 있으나, 평가방법 및 객관성의 어려움과 교사들의 반발 등의 문제로 인해 현실적으로 도입이 어려운 상황이다.

---

2 초·중·고 교사로 재직 중이더라도 일정 기간마다 자질평가에서 문제가 있다고 판단되면 교사자격을 박탈하는 제도로서, 미국의 일리노이 주 등에선 5~10년 단위로 교사자격증을 갱신하며 일본도 최근 이 제도를 도입했다.

03 | 교원의 선발 및 임용

(1) 교원의 모집 및 수급계획

교육인사행정에서 모집이란 교육조직의 직무를 수행하는 데 필요한 우수한 후보자들이 교직에 지원하도록 유도하는 기능과 선별하는 기능을 동시에 수행하는 활동이다(Webb & Norton, 1999). 즉, 교원의 모집은 교직에 적합하고 유능한 인재들을 모으고 이끄는 기능(attraction function)이 적격후보자들을 선별하는 기능(screening function)과 결합할 때 우수한 교원의 확보라는 목적을 달성할 수 있다.

교원조직이 모집을 효과적으로 수행하기 위해서는 먼저 교원의 수요를 예측하고 그에 맞는 공급계획을 세우는 교원수급계획이 적절하게 이루어져야 한다. 이러한 전체적인 교원수급계획은 예비 교원들이 학생들을 올바르고 효과적으로 지도하는 능력과 교사의 충분한 자질을 갖추도록 지도하는 양성제도와 연계되어 이루어져야 한다.

교원수급정책은 교원의 양성, 자격 부여, 임용, 연수, 평가 인사이동에 이르기까지 영향을 미친다. 교원수급정책에서 가장 핵심은 교원의 수요와 공급의 양적 균형이라 할 수 있다. 또한 질적으로 충분한 교원의 확보가 필연적으로 교육의 질과 연관되어 있으므로 교원수급계획은 양질의 교원을 안정적으로 수급하기 위한 합리적인 계획이라고 할 수 있다. 공교육의 내실화 및 교육력 확보를 위해 정확하게 교원 수요를 산출하고 이에 맞추어 필요한 만큼 교원을 배출하라는 요구와 공급되는 교원의 질적 측면도 중시되고 있다.

교원의 수요는 사회적 인구변화, 교육정책의 변화, 단위학교의 개별적 요구 등 다각적인 요인들이 영향을 미치기 때문에 정밀하게 분석해야 한다. 교원 수요의 결정요인은 교육 내적인 요인과 외적인 요인으로 구분할 수 있다. 교육 내적인 수요 결정요인은 취학률, 진급 및 진학률, 학교의 주당수업시간, 교원의 주당수업시간 및 업무량, 교과목 구성, 교사 대 학생수, 교원의 법정 정원 충족률, 교원의 이직 및 퇴직률 등을 들 수 있다. 교육 외적인 수요 결정요인은 인구의 변화, 출산율, 교육예산, 타 직종의 취업 상황 및 봉급 수준, 타 직종의 안정성 등을 들 수 있다(신현석, 2002a: 234). 또한 교원 공급의 결정요인은 주로 교원양성기관의 체제 및 정원, 교원자격제도 및 자격증 소지자 비율, 양성기관 임용률, 임용시험제도의 변화 등을 들 수 있다(박세훈 외, 2008: 200).

이와 같이 모집은 단순히 임용의 절차로서 형식적으로 거치게 되는 과정이 아니라, 유능한 지원자를 유치하기 위한 적극적인 과정이다. 따라서 올바른 가치관을 지니고 교사로서 지녀야 할 전문성을 지닌 유능한 인재를 교직으로 이끌고, 적합한 인재를 선별하기 위한 적극적인 방법이 중요하다. 교직에 적합한 유능한 인재를 가능한 한 많이 유치하기 위해 교직에 대한 사회적인 평가를 높이려는 노력과 함께 공정하고 신뢰성 있는 공개경쟁임용시험 실시, 시험방법의 개선, 신속하고 편리한 선발 및 신규임용, 모집결과에 대한 사후평가 등 전 과정에 걸친 다각적인 노력이 필요하다.

[사설] 일률적 교원감축 전에 교육현장 수요 면밀히 살펴야

사례

정부가 학령인구 감소 추세를 반영해, 2027년까지 공립 초·중·고 신규 교사 채용을 올해보다 최대 30% 가까이 줄일 방침이다. 24일 교육부가 발표한 '중장기(2024~2027년) 초·중등 교과 교원수급 계획'을 보면, 2023년 각각 3561명과 4898명이었던 신규 교사 채용 인원이 2027년까지 초등 2600명, 중등 3500명 안팎으로 조정된다. 저출생 여파가 갈수록 커지는 상황이라 교원 감축은 불가피한 측면이 있다. 다만 교육현장에선 단순히 학령인구 감소에만 초점을 맞추는 '평균의 함정'에 빠져선 안 된다고 한다. 교사 1인당 학생 수라는 지표에 매달리게 되면, 과밀학급과 농어촌 지역 소규모 학교와 같은 특수성을 제대로 반영하기 어려운 탓이다. 현재 우리나라 전체 학교의 24.7%에서 과밀학급이 운영되고 있어, 일률적 교원 감축은 자칫 교육의 질을 떨어뜨릴 수 있다. 정부는 과밀학급 등에 대한 정책적 노력을 기울일 것이라고 밝혔지만, 수급에 문제가 있는 경우 기간제 교사를 지원할 방침이어서 안정적 교육적 여건이 조성될 수 있을지 의문이다.

중등 교원 감축은 좀 더 신중할 필요가 있다. 정부 계획대로 하면, 초등의 경우 학급

당 학생 수가 올해 21.1명에서 2027년 15.9명으로 줄어들지만 같은 기간 중등은 25
명에서 24.4명으로 소폭 줄어든다. 여전히 OECD 회원국 평균(22.6명)을 웃도는 규
모다. 다양한 선택과목 개설을 전제로 한 고교학점제가 2025년 전면 실시되고 정부
방침대로 '모두를 위한 맞춤형 교육'이 원활히 이루어지려면, 적절한 교원 배치가 필수
다. 벌써 교육현장에선 본인의 전공 외 과목을 가르치는 상치교사나 여러 학교를 돌며
수업하는 순회교사가 더 늘어날 것을 예상하고 있다.

게다가 정부는 학령인구 감소에 주안점을 두면서도, 교대 정원 조정 계획은 이번에도
내놓지 못했다. 임용시험에 합격하고도 학교에 배치받지 못하는 적체 현상은 이미 심
각한 수준이다. 정원 조정이 이뤄지지 않으면 2027년에는 한해 1200명의 임용이 불
투명해지는 셈이다. 정부는 이런 교육현장의 목소리를 두루 청취해 교원수급 계획을
짜야 할 것이다.

출처: 한겨레신문, 2023.04.23.

토론거리

◐ 교육부의 교원 수급계획과 관련하여 '학령 인구 감소'에 따른 불가피한 조치라는 의견과
'교육의 질 확보'를 후퇴시킨다는 의견이 대립하고 있다. '학령 인구 감소'와 '교육의 질
확보'의 균형을 이루기 위한 교원 수급계획 방안에 대해서 논의하여 보자.

(2) 교원의 선발 및 신규임용

모집을 통해서 지원서가 접수되면 선발과정이 시작된다. 일반적으로 선발은 조
직의 여건에 비추어 후보자 가운데 해당 직종에서 최적임자를 선택하는 과정이라
할 수 있다. 조직은 실제 경험을 통하여 비성과적인 특성을 지닌 사람을 피하고,
성과적인 특성을 지닌 사람들을 선택하려고 노력한다(박성식, 2011: 158). 선발이 이루
어지는 기본 원리로 두 가지를 들 수 있는데, 하나는 과거의 행동이 미래의 행동
을 잘 예언할 수 있어야 한다는 것이고, 다른 하나는 후보자에 관한 가장 타당하

고 경제적인 자료를 확보하여 이를 선발과정에 활용할 수 있어야 한다는 것이다.

교원의 선발은 교직에 응모한 후보자들 중에서 교직에 가장 적임자를 선택하는 활동이다. 교육활동이 효과적으로 이루어지기 위해서 교직에 적합한 사람이 선발되어야 하기 때문에 선발과정은 엄격해야 한다. 일반적으로 선발과정에서는 시험과 면접을 가장 중시한다. 선발시험의 기본 원칙은 타당도와 신뢰도 및 객관성을 갖추어야 한다. 선발시험의 타당도는 시험을 통해 측정하려고 하는 내용을 정확하게 측정하고 있는가의 정도를 말하고, 신뢰도는 선발시험이 능력 측정 도구로서 갖는 일관성을 의미한다. 선발시험의 객관성은 시험의 결과에 시험 외적 요소가 철저히 배제된 공정성을 의미한다. 따라서 선발시험의 타당도와 신뢰도 및 객관성을 갖추기 위해서 시험의 방법을 다양화하고 개선하는 노력이 요구된다. 교원의 선발시험 중 가장 대표적인 것이 시·도교육청별로 실시하는 공립 중등학교 교원을 선발하는 '교사 임용후보자 선정경쟁시험'이다. 이러한 시험은 사후평가를 통해 유능하고 적합한 후보자가 선발되었는지에 대한 검토가 이루어지고, 그 결과가 선발시험 개선에 반영되어야 할 것이다.

가. 국·공립학교 교원의 신규임용

교원의 임용은 신규채용, 승진, 승급, 전직, 전보, 겸임, 파견, 강임, 휴직, 직위해제, 정직, 복직, 면직, 해임 및 파면을 포함하는(교육공무원법 제2조 6항) 교원인사행정에서 매우 중요한 개념이다(진동섭 외, 2011: 190). 따라서 넓은 의미의 임용이란, 공무원의 신분을 부여(설정)하여 근무하게 하는 모든 인사활동을 의미한다. 그러나 일반적으로 임용이라 하면 좁은 의미로 조직의 결원을 조직 외부로부터 신규채용과 동일한 개념으로 사용하는 경향이 있다. 따라서 교원의 신규임용이란 교육조직에서 부족한 교사를 교육조직 외부로부터 일정한 절차를 거쳐서 보충하는 좁은 의미의 임용활동으로 정의된다(이윤식 외, 1992: 40).

교사 신규임용에 관한 사항은 교육공무원법(제11조)과 교육공무원임용령(제9~12조)에 규정되어 있고, 교사 신규임용을 위한 공개전형에 관한 사항은 '교육공무원 임용후보자 선정경쟁시험 시행규칙'에 규정되어 있다. 교육 임용후보자 선정을 위한 경쟁시험은 채용 예정직의 해당과목 교원자격증을 취득한 자(졸업예정자 포함)를 대상으로 하여, 당해 교육공무원의 임용권자가 실시한다. 공개전형은 필기시험, 실기시험 및 면접시험 등의 방법에 의하며, 필기시험 성적에는 우수한 교사 임용후보자의 선정을 위하여 재학기간 중의 성적 등과 같이 필요하다고 인정하는 평가요소를 점수로 환산하여 가산할 수 있다.

2012년 교육과학기술부는 학생들에게 올바른 역사의식과 세계관을 심어주기 위하여 모든 교사의 기본소양으로서 건전한 역사관과 관련지식이 요구됨에 따라, 교사 신규채용을 위한 교육공무원 임용후보자 선정경쟁시험 응시과목에 한국사 과목을 신설하는 등 교육공무원 임용후보자 선정경쟁시험 규칙 일부를 개정하였다. 교

표 III-8-4 국·공립학교 교원의 신규채용 제도

구분	내용					
한국사 능력검정시험 인증	한국사 능력검정시험 3급 이상 인증 취득해서 제출					
대학 교직과목 이수기준	대학 교직과목 이수기준 – 전공과목의 경우, 졸업평점 환산점수 100분의 75 이상 – 교직과목의 경우, 졸업평점 환산점수 100분의 80 이상					
교원양성기간 중 교직적성·인성검사 의무실시	필수적으로 '교직적성·인성검사' 실시 의무 및 결과 반영 – 재학 중 2회(1~2학년/3~4학년) 이상 실시					
교원임용시험 체제	**초등**			**중등**		
	제1차	교직(20)	논술형	제1차	교육학(20)	논술형
		교육과정(80)	서답형		전공(80)	서답형
	제2차	심층면접 수업지도안 수업실연 영어면접 영어수업실연	면접, 실연	제2차	심층면접 수업지도안 수업실연	면접, 실연

원양성기관 재학기간 중 1~2회 이상의 '교직적성·인성검사' 실시를 의무화 하여 단계별 진로지도를 강화하고, 그 결과를 교사자격증 취득을 위한 무시험검정 평가에 반영하기로 하였다.

초등교원 임용시험체제는 2012년부터 제1차의 객관식 시험과목을 폐지하고, 기존의 3단계 시험체제를 2단계로 간소화 하였다. 제1차 시험에서는 '교직'과 '교육과정' 과목을 각각 논술형과 서답형으로 평가하고, 제2차 시험에서는 심층면접, 수업실연 등이 실시된다. 중등교원 임용시험체제는 2013년부터 제1차의 객관식 시험과목을 폐지하고 전형단계도 3단계에서 2단계로 간소화 하였다. 교육학적 소양평가 약화 등 우려되는 부분을 해소하기 위하여 제1차 시험에서 교육학은 논술형, 전공과목은 서답형(기입형, 단답형, 서술형 등), 제2차 시험은 심층면접, 수업실연 등으로 시험방식을 개선하였다.

나. 사립학교 교원의 신규임용

사립학교 교원의 신규채용에 관련된 사항은 사립학교법 제4장 사립학교교원 제1절 자격·임용·복무, 사립학교법 시행령 제21조(교사의 신규임용), 제22조의 3항(학력평가), 사립학교법 제53조의 2에 규정되어 있다. 사립학교 교원의 자격에 관하여는 국·공립학교 교원의 자격에 관한 규정을 준용하며, 교원의 신규채용은 공개전형에 의하도록 되어 있다. 공개전형은 일간신문 또는 인터넷 그 밖의 정보통신 매체 등에 공고하는 방식을 채택하고 있으며, 필기시험을 포함하여야 하고, 필기시험은 시·도 교육감에게 위탁하여 실시하여야 한다. 다만, 대통령령으로 정하는 바에 따라 시·도 교육감의 승인을 받은 경우에는 필기시험을 포함하지 아니하거나 시·도 교육감에게 위탁하지 아니할 수 있다. 공개전형은 필기시험·실기시험 및 면접시험 등의 방법으로 하며, 그 밖에 공개전형의 시행에 관하여 필요한 사항은 교원인사위원회 심의를 거쳐 임용권자가 정한다.

'초 · 중등 교원양성체제 발전 방안'에 대한 논의

사례

2021년 12월 10일 교육부는 미래 교육으로의 대전환을 준비하며, 교원의 현장성과 미래 대응력 제고를 위한 '초 · 중등 교원양성 체제 발전방안'을 발표하였다.

['교원양성체제 발전방안' 기본방향]

학교 현장 이해 제고	미래 대응 전문성 확장	교원 양성규모 적정화

• 교육실습 확대 · 강화
• 현장참여 교육과정 운영
• 학습자 이해, 적 · 인성 검증
• 교육청 연계 · 협력 확대
	• 다(多)교과 역량 함양
	• 석사수준 재교육
	  (1급정교사자격연수 연계)
	• 교육대학 교육과정 다양성
	  확대
	  (종합대학과의 연계 활성화)
		• ^{초등}수급계획 고려, 정원관리
		• ^{중등}양성기관별 기능 특성화
		  – (사범대) 공통과목 중심
		  – (교직과정) 전문교과, 선택과목 등
		  – (교육대학원) 재교육 기능 강화

출처: 교육부(2021.12.10.)

'현장을 이해하고 변화를 준비하는 미래 교원 양성'을 목표로 세우고 마련한 교원양성 체제 발전방안의 기본방향으로는 교원의 학교 현장에 대한 이해를 높이고 미래 대응을 위한 전문성을 신장하며, 교원 양성 규모를 적정화하여 양성과정을 내실화하는 것이다. 이를 위한 교원양성체제 발전방안의 주요 과제는 다음과 같다.

① 교원양성 교육과정 운영개선을 통해 미래 역량을 갖춘 교원 양성
② 학교 현장 이해를 높이고 현장 역량 함양을 위한 교육실습학기제 도입
③ 1급 정교사 자격연수를 개편하여 현장교원의 역량 강화
④ 교원의 다(多)교과 역량 함양
⑤ 중등교원 양성기관의 특성화를 통한 양성 규모 적정화
⑥ 초등교원 양성과정의 다양성 확대

토론거리

◑ '초 · 중등 교원양성체제 발전 방안'은 학교 현장의 필요와 요구를 실천 과정에 반영하고 수정 보완하기 위해 다양한 논의를 거쳤다. 그렇게 마련된 사회적 공감대를 바탕으로 정책 대안과 단계적 추진 계획을 마련하여 '발전방안'으로 구체화하였다. 현 시점에서 그 주요 과제들의 추진 상황을 점검해보고, 그 정책적 당위성에 대해 토의해보자.

(3) 교원의 승진임용

가. 승진의 개념 및 중요성

승진은 동일 직렬 내에서의 수직 이동, 즉 직위 상승을 말한다. 승진에는 권한과 책임의 증대뿐만 아니라 위신의 증대, 급여나 보수의 증가 등이 뒤따르며, 구성원에게 동기를 부여하여 근로의욕을 증진시키고, 잠재능력을 발휘하는 기회를 제공하는 중요한 수단이 된다. 학교의 경우 교사가 교감으로, 교감이 교장으로 임용되는 것이 여기에 해당되며, ① 보상수단 내지 욕구충족수단, ② 인적자원의 배치 및 활용을 통한 조직의 목표 달성, ③ 직무수행을 위해 필요한 지식과 능력의 향상을 가져오는 능력개발의 수단이라는 역할을 한다.

교사 외 교원 임용의 경우인 교장·교감의 신규임용은 승진임용이거나 교육전문직에서의 전직으로 이루어진다. 교육전문직 공무원으로 2년 이상 근속한 경우 임용권자가 정하는 기준에 따라 교장 또는 교감으로 전직할 수 있다. 교장은 교육부장관의 제청으로 대통령이 임명하며, 그 임기는 4년으로 하되 1차에 한하여 중임이 가능하다. 최근 교장 공모제가 확대되고 있으며, 그 적용 비율이나 공모제 유형은 교육청별로 다르게 나타나고 있다.

승진의 기준은 크게 연공서열주의(seniority system)와 실적주의(merit system)로 나누어 설명할 수 있다. 연공서열주의는 근무연수, 연령, 경력 등의 기준을 강조하며 적용이 용이하고 승진관리의 안정성을 기할 수 있는 장점을 가지고 있으며, 실적주의는 직무수행능력과 업적 등을 중시하며 과학적이고 합리적이라는 장점을 가지고 있다. 어느 입장을 더 중시할 것인가 하는 문제는 이해자 집단뿐만 아니라 사회문화적인 배경에 따라 달라질 수 있다(서정화, 1994).

이러한 점들을 반영하여 현재 우리나라는 경력평정, 근무성적평정, 연수성적평정 및 가산점제도 등을 기준으로 사용하고 있다. 교육공무원의 임용권자 또는 임용제청권자는 제13조의 규정 및 대통령령이 정하는 바에 의해 순위에 따라 자격별로 승진후보자명부를 작성하여 비치하여야 한다. 승진후보자명부는 승진될 직위별로 나누어 매년 1월 31일을 기준으로 작성하는데, 경력평정점 70점, 근무성적평정점 100점, 연수성적평정점 18점을 각각 만점으로 평정하여 합산 점수가 높은 승진후보자의 순서대로 등재한다(교육공무원 승진규정). 교육공무원의 승진임용에 있어서는 승진후보자명부의 고순위자순으로 결원된 직에 대하여 3배수의 범위 안에서 승진·임용·제청하여야 한다(교육공무원법 제14조).

교육공무원의 경력, 근무성적 및 연수성적 등의 평정을 통해 승진임용이 이루어지지만, 승진임용이 제한되는 경우도 있다. 징계의결요구·징계처분·직위해제 또는 휴직 중에 있는 경우, 징계처분의 집행이 종료된 날부터 정해진 기간이 경과하지 아니한 경우(강등 및 정직: 18개월, 감봉: 12개월, 견책: 6개월), 그리고 종선의 신분에서 강등처분을 받은 때에는 그 처분의 집행이 종료된 날부터 18개월, 근신·영창, 그 밖에 이와 유사한 징계처분을 받은 때에는 그 처분의 집행이 종료된 날부터 6개월 동안 승진이 제한된다.[3]

2007년 교육인적자원부는 '교육공무원승진규정'을 개편하였는데, 연공서열주의, 관료주의 행정, 평정결과 불신, 교장자질적합성 검증과 학교 구성원 참여에 의한 임용심사 미흡, 수업 생활지도 소홀 문제 초래, 교사들이 학생교육보다 승진경쟁에 대한 집착 등 대통령자문 교육혁신위원회(2006)가 지적한 승진제도의 문제점을 반영한 것이다. 경력평정 기간 및 점수 축소, 근무성적평정의 반영기간 및 비중 확대, 교사에 대한 동료교원 다면평가제 도입 등을 그 내용으로 하고 있다. 연공서열 중심의 승진제도를 실적 중심의 제도로 개선하는 등의 노력으로 건전한 경쟁분위기가 조성되고 학교 교육력이 제고될 것으로 기대하였다. 하지만 여전히 남아있는 승진 과열 현상이나 학생교육에 최선을 다하는 교사가 승진하기 어려운 제도의 근본적인 문제점은 개선되기 어려운 것으로 판단된다. 교원승진제도는 수석교사제의 실시로 관리직 우위의 풍토에서 교단교사가 존중되는 방향으로 변화되고 있으며,

---

3 단, 교육공무원이 징계처분을 받은 이후 당해 직위에서 훈장·포장·모범공무원포상·국무총리 이상의 표창 또는 제안의 채택시행으로 포상을 받은 경우에는 가장 중한 징계처분에 한하여 승진임용 제한기간의 2분의 1을 단축할 수 있다.

교장공모제, 교원능력개발평가, 교원성과급제도의 변화와 유기적으로 연계되어 개
선되어야 할 것이다.

나. 승진임용의 기준

(가) 경력평정

경력평정은 매 학년도 종료일을 기준으로 하여 정기적으로 실시하며, 기본경력
및 초과경력으로 나눠진다. 기본경력은 평정대상경력으로서 평정시기로부터 15년
을 평정기간으로 하고, 초과경력은 기본경력 전 5년을 평정기간으로 한다. 경력평
정 점수는 70점 만점이며(기본경력 64점, 초과경력 6점), 기본경력 15년, 초과경력 5년인
경우에는 각각 평정만점으로 평정한다. 경력평정의 평정기간 중에 휴직·직위해제
또는 정직기간이 있는 때에는 그 기간을 평정에서 제외하지만, 공무원연금법에 의
한 공무상 질병 또는 부상으로 인한 휴직, 병역 또는 기타 법률의 규정에 의한 의
무를 수행하기 위하여 직무를 이탈하게 된 때, 국제기구, 외국기관, 국내외의 대학
·연구기관, 다른 국가기관, 재외교육기관 또는 대통령령으로 정하는 민간단체에
임시로 고용될 때(상근 근무), 노동조합 전임자로 종사하게 된 때는 해당기간을 재직
기간으로 간주한다.

표 III-8-5 경력의 등급별 평정점

구분	등급	평점만점	근무기간 1월에 대한 평정점	근무기간 1일에 대한 평정점
기본경력	가경력	64.00	0.3555	0.0118
	나경력	60.00	0.3333	0.0111
	다경력	56.00	0.3111	0.0103
초과경력	가경력	6.00	0.1000	0.0033
	나경력	5.00	0.0833	0.0027
	다경력	4.00	0.0666	0.0022

출처: 교육공무원승진규정 제10조 관련 〈별표 2〉 경력의 등급별 평정점.

표 Ⅲ-8-6 교사 근무성적평정표

<table>
<tr><td colspan="11" align="center">교사 근무성적평정표</td></tr>
<tr><td colspan="3" align="center">① 평정기간</td><td colspan="3" align="center">② 확인자</td><td colspan="5" align="center">③ 평정자</td></tr>
<tr><td colspan="3">. . . 부터
. . . 까지</td><td colspan="3">직위
성명　　　　(인)</td><td colspan="5">직위
성명　　　　　　(인)</td></tr>
<tr><td colspan="3" rowspan="2">평정사항</td><td rowspan="2">근무수행 태도</td><td colspan="4" align="center">근무실적 및 근무수행능력</td><td rowspan="2">⑨
평
정
점</td><td rowspan="2">⑩
환
산
점</td><td rowspan="2">⑪
총

점</td></tr>
<tr><td align="center">④
교육공무원으로
서의 태도
(10점)</td><td align="center">⑤
학습
지도
(40점)</td><td align="center">⑥
생활
지도
(30점)</td><td align="center">⑦
전문성
개발
(5점)</td><td align="center">⑧
담당
업무
(15점)</td></tr>
<tr><td>평정
대상
자
소속</td><td>평정
대상
자
성명</td><td>평정요
소</td><td></td><td></td><td></td><td></td><td></td><td></td><td></td><td></td></tr>
<tr><td rowspan="2"></td><td rowspan="2"></td><td>평정자</td><td></td><td></td><td></td><td></td><td></td><td></td><td></td><td></td></tr>
<tr><td>확인자</td><td></td><td></td><td></td><td></td><td></td><td></td><td></td><td></td></tr>
<tr><td rowspan="2"></td><td rowspan="2"></td><td>평정자</td><td></td><td></td><td></td><td></td><td></td><td></td><td></td><td></td></tr>
<tr><td>확인자</td><td></td><td></td><td></td><td></td><td></td><td></td><td></td><td></td></tr>
</table>

비고

1. 평정자의 환산점 = 평정점 × 20/100, 확인자의 환산점 = 평정점 × 40/100
2. 평정자와 확인자는 다음 각 목의 분포비율에 맞도록 평정하여야 하며, 평정점은 특별한 사정이 없으면 동점을 주지 않도록 하여야 한다. 다만, 라목의 평정점에 해당하는 사람이 없거나 라목의 평정점에 해당하는 사람의 비율이 10퍼센트 이하일 때에는 라목의 비율을 적용하지 않고 다목에 가산할 수 있다.
   가. 수(95점 이상) 30%　　　　　　　나. 우(90점 이상 95점 미만) 40%
   다. 미(85점 이상 90점 미만) 20%　　　라. 양(85점 미만) 10%

출처: 교육공무원승진규정 [별지 제4호서식].

(나) 근무성적평정

매 학년도 종료일을 기준으로 하여 근무실적·근무수행능력 및 근무수행태도에 관한 근무성적평정과 다면평가가 정기적으로 이루어진다. 교사의 근무성적평정은 근무수행 태도에 대한 평정과 근무실적 및 근무수행능력에 대한 평정으로 구분된다. 근무수행 태도는 교육공무원으로서의 태도(10점)로, 근무실적 및 근무수행능력(90점)은 학습지도(40점), 생활지도(30점), 전문성 개발(5점), 담당업무(15점)로 구분된다. 「교육공무원승진규정」에 따른 교사의 근무성적표는 [표 Ⅲ-8-6]과 같다. 근무성적의 평정자 및 확인자는 승진후보자명부작성권자가 정한다. 다면평가는 근무성적의 확인자가 구성하되, 평가대상자의 근무실적·근무수행능력 및 근무수행태도를 잘 아는 동료교사 중에서 3인 이상으로 구성되며, 평가 항목은 근무성적평정과 동일하다.

　근무성적의 평정점은 평정자가 100점 만점으로 평정한 점수를 20%로, 확인자가 100점 만점으로 평정한 점수를 40%로 환산한 후 그 환산된 점수를 합산하여 60점 만점으로 산출한다. 다면평가점은 정량평가(8%)와 정성평가(32%)의 방법으로 평정한 점수를 40%로 환산하여 40점 만점으로 산출한다. 근무성적평정과 다면평가 결과의 합산은 근무성적의 평정자와 확인자가 행하는데, 합산점은 근무성적평정점과 다면평가점을 합산하여 100점 만점으로 산출한다.

　근무성적평정점과 다면평가점을 합산한 결과는 수(95점 이상) 30%, 우(90점 이상 95점 미만) 40%, 미(85점 이상 90점 미만) 20%, 양(85점 미만) 10%의 분포비율에 맞도록 하여야 하며, 합산점이 '양'에 해당하는 자가 없거나 그 비율 이하일 때에는 '미'에 가산할 수 있다. 한편, 평정대상자의 요구가 있는 때에는 특별한 사정이 없는 한 본인의 최종 근무성적평정점을 알려주어야 한다.

(다) 연수성적평정

　연수성적의 평정은 교육성적평정과 연구실적평정으로 나누어지며, 연수성적의 평정자와 확인자는 승진후보자명부작성권자가 정한다. 연수성적의 평정은 매 학년도 종료일을 기준으로 하여 실시하거나 또는 승진후보자명부의 조정시기에 실시된다. 연수성적 평정기준점은 30점 만점으로 교육성적 27점, 연구성적 3점으로 규정하고 있다.

　교육성적평정은 직무연수성적(18점)과 자격연수성적(9점)으로 나누어지는데, 직무연수성적의 평정은 당해 직위에서 「교원 등의 연수에 관한 규정」에 의한 연수기관 또는 교육부장관이 지정한 연수기관에서 10년 이내에 이수한 60시간 이상의 직무연수성적을 환산한 직무연수환산성적 및 직무연수이수실적을 대상으로 평정한다.

자격연수성적평정은 당해 직위 또는 교원의 직위에서 받은 자격연수성적 중 최근에 이수한 자격연수성적을 대상으로 하며, 「9점 - (연수성적만점 - 연수성적) ×0.05」의 계산방식에 따라 평정한다. 또한 자격연수성적을 평정함에 있어서 하나의 자격연수가 분할 실시되어 그 성적이 두 가지 이상인 때에는 이들 성적을 합산 평균하여 자격연수성적으로 평정하며, 성적이 평어로 평가되어 있거나 석사학위 취득자에 대한 자격연수성적은 최상위 등급의 평어(A) - 만점의 90%, 차상위 등급의 평어(B) - 만점의 85%, 제3등급 이하의 평어(C) - 만점의 80%로 평정한다.

표 III-8-7 연수성적평정의 내용

구분		대상		상한점	만점

교육성적평정	직무연수	「교원 등의 연수에 관한 규정」에 의한 연수기관 또는 교육부장관이 지정한 연수기관에서 10년 이내에 이수한 60시간 이상의 직무연수성적을 환산한 직무연수환산성적 및 직무연수이수실적을 평정
		● 직무연수성적평정 방법
		① 교장·장학관·교육연구관 승진후보자명부작성대상:
		  6점 × 직무연수환산성적 / 직무연수성적만점
		② 교감 승진후보자명부작성대상자:
		  6점 × 직무연수환산성적 / 직무연수성적만점 + 6점 × 직무연수횟수(2회한)
				18점	27점

	자격연수	1. 교감으로서 교장자격증 받은 자: 교장자격연수 성적 2. 교사로서 교감자격증 받은 자: 교감자격연수 성적 3. 당해 직위 또는 교원의 직위에서 받은 자격연수 성적 중 최근에 이수한 자격연수 성적 ● 자격연수성적평정 방법 자격연수성적 평정점 = 9점 - (연수성적만점 - 연수성적) × 0.05		9점	
연구실적평정	연구대회입상실적	입상등급	전국규모연구대회	시·도규모연구대회	3점	6점
		1등급 2등급 3등급	1.50점 1.25점 1.00점	1.00점 0.75점 0.50점		
	학위취득실적	당해 직위에서 석·박사학위 취득 경우 그 취득학위 중 하나를 평정			3점	
		박사	직무관련학위: 3점	기타의 학위: 1.5점		
		석사	직무관련학위: 1.5점 기타의 학위: 1점			

출처: 교육공무원승진규정 제32조~37조.

연구실적평정(3점)은 연구대회입상실적과 학위취득실적으로 나누어 평정한 후 이를 합산하여 계산한다. 연구대회입상실적은 국가·공공기관 또는 공공단체가 개최하는 교육에 관한 연구대회에서 입상한 연구실적이 해당되며, 연구대회입상실적이 2인 공동작인 경우에는 각각 입상실적의 7할로 평정하고, 3인 공동작인 경우에는 각각 그 입상실적의 5할로 평정하며, 4인 이상 공동작인 경우에는 그 입상실적의 3할로 평정한다. 또한 연구대회입상실적은 1년에 1회(2회 이상의 연구대회입상실적이 있는 경우에는 가장 높은 점수가 부여되는 1회)의 연구대회입상실적에 한하여 평정한다. 학위취득실적은 교육공무원이 당해 직위에서 석사 또는 박사학위를 취득하였을 경우 그 취득 학위 중 하나를 평정의 대상으로 하고, 교육공무원이 전직된 경우에는 전직 이전의 직위 중의 학위취득실적을 포함하여 평정한다. 연구실적평정점은 3점을 초과할 수 없다.

(라) 가산점평정

가산점은 구성원들의 직무수행에 대한 동기부여와 능력향상을 유인하고자 하는 것으로서 특정한 보상을 받거나 특별한 자격을 획득하거나 특히 어려운 특정 직무를 수행했을 경우에 그 대가로 인사행정에 실적을 반영하여 주는 제도이다(서정화, 1994). 현재 가산점은 공통가산점과 선택가산점으로 구분되며, 공통가산점은 3점, 선택가산점은 10점으로 가산점은 총 13점이다.

공통가산점은 ① 교육부장관이 지정한 연구학교(시범·실험학교를 포함)의 교원으로 근무한 경력(월 0.018점, 상한점 1점), ② 교육공무원으로 재외국민교육기관에 파견 근무한 경력(월 0.015점, 상한점 0.5점), ③「교원 등의 연수에 관한 규정」제8조의 2의 규정에 의하여 연수이수실적이 학점으로 기록·관리되는 직무연수실적(1학점당 0.02점, 연도별 상한점 0.12점, 전체 상한점 1점), ④ 학교폭력 예방을 위한 교육·홍보·상담, 학교폭력 발생 점검 및 실태조사, 학교폭력 대응 조치 및 사후관리 등 학교폭력의 예방 및 대응 관련 실적이 있는 경우(가산점 0.1점, 상한점 1점) 등에 대하여 부여한다.

선택가산점은 ① 도서벽지에 있는 교육기관 또는 교육행정기관에 근무한 경력이 있는 경우, ② 읍·면·동지역의 농어촌 중 명부작성권자가 농어촌교육의 진흥을 위하여 특별히 지정한 지역의 학교에 근무한 경력이 있는 경우, ③ 그 밖의 교육발전 또는 교육공무원의 전문성 신장 등을 위해 명부작성권자가 필요하다고 인정하는 경력이나 실적이 있는 경우, 명부작성권자가 항목 및 점수의 기준을 정하여 산정할 수 있는 것으로 총합계는 10점을 초과할 수 없고, 그 기준은 평정기간이 시작되기 6개월 전에 공개하여야 한다.

다. 교장공모제

(가) 의의

교장공모제란 교장의 임용을 공모를 통해 충원하는 교원 인사 방식이다. 도입 취지는 학교와 지역 발전을 촉진할 새로운 리더십을 가진 유능한 교원을 이용함에 있다. 이를 위해서 자격기준을 완화하고 공모절차의 민주화와 투명화를 통해 교장 임용 방식을 다양화하여 단위학교 상황에 맞는 유능한 교장의 근무 보장을 실현함에 있다. 승진형 교장 임용의 문제점을 극복하기 위해 공모제는 젊고 유능한 인재가 임용될 수 있는 기회를 확대하여 단위학교가 활력과 혁신을 유도할 수 있도록 교장 지원 자격을 완화하고 민주적이고 투명한 공모절차를 적용하여 임용된 교장이 책무성과 특수성을 구현해야 한다는 의견이 제시되었다.

교장공모제는 기존의 승진 방식에서 탈피하여 공개 방식을 통해 교장자격소지자간 선의의 경쟁을 유도하는 제도이다. 또한 미래 학교를 둘러싼 다양한 수요에 능동적으로 대처할 수 있는 학교경영자로서의 교장의 역할과 책무를 강화한다. 교장 공모제를 통해 학교자율화의 토대를 구축하고 '단위학교 책임 경영제', '초빙 교원제' 등의 정책과 함께 학교 구성원들의 전문성과 지역사회자원을 활용함으로써 궁극적으로 단위학교의 역량을 높이고자 하였다. 따라서 공모교장을 통한 자율과 창의를 기반으로 둔 학교 경영으로 학생, 학부모가 만족하는 학교교육을 실현하고자 하며, 특히 교장의 역할과 책무성 강화, 교육 수요자가 만족하는 학교교육은 정책수립과 시행과정, 성과분석의 판단근거이자 지표가 될 것이라 예측했다.

(나) 선발 절차 및 유형

교장공모가 발표되면 지원자가 서류를 개별적으로 제출한다. 1차 심사는 '학교 주관 심사'를 하는데, 교원, 학부모, 지역사회 인사 등으로 구성된 학교공모교장심사위원회에서 서류심사와 심층면접을 통해 3배수 범위 내에서 추천한다. 2차 심사는 교육청공모교장심사위원회의 '교육청 주관 심사'를 하게 되는데, 1차 학교심사위의 추천후보를 서류심사와 심층면접에 덧붙여 상호토론 과정을 통해 상위 2인을 추천한다. 최종적인 추천은 교육감이 하게 되는데, 1차 및 2차 심사결과를 합산하고 공모교장심사위원회의 추천순위를 고려하여 최종 1명을 선정하면서 임용결격 사유 여부를 확인하게 된다(단, 합산 결과 1순위가 아닌 2순위를 추천할 경우 인사위원회 심의 후 임용제청 추천).

표 III-8-8 교장공모 유형별 자격 요건

유형	추진근거	자격기준	대상학교
초빙형	교육공무원법 제29조의3 제1항	• 교장자격증 소지자(교육공무원)	일반학교
내부형	교육공무원법 제29조의3 제2항 교육공무원임용령 제12조의6 제1항	• 초중등학교 교육경력 15년 이상인 교육공무원 또는 사립학교 교원(교장자격 미소지자) 　- 교장자격 미소지자 공모 가능 학교로 정한 경우 가능 　　(내부형의 50% 범위, 1개 학교가 신청하면 1개 학교) • 교장자격증 소지자(교육공무원) 포함	자율학교 자율형공립고
개방형		• 해당 학교 교육과정에 관련된 기관 또는 단체에서 3년 이상 종사한 경력이 있는 자(교장자격 미소지자) 　- 교장자격증 소지자 유무 관계없이 공모 가능 • 교장자격증 소지자(교육공무원) 포함	자율학교로 지정된 특성화 중·고 특목고 예·체능계고

라. 수석교사제

(가) 의의

수석교사제 도입 이전의 교원승진제도는 '2급 정교사 → 1급 정교사 → 교감 → 교장'의 체계를 이루고 있었다. 일반적으로 2급 정교사가 교직생활을 시작하고 3~5년 복무 후 연수를 통해 1급 정교사가 되고 나서, 학교 관리자인 교감 또는 교장으로 승진을 하는 경우에는 평균 20년 이상이 소요되었다. 이러한 교원승진제도는 교원으로서의 전문성 신장을 추구할 기회나 계기가 결여되어 있고, 수업전문성을 가진 교사는 우대받지 못하는 문제점을 갖고 있었다.

이러한 문제를 개선하기 위하여 관리직으로의 승진 외에 전문적 발달 욕구를 충족시킬 수 있는 별도의 통로를 열어줌으로써 가르치는 일에 전념하는 교사들이 우대받는 풍토가 조성되어 수업만 잘해도 교직에서 승진할 수 있는 길을 열어주기 위한 방법으로 수석교사제가 도입된 것이다.

(나) 역할 및 지위

수석교사는 대체적으로 일반교사와 같이 수업을 담당하면서 수업지도 및 컨설팅 등과 같이 동료교사들의 수업을 지원하는 다양한 활동을 수행한다. 구체적으로 초중등교육법 제20조 3항에서는 '수석교사는 교사의 교수·연구 활동을 지원하며, 학생을 교육한다.'라고 수석교사의 역할을 규정하고 있다. 교육과학기술부는 수석교사의 역할을 수업, 동료교원 지도 및 컨설팅, 수업지원 관련 교장 보좌 등 크게 세 가지로 구분하고 있다.

우선, 수석교사는 학생을 교육하고, 수업 시연을 통하여 동료교원의 수업을 지원하는 역할을 담당한다. 이와 더불어서 신임교사나 수업전문성이 다소 부족한 교사 및 기간제 교사, 교육 실습생을 대상으로 수업을 지도하거나, 연간 단위학교의 수업계획, 수업장학계획, 수업공개계획 등을 수립하고, 교수학습방법 및 학습결과 평가방법 등에 대한 연구를 함으로써 동료교원을 지도하고, 컨설팅, 교내 학습동아리 활동을 주도하는 것 등이 수석교사의 역할이라 할 수 있다.

◯◯ 그림 III-8-1 교원의 승진체제

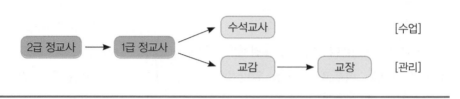

수석교사의 지위는 교원승진체제를 교수 경로와 행정관리 경로로 이원화하고, 수석교사의 지위를 '교장의 지도·감독을 받되, 최고의 수업전문가로서 교사들에 대한 교수·연구 활동 지원 및 학생교육'이라고 명시한다.

수석교사 활동에 대한 지원은 교육공무원 임용령 제9조 8항에 따르면 학교의 장은 수석교사의 원활한 활동을 지원하기 위하여 수석교사의 수업시간 수를 해당 학교별 교사 1인당 평균 수업시간 수의 2분의 1로 경감하되, 학교 여건 등을 고려하여 조정할 수 있고, 예산의 범위에서 연구 활동비를 지급할 수 있다. 또한, 수석교사에게는 연구 활동 지원비로 월 40만원을 지급하고, 부장회의 등 각종 회의 및 협의회 참석을 보장하도록 하고 있다. 이와 더불어서 수석교사의 수업장학, 연구, 강사 활동 지원과 시·도교육청별 인센티브 마련을 권장하고 있다.

(다) 선발방법

수석교사의 선발 규정에 따라(초·중등교육법 제21조 3항), ① 수석교사는 제2항의 자격증(1급·2급 정교사)을 소지한 사람으로서 15년 이상의 교육경력을 가지고 교수·연구에 우수한 자질과 능력을 가진 사람 중에서 대통령령으로 정하는 바에 따라 교육부장관이 정하는 연수 이수 결과를 바탕으로 검정·수여하는 자격증을 받은 사람이어야 한다. ② 교원 등의 연수에 관한 규정에 따라 '수석교사 자격 연수 대상자로 선발된 사람은 30일 이상, 180시간 이상의 자격 연수를 받아야만 수석교사 자격을 취득할 수 있다. ③ 수석교사 검정은 교원자격검정령에 따라 무시험검정으로 실시하며, 교육 공무원 임용령에 따라 4년마다 실시하는 수석교사의 재심사를 위하여 매년 업적평가, 연수 이수 실적 평가 등을 받아야 한다.

수석교사는 한 학교에 한명씩 배치된다. 선발공고 후에 단위학교 추천위원회를 통해 단위학교당 한 명의 교사가 추천하여, 수석교사 선발위원회에 의해 2단계에 걸쳐 심사·선정된다. 1차 심사에서는 서류 심사 및 동료교원 면담을 바탕으로 수업전문성, 역할 기획력, 관계형성 능력을 평가하고, 2차 심사에서는 심층면접을 통해 수업, 동료교원 지원, 학생지도와 관련된 역량을 평가한다.

정리하기

❶ 교원은 각급 학교에서 학생을 직접 지도 · 교육하는 자로서, 국 · 공립 · 사립에서 직접 교육을 담당하고 있는 사람들을 말하며, 초 · 중등교원은 자격증을 취득해야 교원으로 임용될 수 있다.

❷ 우리나라의 경우는 초등교원 양성에서는 목적형 교원양성체제를, 중등교원 양성에서는 개방형 교원양성체제에 가까운 절충제를 채택하고 있는데, 다양한 교육기관들의 자율적인 운영체제로 인하여 교원양성의 질적 편차와 교사자격증 남발 등의 문제점이 제기되고 있다.

❸ 국 · 공립 교원 선발시험은 교육능력에 학습자의 학습관리능력, 자기주도학습능력과 태도를 길러주는 교사로서의 능력을 함께 측정하고 판별할 수 있어야 한다.

❹ 교원의 승진제도는 앞으로 교장공모제, 교원능력개발평가제와 교원성과급제도의 변화와 유기적으로 연계되어 이루어질 필요가 있으며, 능력과 근무실적 중심으로 개선되고 학생교육에 최선을 다하는 교사가 승진하고 존중받을 수 있도록 발전하여야 한다.

학습문제

01 현행 교원양성체제에서 중등교원의 양성은 개방형 양성체제에 가까운 절충형 체제에 의해 이루어지고 있는데, 교원양성의 질적 편차와 교사자격증 남발 등의 문제점이 지적된다. 이와 관련된 현행 교원양성제도의 문제점과 개선방안에 대하여 토론하시오.

02 2013년부터 한국사능력검정시험 3급 이상 인증취득, 교직적성 및 인성검사 의무화, 교직과목 성적평가 기준 상향, 교육학 객관식 폐지 등을 내용으로 한 교사 신규채용시험제도가 시행되고 있다. 현행 교원 신규임용시험제도의 문제점과 개선방안을 제시하시오.

03 교장공모제와 수석교사제를 전문성 신장과 교원 승진의 관점에서 장단점을 설명하시오.

CHAPTER 09

교원의 능력개발

 학/습/목/표

- 교원연수의 의의와 우리나라에서 이루어지고 있는 교원연수의 현황을 설명할 수 있다.
- 교원에 관한 각종 평가 방법을 알고, 이들의 특징 및 문제점을 말할 수 있다.
- 장학의 의의 및 교내 자율장학의 특징을 설명할 수 있다.

생각해보기

　'교육의 질은 교사의 질을 넘을 수 없다'라는 표현이 나타내듯 교육의 성패는 교사의 자질과 의지에 달려있다. 즉, 교원은 교육을 실질적으로 담당하는 주체로서, 교원의 자질은 곧 교육의 수준과 직결된다. 교육에 있어서 교사의 질은 교육의 질을 결정하는 관건이고, 그 성패를 좌우하는 핵심적인 요소라는 것이다. 이러한 측면에서 우수한 교사의 양성 및 임용과 함께, 교사의 전문성 신장 및 질적 수준을 확보하는 일은 무엇보다 중요하며, 교육개혁의 성공적인 시행을 위한 일차적인 과제라고 할 수 있다(신현석·이경호, 2007).

　이러한 이유로 인해 각종 교육개혁안에는 항상 교사의 질 향상과 관련된 정책들이 포함되어 있었고, 정부에서는 교사의 전문성 신장을 위한 다양한 노력들을 기울이고 있다. 교사의 전문성 신장과 관련된 대표적인 방안들이 연수, 평가 및 장학이다. 따라서 현재 우리나라에서 이루어지고 있는 교원연수, 교원 관련 각종 평가 및 장학 활동의 현황을 파악하고, 이러한 연수, 평가 및 장학 활동들이 교원의 전문성 신장이라는 소기의 목적을 달성하는데 기여하고 있는지 생각해 볼 필요가 있다.

(1) 교원연수의 중요성

교원연수는 교직원개발(staff development), 현직연수(in-service training), 교원현직교육 (in-service teacher education), 교원전문성개발(teacher professional development) 등 시대에 따라 다양하게 지칭되어 왔으며, 이러한 용어의 변천을 통해 교원연수에 대한 패러다임의 변화를 반영해 왔다고 볼 수 있다. 그동안 교원연수는 기관을 중심으로 제공되는 현직연수에 초점이 맞춰졌으나, 최근에는 교원연수를 광의적 의미에서 교원들의 직무 전문성 향상을 위한 모든 공식적·비공식적 활동을 포괄하는 것으로 보는 시각이 우세하다(Ganser, 2000; Villegas-Reimers, 2003).

교원은 교육활동의 주체이자 교육의 질을 결정하는 핵심적인 요소이다. 교육발전을 위해서는 교직적성을 갖춘 교원후보자를 유치하여 수준 높은 교원교육 프로그램을 통해 우수한 예비 교원을 양성·확보하는 것도 중요하지만, 교원으로서의 자질과 품성을 갖춘 교직적격자를 선발·임용한 후에도 이들이 현직연수를 통해 사회변화와 교수-학습방법의 변화에 따른 새로운 지식과 기술을 습득하는 등 지속적으로 전문성을 신장할 수 있도록 유도하고 지원할 수 있는 체계적인 시스템을 마련할 필요가 있다. 이에 따라 우리나라를 비롯한 세계 각국에서 교원연수제도를 마련하고 있다.

교육관련법령에서 교원연수의 주요 법적 근거를 살펴보면 다음과 같다. "교원은 교육자로서 갖추어야 할 품성과 자질을 향상시키기 위하여 노력하여야 한다"(교육기본법 제14조 ②항), "교육공무원에게는 연수기관에서 재교육을 받거나 연수할 기회가 균등하게 주어져야 한다"(교육공무원법 제37조), "교육공무원은 그 직책을 수행하기 위하여 부단히 연구와 수양에 힘써야 한다"(교육공무원법 제38조 ①항), "교육공무원의 재교육과 연수를 위하여 연수기관을 둔다"(교육공무원법 제39조), "국가나 지방자치단체는 특별연수계획을 수립하여 교육공무원을 국내외의 교육기관 또는 연구기관에서 일정 기간 연수를 받게 할 수 있다."(교육공무원법 제40조) 등이다. 이 외에도 대통령령인 「교원등의연수에관한규정」과 교육부령인 「교원등의연수에관한규정시행규칙」 등이 있다.

교원연수는 교원들이 교원자격 취득 이후에 보다 효과적으로 교육할 수 있도록 하기 위해 주로 자신들의 전문적 지식과 기능 및 태도를 증진·발전시킬 목적으로 참여하는 교육·훈련 활동이다(서정화, 1995). 또한 교원이 교직에 종사하고 있는 동안에 직무를 수행하는 데 필요한 경험을 지속적으로 축적하고 자신의 지식과 교수방법을 체계적으로 점검함으로써 전문성을 신장할 수 있도록 돕기 위한 계속교육이다(Glatthorn, 1995).

교원연수에 대한 여러 정의가 함축하고 있는 내용을 통해 교원연수의 특징을 도출하면 다음과 같다.

첫째, 교원연수는 현직에 임용된 교원들을 대상으로 이루어지는 계속교육이다. 따라서 교원연수는 교원들의 임용단계부터 퇴직에 이르기까지 교직생애 발달과정의 전 단계에 걸쳐 이루어진다는 특징을 갖게 된다. 따라서 교직은 전문직으로서 직무를 수행하기 위해서 부단한 자기연찬 노력이 요구된다.

둘째, 교원연수의 목적은 교원들의 전문성 신장이다. 협의로는 교원이 직무를 수행하는 데 부족한 지식과 기능 등을 보완하기 위한 활동으로 볼 수 있으나, 광의로는 교원들의 전문성 신장에 근본적인 목적을 두고 있다.

셋째, 교원연수의 형식에 있어 공식적·비공식적 활동을 모두 포함한다. 중앙단위 교육연수원이나 시·도 교육연수원 등에서 이루어지는 공식적인 연수 활동뿐만 아니라 단위학교나 개인적으로 이루어지는 비공식적 형태의 모든 전문성 증진 노력도 교원연수에 해당한다. 이는 교원연수가 시·공간적 요인에 의해 제약받지 않고 이루어져야 함을 강조하는 것으로 볼 수 있다.

넷째, 교원연수제도는 교원의 전문성을 확보함으로써 교육발전을 이끌기 위한 국가 차원의 제도적 장치이자 교원의 자기성장과 자기연찬욕구를 충족시켜 주기 위한 지원체제의 의의를 지닌다(박종필 외, 2012).

(2) 교원연수의 종류

교원을 위한 연수의 유형은 크게 집단연수와 개인연수로 구분되며, 연수가 이루어지는 단위를 기준으로 기관중심연수, 학교중심연수, 그리고 개인중심연수로 분류할 수 있다(박종필 외, 2012).

⊙◯ 그림 III-9-1 교원연수의 종류

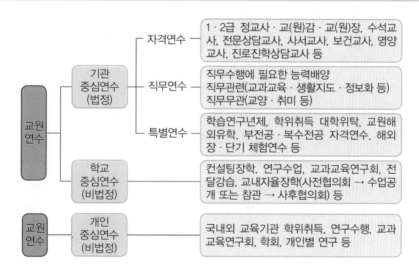

출처: 교육과학기술부(2013b). 2013년도 교원연수 중점 추진 방향. p. 2.

가. 기관중심연수

기관중심연수는 교육과학기술부 및 시·도 교육지원청 교육연수원이나 교육연구원, 대학부설 초·중등교육연수원, 중앙교육연수원 등의 다양한 연수기관에서 실시하는 자격연수, 직무연수, 특별연수 활동을 말한다.

자격연수는 법령상의 교원 자격취득 요건을 위한 것으로 정교사 자격취득, 교(원)

장 및 교(원)감 자격취득, 보건, 사서, 전문상담교사 등 비교과 교사 자격취득 시에 이수해야 하는 연수과정이다(교육부, 2021). 1급 정교사 자격취득 대상자는 2급 정교사 자격취득 후 3년 이상의 교육경력자, 교(원)감은 1급 정교사 자격취득 후 3년 이상의 교육경력자를 대상으로 연수기간은 15일 이상, 이수시간은 90시간 이상을 이수하도록 되어 있다. 그리고 교(원)장은 교감 자격취득 후 3년 이상의 교육경력자가 자격연수의 대상이며, 연수기간은 25일 이상, 이수시간은 각각 180시간 이상을 이수하도록 되어 있다. 1급 정교사 자격연수과정은 강의중심연수로서 보통 동계와 하계 방학기간에 실시되며 해당지역 교육대학, 사범대학, 교육연수원 등에서 이루어진다. 교(원)감연수는 주로 시·도교육연수원에서 실시된다. 교(원)장의 경우 서울지역은 사전연수와 본 연수, 민간위탁을 병행해서 실시되며 서울대와 서울교육대학에서 그리고 서울 외 지역은 한국교원대에서 주관한다. 그리고 교(원)장 자격연수는 정년퇴임 등을 고려하여 4~12월 사이에 수시로 실시되고 있다.

직무연수는 교육의 이론·방법 및 직무수행에 필요한 능력 배양을 위한 목적으로 실시되는 연수이다(교육부, 2021). 직무연수의 연수과정과 내용, 그리고 연구기간은 당해 연수원장이 정한다. 직무연수과정의 연수대상자를 지명함에 있어서는 교원에게 연수의 기회가 균등하게 부여되도록 지명하여야 하며, 학력, 경력, 연수과정의 내용 및 본인의 희망 등을 고려하여 지명한다. 직무연수과정은 전공교과과정, 교과전담과정, 컴퓨터과정, 상담과정, 신규임용예정교사과정, 교장·교감직무연수과정, 복직자연수과정 등이 있다. 직무연수는 공공연수기관 및 연수기관으로 지정받은 민간단체에서 실시한다.

특별연수는 국가나 지방자치단체의 특별연수계획에 따라 국내외의 교육기간 또는 연구기관에서 받는 연수이다. 특별연수는 학습연구년제, 대학원 학위과정, 장·단기 교육기관·연구기관 파견, 영어교사 심화연수 등 연수의 성격상 자격연수나 직무연수와 다르게 일정기간 교직현장을 벗어나 실시된다(교육부, 2021). 시·도교육지원청 등으로부터 연수경비를 지원받아 특별연수를 실시하는 경우에는 일정한 선발기준에 의하여 참가자를 선발하며, 교직관과 국가관, 근무성적, 학력 및 경력,

연수 후 상당 기간 근무 가능성, 국외연수의 경우 외국어능력 등을 기준으로 선발하게 된다. 이렇게 선발되어 특별연수에 참여한 교원은 연수 이후 일정기간 직무에 복귀하여야 하며, 복무의무를 다하지 않을 경우 지원된 경비의 전부 또는 일부를 반납해야 한다(교원 등의 연수에 관한 규정 제16조 및 제17조).

나. 학교중심연수

학교중심연수는 단위학교 내에서 교직원들의 필요와 요구에 의하여 자체적인 계획 수립에 의하여 이루어지는 연수 활동이다. 학교중심연수는 현장문제 해결과 밀접한 관련을 갖고 있는 연수로 컨설팅장학, 연구수업, 교과교육연구회, 전달강습, 교내자율장학 등으로 이루어진다. 특히 교내자율장학은 외부로부터의 통제 없이 단위학교 구성원들이 주체가 되어 교육활동의 개선을 위해 협력적이고 참여적인 공동노력을 통해 이루어지는 활동이다(이윤식 외, 2007). 교내자율장학은 근래 들어 보편적인 장학의 접근법으로 수업장학, 동료장학, 자기장학 등의 형태로 많은 학교에서 도입·운영되고 있다. 또한 교내자율장학을 통해 교원연수의 주체를 상부 기관뿐만 아니라 단위학교와 교사 개인의 수준에서도 고려하도록 이끄는 계기가 되었다.

다. 개인중심연수

개인중심연수는 전문적 지식습득을 목적으로 교원의 자발적인 동기에 의해 개인 수준에서 이루어지는 연수이다. 교사 개개인은 스스로의 전문성 제고를 위하여 국내·외 대학 또는 대학원에 진학하여 수학하거나 교육현장에서 직무수행에 필요한 전문성 향상이나 업무능력 향상을 위해 스스로 선택해서 받는 각종 연수활동에 참여할 수 있다. 이는 기관에서의 학위취득에 한정되지 않으며 각종 연구수행, 교과교육연구회 참여, 학회, 개인별 연구 등이 포함된다.

(3) 교원연수기관 현황 및 운영체계

연수기관에는 교육연수원, 교육행정연수원, 종합교육연수원 및 원격교육연수원 등이 있다. 연수원은 「고등교육법」 제2조 제1호부터 제3호까지 및 제5호에 따른 학교, 특별시·광역시·특별자치시·도 및 특별자치도의 교육청과 교육부장관이 지정하는 기관 또는 법인에 해당 학교의 장, 교육감, 기관의 장 또는 법인의 대표가 설치한다(「교원 등의 연수에 관한 규정」 제2조).

시·도교육연수원과 대학부설 교육연수원은 현재 유·초·중등 교원 자격을 비롯하여 직무연수, 부전공·복수전공 자격연수를 담당하고 있다. 원격교육연수원은 주로 교원들의 직무연수를 담당하고 있으며, 한국교원캠퍼스 등 25개 기관이 인가를 받아 운영 중에 있다. 교사들이 원격교육연수원을 통한 교원연수를 받기 위해서는 학교장 또는 교육장의 추천을 받아 교육부로부터 인가받은 연수기관에 직접 신청을 하면 된다. 연수기관에서는 연수 대상자를 선발하여 시·도교육청에 지명을 의뢰하고, 시·도교육청에서는 학교 및 연수기관에 지명을 통보하여 연수가 실시된다. 단, 교원연수의 내실화와 학교 교육의 정상화를 도모하기 위하여 방학기간 동안에는 실시 기간에 있어 다른 형태의 집합연수와 중복되더라도 2강좌까지는 인정되지만, 학기 중에는 중복기간이 1/4이하일 경우를 제외하고는 원격연수와 집합연수의 중복연수가 인정되지 않는다.

그 외에도 특수분야 연수를 위하여 전쟁기념관 등 각종 공공·민간분야의 연수기관이 있으며 해당지역 시·도교육청에서 관할한다. 특수분야 연수기관에서의 교원연수는 원칙적으로 방학기간에 한하고 있다. 또한, 교원들이 타 지역에 소재한 연수기관에 참여할 경우 타 시·도에서 전국단위로 지정된 연수기관이라 할지라도 해당지역 교육감의 동의를 받은 연수기관에 참여했을 경우에 한해서 인정되고 있다(박종필 외, 2012).

표 III-9-1 초·중등 교원연수기관 종류 및 기능

구분	기관명	주요 연수과정	비고
교육행정 연수원	서울대학교사범대학 부설 교육행정연수원	• 교육행정지도자과정 • 중등교장(서울) 자격연수 및 원격 직무연수	
종합교육 연수원	한국교원대학교 종합교육연수원	• 교장, 유치원장(감), 수석교사 자격연수 • 부전공 및 직무연수	
	한국방송통신대학교 종합교육연수원 등 15개 기관	• 유·초·중등 교원 직무연수	
시도 교육연수원	서울특별시교육청 교육연수원 등 19개 기관	• 유·초·중등 교원 자격 및 직무연수 • 부전공·복수전공 자격연수	
대학부설 교육연수원	전주교육대학교 부설 교육연수원 등 80개 기관		고등교육법상 대학에 설치
원격 교육연수원	한국교원캠퍼스 등 25개 기관	• 교원 직무연수, 원격연수과정	교육청 설치기관 제외

출처: 교육부(2024). 2024년도 교원연수 중점 추진 방향. pp. 30-35.

(4) 교원연수의 문제점 및 발전 방향

가. 교원연수의 제도적 측면

교원연수는 그동안 기관중심으로 이루어지는 집합교육 위주의 현직연수 형태로 이루어져 왔다. 그러나 이러한 현직연수는 대부분 교육 당사자인 교원들의 필요와 요구에 관계없이 관 주도의 타율적, 획일적, 하향적으로 실시되어 왔다고 할 수 있다(강원근, 2000). 이에 따라 교원들도 교직수행의 전문성 신장과 자기개발을 위한 목적보다는 단지 승진이나 상위자격 취득을 위해 필요한 형식적 과정으로 인식되는 경향이 높았다. 그 외에도 각 교육연수기관 간의 상호 유기적 관계 속에서의 역할 분담이 적절히 이루어지지 못했을 뿐만 아니라 연수 철학 및 방향의 모호성 등이 문제점으로 지적되어 왔다(이윤식, 2001; 강원근, 2000).

따라서 교원연수의 편성 및 운영에 있어서 교사들의 요구와 필요를 반영하는 등 교사들이 참여할 수 있는 방안을 마련할 필요가 있다. 즉, 교원연수를 계획하는 단계에서부터 연수를 받게 될 교사들을 대상으로 하여 연수의 내용, 방법, 강사진 등에 관한 요구조사를 실시하며, 보다 효과적인 향후 연수계획 수립을 위해 연수평가 단계에서 교사들의 의견을 적극적으로 수집하는 활동을 마련할 필요가 있다(이윤식 외, 2007).

나. 교원연수 프로그램의 운영 측면

교원연수 프로그램 운영의 측면에서는 교사 임용 전의 직전교육과 현직교육 간의 연계성과 체계성이 미흡할 뿐만 아니라, 연수 프로그램에서 설정한 목표와 연수과정의 내용이 일치하는가에 대한 사후평가체제가 부족하였다(김명수, 2006). 또한 교육 프로그램의 내용면에서 교직생애 단계별 특성을 반영한 연수과정의 마련이 미흡한 실정이다(손경수, 2006).

또한 대규모 인원을 한 장소에 모아 주입식의 일방적 강의식 연수를 실시함으로써 토론수업이나, 과제연구, 현장방문, 세미나식, 사례 및 연구발표, 실험실습 등의 다양한 연수방법의 활용이 제대로 이루어지고 있지 못하다는 비판도 제기되고 있다(김동석 외, 1999).

이와 함께, 교원연수 프로그램의 중복과 자격연수과정의 적합성 미흡을 지적할 수 있다(대통령자문 교육혁신위원회, 2006). 동일한 자격을 부여하는 자격연수에 있어서도 연수내용이 기관별로 상이하게 이루어지고 있다. 이는 교원 자격연수에 필요한 최소한의 공통필수적인 연수내용이 부족함을 드러내는 것이라 할 수 있다.

따라서 교원연수는 직전교육과의 연계 강화와 함께, 교원의 생애주기 및 발달단계에 따라 교원연수 프로그램이 개발되어야 한다. 즉, 교사의 발달 단계 등을 고려하여 교사가 받게 될 교원연수과정의 체계화가 요망된다(이윤식 외, 2007). 또한 교사들의 전문성 신장을 돕고, 현장의 문제나 과제 해결에 기여할 수 있는 현장중심적이고 구체적인 내용들로 교육 프로그램을 조직할 필요가 있다. 또한 전통적인 강의중심의 연수방법에서 탈피하여 다양한 교수-학습 방법과 교수-학습 자료 및 매체를 활용하고, 참여식 교육방법을 적극 활용할 필요가 있다(이윤식 외, 2007).

다. 교원연수 행·재정 및 시설 측면

교원연수를 위한 시설면에 있어서도 비교적 새로 신축된 교원 연수원 등을 제외한 대부분 대학의 초·중등 교원 연수원이나, 자체적으로 실시하는 각종 학교의 교사연수 여건이 낙후되었다는 비판도 제기된다(강원근, 2000). 더불어 최근 들어 학교 및 개인단위 자율연수가 강조되고 있으나 이를 위한 지원도 제대로 이루어지고 있지 못한 실정이다.

따라서 민간 기업의 연수원을 벤치마킹하여 보다 최적의 시설 및 환경에서 교원연수가 이루어질 수 있도록 하는 방안을 마련할 필요가 있으며, 현재 10~20만원에 머물고 있는 연수 경비 지원을 확대하여 보다 많은 교사들이 연수 활동에 적극 참여할 수 있도록 할 필요가 있다.

라. 교원연수 유인체제

교원연수는 그동안 공급자 중심으로 이루어져 교원들의 자발성과 주도성을 촉발하지 못한다는 지적이 제기되어 왔다. 비록 현재 교사의 연수학점화가 시행되고 있으나 그에 따른 보상 및 우대책이 구체적이고 현실적으로 제시되지 못하였다. 또한 자율적인 연수의 유도를 통하여 교사의 전문성을 신장시킨다는 취지를 담고 있으나, 그에 따른 자기 부담 연수로 인한 경제적 부담이 가중되고 있는 것도 한 요인으로 작용하고 있다(장만수, 2000).

그나마 2010년부터 시행된 학습연구년 특별연수는 교사들에게 일상적인 수업 부담에서 벗어나 급여에 대한 걱정 없이도 자신의 관심분야에 대한 연구를 통하여 전문성을 신장시키는 동시에 교직에 대한 자부심과 개인적 재충전의 기회를 가질 수 있게 한다는 측면에서 큰 의미를 부여할 수 있다.

(5) 교원연수의 패러다임 변화

과거에 교원연수라 하면 의례히 자격연수나 직무연수 등 기관을 중심으로 제공되는 공식연수에 강조점이 주어졌다. 이러한 형태의 교원연수는 교직원들의 결핍영역을 보완하고 성장을 촉진할 목적으로 조직 차원에서 공식적으로 체계적인 연수 프로그램을 마련하여 다수의 조직 성원들을 대상으로 일괄적으로 실시하는 교직원개발(staff development)이나 현직연수(in-service training)에 해당한다.

이에 비해 최근 강조되고 있는 교원전문성개발(teacher professional development)은 교원들이 전문성을 신장하고 개발할 수 있도록 체계적·계획적·지속적인 경험을 제공하고 학습기회를 갖도록 고안된 계속교육이다. 이는 교육연수원 등 기관을 중심으로 이루어지는 공식연수뿐만 아니라 단위학교나 개인 차원에서 이루어지는 모든 학습경험을 포함한다. 불과 20여 년 전만 하더라도 교원연수 관련 문헌에서 전문성개발(professional development)에 관해 언급한 연구물을 거의 찾아볼 수 없었으나 1990년 전후를 기점으로 전 세계적으로 교원전문성개발 관련 문헌이 봇물처럼 쏟아지기 시작했다. 이후 우리나라를 비롯한 각국은 교원의 전문성개발을 자국의 경제발전을 위한 초석으로 삼고 교원연수 영역에 접목시키고자 부단한 노력을 기울여 왔다(Cobb, 1999; Darling-Hammond & Cobb, 1995).

교원전문성개발을 통한 교원연수의 관점은 기존의 교원연수 패러다임과 구별되는 몇 가지 특징을 갖고 있다(Villegas-Reimers, 2003: 13-15).

첫째, 교사는 단순히 전달받은 내용을 무비판적으로 받아들이는 존재가 아니라 능동적인 학습자로 바라보게 되었다는 점이다. 이러한 인식은 구성주의적 시각에 영향을 받은 것으로, 교사는 자신이 가르치고 평가하고 관찰하고 반성적으로 사고함으로써 습득한 내용을 구체화해 가는 존재로 파악한다.

둘째, 교사들이 궁극적으로 터득해야 할 것은 단순한 정보가 아니라 지식의 형태이며 이를 터득하기 위해서는 장기적이고 계획적인 과정을 거쳐야 한다는 점이다. 일회적이고 단편적인 내용을 제시하기보다는 선행지식과 연계된 새로운 경험을 더할 수 있도록 일관성을 지닌 학습경험을 제공하며, 제대로 진행되고 있는지 정기적으로 점검하고 지원하는 것도 필수 불가결한 요소라 할 수 있다.

셋째, 교사들의 학습은 상황 맥락적 과정을 통해 이루어지는 것으로 인식한다는 점이다. 이는 기존의 교원연수가 실제 교실상황과 관계없는 현직연수의 형태로 제공되었던 것과 대조된다. 실제 교수-학습이 이루어지는 학교 현장에서 전문성개발이 이루어질 때 가장 효과적이라고 보는 것이다.

넷째, 여러 학자들은 전문성개발에 터한 교원연수를 통해 교육개혁을 이끌 수 있다고 믿는다. 왜냐하면 전문성개발은 단순한 기술을 습득을 의미하는 것이 아니라 학교 교육과 연계된 일종의 문화를 창달해가는 과정이기 때문이다. 교원전문성개발 프로그램이 학교교육과정 개혁과 연계되지 않으면 효과가 없게 된다.

다섯째, 전문성개발은 협력적 과정을 통해 가능하다는 시각을 들 수 있다. 비록 교사 혼자 해결하고 반성적으로 성찰해야 할 영역이 있긴 하지만 전체적으로 볼 때 교사들 간에 상호 협력하는 것은 물론 교사, 학교 행정가, 부모 등 교육관련 집단 전체가 함께 협력할 때 전문성개발이 효과적으로 일어난다(박종필 외, 2012).

02 | 교원의 평가

평가는 공식적이든 비공식적이든 조직 내에서 반드시 이루어지며, 조직 내에서 자신의 업무수행에 대한 평가를 받지 않는 사람은 거의 없다고 해도 과언은 아니다. 모든 조직원들은 이러한 평가에 의해 이익을 보거나 손해를 보기도 한다. 그러나 학교와 관련지어 볼 때, 학교에서 이루어지는 교사들에 대한 평가는 교사들만의 문제가 아니다. 적절하게 계획되고 수행되는 평가는 수업의 질 향상을 가져오기 때문에 학부모들과 학생들도 교사들에 대한 평가를 통해 여러 가지 이익을 얻을 수 있기 때문이다. 즉, 교사들에 대한 평가는 그 영향이 교사들에게만 국한된 것이 아니라는 것이다(박종필, 2002). 이로 인해 교원평가는 여러 사람들의 관심의 대상이 되어 왔다.

이러한 측면에서 1964년 교육공무원승진규정(대통령령 제1963호, 1964. 7. 8.)이 제정된 이후 교원평가 제도 개선을 위한 다양한 노력이 이루어져 왔다. 특히, 1995년에 발표된 5.31 교육개혁안에서는 능력중심 승진·보수체계를 제시하였고, 이에 근거하여 특별상여수당의 형태로 일부 교원들에게 교원성과급이 지급되었다(대통령자문 교육개혁위원회 1995). 교원성과급은 IMF 이후 중단되었다가 2001년 이후 교원성과상여금평가를 통해 전체 교원들을 대상으로 하여 지급되고 있다(교육과학기술부, 2013). 이와 함께 2010년에는 교원능력개발평가가 시행되었고, 3원 체제(교원근무성적평정, 교원성과상여금평가와 교원능력개발평가) 교원평가시스템에 대한 문제점이 제기되면서 2015년 교원근무성적평정과 교원성과상여금평가를 교원업적평가로 통합하여 운영하고 있다(박종필, 2023). 그러나 여기서는 교원업적평가의 중심이 되는 근무성적평정과 교원능력개발평가를 중심으로 살펴본다.

(1) 근무성적평정

1964년 도입된 근무성적평정은 교원들에 대한 평가의 가장 기본이자 핵심적인 위치를 차지해오고 있다. 현재 운영되고 있는 근무성적평정은 「교육공무원 승진규정」[대통령령 제33528호, 2023. 6. 13., 일부개정]에 근거하여 실시되고 있다. 「교육공무원 승진규정」은 매 학년도 종료일을 기준으로 하여 해당 교사의 근무실적·근무수행능력 및 근무수행태도에 관하여 근무성적평정과 다면평가를 정기적으로 실시하도록 규정하고 있다(제28조의2).

교사를 대상으로 하는 근무성적평정은 크게 근무수행태도와 근무실적 및 근무수행능력을 평정한다. 이를 보다 자세하게 살펴보면, 근무수행태도는 교육공무원으로서의 태도(10점)를 평가하는 것으로, 교육자로서 품성을 갖추고 직무에 충실한가?, 공직자로서 사명감과 직무에 관한 책임감을 갖고 솔선수범하는가? 등을 평가한다. 근무실적 및 근무수행능력은 학습지도(40점), 생활지도(30점), 전문성 개발(5점)과 담당업무(15점) 등의 요소로 구성된다. 이 때 학습지도는 수업교재 연구의 충실성, 학생의 이해도와 참여도 점검 등을 평가하며, 생활지도는 학생의 적성과 특기를 고려한 진로·진학 정보 제공, 안전사고 및 학교폭력을 예방하기 위한 교육 실시 등을 평가한다. 또한 전문성 개발은 전문성을 높이기 위한 연구활동 및 연수활동 참여 정도를, 그리고 담당업무는 정확하고 합리적인 업무 처리 및 업무 개선과 조정 등을 평가한다. 평가 요소별 점수는 승진후보자명부작성권자는 필요하다고 인정하는 경우 교육부장관이 정하는 범위 안에서 조정위원회의 심의를 거쳐 조정할 수 있다(제28조의3). 교사의 근무성적평가의 평가요소 및 평가내용을 요약하면 다음의 [표 Ⅲ-9-2]와 같다.

표 Ⅲ-9-2 교사 근무성적평정표

<table>
<tr><th colspan="11">교사 근무성적평정표</th></tr>
<tr><th colspan="3">① 평정기간</th><th colspan="4">② 확인자</th><th colspan="4">③ 평정자</th></tr>
<tr><td colspan="3">.   .   .부터
.   .   .까지</td><td colspan="4">직위
성명   (인)</td><td colspan="4">직위
성명   (인)</td></tr>
<tr><td colspan="2"></td><td>평정사항</td><td>근무수행
태도</td><td colspan="4">근무실적 및 근무수행능력</td><td>⑨</td><td>⑩</td><td rowspan="2">⑪

총

점</td></tr>
<tr><td>평정
대상자
소속</td><td>평정
대상자
성명</td><td>평정요소</td><td>④
교육
공무원으로
서의 태도
(10점)</td><td>⑤
학습
지도
(40점)</td><td>⑥
생활
지도
(30점)</td><td>⑦
전문성
개발
(5점)</td><td>⑧
담당
업무
(15점)</td><td>평
정
점</td><td>환
산
점</td></tr>
<tr><td></td><td></td><td>평정자</td><td></td><td></td><td></td><td></td><td></td><td></td><td></td><td></td></tr>
<tr><td></td><td></td><td>확인자</td><td></td><td></td><td></td><td></td><td></td><td></td><td></td><td></td></tr>
<tr><td></td><td></td><td>평정자</td><td></td><td></td><td></td><td></td><td></td><td></td><td></td><td></td></tr>
<tr><td></td><td></td><td>확인자</td><td></td><td></td><td></td><td></td><td></td><td></td><td></td><td></td></tr>
</table>

비고
1. 평정자의 환산점 = 평정점 × 20/100, 확인자의 환산점 = 평정점 × 40/100
2. 평정자와 확인자는 다음 각 목의 분포비율에 맞도록 평정하여야 하며, 평정점은 특별한 사정이 없으면 동점을 주지 않도록 하여야 한다. 다만, 라목의 평정점에 해당하는 사람이 없거나 라목의 평정점에 해당하는 사람의 비율이 10퍼센트 이하일 때에는 라목의 비율을 적용하지 않고 다목에 가산할 수 있다. 가. 수(95점 이상) 30%   나. 우(90점 이상 95점 미만) 40% 다. 미(85점 이상 90점 미만) 20%   라. 양(85점 미만) 10%

출처: 교육공무원 승진규정 [별지 제4호서식]

근무성적의 평정자 및 확인자는 승진후보자명부작성권자가 정한다. 다면평가는 근무성적의 확인자가 구성하되, 평가대상자의 동료교사 중에서 3인 이상으로 구성하며, 구체적인 인원은 다음의 [표 Ⅲ-9-3]과 같다(제28조의 4).

표 Ⅲ-9-3   다면평가자 선정 인원

구분	인원
평가대상자가 15명 이하인 경우	3명
평가대상자가 16명 이상 20명 이하인 경우	4명
평가대상자가 21명 이상 25명 이하인 경우	5명
평가대상자가 26명 이상 30명 이하인 경우	6명
평가대상자가 30명 이상 35명 이하인 경우	7명
평가대상자가 36명 이하인 경우	8명

다면평가는 정성평가와 정량평가로 이루어지며, 정성평가의 평가요소 및 내용은 근무성적평정의 내용과 동일하며, 정량평가에서는 근무실적 및 근무수행능력만을 평정한다. 정량평가의 구체적인 평정요소 및 내용은 다음의 [표 Ⅲ-9-4]와 같다.

표 Ⅲ-9-4 다면평가 정량평가의 평정 요소 및 내용

평정요소(배점)	평정 내용
학습지도(30점)	• 주당 수업시간 • 수업공개(연구수업 및 학부모 공개수업 등) 횟수 • 교내외 수업컨설팅 횟수 • 학습지도 곤란도(통합수업 지도/복식학급 지도/학습부진아 지도/다학년 지도/다교과 지도/보강수업)
생활지도(30점)	• 학생 또는 학부모 상담실적 • 생활지도 곤란도(담임/비담임) • 학년 곤란도
전문성개발(10점)	• 연수이수 실적 • 수업동아리 및 교과연구회 활동 실적 • 연구대회 및 연구개발 실적
담당업무(30점)	• 업무 곤란도(다문화 · 탈북학생 지원/방과후학교 운영/자유학기제 운영) • 업무 추진 실적(보직/학년대표/교과대표/일반교사)

출처: 교육공무원 승진규정. [별지 제4호의 2]. 정성 평가 방법에 따른 교사 다면평가표

　　근무성적의 평정점은 평정자가 100점 만점으로 평정한 점수를 20%로, 확인자가 100점 만점으로 평정한 점수를 40%로 환산한 후 그 환산된 점수를 합산하여 60점 만점으로 산출한다. 다면평가점은 다면평가자가 수업교재 연구의 충실성 등 정성평가의 방법에 따라 100점 만점으로 평정한 점수를 32%로, 주당 수업시간 등 정량평가의 방법에 따라 100점 만점으로 평가한 점수를 8%로 각각 환산한 후 그 환산된 점수를 합산하여 40점 만점으로 산출한다. 근무성적평정과 다면평가 결과의 합산은 근무성적의 평정자와 확인자가 행하는데, 합산점은 근무성적평정점과 다면평가점을 합산하여 100점 만점으로 산출한다.

　　근무성적평정점과 다면평가점을 합산한 결과는 수(95점 이상) 30%, 우(90점 이상 95점 미만) 40%, 미(85점 이상 90점 미만) 20%, 양(85점 미만) 10%의 분포비율에 맞도록 하여야 하며, 합산점이 '양'에 해당하는 자가 없거나 그 비율 이하일 때에는 '미'에 가산할

수 있다. 한편, 평정대상자의 요구가 있는 때에는 특별한 사정이 없는 한 본인의 최종 근무성적평정점을 알려주어야 한다(제26조).

한편, 교원 평가제도 간소화에 따라 2017년도부터 교원 업적평가 중 다면평가의 결과는 교사 성과상여금 평가에도 활용되고 있다(정성평가 20%, 정량평가 80%의 비율로 반영). 정량평가의 평가내용은 학교 자율로 수정, 추가 및 삭제할 수 있으며, 그에 따른 세부 기준은 해당 학교에서 정할 수 있다. 또한 비교과 교사와 교과 교사 간 형평성을 유지하기 위해 정성평가지표 중 학습지도 평가지표도 단위학교에서 자율적으로 수정, 추가 및 삭제할 수 있다.

표 III-9-5 교원 성과급 평가지표 관련 변경 사항

기존('16년)	변경('17년)
• (근거) 교육공무원 성과상여금 지급지침	• (근거) 「교육공무원 승진규정」 다면평가
• 정량평가 100%	• 정량평가 80% + 정성평가 20%
• 수업지도, 생활지도, 전문성 개발, 담당업무	• 학습지도, 생활지도, 전문성개발, 담당업무 ※ 정성평가는 교육공무원으로서의 태도 추가
• 성과상여금 지침의 예시된 기준 참고 학교자율로 평가지표 결정	• 정량평가 평가지표 중 평가내용 학교자율 수정 가능

출처: 부산광역시교육청(2017). 2017년도 교육공무원 성과상여금 지급 지침. 부산: 부산광역시교육청. p.10.

그러나 현재 이루어지고 있는 근무성적평정은 교사들에 대한 평가의 목적 그 자체에 문제가 있다. 교사들에 대한 평가 근거가 되는 법 조항이 「교육공무원승진규정」인 것에서 알 수 있는 바와 같이, 근무성적평정은 행정직으로의 승진을 위한 자료 수집을 그 주된 목적으로 하고 있다. 물론 승진과 포상 등 인사 문제들에 대한 의사결정을 위한 자료 수집이라는 부분도 무시할 수 없는 평가의 중요한 기능들 중의 하나이지만, 현행 근무성적평정은 교사 평가를 통한 교사의 자질 향상과 수업 개선 및 전문적 능력 신장을 위한 자료 수집 기능은 거의 하지 못하고 있는

실정이다. 이에 따라 행정직으로의 승진 기회가 많지 않기 때문에, 그리고 승진과
는 어느 정도 거리가 있는 젊은 층의 교사와 사립학교의 교사들에게는 승진임용을
주된 목적으로 하는 교사 평가는 크게 관심의 대상이 되고 있지 못하며, 따라서
근무성적평정은 유명무실한 상태에 있을 수밖에 없는 것이다(박종필, 2002).

(2) 교원능력개발평가

가. 교원능력개발평가의 필요성과 목적

근무성적평정제도는 능력개발 및 전문성 신장보다는 승진을 위한 자료로 사용
되는 등 지식정보사회의 특징들을 제대로 반영하기에는 여러 가지 문제점을 가지
고 있다는 평가를 받았다. 또한 1990년대 학교 교육의 각종 위기 현상의 대두로
인해 공교육에 대한 신뢰 회복 및 전문직으로서의 교직의 정체성 확보가 부각되었
다. 이에 1995년과 1996년에 발표된 대통령자문교육개혁위원회의 보고서에서 공
교육의 문제를 해결하고 교육의 질을 재고하기 위한 구체적인 방안들 중의 하나로
교원 평가가 제시되었다.

이러한 교원능력개발평가는 교원의 전문성 신장을 통한 공교육의 신뢰 제고를
주된 목적으로 하고 있다. 즉, 교원능력개발평가는 교원의 교육(지원) 활동 전반에
대한 전문성을 진단하고 그 결과에 따라 맞춤형 연수를 실시하는 등 능력개발 지
원을 목적으로 한다. 교원능력개발평가는 교원 자신의 교육 활동 전반을 새로운
관점에서 검토, 분석할 수 있도록 필요한 자료를 제공하고, 동시에 공정하고 타당
한 평가의 실시 및 그 결과 활용을 통해 교원의 지속적인 능력개발을 유도하는 것
이다. 또한 이러한 평가결과를 활용한 맞춤형 연수 등을 통해 궁극적으로 교원의
전문성을 신장시키고 각 단위학교의 교육력 제고와 신뢰 증진 및 학생에게 양질의
교육 제공을 목적으로 한다.

나. 교원능력개발평가의 내용

평가는 매 학년도 기준 2개월 이상 재직하는 교원(계약제 교원 포함. 전일제로 근무하지 않는

계약제 교원의 평가대상 여부는 해당 학교장이 정함)을 대상으로 하며, 이들 각각을 대상으로 하여 동료교원 평가, 학생 만족도 및 학부모 만족도 조사를 실시한다. 평가는 매 학년도마다 실시하되 11월말까지 종료해야 한다(「교원능력개발평가 실시에 관한 훈령」, 제11조).

　초·중등학교의 경우, 교원능력개발평가의 평가 영역, 평가 요소 및 평가 지표는 교장·교감, 수석교사, 일반교사와 특수 및 비교과교사에 따라 상이하게 구성된다. 수석교사와 일반교사를 예로 들면 다음의 [표 Ⅲ-9-6], [표 Ⅲ-9-7]과 같다.

표 Ⅲ-9-6 수석교사의 평가 영역·요소·지표

평가영역	평가요소	평가(조사)지표	
교수· 연구활동 지원 (2요소, 6개 지표)	수업 지원	• 상시 수업 공개 • 수업 컨설팅(코칭, 멘토링)	• 교수·학습 전략 지원
	연수·연구 지원	• 교내 연수 지원 • 학습자료의 활용 지원	• 학습조직화 지원
학습지도 (3요소, 8개 지표)	수업 준비	• 교과내용 분석	• 수업계획 수립
	수업 실행	• 학습환경 조성 • 교사·학생 상호작용	• 교사 발문 • 학습자료 및 매체 활용
	평가 및 활용	• 평가내용 및 방법	• 평가결과의 활용
생활지도 (3요소, 7개 지표)	상담 및 정보 제공	• 개별학생 특성 파악 • 진로·진학 지도	• 심리상담
	문제행동 예방 및 지도	• 학교생활적응 지도	• 건강·안전지도
	생활습관 및 인성지도	• 기본생활습관 지도	• 인성지도

출처: 교원능력개발평가 실시에 관한 훈령[교육부훈령 제320회] 별표 1

표 III-9-7 일반교사의 평가 영역·요소·지표

평가영역	평가요소	평가(조사) 지표	
학습지도 (3요소, 8개 지표)	수업 준비	• 교과내용 분석	• 수업계획 수립
	수업 실행	• 학습환경 조성 • 교사·학생 상호작용	• 교사 발문 • 학습자료 및 매체 활용
	평가 및 활용	• 평가내용 및 방법	• 평가결과의 활용
생활지도 (3요소, 7개 지표)	상담 및 정보 제공	• 개별학생 특성 파악 • 진로·진학 지도	• 심리상담
	문제행동 예방 및 지도	• 학교생활적응 지도	• 건강·안전지도
	생활습관 및 인성지도	• 기본생활습관 지도	• 인성지도

출처: 교원능력개발평가 실시에 관한 훈령[교육부훈령 제320호] 별표 1

　이와 같은 평가 영역·평가 요소·평가 지표를 토대로 하여, 교원능력개발평가는 교육정보시스템을 통하여 이루어진다. 다만, 학부모의 경우에는 종이설문지를 활용할 수 있으며, 평가지는 5단척도 체크리스트 응답 방식과 서술형 응답 방식을 병행하여 사용한다(「교원능력개발평가 실시에 관한 훈령」, 제10조). 시·도교육감은 교장·교감 평가문항을 정하고, 학교장은 소속 수석교사·교사의 평가문항을 정하며, 개별교원 특색교육활동 문항을 추가할 수도 있다(「교원능력개발평가 실시에 관한 훈령」, 제9조). 구체적인 문항 수 다음의 [표 III-9-8]과 같다.

표 III-9-8 교원능력개발평가 평가 문항 수

평가 참여자		평가 문항(체크리스트)	비고
동료교원	교(원)장, 교(원)감	6개 이상 평가지표 중에서 12개 문항 이상 구성	
	수석교사, 교사	8개 이상 평가지표 중에서 12개 문항 이상 구성	
학생		5개 문항 이상 구성(유아 및 초등학생은 제외)	초등학생(4~6학년)은

		서술형 3문항 이상으로 구성
학부모	5개 문항 이상 구성	

출처: 교원능력개발평가 실시에 관한 훈령[교육부훈령 제320호] 별표 2

이러한 기준을 토대로 실제 사용되고 있는 학부모 및 학생용 문항의 예를 제시하면 다음의 [표 Ⅲ-9-9] 및 [표 Ⅲ-9-10]과 같다.

표 Ⅲ-9-9 학부모용 만족도조사 문항의 예

순번	지표문항
1	선생님은 자녀가 수업에 흥미를 갖고 참여할 수 있도록 도와줍니다.(학습환경 조성)
2	선생님은 평소 자녀에게 칭찬과 격려를 많이 합니다.(교사·학생 상호작용)
3	선생님은 공부한 내용을 적합한 방법으로 평가합니다.(평가내용 및 방법)
4	선생님은 평소 자녀와 지속적으로 상담하고 관찰하여 특성과 문제를 파악합니다.(개별학생 특성 파악)
5	선생님은 자녀의 학교 생활 적응을 위해 꾸준히 지도합니다.(학교생활적응 지도)
6	선생님은 자녀가 바른 기본 생활 습관을 가질 수 있도록 지도합니다.(기본생활습관 지도)
	자유서술식문항

1. 선생님의 수업활동 중 내 자녀의 학습에 가장 도움이 된 수업이나 활동은 무엇이라고 생각하십니까?
2. 선생님의 생활지도 중에서 자녀에게 가장 도움이 되었다고 생각하는 점은 무엇인가요?

출처: 서령초등학교(2023). 2023학년도 교원능력개발평가 평가문항(만족도조사문항) 확정. http://www.sr.cnees.kr/boardCnts/updateCnt.do?boardID=212882&viewBoardID=212882&boardSeq=44048916&lev=0&action=view&searchType=null&srch2=null&s=sr&statusYN=W&page=1

표 Ⅲ-9-10 학생의견조사 문항의 예

자유서술식문항

1. 선생님의 수업 중에서 가장 흥미있었던 수업은 무엇인가요?(그 이유는 무엇입니까?)
2. 선생님과 보낸 1년간 가장 기억에 남는 활동은 무엇이고, 그 이유는 무엇인가요?
3. 나의 학교생활에서 선생님께 더 도움을 받고 싶은 부분은 무엇인가요?

출처: 서령초등학교(2023). 2023학년도 교원능력개발평가 평가문항(만족도조사문항) 확정. http://www.sr.cnees.kr/boardCnts/updateCnt.do?boardID=212882&viewBoardID=212882&boardSeq=44048916&lev=0&action=view&searchType=null&srch2=null&s=sr&statusYN=W&page=1

학교구성원의 평가 참여 기준은 다음과 같다. 먼저, 교원은 평가대상자별로 교장·교감 중 1인 이상, 수석교사(수석교사 미배치교는 부장교사) 1인 이상, 동료교사 등 포함 총 5인 이상의 교원이 참여하되, 소규모학교는 전체 교원을 하나의 평가참여자집단으로 구성할 수 있다. 초등학교 4학년부터 6학년까지의 학생은 교사의 전문성 신장을 위한 자기성찰적 의견조사에 참여하고, 중학년 1학년부터 고등학교 3학년까지의 학생은 교사대상 만족도조사에 참여한다(2개월 미만 재학 학생은 참여에서 제외). 학부모는 교장(원장 포함), 담임교사 외 1인 이상 총 3인 이상의 교원에 대한 만족도조사에 참여한다(2개월 미만 재학 학생의 학부모는 참여에서 제외)(「교원능력개발평가 실시에 관한 훈령」, 제6조).

다. 교원능력개발평가의 결과 활용

매년 실시되는 교원능력개발평가의 결과는 지속적인 전문성 신장을 위한 자료로 활용되고 있으며, 이를 위해 시·도교육감과 학교장은 평가 실시 후 평가결과를 평가대상 교원에게 제공하고 있다. 또한 평가대상 교원은 전문성 개발을 위한 능력개발계획서를 작성하여 시·도교육감 또는 학교장에게 제출하고 있다(「교원능력개발평가 실시에 관한 훈령」, 제15조). 이를 토대로 성적이 우수하거나 부족한 교원들, 또는 전체 교원들을 대상으로 하는 맞춤형 연수를 실시하고 있다(박종필 외, 2012).

표 Ⅲ-9-11 교원능력개발평가 결과 활용 맞춤형 연수 유형

대상	연수명	연수시간
우수교원	학습연구년 특별연수	1년
일반교원	평가지표별 자율연수	15시간 이상
지원필요교원	단기 능력향상연수	60시간 이상
	장기기본 능력향상연수	150시간 이상
	장기심화 능력향상연수	6개월 이상

출처: 교원능력개발평가 실시에 관한 훈령[교육부훈령 제320회] 별표 3

(가) 학습연구년 특별연수

학습연구년 특별연수는 교원능력개발평가 결과 우수자에 대한 보상기제로 지속적인 전문성 신장 및 재충전과 교직에 대한 자긍심을 제고하기 위해 실시되고 있다. 학습연구년 특별연수는 교육공무원법 제40조에 따른 특별연수로서 시·도교육감이 학습연구년 특별연수 시행계획에 따라 연수 대상자를 교육 또는 연수기관에 연수의뢰하고 연수파견 조치를 한다. 기간은 1년을 원칙으로 하고, 이 기간 동안 급여, 호봉, 및 교육경력이 100% 인정되고 연수비용도 일부 지원된다.

학습연구년 특별연수는 전 교직생애에서 1회로 한정되며, 지원자격은 교육경력 최소 5년, 정년 잔여기간 5년 이상인 교원으로 동료교원 평가, 학생 만족도 조사(초등학교는 학부모 만족도 조사) 결과 각각 최상위에 해당하는 교원에 한정되며, 구체적인 요건은 시·도 시행계획으로 정해진다.

(나) 평가지표별 자율연수

평가지표별 자율연수는 전체 교원을 대상으로 하여 교원능력개발평가 결과를 반영한 자기능력개발계획에 따라 평가지표와 관련된 내용을 자율적으로 이수하는 연수이다. 연수시간은 교원 1인당 15시간 이상이며, 단위학교연수, 개인자율연수, 교육청/연수원 연수 등 다양한 형태로 이루어진다.

(다) 능력향상연수

능력향상연수는 단기, 장기기본 및 장기심화연수로 나누어지며, 교원능력개발평가 결과가 '미흡'으로 나타난 교원에 대하여 단기(60시간 이상) 또는 장기(기본: 150시간 이상, 심화: 6개월 이상)에 걸쳐 개인의 특성에 따라 전문성을 보완하기 위해 실시하는 연수이다. 능력향상연수의 심의 대상 및 연수부과 기준은 다음의 [표 Ⅲ-9-12]와 같다.

표 Ⅲ-9-12 능력향상연수 심의 대상 및 연수 부과 기준

구분	교(원)장 · 교(원)감	수석교사 · 교사
단기	동료교원평가 2.5 미만 또는 학부모만족도조사 2.5 미만	동료교원평가 2.5 미만 또는 중 · 고등학생만족도조사 2.5 미만(유치원 · 초등은 학부모만족도조사 2.5 미만) * 중 · 고등학생만족도조사 양극단값 5%씩(총 10%) 제외하고 결과활용(단, 참여 인원이 20인 이상일 경우)
장기기본	능력향상연수 연속 2회 지명자	능력향상연수 연속 2회 지명자
장기심화	능력향상연수 연속 3회 지명자	능력향상연수 연속 3회 지명자

출처: 교원능력개발평가 실시에 관한 훈령[교육부훈령 제320호] 별표 4

　장기심화능력향상연수의 연수 내용 및 시간은 다음의 [표 Ⅲ-9-13]에 제시되어 있다. 단기능력향상연수와 장기기본능력향상 연수도 이 교육과정을 토대로 연수과정이 계획 및 운영된다.

표 Ⅲ-9-13 장기심화 능력향상연수 표준 교육과정

영역		교과목	주요내용(예시)	시간
진단 및 기초 역량	자기인식	● 자기발견 및 이해 ● 자기치유	− MBTI, MMTI, CASI 등 심리 검사 − 연수생별 애로 사항 진단 및 요구파악	245
	관계 재정립	● 감정조절 ● 의사소통 ● 갈등해결 ● 사회성	− 사회성 기술 및 관계 향상을 위한 상담 − 자신의 감정상태에 따른 감정조절전략 − 효과적인 의사소통을 통한 갈등 해결 − 봉사활동 및 독서 교육 연구 활동	
	긍정표현	● 감성이해 ● 표현하기 ● 다가서기	− 열정과 공감찾기, 표현하기 클리닉 − 다가서는 방법과 체화	
	실행력 배양	● 시간관리 · 소통	− 차이를 만드는 시간관리 스킬 − 조직의 소통 : 문서	
교사 핵심	현장연수	● 교육이론 습득	− 교육철학 및 전문성 개발 − 학습환경에 대한 이해 및 적용	240

역량		● 학습지도 (멘토링 30시간 이상)	– 수업설계에 대한 이해 및 적용 – 수업에서의 의사소통에 대한 이해 및 적용 – 수업 평가에 대한 이해 및 적용 – 수업 시연 및 수업 비평	
		● 교육기관 현장체험	– 학생 권리의 이해와 학교문화 – 학교폭력 대처 및 Wee 센터 지원	
	자율연수	● 원격연수	– 해당 교과 및 학생지도 관련 콘텐츠 활용 – 외부 민간 단일 콘텐츠(1개 4학점) 이수	60
		● 자기이해	– 자기이해를 통한 개인역량 강화	40
비전 수립	현장적응 및 업무수행	● 기획력 ● 조직의 소통 ● 컴퓨터 활용 능력 ● 성찰과 해결	– 교사의 자기 계발에 대한 이해 및 적용 – 보고서(문서) 작성 및 창의적인 기획력 – 교과별 성과 공유 및 피드백 – 현장체험학습 성과 공유 및 피드백 – 액션 플랜 및 비전 수립	85
평가		● 성과평가	– 개인과제 수행 평가 – 교육이수 실적 평가	30
합계				700

출처: 교원능력개발평가 실시에 관한 훈령[교육부훈령 제320호] 별표 5

그러나 이와 같은 규정에도 불구하고, 2020학년도에는 코로나로 인한 교사들의 업무 부담 완화를 위해 교원능력개발평가를 실시하지 않았으며, 평가 결과를 활용하는 방법도 시·도교육청의 자율에 맡겨지면서 대부분의 시·도 교육청에서는 인센티브만 유지하고 페널티(능력 향상 연수)는 부과하지 않는 형태로 유지되고 있다(조선일보, 2022년 12월 13일자).

점수 낮은 교사 재교육도 없어져… 하나마나 한 교원평가

평가결과 인사 · 보수와 연계안돼

교사들 "하든지 말든지 신경안써"

말 많았던 교원능력개발평가(교원평가)가 도입 12년 만에 존폐 위기에 놓였다. 교사들 수업 질을 높이고 전문성을 키우자는 목표로 출발했지만 바랐던 효과는 거의 나타나지 않고 부작용만 커지고 있다는 지적이 많기 때문이다. 평가에서 낮은 점수가 나온 교사들을 재교육 연수를 보내도록 했지만 최근에는 거의 시행되지도 않았고, 학생들이 교사 만족도 조사 항목에 욕설이나 성희롱 글을 남기는 등 일탈 사례도 적지 않았다.

교원평가는 1990년대 공교육 불신, 교사 자질에 대한 학부모 불만이 사회적으로 문제가 되자 김대중 정부 시절부터 도입을 검토했다. 당시에는 교사들 반대로 보류됐다가 2010년 이명박 정부 때 전면 도입돼 지금까지 이어지고 있다. 당시에도 교육부 장관이던 현 이주호 장관이 주도한 제도다. 매년 9~11월 전국 초 · 중 · 고교 모든 교사(교장 · 교감 포함)를 대상으로 온라인으로 시행한다. 지난해 전국 초 · 중 · 고 1만2000여 교의 교원 43만여 명이 평가 대상이었다.

제도가 꼬이기 시작한 건 문재인 정부를 거치면서다. 문 정부는 코로나로 교사들 업무 부담이 크다며 2020년엔 교원평가를 아예 치르지 않았다. 2021년부터는 제도를 크게 바꿨다. 교원평가는 동료 교사 평가와 학부모, 학생(초4~고3) 만족도 조사로 이뤄지는데, 이 가운데 동료 교사 평가를 폐지했다. 온정주의로 교사 간 점수를 후하게 주는 경우가 많아 실효성이 떨어지고, 교사 부담도 줄인다는 취지였다.

그리고 평가 결과를 활용하는 방법도 시 · 도교육청 자율에 맡겼다. 본래 교육부는 평가 결과 2.5점 미만(낮은 점수)을 받은 교사는 최소 60시간, 최대 6개월간 단 · 장기 '능력 향상 연수'를 받도록 했고, 우수 교사(보통 4점 이상)는 학습 연구 특별 연수를 갈 수 있는 인센티브를 줬다. 그런데 시 · 도교육청 자율로 바꿨더니 시 · 도 교육청 17곳이 인센티브만 유지하고 페널티(능력 향상 연수)는 없앴다. 2019년 능력 향상 연수를 받은 교사는 170명. 이들이 마지막이었다.

경기도 한 중학교 교사는 "교원평가 결과는 인사나 보수랑 상관없긴 하지만 지금까지 교사들이 그나마 긴장했던 건 능력 향상 연수 대상자가 되면 (학생들 보기) 부끄럽기 때문이었다"면서 "그런데 작년부터는 그것마저 없으니 평가를 하든 말든 별 신경 안 쓰는 분위기"라고 말했다.

그 과정도 문제였다. 동료 평가 폐지나 평가 결과 활용을 시 · 도교육청 자율로 맡기는 부분 등은 시행령과 훈령을 개정해야 하는 사안인데, 지난해 교육부는 그냥 시·도교육청에 공문을 보낸 다음 제도를 바꿨다.

이러다 보니 평가 주체인 학생들도 점점 관심이 떨어졌다. 학생·학부모 만족도 조사에는 교사 수업이나 생활지도 등에 대해 5점 척도로 평가하는 문항과 선생님에게 바라는 점 등을 작성하는 주관식 문항도 있다. 학생 참여율은 2018년 75.8%에서 2019년 68.8%로 떨어지더니 2021년엔 52.3%(207만4482명)로 급감했다. 학부모 참여율은 30~40%대에 머물렀고 작년엔 36%(192만6721명)에 그쳤다.

설상가상으로 학생들이 만족도 조사 주관식 문항에 "몸매가 좋다", "할매 냄새 난다" 등 교사에 대해 폭언을 남기는 일이 잦아지자 전교조와 교총 등 교원 단체들이 일제히 "교원평가를 당장 폐지하라"고 주장하기에 이르렀다. 전교조는 도입 초기부터 폐지하자고 했고, 한국교총은 개선해 시행하자는 태도에서 최근엔 폐지로 입장을 바꿨다. 교총은 "교원평가는 전문성 향상이라는 취지는 사라지고 인기 평가로 전락했다"면서 "학생·학부모도 제대로 참여하지 않아 회생이 불가능하다"고 비판했다.

하지만 상당수 학부모는 공교육 질을 높이려면 제대로 된 교원평가가 필요하다고 요구한다. 평가 결과가 우수한 교사에겐 인센티브, 문제가 있는 교사에겐 페널티가 확실히 주어져야 학교 수준이 개선된다는 의견이다. 최진규 충남 서령고 교사는 "교사에게 부담스러운 평가지만 학생들이 수업에 대한 의견을 전달할 통로가 없다"면서 "잘 활용한다면 교사들에게 긍정적인 자극이 될 수 있다"고 말했다.

고영종 교육부 학교혁신정책관은 "교원평가는 학생들이 직접 교육 활동에 대해 의견을 낼 수 있는 유일한 장치라는 의미가 있다"면서 "지난 10년간 성과와 문제점 등을 재검토해 개선안을 마련하겠다"고 말했다.

출처: 조선일보, 2022.12.13, http://www.chosun.com/national/education/2022/12/13/FPNYQKXQLRBJNDWIJ6PUUDQW2M/

토론거리

◑ 교원평가는 누가, 어떻게 하는 것이 좋을까?
◑ 교원평가 결과를 인사·보수와 연계하는 것이 필요할까?

03 | 장학

(1) 장학의 중요성

장학은 시대에 따라, 장소에 따라, 또 어떻게 접근하느냐, 강조점을 어디에 두느냐에 따라 다양하게 정의되고 있는데(주삼환, 1988), 크게 행정적 관점, 수업 관점 그리고 인간개발 관점으로 분류할 수 있다.

먼저, 행정적인 관점에 입각한 장학은 조직의 목적을 효율적으로 달성하는 행정행위에 초점을 두고, 수업방법의 개선에 직접 영향을 주는 인적·물적 자원 조정 및 행정, 교육과정, 수업(teaching)을 연결하고 학습과 관련된 학교 활동을 조정하는 지도성 기능에 초점을 둔다.

수업 관점에 입각한 장학은 교수-학습 과정에 초점을 두는 보다 전문화된 관점으로, 수업에 관심을 두고 교육과정 개발 및 실행, 교실수업 개선 등을 장학의 과정으로 기술한다. 또한 수업 개선을 위한 전문적 도움 제공 및 수업 개선 또는 교육과정의 실행·개발에 기여하는 것을 장학의 역할이라고 보고 있다.

한편, 인간개발 관점에 입각한 장학은 교사와 그의 계속적인 전문적 성장과 발달에 초점을 두는 것으로, 교사를 귀중한 자원으로 인식하고 그들의 욕구를 존중하며, 교원개발 활동을 통해 이들의 계속적인 전문적 성장과 발달을 도모하는 데 초점을 둔다. 또한 교사의 학급상호작용에 관한 피드백을 제공함으로써 전문적 성장을 촉진하고 자극하는 활동에 초점을 둔다.

그러나 이들 간의 차이점은 목적을 달성하기 위한 과정 또는 방법 상의 차이일 뿐, 추구하는 목적은 동일하다. 즉, 학교와 교실 내에서의 교수-학습 활동의 개선을 주된 목적으로 한다(주삼환, 1988). 즉, 장학은 수업의 개선과 교사의 전문성 신장, 즉 교수-학습 과정의 개선에 목적을 두고 교사의 계속적인 전문적 성장과 발달을 촉진하는 활동이라고 할 수 있다. 따라서 장학은 교수-학습 활동에 관한 교사들의 전문성 신장에 기여할 수 있기 때문에 상당히 중요하고 의미 있는 활동이라고 할 수 있다.

그러나 이러한 중요성에도 불구하고 학교 현장에서 장학은 교사들에게 환영을 받지 못하는 경우가 많다. 즉, 교사들은 장학을 귀찮고 성가신 존재로 여기는 경우가 많으며, 장학이 자신들에게 크게 도움이 되지 않는다고 생각하는 경우가 많다. 이는 기존의 장학이 학교경영이나 관리와 관련된 측면에 초점을 두거나 권위주의적인 형태로 이루어지는 경우가 많았기 때문으로 해석된다. 또한 장학을 담당하는 장학 요원(장학사와 장학관 등 교육 전문직)들의 전문적 능력 및 자질에도 문제가 많았다.

이러한 문제점에도 불구하고 교수−학습 과정의 개선 및 교사의 전문성 신장을 위한 지도 및 조언 활동의 중요성은 간과할 수 없으며, 시간이 지남에 따라 그 중요성은 더욱 커질 것으로 예상된다.

(2) 장학의 유형

장학은 장학행위의 주체에 따라 중앙교육행정기관인 교육부 내에서 이루어지는 활동을 의미하는 중앙장학과, 시·도 교육청 및 시·군·구 교육청에서 이루어지는 지방장학, 그리고 단위학교를 중심으로 교육 활동을 성공적으로 수행할 수 있도록 교사를 지도하고 조언하는 교내 자율장학 등으로 구분할 수 있다. 이들 각 유형의 장학은 전체적인 교육 개선 및 교실 수업의 개선을 위해 중요하지만, 학교자율경영이 강조되고 있는 현재의 상황과 기존의 장학이 가지고 있는 문제점과 한계 등을 고려해 볼 때 학교 현장을 중심으로 이루어지는 자율적인 장학의 활성화의 중요성이 더욱 커지고 있다. 따라서 여기서는 교내 자율장학을 중심으로 장학의 유형을 살펴보고자 한다.

가. 약식장학

약식장학은 일선 학교에서 이루어지고 있는 가장 일반적인 장학 유형의 한 형태로, 단위학교의 교장이나 교감이 간헐적으로 짧은 시간 동안 학급을 순시하거나 수업 참관을 통하여 교사들의 수업 및 학급경영 활동을 관찰하고 이에 대해 교사들에게 지도·조언을 제공하는 활동을 말한다. 약식장학은 단위학교에서 일상적으로 빈번하게 수행되기 때문에 일상 장학 또는 전통적 장학이라고도 불린다.

이는 교장, 교감의 계획과 주도하에 전개되는 비공식적인 성격이 강한 활동으로서 다른 형태의 장학에 대하여 보완적이고 대안적인 성격을 갖는다(이윤식, 1993). 또한 이는 "교무를 통활하고, 소속 교원을 지도·감독하는" 역할을 수행하는 교장, 교감에게 교사의 수업을 살펴보고 지도·조언하는 것은 중요한 임무 중의 하나라고 할 수 있다.

이러한 약식장학이 소기의 목적을 달성하기 위해서는 비공식적으로 교실에 잠깐 들리는 것으로 끝나는 것이 아니라, 사전에 충분한 계획 수립 및 피드백 제공이 뒤따를 필요가 있다. 즉, 무작위로 방문하는 것이 아니라 사전에 계획을 수립하고, 이러한 계획을 토대로 교수-학습 과정에 집중하여 관찰을 하며, 관찰한 후 해당 교사들에게 느낌이나 조언 등 피드백을 제공해야 한다.

그러나 일선 학교 현장에서는 이러한 계획 및 피드백 활동이 부족한 경우가 많기 때문에, 약식장학은 교사의 수업 개선을 지원하는 것보다는 교사들을 감시하고 통제하기 위한 방안으로 인식되기도 하였으며, 일부 교사들은 수업권 침해라는 측면에서 교장, 교감의 비공식적인 방문이나 참관을 인정하지 않는 경우도 발생하고 있다.

나. 동료장학

동료장학은 수업 및 교육 활동의 개선을 위하여 교사들이 서로 협동하고 공동으로 노력하는 과정으로, 교사들이 서로 자신들의 경험을 공유하고, 이를 통해 전문적 발달과 개인적 발달, 그리고 학교의 발달을 도모하는 장학의 한 유형이다.

동료장학은 장학사 등 외부 인사들에 의한 방문 평가에 대한 교사들의 거부감을 완화시킬 수 있으며, 더 나아가 소수의 장학사들이 지역의 전체 학교를 담당해야 하는, 즉 장학 담당인력의 부족으로 인한 장학의 형식화 등의 문제를 해결하는데 기여할 수 있다. 이와 함께, 해당 학교 및 학생들에 대한 이해 및 경험을 공유함으로써 보다 타당하고 현실적인 지도·조언이 가능하며, 이를 통해 장학 효과를 극대화 할 수 있다는 장점을 가지고 있다.

동학년 단위 또는 동교과 단위로 수업연구 과제의 해결이나 수업방법의 개선을 도모하기 위한 수업연구(공개) 활동, 공동관심사나 공동과제, 공동문제의 해결·개선을 위해 협의하는 것들이 동료장학의 전형적인 형태이다. 또한 상호 간에 정보와 아이디어를 공유하고, 도움 또는 충고·조언을 주고받는 공식적·비공식적인 행위들도 동료장학에 해당한다(이윤식, 1993).

한편, 주삼환(2003)은 비공식적 관찰·협의, 초점 관찰 및 자료 제공, 소규모 현직연수위원회, 팀티칭, 임상장학에 의한 동료장학, 동료코치와 동료연수회 등 동료장학의 형태를 7가지 제시하고 있다.

다. 임상장학

임상장학은 교사들의 전문적 성장을 촉진하고 수업 개선에 근본적인 목적을 두는 체계적이고 계획적인 장학으로 쌍방적 동료관계를 지향한다. 또한 수업과 장학에 임하기 전에 사전 계획협의를 하여 여러 가지 약속을 하고 약속대로 수업을 관찰하고 자료를 수집하며, 이를 분석하고 협의회 전략을 세워 다시 만나서 피드백 협의회를 하여 다음 수업 전략을 세우고 장학의 과정에 대하여 종합적인 반성을 하는 특수한 과정과 절차를 밟는다(주삼환, 2003).

임상(clinical)이란 단어는 의학분야에서 가져온 것으로, 실제 병상에서 의사가 환자를 관찰하고 치료에 임하는 과정을 교사와 장학 담당자의 관계에 적용한 것이다. 즉, 임상이라는 말은 교사와 장학 담당자 간의 대면적 관계성과 교사의 교실 내의 실제 행위에 초점을 둔다는 것을 암시한다(주삼환, 2003).

임상장학의 최초 제안자인 Cogan은 효과적인 임상장학의 단계를 ① 교사와 장학 담당자 간의 관계 확립, ② 교사와의 협의를 통한 수업계획 작성, ③ 수업 관찰 전략 수립, ④ 수업 관찰, ⑤ 교수-학습 과정 분석, ⑥ 교사와의 협의회 전략 수립, ⑦ 교사와의 협의회, ⑧ 새로운 계획의 수립 등 8단계로 구분하고 있다 (Cogan, 1973).

라. 자기장학

전문가로서 교사는 가르치는 일을 제대로 수행하기 위해서 급변하는 사회의 정보와 지식을 끊임없이 충전하는 과정이 필요하다. 자기장학은 외부의 강요나 지도에 의해서가 아니라 교사 스스로가 자신의 전문성 신장을 위해 스스로 계획을 수립하고 실천해 나가는 노력을 말한다.

원래 자기장학이라는 말은 모순을 안고 있다. 장학이라는 말의 어원이 감독이란 말에서 나왔기 때문에 반드시 타인의 감독, 그 중에서도 높은 사람, 우수한 사람의 감독이란 것이 전제가 되기 때문에 자기감독, 자기장학이라는 용어는 원칙상 모순이 있다. 그러나 장학의 목적이 교사의 전문적 성장과 수업 기술의 향상이라고 한다면 타인의 도움을 받지 않고 이 목적을 달성하는 활동을 장학이라고 할 수 있으므로 크게 잘못된 것은 아니다. 따라서 교사 스스로의 동기유발에 의하여 자기장학을 하고 장학적 효과를 가질 수 있다면 이는 장학의 가장 바람직한 형태라고 할 수 있다(주삼환, 2003).

학교 현장에서 찾아볼 수 있는 자기장학의 유형으로는 수업 녹화나 학생들의 수업 평가를 통한 자기분석방법, 전문서적이나 컴퓨터 등을 통한 정보 수집, 대학원 과정이나 워크숍 참여, 관련된 전문인사의 자문과 조언 등이 있다.

마. 선택적 장학

장학의 형태 및 방법에 있어서 다양화 및 개별화의 필요성이 증대하고 있다. 왜냐하면 각 교사의 발달 단계와 특성이 다르고 수업 개선에 대한 요구가 개인마다 다를 수 있기 때문에 학교 내의 모든 교사들에게 똑같은 장학방법을 적용할 수는 없기 때문이다. 이러한 아이디어를 바탕으로 등장한 것이 Glatthorn(1984)의 선택적 장학(differentiated supervision)이다.

Glatthorn(1984)은 효과적인 장학의 방법을 선택하는 데 있어서 교사의 발달 단계, 특성, 경험이나 능력 등 개인적 요인을 고려해야 한다고 주장한다. 즉, 교사와 교장이 필요와 사정에 의하여 여러 장학의 대안 중에서 그 교사에게 맞는 것을 합의·선택하여 그것을 적용해야 한다는 것이다. Glatthorn(1984)은 교사들의 경험과 능력 등에 따라 임상장학, 동료장학, 자기장학 및 전통적 장학의 방법을 선택적으로 사용할 필요가 있다고 주장한다.

이러한 관점에서 보면, 자기장학은 스스로 성장할 능력을 갖추었다고 보기 힘든 신규 교사보다는 발달 단계가 높은 교사, 혼자 일하기를 좋아하는 교사, 경험이 많고 유능한 교사에게 보다 적합한 장학의 형태라고 할 수 있다. 동료장학은 협동적으로 일하는 것을 선호하는 교사, 그리고 관심분야가 동일한 교사들이 많이 있는 경우에 적합하다. 신규 교사나 업에 문제가 있다고 느끼는 교사에게는 임상장학이 효과적이다. 그리고 자기장학, 동료장학이나 임상장학을 선택하지 않는 교사 또는 모든 교사들을 대상으로 전통적 장학을 실시한다.

(3) 학교컨설팅 장학

학교재구조화, 학교자율경영 및 책무성이 강조되면서 새롭게 등장한 장학의 유형 중의 하나가 학교컨설팅 장학이다. 1990년대 후반~2000년대에 접어들면서, 교육청은 더 이상 학교를 지도·감독하는 역할에 머물러서는 안 되고, 단위학교의 자율적 운영과 책무성 제고를 효과적으로 지원하는 기관이 되어야 한다는 요구들이 제기되었다. 동시에 학교 교육개혁은 일선 학교 교원들의 자발적인 참여가 성패의 관건이라는 인식의 전환이 이루어진다. 더 나아가 학교는 개혁의 대상이 아니라 지원의 대상으로 봐야 한다는 주장들도 제기된다. 이러한 관점 및 인식의 변화와 함께, 교육청에서 제 기능을 수행하지 못하는 장학을 대신하여 기존 장학의 대안 또는 장학의 새로운 방법으로 부각된 것이 학교컨설팅 장학이다(박수정, 2011).

즉, 학교컨설팅 장학은 기존의 하향식 교육 개혁에서 벗어나 학교 현장 중심의 상향식 변화를 강조하는 관점으로(진동섭, 2003), 의뢰인의 자발성과 컨설턴트의 전문성을 근간으로 컨설팅 아이디어를 학교의 문제 해결이나 교사의 역량 향상을 위해 적용하자는 취지에서 등장하였다(홍창남 외, 2013). 이는 기존의 전통적 장학이 학생과 학부모 및 학교 현장의 요구를 충분히 담아내지 못하고 있다는 점을 극복하고자 하는 새로운 유형의 장학으로, 단순히 장학의 유형을 바꾸는 것이 아닌 단위학교의 자기 주도성을 키우고 이를 통해 공교육의 질적 개선을 목적으로 하는 현장 중심의 개혁안이다(이병환 외, 2011).

이러한 학교컨설팅 장학의 개념을 살펴보기 위해선 먼저 컨설팅의 개념에 대해 살펴볼 필요가 있다. 컨설팅은 조직의 목적을 달성하기 위하여, 일정한 전문성을 갖춘 전문가들이 의뢰인의 요청에 따라 조직의 문제와 기회를 조사, 확인, 발견하며, 이것의 해결, 변화, 발전을 위한 방안과 대안들을 제시하고, 필요한 경우 시행을 돕는 활동이다. 이러한 정의에 따르면, 컨설턴트와 의뢰인의 관계는 문제 해결을 위한 자발적이고 일시적인 관계이며, 따라서 문제에 대한 최종적인 권한과 책임은 의뢰인에게 있고, 컨설턴트는 의뢰인의 문제를 직접 책임지지 않고 의뢰인으로 하여금 문제를 해결하도록 돕는 역할을 한다(진동섭, 2003).

이러한 컨설팅의 기본 개념을 근거로 하여 학교컨설팅 장학은 다양하게 정의되고 있다. 진동섭(2003)은 학교컨설팅 장학을 학교 교육을 개선하기 위해서 일정한 전문성을 갖춘 사람들이 학교와 학교 구성원의 요청에 따라 제공하는 독립적인 자문 활동으로서, 경영과 교육의 문제를 진단하고 대안을 마련하며, 문제 해결 과정을 지원하고, 교육훈련을 실시하며, 문제 해결에 필요한 인적·물적 자원을 발굴하여 조직화하는 일로 정의하고 있다.

한편, 컨설팅장학은 요청장학과 혼동되기도 한다. 요청장학은 학교의 요청에 의해 장학팀이 학교를 방문하여 조언을 한다는 점에서는 컨설팅장학과 유사하지만, 교육청의 해당 학교 담당장학사들에 의해 이루어지는 담임장학과 병행하여 실시하는 경우가 많고, 요청한 내용에 대한 조언에 그치는 형태로 형식적인 지원에 그치는 경우가 많다는 점에서 차이를 보인다(이병환 외, 2011).

정리하기

❶ 교원연수는 교원의 전문성 신장을 돕기 위한 계속교육과정으로, 법령상의 교원 자격취득을 위한 자격연수와 교육의 이론·방법 및 직무수행에 필요한 능력 배양을 목적으로 하는 직무연수가 대표적인 연수이다. 최근의 교원연수는 전문성 신장을 위한 학습기회를 제공하는 교원전문성개발(teacher professional development)을 강조하는 형태로 패러다임이 변화하고 있다.

❷ 교원을 대상으로 근무성적평정 및 교원능력개발평가가 이루어지고 있으며, 평가 결과에 따른 맞춤형 연수를 제공하고 있다.

❸ 장학은 교사의 교수-학습 활동 개선을 주된 목적으로 하며, 교사의 발달 단계 등을 고려한 장학의 다양화 및 개별화의 필요성이 강조되고 있다. 또한 최근에는 기존 장학의 대안 또는 새로운 장학방법으로 학교컨설팅 장학이 대두되고 있다.

학습문제

01 현재 이루어지고 있는 자격연수와 직무연수의 문제점을 설명하고, 교원의 전문성 신장을 위한 교원연수의 개선방안을 제시하시오.

02 교원을 대상으로 하는 평가의 종류 및 특징을 설명하고, 발전방안을 제시하시오.

03 교원을 대상으로 하는 평가의 종류 및 특징을 설명하고, 발전방안을 제시하시오.

CHAPTER 10

교원의 근무환경

 학/습/목/표

- 교원의 권리와 의무, 교원의 징계가 무엇인지 설명할 수 있다.
- 교원의 휴직과 휴가의 종류를 설명할 수 있다.
- 교원의 보수체계를 설명할 수 있다.
- 교원의 전보와 전직의 내용을 구분할 수 있다.

생각해보기

　　교육행정학에서 교원의 근무환경 내용은 주로 교원의 권리와 의무, 징계, 보수, 성과금, 휴가, 휴직, 전보 및 전직 등에 관한 것이다. 시대가 변함에 따라 교원의 근무환경에 관한 제도도 발전되어 왔다. 그러나 아직도 학교 현장에서는 교원의 근무환경이 만족할만한 정도의 발전이라고 느끼지 못하고 있는 것이 사실이다.

　　또한, 근래에 와서 학생과 학부모의 요구가 많이 증가한 측면과 교원의 사기 진작이나 생존권적 권리 측면에서 보면 교원의 근무환경 제도의 향상에 더 많은 관심과 개선이 요구된다. 이미 여러 연구에서는 교원의 근무환경이 교원의 사기 진작 및 교육력 제고와 매우 밀접한 관계가 있음을 보여주고 있다.

　　특히, 교원의 근무환경 중 보수나 복지의 내용은 교직이 전문직이라는 점에서 다른 조직과 적절한 형평성을 고려하여 유지·발전해가야 한다. 또한, 교원의 근무환경에 관한 정책이나 제도를 수립할 때는 교원들의 의견을 적극적으로 수렴하는 것이 필요하다.

(1) 교원의 역할 및 신분

가. 교원의 본질적인 역할

교원이 수행하는 교직 자체는 법적인 권리와 의무를 수행하기 이전에, 교원의 본질적인 역할 인식이 선행되어야 한다. 왜냐하면 교직이란 다른 직업과는 달리 학생들을 훌륭한 시민으로 성장하도록 교육하는 일이기 때문이다. 즉, 학생들이 바람직한 방향으로 나아가도록 가르치는 일을 하는 교직의 특수성은 법적인 권리와 의무의 문제보다 더 우선해서 인식해야 할 중요한 문제이다. 그것은 교원이 교육을 어떻게 보느냐와 같은 교원 자신의 교직관과도 연관된다. 교원은 법적인 권리와 의무에 의해 교직을 수행하는 존재 이전에 먼저 자신의 교직관을 가지고 교육적 가치를 수행하는 전문적인 교육자이다.

그럼, 교원이 교육적 가치를 수행하기 위해서 교원의 법적인 권리와 의무에 우선하여 본질적으로 인식해야 할 교원의 역할은 무엇일까? 첫째, 교원은 학생의 제2의 부모 역할을 해야 한다. 학생들은 성장하는 과정에 있기 때문에 교원의 입장에서 보면 발달의 정도가 긍정적인 발달 과정에 있는 학생들도 있지만, 예의와 이해력이 부족하고, 때로는 교원에게 반항하는 태도를 취하는 학생들도 있다. 이럴 때 교원은 학생의 발달정도에 따른 부족한 점을 이해하면서 학생의 부모처럼 사랑과 인내로 학생을 지도하는 자세가 필요하다.

둘째, 교원은 학생이 교육의 목표를 달성하도록 이끄는 지도자 역할을 해야 한다. 교육의 지도자 역할을 수행하기 위해서는, 종종 교원 스스로 '나는 교원의 역할을 어떻게 잘 수행할 것인가? 학생을 지도한다는 것은 무엇을 의미하는 것인가? 왜 나는 교원이라는 직업을 택했는가?' 등에 대한 질문에 스스로 답할 수 있도록 노력해야 한다. 교원 자신이 이러한 질문에 답하기 위해서는 먼저 교육적 사명감과 소명의식을 가져야 한다. 만약 그렇지 못하면 학생을 지도하는 과정에서 어려움이 생길 때마다 깊은 회의에 빠져 교직의 의미를 상실할 수도 있다.

셋째, 교원은 도덕적 행위를 모범적으로 실천하는 솔선수범자의 역할을 해야 한다. 교원은 다른 직업에 비하여 높은 도덕성과 윤리 의식을 요구받고 있다. 그 이유는 교원은 전문적 판단과 교육자적 양심에 따라 학생을 바른 인간으로 길러내는 역할을 하는 신분이기 때문이다. 자신의 교과에 대해 아무리 깊은 전문성을 가지고 있는 교원이라도 윤리를 바르게 실천하지 않으면 교직을 효과적으로 수행할 수 없고, 학생들에게 존경을 받을 수 없음을 깊이 인식해야 한다.

넷째, 교원은 자신의 분야를 잘 가르치는 전문가의 역할을 해야 한다. 현대 지식기반사회에 학생들을 인재로 육성하려면 교원은 자신의 분야에서 전문가가 되어야 한다. 전문성을 확보하기 위해서는 연수나 각종 교과연구회, 대학원 진학 등을 통하여 고급 정보와 지식을 습득하려는 노력이 필요하다. 고급 지식 및 교수 방법을 가지고 있지 않으면 학생들을 지도하기가 어렵다. 이제, 교원이 전문성을 확보하지 않으면 학생들에게 존경을 받을 수 없는 시대가 되었다.

다섯째, 교원은 교육의 촉진자 역할을 해야 한다. 즉, 학습 측면에서 교원은 학생들에게 교과내용에 대한 고차원적인 사고를 유도하고, 심층적인 이해를 추구하고, 심층적인 토론을 통해 자기 오류를 수정·보완할 수 있는 능력을 배양할 수 있도록 촉진해야 한다. 또한, 교원은 학생의 인성을 함양하기 위해 세상의 진실과 아름다움을 추구하고, 남을 배려하고 존중하며, 사랑하는 품성을 기르도록 학생을 촉진하는 역할도 해야 한다.

나. 교원의 법적인 신분

국·공립학교 교원은 교육 공무원으로서의 신분을 가지며, 사립학교 교원은 교육 공무원에 준하는 신분을 갖는다. 교원이라 함은 각급 학교에서 원아와 학생을 직접 지도·교육하는 자로, 초·중등학교의 교장, 교감, 교사, 대학의 총장, 학장, 교수, 부교수, 조교수, 전임강사, 유치원의 원장, 원감, 교사 등이 포함된다. 교원은 크게 국·공립학교에 근무하는 교육 공무원인 교원과 사립학교에 근무하는 교원으로 대별된다.

국·공립학교의 교육 공무원은 실적에 의하여 임용되고 신분이 보장된 경력직 공무원이다. '경력직공무원'이란 실적과 자격에 따라 임용되고 그 신분이 보장되며 평생토록 공무원으로 근무할 것이 예정되는 공무원을 말한다(국가공무원법 제2조). 교원 은 형의 선고, 징계처분 또는 법률이 정한 사유에 의하지 않고는 그 의사에 반한 휴직·해임 또는 면직을 당하지 않는다(교육공무원법 43조 2항). 따라서 현재 국·공립학 교에 재직하고 있는 유치원, 초·중등학교 교사, 교수, 총장은 모두 교육 공무원의 신분이다.

사립학교 교원은 교육 공무원에 준하여 신분보장을 하나, 공무원이 아닌 사립학 교 법인에 소속된 교직원이다. 사립학교 교원의 신분보장에 대한 규정을 보면, ① 사립학교 교원은 형의 선고·징계처분 또는 이 법에서 정하는 사유에 의하지 아니 하고는 본인의 의사에 반하여 휴직 또는 면직 등 불리한 처분을 받지 아니한다. 다만, 학급·학과의 개폐에 의하여 폐직이나 과원이 된 때에는 그러하지 아니하다. ② '사립학교 교원은 권고에 의하여 사직을 당하지 아니한다.'고 규정하고 있다(사립 학교법 제56조).

(2) 교원의 권리와 의무

가. 교원의 권리

교원의 권리는 교직을 수행하면서 얻는 이익이다. 교원의 권리는 학자의 시각에 따라 달리할 수 있지만, 여기서는 교육의 자주적 권리, 생존권적 권리, 신분적 권 리, 교권 등으로 나누어 살펴보고자 한다.

교육의 자주권은 '헌법'과 '교육의 자주성과 교원의 지위에 관한 권고문'에 학문 의 자유를 보장하고 있다. 교원이 가지는 자율성 보장에는 교육과정 결정 및 편성 권, 교재의 선택 결정권, 교육내용 및 방법의 결정권, 성적 평가권, 학생지도 징계 권 등이 있다. 학교 교육활동에서의 판단과 선택은 고도의 창의성을 전제로 하기 때문에 교원의 전문적 판단과 선택은 어떠한 제재나 간섭을 받지 않아야 한다. 따 라서 교원의 자주권은 교원이 갖고 있는 권리 중 가장 적극적 권리라고 할 수 있다(김종운 외, 2010). 그러나 요즈음 교원의 자주성이 상급기관의 통제나 획일적인 지시, 학부모들의 지나친 간섭 등으로 인해 침해를 받고 있는 경우가 많아져서 위축되고 있는 실정이다.

　교원의 생존권적 권리에는 첫째, 생활보호권이 있다. 가르치는 일은 봉사의 성격이 있기 때문에 높은 보수보다는 학생들을 교육하고 훌륭한 사람으로 성장시키는 것을 미덕으로 여기고 있지만, 최소한의 생활보장을 해주어야 한다(가영희 외, 2010). 그것은 교원의 안정된 여건과 생활이 보장될 때 교육력의 제고가 가능하다고 보기 때문이다.

　둘째, 근무조건개선권이다. 즉, 주당 수업시수와 사무관련 업무를 축소하여 교원이 교육활동에 대하여 적극적으로 참여하고 봉사할 수 있도록 해야 한다. 미흡한 근무환경조건은 사기저하와 학생들에게 양질의 교육서비스를 제공할 수 없게 한다.

　셋째, 복리후생제도의 확충권이다. 교원들이 교육활동에 전념하기 위해서는 복리후생제도가 마련되어야 한다. 현행 복리후생제도는 연금, 자녀 학비보조금, 무주택교원 지원 등이 있다. 또한, 교육활동 중에 발생한 학교안전사고를 예방하고, 학생·교직원 및 교육활동 참여자가 학교안전사고로 인하여 입은 피해를 신속·적정하게 보상한다(학교안전사고 예방 및 보상에 관한 법률 제28조).

　신분적 권리는 일종에 법규적 권리로써 첫째, 신분유지권이다. 교원의 신분보장 없이 교육현장의 안정과 교육의 전문화를 달성하기 어렵다. 본인의 의사에 반한 신분조치를 금지하고 직권휴직, 직권강임, 직권면직, 권고사직, 당연퇴직, 명예퇴직 등 법적 조치의 한계와 처분사유의 설명서 교부와 절차를 명시하고 있다(교육공무원법 제43조).

　둘째, 쟁송제기권이다. 교원이 직권에 의한 처분을 당할 때는 그 처분의 사유를 게재한 설명서를 교부받을 권리를 가지며, 그 처분에 대한 재심요청이 있을 때는 재심위원회의 최종 결정이 있을 때까지 후임자의 보충 발령을 하지 못하도록 하고 있다. 사립학교법에서는 교원을 징계할 경우 교원징계위원회의 심의를 거치도록 하고, 징계가 이루어질 경우 교원의 의견 개진과 징계내용에 대한 설명서를 교부하도록 하고 있다. 징계사유에 대한 시효를 두어 징계사유가 발생한 날로부터 일정한 기간이 경과한 경우 징계를 하지 못하도록 하고 있다.

셋째, 불체포 특권이다. 교육공무원법과 사립학교법에는 '교원이 현행범인 경우를 제외하고는 소속 학교장의 동의 없이 학원 안에서는 체포할 수 없다.'고 명시되어 있다. 이것은 교원의 신분상 보장뿐만 아니라 학원의 자율성과 교육 및 연구활동의 불가침성을 보호하려는 의미가 있다.

넷째, 교직단체활동권이다. 교원은 상호 협동하여 교육의 진흥과 문화의 창달에 노력하며, 교원의 경제적·사회적 지위를 향상시키기 위하여 각 지방자치단체와 중앙에 교원단체를 조직할 수 있다.

그 외에 교원의 권리를 넓은 의미로 해석하는 교권이 있다. 한국교원단체총연합회의 교권사건판례집에는 '교권은 사회적 제도로써의 교육에 종사하는 교원들이 자신들에게 주어진 사회적 역할을 수행하는 데 있어서, ① 전문적 지식과 능력의 소유자로서 권위를 인정받고, ② 부당한 간섭과 침해로부터 자신과 자신의 업무를 보호하고, ③ 안정된 생활과 최대한의 능률을 기하기 위한 신분상의 보장을 받을 수 있는 조건을 주장할 수 있는 권리이다.'라고 말하고 있다. 이와 더불어 교권은 교육에 직접 관계하는 사람들의 교육에 관한 의무 및 책임과 권리 관계의 총체이기 때문에, 교권은 교원으로서의 책임과 의무를 성실히 수행할 때 자연스럽게 인정되는 권리이기도 하다.

교원의 교육활동 및 교권 보호를 위하여 기존 법규를 개정하여 그 권리 보호를 강화하고 있다. 부모 등 보호자는 교원과 학교가 전문적인 판단으로 학생을 교육·지도할 수 있도록 협조하고 존중하도록 규정하고 있다(교육기본법 제13조 제3항 2023년 신설). 보호자는 교직원 또는 다른 학생의 인권을 침해하는 행위를 하여서는 아니 되며 교원의 학생생활지도를 존중·지원하여야 하고 교원과 학교의 전문적인 판단을 존중하고 적극 협력하여야 하도록 규정하였다(초·중등교육법 제18조의5 2023년 신설). 또한 학생의 인권을 보호하고 교원의 교육활동을 위하여 필요한 경우에 행하는 교원의 정당한 학생생활지도에 대해서는 아동복지법의 금지행위 위반으로 보지 아니하도록 규정하였다(초·중등교육법 제120조의2 2023년 신설). 보호자는 교직원 또는 다른 유아의 인권을 침해하는 행위를 하여서는 아니 되며 교원의 유아생활지도를 존중·지원하여야 하고 교육활동과 돌봄활동의 범위에서 교원과 유치원의 전문적인 판단을 존중하고 적극 협력하여야 하도록 규정하였다(유아교육법 제21조의4 2023년 신설). 교원이 아동학대처벌법에 따른 아동학대범죄로 신고된 경우 임용권자는 정당한 사유 없이 직위해제 처분을 하여서는 아니 되도록 규정하였다(교원의 지위 향상 및 교육활동 보호를 위한 특별법 제6조 제3항 2023년 신설).

그러나, 교원의 전문성이 부족하면 교권은 확보되기 어렵다. 교권은 교원의 전문성보다 우선할 수 없다. 교원의 전문성이 먼저 확보되어야 교육의 자율성과 교권을 주장할 수 있는 논리가 된다. 위미숙(2005)의 '교사의 지위향상에 가장 중요하게 인식하는 의무'에 관한 설문조사 결과에서도 1순위는 77.7%로 교육 및 연구 활동이고, 2순위는 품위 유지의 의무로 나타났다. 따라서 이러한 점에서 보면 교권이란 교직에 종사할 수 있는 자격과 권위를 부여 받은 개인 혹은 집단이 교원의 의무와 윤리적 강령을 준수함으로써 교육적 행위를 정당하게 보장 받아야 할 행동의 자율성과 신분의 안정, 그리고 교육적 제반조건을 주장할 수 있는 권리라고 할 수 있다.

표 Ⅲ-10-1 교원의 권리

종류	적극적 권리		소극적 권리	
	자주권적 권리	생존권적 권리	신분적 권리	교권
내용 및 법적 근거	• 교육의 자주권(헌법 제31조4항/교원지위에 관한 권고문 제61조)	• 생활보호권(교육기본법 제14조 1항/교육공무원법 제34조 1항) • 근무조건개선권 • 복리후생제도의 확충권(학교안전사고예방 및 보상에 관한 법률 제28조 등)	• 신분유지권(교육공무원법 제7장의 신분보장) • 쟁송제기권(교원지위 향상을 위한 특별법 제7조의 소청심사권 • 불체포특권(교육공무원법 제48조/사립학교법 제60조) • 교직단체활동권(교육기본법 제15조 1항)	• 전문인의 권위, 부당한 간섭과 침해로부터 보호권 • 안정된 생활과 최대한의 능률성취를 위한 신분보장권 등(교권사건판례/교육공무원 제43조)

나. 교원의 의무

교원이 지켜야 할 의무는 직무를 성실히 수행해야 하는 적극적 의무와 교원으로서 금지해야 할 행동인 소극적 의무로 다음과 같이 나눌 수 있다.

적극적 의무로는 첫째, 교육 및 연구활동의 의무이다. 교원은 교육활동의 질 향상을 위하여, 항상 학문의 연찬과 교육의 원리와 방법을 연구하고 탐구해야 한다.

둘째, 선서·성실·복종의 의무이다. 교원은 발령을 받아서 소속 학교에 부임할 당시 소속기관장 앞에서 선서를 하도록 되어 있다. 성실의 의무는 법령을 준수하고 공공봉사자로서 개별적 직무 및 직무 이외의 장소에서까지 성실의 의무를 다해야 한다. 또한, 교육 공무원은 직무를 수행할 때 소속 상관의 직무상의 명령에 복종하여야 한다. 그러나 그 명령은 정당한 직무상의 명령이어야 한다. 불법적이고 부당한 명령을 복종할 의무는 없으며, 경우에 따라서 그 명령을 수행한 교원도 책임을 져야 한다.

셋째, 직장이탈금지의 의무이다. 교육 공무원은 소속 상관의 허가 또는 정당한 사유가 없으면 직장을 이탈하지 못한다. 이탈 사유가 발생한 경우는 학교장의 허가를 받는다.

넷째, 비밀엄수의 의무이다. 재직 중이나 퇴직 후라도 근무기간 동안 취득한 비밀을 지켜야 한다. 특히, 시험문제, 생활기록부 내용, 학생의 사생활 등을 유출해서는 안 된다.

다섯째, 품위유지의 의무이다. 예를 들면, 고성방가, 폭력, 알코올 중독, 낭비, 과도한 부채 등은 교원으로서 품위 유지 의무를 다하지 못하는 것이다.

여섯째, 친절·공정의 의무이다. 공무원은 업무를 수행할 때 국민에 대하여 항상 친절하게 대하며, 자신의 사익을 위하여 공무를 불공정하게 처리해서는 안 된다.

일곱째, 청렴의 의무이다. 공무원은 직무와 관련하여 직접적이든 간접적이든 사례·증여·향응을 주거나 받을 수 없다. 또한, 공무원은 직무상의 관계가 있든 없든 그 소속 상관에게 증여하거나 소속 공무원으로부터 증여를 받아서는 안 된다.

소극적 의무로는 첫째, 정치활동의 금지의무이다. 공무원은 정당이나 그 밖의 정치단체의 결성에 관여하거나 이에 가입할 수 없고, 선거에서 특정 정당 또는 특정인을 지지 또는 반대하기 위한 행위를 하여서는 안 된다. 또한, 공무원은 정치적 행위에 대한 보상 또는 보복으로서 이익 또는 불이익을 약속해도 안 된다. 교원은 헌법에 명시된 교육의 정치적 중립성을 지키고, 교원 자신의 정치적 신념을 학생들에게 주입시키거나 강요해서도 안 된다.

둘째, 집단행위의 금지의무이다. 공무원은 노동운동이나 그 밖에 공무 외의 일을 하기 위한 집단행위를 해서는 안 된다. 다만, 사실상 노무에 종사하는 공무원은 예외로 한다.

셋째, 영리행위 및 겸직금지의 의무이다. 공무원은 공무 외에 영리를 목적으로 하는 업무에 종사하지 못하며, 소속 기관장의 허가 없이 다른 직무를 겸할 수도 없다. 그 영리를 목적으로 하는 업무의 한계는 국회규칙, 대법원규칙, 헌법재판소규칙, 중앙 선거관리위원회 규칙 또는 대통령령으로 정한다. 교원이 직무와 관련된 영리행위를 하게 되면, 교육현장이 부정과 부패에 노출될 가능성이 있고, 교원의 품위유지, 청렴의 의무 그리고 교원의 본연의 업무에 집중하지 못하는 성실의 의

표 III-10-2 교원의 의무

종류	적극적 의무		소극적 의무
내용 및 법적 근거	교육 및 연구활동(국가공무원법 제56조)		정치활동의 금지 (헌법 제7조/국가공무원법 제65조)
	선서 · 성실 · 복종 (국가공무원법 제55조, 56조, 57조)		집단행위의 금지 (헌법 제33조/국가공무원법 제66조)
	직장이탈금지(국가공무원법 제58조)		영리업무 및 겸직금지(국가공무원법 제64조)
	비밀엄수(국가공무원법 제60조)		
	품위유지(국가공무원법 제63조)		
	친절 · 공정(국가공무원법 제59조)		
	청렴(국가공무원법 61조)		

무에 위반된다.

(3) 교원의 징계

'공무원징계양정 등에 관한 규칙'은 교육공무원의 징계양정의 기준 및 감경사유 등을 정함으로써 징계양정의 형평을 목적으로 한다. 공무원의 징계양정 기준은 위에서 제시된 교원의 의무를 위반할 때와 부적격 교원이 될 때에 징계를 받는다.

또한, 부적격 교원은 '① 중대한 비리·범법행위로 사회적·윤리적 문제를 야기하여 징계를 통해 교단에서 배제해야 할 대상이 되는 교원, ② 정신적·신체적 질환으로 직무수행이 곤란한 교원으로서 장기적·지속적으로 학생의 지도를 비롯한 소관직무의 수행이 불가능한 교원'을 말한다. ①에 해당하는 구체적인 내용은 미성년자에 대한 성폭력, 학생에 대한 상습적이고 심각한 신체적 폭력, 시험문제를 유출하거나 학생 성적을 조작하는 등 학생 성적과 관련한 비위, 각종 금품수수 행위 등을 한 교원을 의미한다.

이에 대한 징계양정 기준을 중징계 이상으로 강화하여 징계감경 대상에서도 제외하였고, 이러한 유형의 행위로 징계 파면·해임된 교원은 교단에서 영구 배제되도록 하였다. 재임용 배제에 대한 근거를 마련하였으나(교육공무원법 제10조 제2항 및 사립학교법 제52조의2), 다만, 교육공무원징계위원회에서 해당 교원의 반성 정도 등을 고려하여 교원으로서 직무를 수행할 수 있다고 의결한 경우에는 재적위원 3분의 2 이상의 출석과 출석위원 과반수의 찬성으로 채용할 수 있다.

한편, '교육공무원 징계양정 등에 관한 규칙'은 징계의 형평성의 목적에 따라 교육공무원징계위원회는 징계혐의자의 비위유형, 비위정도 및 과실의 경중, 평소의 행실, 근무성적, 공적, 그 밖의 정상 등을 고려하여 징계기준에 따라 징계를 의결한다.

표 III-10-3 교원의 징계의 종류 및 신분조치

종류		징계기간	신분	보수
중징계	파면		• 공무원 관계로부터 배제, 5년간 공무원에 임용될 수 없음	• 5년 이상 근무자 퇴직급여액의 1/2 감액 • 5년 미만 근무자 퇴직급여액의 1/4 감액
	해임		• 공무원 관계로부터 배제, 3년간 공무원에 임용될 수 없음	• 퇴직급여액의 전액 지급 • 금품 및 향응 수수·공금횡령·유용으로 해임된 경우 퇴직급여(수당)의 1/4 감액(단, 5년 미만 재직자는 1/8 감액)
	강등		• 1계급 아래로 직급을 내리고, 공무원 신분은 보유하나 3개월간 직무에 종사하지 못함 • 징계말소 제한기간 9년	• 직무에 종사하지 못하는 3개월 보수의 2/3 감액
	정직	1개월 이상 3개월 이하	• 공무원의 신분은 보유하나 직무에 종사하지 못함 • 18개월 + 정직처분기간 승진 제한 • 처분기간 경력평정에서 제외, 징계말소 제한기간은 7년	• 18개월 + 정직처분기간 승급 제한 • 보수의 2/3 감액 • 모범공무원 수당 지급 중지
경징계	감봉	1개월 이상 3개월 이하	• 12월 + 감봉처분기간 승진 제한 • 12월 + 감봉처분기간 승급 제한 • 징계말소 제한기간은 5년	• 12월 + 감봉처분기간 승급 제한 • 보수의 1/3 감액 • 모범공무원 수당 지급 중지
	견책		• 6개월간 승진과 승급 제한, 징계말소 제한기간은 3년	• 6개월간 승급 제한 • 모범공무원 수당 지급 중지

출처: 김상돈 · 김현진(2012). 초 · 중등 교직실무. p. 507.

표 III-10-4 교원의 징계기준

비위의 정도 및 과실　　　　비위의 유형	비위의 정도가 심하고 고의가 있는 경우	비위의 정도가 심하고 중과실인 경우 또는 비위의 정도가 약하고 고의가 있는 경우	비위의 정도가 심하고 경과실인 경우 또는 비위의 정도가 약하고 중과실인 경우	비위의 정도가 약하고 경과실인 경우
1. 성실의무 위반				
가. 공금횡령·유용, 업무상 배임	파면	파면-해임	해임-강등	정직-감봉
나. 직권남용으로 타인 권리 침해	파면-해임	강등-정직	감봉	견책
다. 직무태만 또는 회계질서 문란	파면	해임	강등-정직	감봉-견책
라. 시험문제를 유출하거나 학생의 성적을 조작하는 등 학교 성적과 관련한 비위 및 학교생활기록부 부당 정정과 관련한 비위	파면	해임	해임-강등-정직	감봉-견책
마. 신규채용, 특별채용, 승진, 전직, 전보 등 인사와 관련한 비위	파면	해임	해임-강등-정직	감봉-견책
바. 「학교폭력예방 및 대책에 관한 법률」에 따른 학교폭력을 고의적으로 은폐하거나 대응하지 아니한 경우	파면-해임	강등-정직	감봉	견책
사. 그 밖의 성실의무 위반	파면-해임	강등-정직	감봉	견책
2. 복종의무 위반				
가. 지시사항 불이행으로 업무 추진에 중대한 차질을 준 경우	파면	해임	강등-정직	감봉-견책
나. 그 밖에 복종의무 위반	파면-해임	강등-정직	감봉	견책
3. 직장 이탈 금지 위반				
가. 집단행위를 위한 직장 이탈	파면	해임	강등-정직	감봉-견책
나. 무단결근	파면	해임-강등	정직-감봉	견책
다. 그 밖의 직장 이탈 금지 위반	파면-해임	강등-정직	감봉	견책
4. 친절·공정의무 위반	파면-해임	강등-정직	감봉	견책
5. 비밀엄수의무 위반				
가. 비밀의 누설·유출	파면	파면-해임	강등-정직	감봉-견책
나. 비밀 분실 또는 해킹 등에 의한 비밀 침해 및 비밀 유기 또는 무단 방치	파면-해임	강등-정직	정직-감봉	감봉-견책

비위의 정도 및 과실 비위의 유형	비위의 정도가 심하고 고의가 있는 경우	비위의 정도가 심하고 중과실인 경우 또는 비위의 정도가 약하고 고의가 있는 경우	비위의 정도가 심하고 경과실인 경우 또는 비위의 정도가 약하고 중과실인 경우	비위의 정도가 약하고 경과실인 경우
다. 개인정보 부정 이용 및 무단 유출	파면-해임	강등-정직	정직	감봉-견책
라. 개임정보의 무단 조회열람 및 관리 소홀 등	파면-해임	강등-정직	감봉	견책
마. 그 밖에 보안관계 법령 위반	파면-해임	강등-정직	감봉	견책
6. 청렴의무 위반				
가. 금품수수	파면	해임	해임-강등-정직	감봉-견책
나. 그 밖의 청렴의무 위반	파면	해임	강등-정직	감봉-견책
7. 품위유지의무 위반				
가. 성희롱, 성매매	파면-해임	해임-강등	정직-감봉	견책
나. 성폭력	파면	해임	강등-정직	감봉-견책
다. 미성년자에 대한 성폭력	파면	파면-해임	해임-강등-정직	정직
라. 학생에 대한 상습적이고 심각한 신체적 폭력	파면	해임	해임-강등-정직	감봉-견책
마. 그 밖의 품위유지의무 위반	파면-해임	강등-정직	감봉	견책
8. 영리 업무 및 겸직 의무 위반	파면-해임	강등-정직	감봉	견책
9. 정치운동 금지 위반	파면	해임	강등-정직	감봉-견책
10. 집단 행위 금지 위반	파면	해임	강등-정직	감봉-견책

출처: 김상돈 · 김현진(2012). 초 · 중등 교직실무. pp. 509-510.

교육부의 2019년부터 2022년 6월까지 3년간의 초중등 교원 징계처분 현황 자료를 보면 총 2739건의 징계가 있었다. 이중 음주운전이 633건 23.1%를 차지해 가장 많았으며, 성비위가 566건(20.7%)으로 두 번째로 높아 음주운전과 성비위가(총 1199건) 교원 징계처분의 절반 가량을 차지하는 것으로 나타났다. 학생 체벌 및 아동학대 관련은 280건, 복무규정 위반은 192건, 금품수수 및 횡령은 78건, 그리고 교통사고 68건 등이 뒤를 이었으며 정치운동 및 선거 관련 발언도 5건이 발생했다. 연도별 총 징계처분 건수는 2019년 956건, 2020년 782건, 2021년 654건이었으며 2022년은 6월 말 기준 347건이었다.

출처: 교육플러스, 2022.10.04.

교육부의 초중등교원 성비위 징계 현황 자료에 따르면, 2019년부터 2021년 6월까지 성비위로 징계받은 교원이 총 440명으로 드러났다. 연도별로는 2019년 233건, 2020년 147건, 2021년 61건(6월 기준)이며, 학교급별로는 초등학교 100건, 중학교 115건, 고등학교 219건, 교육청 등 2건, 특수학교 4건이었다. 또 설립별로는 국공립이 244건, 사립이 196건으로 나타났다. 피해자 유형별로는 학생이 278건(전체의 63%)으로 가장 많았으며, 교직원이 103건, 일반인이 59건이었다. 또 징계를 받은 교원의 직위별로는 교사가 384건, 교장이 31건, 교감이 22건, 교육전문직이 3건으로 나타났다. 특히 상대적으로 범죄에 취약한 '미성년자와 장애인'에 대한 성범죄가 전체의 절반에 가까운 216건이나 됐다. 성비위에 따른 징계 처분을 보면 △파면 33명 △해임 148명 △강등 7명 △정직 118명 등 중징계가 306명이었고 △감봉 58명 △견책 76명 등 경징계가 134명이었다.

출처: 평화뉴스, 2021.10.15.

토론거리

◗ 위의 기사를 읽고, 교육 공무원의 법규적 측면의 의무와 부적격 교원을 설명하고, 교권을 강화하기 위한 방안을 토론해보자.

02 | 교원의 휴직과 휴가

(1) 교원의 휴직

휴직은 병이나 기타 사고로 인하여 신분과 자격은 유지하면서 일정 기간 동안 직무를 중지하는 것을 말한다. 교원의 휴직은 임명권자의 일방적 휴직 명령에 의해 이루어지는 직권 휴직과 본인의 요청에 의해 이루어지는 청원 휴직이 있다. 휴직에 대한 구체적인 종류와 요건은(교육공무원법 제44조 제1, 2항 참조) 다음의 [표 Ⅲ-10-5] 및 [표 Ⅲ-10-6]과 같다.

공무원이 휴직이나 파견 등으로 6개월 이상 휴직하면 휴직일부터 휴직자의 직급 또는 상당계급에 해당하는 정원이 따로 있는 것으로 간주하고 결원으로 보충할 수 있다(국가공무원법 제43조). 또한, 출산휴가와 함께 3개월 이상 육아휴직을 하는 경우에도 결원을 보충할 수 있다(공무원 임용령 제42조).

표 Ⅲ-10-5 직권 휴직의 종류 및 요건

종류	질병 휴직	병역 휴직	생사 불명	법정의무 수행	노조 전임자
근거	교육공무원법 44조 1항 1호	교육공무원법 44조 1항 2호	교육공무원법 44조 1항 3호	교육공무원법 44조 1항 4호	교육공무원법 44조 1항 11호
요건	신체정신상의 장애로 장기요양을 요할 때	병역의 복무를 위하여 징집·소집된 때	천재지변·전시·사변·기타의 사유로 생사·소재가 불명할 때	기타 법률에 의한 의무를 수행하기 위하여 직무를 이탈할 때	노동조합 전임자로 종사할 때
기간	1년 이내	복무 기간	3월 이내	복무 기간	전임 기간
경력 인정	경력 미산입 승급 제한 (단, 공무 질병인 경우는 포함)	경력 산입 승급 인정	경력 제외 승급 제한	경력 산입 승급 인정	경력 산입 승급 인정
결원 보충	6월 이상 휴직 시 결원 보충	6개월 이상 휴직 시 결원 보충	결원 보충 불가	6개월 이상 휴직 시 결원 보충	6개월 이상 휴직 시 결원 보충

봉급	봉급 7할 지급 (공무상 질병은 전액 지급)	미지급	미지급	미지급	미지급
수당	공통 수당 7할/기타 수당은 차등 지급	미지급	미지급	미지급	미지급

표 Ⅲ-10-6 청원 휴직의 종류 및 요건

종류	유학 휴직	고용 휴직	육아 휴직	연수 휴직	간병 휴직	동반 휴직
근거	5호	6호	7호	8호	9호	10호
요건	학위취득 목적 해외유학/외국에서 1년 이상 연구 · 연수	국제기구 · 외국 기관·국가기관·재외교육 기관·대통령령으로 정하는 민간단체에 임시로 고용	만 8세 이하의 초등학교 취학 전 자녀양육·여자교육공무원의 임신·출산/만19세 미만의 아동을 입양하는 경우	교육부장관이 지정하는 국내 연구기관이나 교육기관 등에서 연수	사고 또는 질병 등으로 부모, 배우자, 자녀 또는 배우자의 부모의 간호	배우자의 국외근무 · 유학
기간	3년 이내 (학위 취득시 3년 연장 가능)	고용 기간	자녀 1인에 대하여 1년 이내(여교원은 3년 가능)	3년 이내	1년 이내 (재직기간 중 총 3년을 초과 못함)	3년 이내 (3년 연장 가능)
경력 인정	경력 5할 승급 인정	경력 산입 승급 인정	경력 및 승급 1년 이내 인정	경력 5할 학위 취득만 승급	경력 제외 승급 제한	경력 제외 승급 제한
결원 보충	6개월 이상시 결원 보충	6개월 이상시 결원 보충	6개월 이상시 결원 보충	6개월 이상시 결원 보충	6개월 이상시 결원 보충	6개월 이상시 결원 보충
봉급	봉급 5할 (3년까지만)	지급 안함	지급 안함	지급 안함	지급 안함	지급 안함
수당	공통 수당 5할 (3년까지만)	지급 안함	월 50만원 (1년 이내)	지급 안함	지급 안함	지급 안함

한편, 교원이 휴직 기간 중 그 사유가 없어지면 30일 이내에 임용권자 또는 임용제청권자에게 신고하여야 하며, 임용권자는 지체 없이 복직을 명하여야 한다. 휴직 기간이 끝난 교육 공무원이 30일 이내에 복귀 신고를 하면 당연히 복직하게 된다.

(2) 교원의 휴가

교육 공무원의 휴가의 규정은 국가공무원복무규정, 공무원근무사항에 관한 규칙, 공무원휴가업무예규, 교원휴가업무처리요령 등에 근거한다. 학교의 장은 휴가를 허가함에 있어 소속 교원이 원하는 시기에 법정 휴가 일수가 보장되도록 한다. 다만, 휴가로 인한 수업 결손 등이 발생하지 않도록 하기 위해서 부모의 생신일, 기일 등을 제외하고는 특별한 사유가 없는 한 방학 중에 실시한다. 교원이 휴가를 하는 경우에는 수업 및 담당 업무 등을 학교장이 정한 자에게 인계하여 업무의 연속성을 유지할 수 있도록 해야 한다. 교육 공무원의 휴가는 연가, 병가, 공가, 특별 휴가 등으로 구분된다.

가. 연가

교원의 연가는 심신의 휴식을 가짐으로써 업무의 능률을 높이고 교원 개인의 생활 편의를 위하여 사용하는 휴가제도이다. 연가는 공무외의 국외여행, 병가기간 만료 후 계속 요양을 요할 때 등을 제외하고는 1회 6일 이내로 허가한다. 또한, 연가 일수가 7일을 초과하는 자에 대하여는 연 2회 이상으로 분할하여 허가한다. 그 외의 연가사용에 관한 내용은 공무원 연금법 제23조를 참조하면 된다. 교원의 재직 기간별 연가일수(국가공무원 복무규정 제15조 1항)는 [표 Ⅲ-10-7]과 같다.

표 III-10-7 재직기간별 연가일수

재직기간	연가일수	재직기간	연가일수
1월 1년 미만	11일	4년 이상 5년 미만	17일
1년 이상 2년 미만	12일	5년 이상 6년 미만	20일
2년 이상 3년 미만	14일	6년 이상	21일
3년 이상 4년 미만	15일		

나. 병가

병가는 질병 또는 부상으로 교원의 직무를 수행할 수 없는 경우 또는 전염병에 걸려 건강에 영향을 줄 경우에 부여되는 휴가제도이다. 병가는 일반 병가와 공무상 병가가 있다. 일반 병가는 연 60일 이내로 하고, 질병이나 부상으로 인한 지각·조퇴 및 외출은 누계 8시간을 병가 1일로 계산한다. 공무상 병가는 공무상 질병 또는 부상으로 직무를 수행할 수 없거나 요양을 요할 경우에 해당하며, 그 기간은 연 180일 이내이다. 병가 일수가 연간 6일을 초과하는 경우에는 의사의 진단서를 첨부하여야 한다. 그 외의 사항은 국가공무원 복무규정 제22조 등을 참조하면 된다.

다. 공가

공가는 교원이 국가기관의 업무수행에 협조하거나 법령상 의무를 이행할 경우에 부여받는 휴가제도이다. 공가의 내용은 주로 병역법 관련사항, 국가기관에 소환되는 경우, 승진 등의 시험에 응시하는 경우 등으로 다양하다. 그 외의 사항은 국가공무원 복무규정 제19조를 참조하면 된다.

표 III-10-8 경조사 휴가

구분	대상	일수
결혼	본인	5
	자녀	1
출산	배우자	5
입양	본인	20
사망	배우자, 본인 및 배우자의 부모	5
	본인 및 배우자의 조부모 · 외조부모	2
	본인 및 배우자의 형제 · 자매	1
	자녀와 그 자녀의 배우자	2

라. 특별휴가

교원의 특별휴가는 사회통념 및 관례상 특별한 사유가 있는 경우에 부여받는 휴가 제도이다. 특별휴가는 경조사 휴가와 기타 휴가로 나눌 수 있다. 경조사 휴가가 2일 이상인 경우에는 그 사유가 발생한 날을 포함하여 전후에 연속하여 실시해야 한다. 휴가기간 중에 포함된 공휴일은 휴가일수에 포함된다(국가공무원 복무규정 제20조 1항 참조).

기타 휴가로 출산휴가는 출산 전후 90일(한번에 둘 이상의 자녀를 임신한 경우에는 120일)의 출산휴가를 승인하되, 출산 전 휴가기간이 45일(한번에 둘 이상의 자녀를 임신한 경우에는 60일) 이상이 되도록 해야 한다. 여성교원은 생리기와 임신한 경우 검진을 위하여 매월 1일의 여성보건휴가를 얻을 수 있고, 여성보건휴가는 무급이다. 임신 중인 여성 공무원은 1일 2시간의 범위에서 휴식이나 병원 진료 등을 위한 모성보호시간을 받을 수 있다.(국가공무원 복무규정 제20조 4항). 5세 이하의 자녀가 있는 공무원은 자녀를 돌보기 위하여 24개월의 범위에서 1일 최대 2시간의 육아시간을 받을 수 있다(국가공무원 복무규정 제20조 5항). 또한, 인공수정 또는 체외수정 등 불임치료 시술을 받는 공무원은 시술 당일에 1일의 휴가를 받을 수 있으며, 체외수정 시술의 경우에는 난자 채취일에 1일의 휴가를 추가로 받을 수 있다. 마찬가지로 임신 중인 공무원이 임신 16주 이후 유산(모자보건법 제14조 제1항에 따라 허용되는 경우 외의 인공임신중절에 의한 유산은 제외) 또는 사산한 경우에는 유산·사산휴가를 주어야 한다(국가공무원 복무규정 제20조 제10항). 한국방송통신대학교에 재학 중인 공무원은 「한국방송통신대학교 설치령」에 의한 출석 수업에 참석하기 위하여 연가일수를 초과하는 출석 수업 기간에 대한 수업휴가를 얻을 수 있고(국가공무원 복무규정 제20조 제5항), 또한, 풍해·수해·화재 등의 재해로 인하여 피해를 입은 공무원과 재해지역에서 자원봉사활동을 하고자 하는 공무원은 5일 이내의 재해구호휴가를 얻을 수 있다(국가공무원 복무규정 제20조 제9항).

03 | 교원의 보수

(1) 교원의 봉급 및 수당

교육공무원의 보수는 공무원보수규정(4조)과 공무원수당규정에 근거하여 봉급과 각종 수당을 합친 금액이다. 기본 급여인 봉급은 직무의 곤란성과 책임의 정도 및 재직기간 등에 따라 계급별, 호봉별로 지급된다. 수당은 직무여건 및 생활 여건 등에 따라 지급되는 부가급여이다. 보수는 개인이 조직에 기여한 대가로 주어지는 제반 금전적 및 비금전적 보상이다. 보수의 종류는 학력, 자격, 연령 등을 기준으로 근속연수에 따라 보수 수준을 결정하는 속인급 보수체계인 연공급, 직무의 양과 질에 따라 보수를 결정하는 직무급, 연공급과 직무급을 절충한 절충급 등이 있다. 교원은 고도의 전문성을 갖는 직업이기 때문에 직위별로 직무와 능률이 다르다고 볼 수 없으므로 연공급에 속한다(김재덕, 2013: 191).

교원의 호봉은 학력과 자격, 경력에 의한 보수 지급을 원칙으로 하는 단일호봉제를 채택하고 있기 때문에 동일 학력, 자격, 경력이면 동일한 호봉에 의한 보수를 지급받는다(교원 호봉별 봉급표는 안전행정부 교육공무원 보수규정 참조). 교원의 호봉은 1호봉부터 40호봉까지 있으며, 한 호봉의 단위는 1년이다. 초임 호봉의 획정은 학력, 임용 전 경력, 기산호봉을 합산하여 이루어지며, 그 계산 방법은 다음과 같다.

[호봉확정 = 기산호봉 + (학력－16) + 기산연수 + 환산경력연수]

예를 들어, 2급 정교사 자격증을 받고 대학을 졸업할 경우는 기산호봉은 8이며, 기산연수(수학연한 2년 이상인 사범계학교 졸업한 경우)는 1이 되어 총 9호봉이 된다. 환산경력연수에는 군복무 기간, 기간제 교원 근무 경력, 기타 경력 등이 반영된다.

유치원·초등학교·중학교·고등학교의 기간제 교원에 대해서는 산정된 호봉의 봉급을 지급하되, 고정급으로 한다(교육공무원법 8조). 다만, 연금 수급자의 기간제 교원의 봉급은 14호봉을 넘지 못하며(교육공무원법 제32조제1항 제4호), 시간제로 근무하는 기간제 교원으로 임용된 사람에게 지급하는 월봉급액은 해당 교원이 정상근무 시 지급받을 봉급월액을 기준으로 하여 근무시간에 비례하여 지급한다(교육공무원임용령 제13조 제2항).

보수에는 봉급 외의 부가급여인 각종 수당이 포함된다. 그 수당에는 전체 공무원이 받는 수당과 교원만 받는 수당이 있다. 이에 대한 교육 공무원의 수당체계의 구체적인 내용은 다음의 [표 Ⅲ－10－9]와 같다.

표 Ⅲ-10-9   교육 공무원의 수당체계

구분		수당명칭	대상 및 지급조건
전공무원공통수당 (9종)	봉급비례수당	상여수당 정근수당	• 모든 교육 공무원, 2회(1, 7월)·근무연수별 11등급 1~2년 봉급의 5%, 2~3년 10%…, 10년 이상 50%
		상여수당 성과상여금	• 근무성적, 업무실적 우수자에게 전년도 월봉급액(교사 26호봉, 교감 30호봉, 교장 35호봉)의 % S(지급기준액의 185% 이상), A(130%), B(85% 이하)
		관리업무수당	• 각급 학교 교장, 장학(교육연구)관(4급상당)·월봉급액의 7.8%
	월정액수당	정근수당가산금	• 5년 이상 근속 교육 공무원·4등급: 5-9년(5만원), 10-14년(6만원), 12-19(8만원), 20년 이상(10만원)
		가계보정수당 가족수당	• 부양가족이 있는 교육 공무원 • 4인 이내(자녀일 경우 4인 이상도 가족수당 지급)
		가계보정수당 자녀학비보조수당	• 중고생 자녀가 있는 교육공무원 4회(2, 5, 8, 11월)

구분			수당명칭	대상 및 지급조건
			육아휴직수당	• 월 100-50만원 · 최초 휴직일로부터 1년 이내
		특수지근무수당		• 도서벽지 근무 교원(가나다라 지역 각각 6, 5, 4, 3만원)
		시간외근무수당		• 정규근무시간외 근무 교육 공무원 • 월정액별도 지급(월 10시간분)
특수업무수당(3종12)		연구업무수당2(장학연구)		• 장학(연구)관 5년 이상 2.2만원, 5년 미만 3.7만원 • 장학(연구)사 5년 이상 1.7만원, 5년 미만 3.2만원
		연구업무수당9(연수기관)		• 교육연수기관에 근무하는 원장, 교수, 부교수, 조교수, 부장 • 부장, 장학(연구)관, 장학(연구)사, 교사-8만원
		보전수당		• 국 · 공립 중 · 고 교원(도서벽지로 5년 미만 1.8만원) • 국 · 공립 중 · 고 교원(도서벽지 외 5년 미만 1.5만원) *2014년 국 · 공립 유 · 초등학교 교원 보전수당 폐지
		보전수당가산금		• 교(원)장 6.7만원, 교(원)감 5.7만원, 보직 5.2만원, 교사 4.7만원 가산금
		교직수당		• 장학(연구)관, 장학(연구)사, 고교이하 교원(월25만원)
		교직수당가산금1(원로교사)		• 교육경력 30년 이상 경력에 55세 이상 교사(월5만원)
		교직수당가산금2(보직교사)		• 고교이하 각급 학교 보직교사(월15만원) ※ 2024년부터 월7만원에서 월15만원으로 이상
특수업무수당(3종12)		교직수당가산금3(특별교원)		• 국공립 특수학교 교원, 특수학급 특수교사, 특수교육지원센터 교원(월12만원) ※ 2024년부터 월7만원에서 월12만원으로 이상 • 유 · 초등 미감아담당(월7만원) • 국악학교 및 국악고교와 고교부설방통겸직 교원(월5만원) • 통학버스 월10회 이상 동승교원(월3만원)
		교직수당가산금4 (학급담당교사)		• 고교이하 학급담당 교사(월20만원) ※ 2024년부터 월13만원에서 월20만원으로 이상
		교직수당가산금5 (특성화고교원)		• 농 · 공 · 수산 · 해운 · 공업 · 디자인 · 전자통신 · 상업 · 축산계 등의 고교 교장 · 교감과 해당 담당교원 6단계 호봉별로 지급(월 2.5만원-5만원) ※ 기계 · 전자공고 교장 · 교감 · 담당교사 가산지급(1만원)

구분	수당명칭	대상 및 지급조건
실비 변상 등(3종)	교직수당가산금6(보건교사)	• 고교이하 각급 학교 보건교사(3만원)
	교직수당가산금7(겸임교원)	• 병설유치원 원장·감을 겸임하는 초등교장·감, 통합·운영학교 교장으로 초중고교의 교장 겸임/겸임교장(월10만원), 겸임교감 (월5만원)
	교직수당가산금8(영양교사)	• 고교이하 각급 학교 영양교사(3만원)
	교직수당가산금9(사서교사)	• 고교이하 각급 학교 사서교사(2만원)
	교직수당가산금10 (전문상담교사)	• 교육행정기관 및 고교이하 상담교사 및 순회교사(월2만원)
	정액급식비	• 모든 교육 공무원(13만원)
	명절휴가비	• 모든 교육 공무원 봉급의 60% 연2회(추석, 설)
	직급보조비	• 교장, 장학(연구)관(4급상당): 45만원, 교감: 30만원, 장학(연구)사: 15.5만원 ☞ 가계지원비 및 교통보조비는 삭제됨 (2011.1.10)

출처: 신현석 외(2013a), 인사혁신처 보도자료(2024.1.2.)

(2) 교원의 성과상여금

가. 성과상여금의 도입취지

업적급·능률급·유인급·장려급 등으로 불리기도 하는 성과급(成果給, piece wages 또는 performance awards)은 개인이나 집단이 작업성과나 직무수행의 결과, 능률 평가 또는 산출고를 기준(조직에 기여할 수 있는 잠재성이 아니라 현실화된 기여도를 기초로 산출)으로 결정 하는 보수를 말한다. 성과급은 생산성을 높이려는 데 주된 목적이 있으며, 직무수 행의 실적에 따라 보수가 지급되기 때문에 근로자들에게 합리성과 공평감을 주고, 동기유발 및 사기를 높이는 장점을 가지고 있다(Naver 백과사전, 2013).

이러한 성과급의 개념을 적용한 교원 성과급제도는 공직사회의 경쟁력과 생산성을 제고하고, 창의적이고 열심히 일하는 공직분위기를 조성하기 위해 도입된 제도로서, 교원의 능력개발을 통한 전문성 신장을 높이고 사기진작과 동기부여의 효과를 증진하기 위해 도입된 제도이다. 현행 교원성과상여금은 공무원 중 근무성적, 업무실적 등이 우수한 사람에게 예산의 범위 내에서 성과상여금을 지급한다(공무원 수당 등에 관한 규정 제7조2).

사실, 호봉에 따라 봉급(기본급)이 지급되는 호봉제를 근간으로 한 기존의 단일보수체제는 오직 연공서열과 장기근속에 근거하여 교원을 보상하기 때문에 교원의 수업시수와 업무량, 학교 분장 업무와 책임도, 연수 및 연구실적, 새로운 지위의 획득 등 능력과 실적을 호봉 획정에 전혀 반영하지 않고 있어서 교사들이 힘든 일을 기피하고 연수 및 연구활동에 소극적으로 임하도록 만들었다(송광용, 1995).

또한, 교직에 종사함에 따라 자연적으로 호봉이 올라가기 때문에 개인적 발전 및 전문성 신장, 그리고 특별한 재능과 장점을 발휘하도록 동기를 부여하지 못한다는 비판 등이 제기되었다. 이에 교원의 기본적인 보수수준이 상향되어야 함은 물론이고 다양한 평가기준에 따라 교원들의 성과를 봉급으로 보상해 주어야 할 것이라는 주장이 계속되었다. 이러한 주장이 본격적으로 제도화되기 시작한 출발점은 1995년 5월 31일에 발표된 대통령자문 교육개혁위원회의 2차 보고서이다. 이 보고서에서 대통령자문 교육개혁위원회(1995)는 품위 있고 유능한 교원육성을 위한 방안의 하나로 능력중심 승진·보수체계로의 개선을 제시하였다. 즉, 학교경영의 결과를 종합적으로 평가하여 능력 있는 교원이 우대받도록 하고, 일의 양과 어려움에 따라 보수를 차등화 하여 교원의 보수체계를 합리적으로 개편하고자 하였다.

이에 1995년, 중앙인사위원회는 업무실적이 우수한 공무원에 대해 1년에 한 차례 특별상여수당을 지급하는 것을 내용으로 하는 '능력 및 실적 반영 승진, 보수체제'를 발표하였고, 1996년과 1997년 두 차례에 걸쳐 성과금이 지급되었으나, 이는 IMF 경제 위기로 인해 곧 중단되었다. 그러나 1998년, 국민의 정부가 출범하면서 100대 개혁과제의 하나로 성과급제도가 선정되었고, 일반 공무원들의 70%, 지급률을 50~150%로 하여 2001년 2월 성과금이 지급되었으나, 교원들의 경우에는 교원단체들의 반대 등으로 인해 시행이 유보되어 2002년, 전 교원을 대상으로 90% 균등지급, 10% 차등지급하는 형태로 성과금이 지급되었다.

나. 개인성과금

교원의 성과상여금은 개인성과금과 학교성과금이 있었으나, 학교성과금은 없어지고 현재는 개인성과금을 100% 지급하고 있다. 성과금 지급대상자는 고등학교 이하 각급 학교의 교원(교장, 교감 포함), 교육부 및 시·도 교육청 등의 장학관, 교육연구관, 장학사 등이다. 개인성과금의 평가등급은 S(30%), A(50%), B(20%) 등 3등급으로 구분된다. 개인성과금은 교원 개인 간의 선의 경쟁과 사기진작을 통해 학교의 교육력 제고가 주된 목적이다. 교원성과 상여금 지급방법과 지급률은 [표 Ⅲ-10-10]과 같다.

표 Ⅲ-10-10 교원성과상여금 지급방법 및 지급률

구분	균등지급액	차등지급액(조정지급액 기준)			총지급액		
		차등지급률	S (30%)	A (50%)	B (20%)	S (30%)	A (50%)	B (20%)
개인성과급 (100%)	지급액의 50%~0% (a)	50%~100% 중 자율결정	b	c	d	a+b	a+c	a+d

대상	차등지급률	총지급액(균등+차등)			차액(S-B)
		S	A	B	
교사, 장학사, 교육연구사	50%	4,817,050	4,033,790	3,446,340	1,370,710
	60%	4,950,210	4,010,290	3,305,360	1,644,850
	70%	5,083,360	3,986,790	3,164,370	1,918,990
	80%	5,216,510	3,960,290	3,023,380	2,193,130
	90%	5,349,670	3,909,800	2,882,390	2,467,280
	100%	5,482,830	3,916,310	2,741,410	2,741,420

출처: 서울시교육청교육연구정보원(2022) 교육공무원 성과상여금 지급기준.

(3) 교원의 보수체계의 특징과 시사점

현행 교원의 수당과 상여금의 특징과 시사점을 통해 교원의 보수체계를 좀 더 이해하는 데 도움이 될 수 있을 것이다. 따라서 수당과 상여금의 특징을 살펴보면 다음과 같다(신현석 외, 2013a: 202).

첫째, 수당이 총 24개로 너무 많다. 이는 봉급의 비율을 낮게 만들고 수당 본래의 역할을 하지 못해 동기유발 효과를 제공하지 못하고 있다. 또한, 교원의 특수성을 인지할 수 있는 수당은 교직수당이 유일하다. 즉, 특수업무수당은 3종 12류이지만 교원이 현실적으로 명분을 인지할 만한 수당은 월 25만원의 교직수당이다.

둘째, 수당지급 명분이 불분명한 경우가 있고(신현석 외, 2013a: 62-63. 재인용), 연가보상비가 지급되지 않는다. 이는 방학기간을 연가와 결부하여 인식하기 때문이다.

셋째, 성과상여금 지급을 위한 평가기준이 현실화되고 있다. 수석교사제의 법제화에 따라 개인성과급 평가기준에 수석교사 여부가 포함된 것이 하나의 예이다.

위에서 제시된 교원의 수당과 성과상여금의 특징을 통하여 몇 가지 시사점을 살펴보면, 첫째, 수당체계의 단순화 및 합리화가 필요하다. 현행 교원의 보수는 수당 위주로 되어 있어 복잡하고, 그 결과 교원의 합리적인 보수의 명분을 저해한다. 또한, 교원의 직무연계 수당체계로의 개편이 필요하다. 현행 수당 중 근무와 관계있는 수당은 관리업무수당, 특수지근무수당, 특정교사가 해당되는 교직수당가산금 중 일부 정도이다.

둘째, 교원의 전문성 보상 및 향상과 우수교원 유인을 위한 수당체계로의 개편이 필요하다. 교직의 전문성을 반영한 수당으로 여겨지는 보직교사수당, 학급담임수당 등은 직무 곤란도에 따른 보상체계 성격이 강하다(조평호, 2003. 재인용). 물론 교원의 전문성 개념에 대한 논란의 소지가 있지만 학급담임수당과 보직교사수당이 전문성 향상에 기여할지 의문이다.

셋째, 성과상여금 지급을 위한 합리적 기준 마련이 필요하다. 각급 학교에서는 개인성과급의 경우에 평가항목은 시도교육청 지침을 통해 제시하지만 구체적인 평가 기준은 단위학교가 자체적으로 정하게 되어 있다. 이로 인해 평가기준이 분명하지 못하거나 객관성이 떨어지면 성과금으로 인한 학교 조직의 갈등과 혼란이 야기된다. 또한 관리자나 특정교사에 의한 독단적인 평가가 될 가능성이 있다는 비판이 제기되고 있다(신현석 외, 2013a: 215-219).

그 밖에 현행 수당지급체계가 적극적으로 현실을 반영하는 수당체계로 전환하는 것이 필요하다. 그 이유는 현행의 비현실적인 수당체계로 인하여 교원의 교육력 제고의 유인 기제나 사기진작으로 활용되지 못하고, 다른 조직에 비해 학교 조직의 생존권적 권리가 너무 미미하다는 불만의 목소리가 학교 현장에서 커져가고 있기 때문이다. 따라서 현실을 반영한 수당체계로의 전환을 통해 교원의 보수체계도 현실화되어야 할 것이다.

04 | 교원의 전보 및 전직

(1) 교원의 전보

중등학교 교원 신규임용 및 전보에 관한 규정에 의하면 전보의 목적은 산하학교 교사 간의 교류를 통하여 침체를 방지하고 교육활동에 활력을 고취하기 위하여 정기적으로 전보를 시행한다. 전보는 동일한 직렬의 계급 또는 직급으로 수평적 이동을 하는 것이다. 즉, 교육공무원의 동일직위 및 자격 내에서의 근무기관이나 부서를 달리하는 임용을 말한다. 예를 들어, A고등학교에서 B고등학교로 수평적 이동하는 것을 말한다.

교원의 전보는 정기전보와 수시전보로 구분한다. 서울시 교육청의 경우, 초등학교는 전보를 전산 전보와 비전산 전보로 구분하고 있고, 중등학교는 교과과목에 따른 교원전보를 모두 수작업으로 하는 정기전보와 비정기 전보로 구분한다. 정기전보는 매 학년도 시작 전에 실시하는 것을 원칙으로 한다. 다만, 필요한 경우에는 수시로 전보를 시행할 수 있다. 전보의 일반원칙은, ① 전보는 현임교에서 5년 이상 근속한 교원을 대상으로, ② 전보인사 시에는 가급적 동일학교에 친인척이 배치되지 않도록 함은 물론 연령, 성별, 출신교 등의 구성비도 함께 고려하여, ③ 근속연수 산정 시 1학기 이상 현임교에서 실제로 학생지도에 임하지 않은 기간은 제외한다.

전보대상자 선정은 각 학교장은 매 학년도 시작 2개월 전에 소속 학교의 전보대상자 명부를 해당 지역 교육청에 작성·제출하고, 필요한 경우 전체 교원을 대상으로 희망근무지를 조사하고 그 결과를 전보에 참고할 수 있다. 또한, 본인이 원하거나 학교운영상 필요한 경우에는 고등학교 교사를 중학교에, 중학교 교사를 고등학교에 전보 배치할 수 있다. 타 지역 전보는 원칙적으로 생활근거지 이외의 지역으로 전보하지 않는다. 다만, 본인의 동의가 있거나 특히 필요한 경우는 예외로 한다.

그러나, '① 현임교 재직기간이 5년 미만인 교원, ② 현재 휴직, 파견, 직위해제 중인 교원, ③ 정년 잔여기간이 3년 이하인 교원, ④ 특정학교에만 개설된 교과목 담당 교원, ⑤ 기타 위원회에서 제외대상으로 포함한 경우 등'의 경우에는 전보대상에서 제외한다. 다만, 본인이 희망하는 경우에는 전보할 수 있다.

현행 교원의 전보제도가 교원 간의 교류를 통하여 교육활동의 활력화라는 좋은 목적이 있음에도 불구하고 다음과 같은 문제점이 있다.

첫째, 서울시 교육청의 경우 '2010학년도 중등학교교원 및 교육전문직인사관리 원칙개정안'은 학교장 임의로 교사를 전보할 수 있는 '특별전보사유' 조항이 신설됐는데, 그 기준의 세부사항이 모호하여 학교장의 인사권 남용이 우려된다. 특별전보사유 조항에 따르면, ① 직무수행능력이 부족하거나 근무성적이 저조한 교원, ② 주의 또는 경고 처분을 받은 교원(교육공무원법제10조의3, 제1항), ③ 당해 학교에서 재직하는 동안 3회 이상의 주의 또는 경고 처분을 받은 교원 등이 전보 조치를 받는다. 이러한 내용은 객관적인 기준이 모호하여 학교장이 임의적으로 해석할 우려가 있다. 능력 부족교원은 해결은 전보가 아닌 교원능력프로그램 연수 등과 같은 것으로 해결하는 것이 바람직하다(대학신문, 2009.11.14).

둘째, 과도한 비전산의 전보에 의한 인사의 공평성 결여이다. OhmyNews(2011.

06.22일자)에 의하면 서울시 943명의 초등 교사들을 대상으로 '비전산 전보에 대한 선생님의 생각은 어떠하신지요?'란 물음에 22일 공개한 결과(95% 신뢰수준에 ±2.5%)를 보면, [표 Ⅲ-10-11]과 같이 비전산 전보에 대한 불만이 매우 컸다(94.2%). 그 불만의 이유는 과도한 비전산적 전보는 학교장이 원하는 교원을 마음대로 초빙할 수 있어 인사의 공평성이 확보되지 못하여 상대적으로 불이익으로 받는 비전산 전보에 대한 불공평의 문제이다.

서울시 교육청은 초등학교의 비전산 전보 비율을 2012년에는 22.2%(이데일리 뉴스, 2012. 2. 13일자)였으나, 2017년(아주경제 뉴스, 2017. 2. 3일자)과 2018년(머니투데이 뉴스, 2018. 2. 1일자)은 15%로 제한하였는데, 이는 순환근무의 원칙을 강화하고 인사의 투명성을 높이기 위한 것이라고 하였다.

표 Ⅲ-10-11 '비전산 전보'에 대한 생각

구분	빈도(명)	퍼센트(%)	누적 퍼센트(%)
당장 폐지	243	25.8	25.8
비율 줄여야	645	68.4	94.2
적당	33	3.5	97.7
더 늘려야	6	0.6	98.3
기타	16	1.7	100.0
합계	943	100.0	

(2) 교원의 전직

교원의 전직은 다른 직렬의 계급 또는 직급으로의 수평적 인사이동이다. 예를 들어, 교원이 장학사, 연구사, 장학관으로 이동하거나 초등 교원이 중학교 교원으로 이동하는 경우이다. 교육직공무원이 교원으로 전직할 때에는 교원에서 교육전문직공무원으로 전직할 당시의 직위로 전직하여야 한다. 다만, 교육전문직공무원으로 2년 이상 근속한 자는 임용권자가 정하는 기준에 따라 교장 또는 교감으로

전직할 수 있고, 교육경력이 10년 이상이고 교육전문직공무원 경력이 10년 이상인
자는 전직될 직위에 제한을 받지 않는다.

정리하기

❶ 교원은 교육공무원의 신분으로서 교육의 권리와 의무가 있다. 그러나 교원은 법적인 권리와 의무를 수행하고, 의무불이행으로 인한 징계를 받지 말아야 한다는 것, 이전에 교원의 본질적인 역할을 인식하고 그 역할을 실천하는 것이 중요하며, 그 역할을 잘 수행할 때 교권이 향상되고 교육자로서 의미와 자긍심이 높아질 것이다.

❷ 교원의 휴직은 병이나 사고로 인하여 신분과 자격을 유지하면서 일정기간 동안 직무를 중지하는 것이고, 휴가는 대부분 교원 개인의 사생활과 관련하여 일정기간 업무를 중지하는 것이다. 휴직과 휴가는 교원의 근무환경 측면에서 매우 필요한 요소들이나, 특별한 경우를 제외하고는 학생의 교육활동에 지장을 주지 않도록 유의하여 사용해야 한다.

❸ 교원의 보수는 직무의 곤란성과 책임의 정도 및 재직기간 등에 따라 계급별, 호봉별로 지급되는 봉급과 직무여건 및 생활여건 등에 따라 지급되는 부가급여인 수당으로 구성된다. 또한, 교원의 성과금은 교원의 능력개발을 통한 전문성 신장을 높이고 사기진작과 동기부여의 효과를 증진하기 위한 제도이다.

❹ 교원의 교사 간 교류를 통한 침체 방지와 교육활동의 활력을 목적으로 하는 전보는 동일한 직렬의 계급 또는 직급으로 수평적 이동을 하는 것이다. 전직은 다른 직렬의 계급 또는 직급으로 수평적 인사이동이다. 특히, 교원의 교육활동의 활력화가 목적인 전보의 경우에는 객관적인 기준에 의해 공정하고 합리적으로 이루어지는 것이 매우 중요하다.

학습문제

01 교육공무원으로서의 교원의 권리와 의무를 비교하여 설명하고, 학생인권 보호와 학부모 협력을 통한 교육활동 및 교권이 강화될 수 있는 구체적 방안을 제시하시오.

02 교원의 휴직의 내용과 휴가의 종류를 구분하여 설명하고, 교원 개인이 휴가를 사용할 때 수업결손의 문제가 발생할 경우에는 어떠한 조치를 취해야 하는지를 설명하시오.

03 현행 교원 성과급제에 대한 자신의 찬성 또는 반대의 입장을 구체적으로 제시하시오.

학교중심의 교육행정 및 교육경영

PART 4

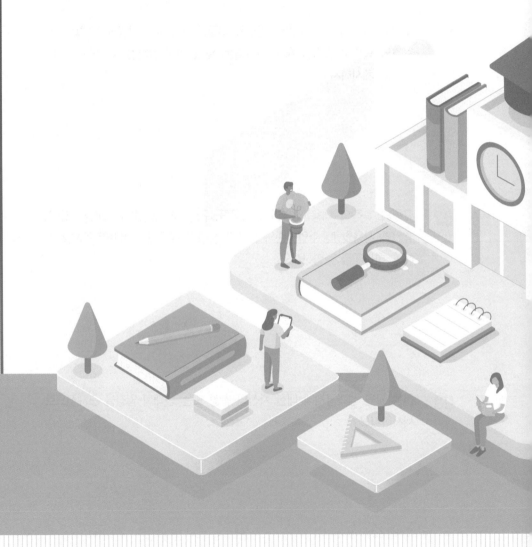

교육제도와 정책

학교중심의
교육행정 및 교육경영

CHAPTER 11

교육제도

 학/습/목/표

- 우리나라 현행 학제의 기본구조를 이해하고 그 문제점을 설명할 수 있다.
- 지방교육자치제의 기본원리를 이해하고 교육감의 권한과 책임을 설명할 수 있다.
- 학교운영위원회의 이론적 배경을 이해하고, 학교운영위원회 활성화의 필요성과 구체적인 방안을 설명할 수 있다.

생각해보기

　　급격한 변화, 불확실성, 다양성의 확대라는 환경변화는 교육제도에서도 변화를 요구하고 있다. 일례로 기존의 중앙집권적 의사결정방식은 한계를 보이면서 점차 학교 현장으로 권한이 이동하고 있다. 이러한 환경변화에 적응하고 당면하는 교육 문제를 해결하기 위하여 학교 현장은 노력을 경주하고 있다. 그러나 학교정책당사자들의 행위는 구조적 틀로부터 자유로울 수 없기에 구조적 틀인 교육제도에 대한 폭넓은 이해가 요구된다. 예컨대, 교육과정이나 교원성과급 지급기준을 학교단위에서 자유로이 결정할 수 없고, 중앙 및 지방교육행정 제도가 규정한 권한구조에 제약을 받게 된다. 따라서 교육문제를 해결하고 공공가치를 창조하기 위한 사회적 조정양식의 핵심을 차지하는 중앙, 지방, 학교 교육행정조직의 권한과 역할 등에 대하여 생각해볼 필요가 있다. 아울러, 교육제도의 핵심을 차지하는 학교제도가 어떻게 교육현장에 영향을 미치고 있는지를 탐구해볼 필요가 있다.

01 | 학교제도

(1) 교육제도의 구성

교육제도란 국가의 교육이념 및 교육목적을 달성하기 위한 국가적 차원의 인위적 장치로서 교육활동, 학생·교원, 교육기관, 교과용 도서 그리고 조직 및 기구 등에 관한 표준은 물론 기준을 총칭한다(한국교육행정학회, 1996). 이와 같이 교육제도는 교육관련 행위자들의 행동을 제약하고 규율하고 조장하는 구조로서 작용한다. 따라서 학교 이해당사자들은 교육제도와 그 영향력에 대한 깊은 이해와 성찰이 요구된다.

교육제도는 학교제도, 교육행정제도, 교육과정제도, 교육재정제도, 사회교육제도 등 다양한 교육관련 제도를 포함하고 있다. 이 중 교육행정제도는 중앙교육행정제도, 지방교육행정제도, 단위학교행정제도 등이 중심을 이루고 있다. 이 장에서는 학교제도, 중앙 및 지방교육행정제도로서 중앙 및 지방교육행정조직, 단위학교행정제도로서 학교운영위원회를 중심으로 살펴보고자 한다.

(2) 학교제도의 구조 및 유형

교육의 주체는 역사적으로 가정, 교회, 학교로 변화해왔다. 근대 공교육제도가 형성되면서 학교가 교육의 중추적 역할을 담당하게 되었고, 이에 따라 학교제도는 교육제도의 핵심을 차지하게 되었다. 학교제도는 학교교육제도 또는 줄여서 학제라고도 불린다. 일반적으로 교육제도 중에서 가장 핵심이 되는 제도여서 보통 교육제도라고 할 때는 학제만으로 좁혀서 이해되기도 한다. 학교제도는 각종 학교를 고립적으로 보는 것이 아니라 각 학교 간에 존재하는 일종의 관련성과 전체 구조를 파악하려는 것이다(김영식 외, 1982; 윤정일 외, 2008).

학제의 구조는 계통성과 단계성으로 구성된다. 계통성이란 어떠한 교육을 하고 있는가, 또는 어떤 계층의 취학자를 대상으로 하고 있는가를 나타낸다. 예를 들면, 귀족학교와 서민학교 계통, 인문계학교와 실업계학교 등이 있다. 단계성은 어떠한 연령층을 대상으로 하는가, 혹은 어느 정도의 교육단계인가를 나타낸다. 일반적으로 취학전 교육, 초등교육, 중등교육, 고등교육 등으로 분류된다. 따라서 학제란 국가의 교육목표를 실현하려는 제도적 장치로서의 학교 교육을 단계별로 구분하고, 각 단계의 교육목적과 교육기간, 교육내용을 설정하고, 종적으로는 교육단계 간의 접속관계를, 횡적으로는 학교 교육과 학교 외 교육 및 교육과정 간의 연결관계를 규정함으로써 국민교육의 운영을 제도적으로 규정하는 역할을 담당하는 것이다(윤정일 외, 2008). 우리나라의 학제는 기본적으로 단선형의 6-3-3-4제로 횡적으로 구분된 초등학교, 중학교, 고등학교, 대학교라는 4개의 단계가 하나의 계통을 이루고 있다.

학교제도의 유형은 계통성을 중심으로 하는 복선형과 단계성을 중심으로 하는 단선형으로 나눌 수 있으며, 복선형과 단선형의 중간적 형태로 분기형이 있다(김영식·최희선, 1988). 복선형이란 두 가지 이상의 학교계통이 병존하면서 학교계통 간의 이동을 인정하지 않는 제도이며, 단선형이란 계열구분이 없거나 있다고 해도 구분이 뚜렷하지 않고 상호전학이 쉽도록 되어 있는 제도이다. 분기형은 기초학교 부분이 통일되고 그 위에 동격이 아닌 복수의 학교계통이 병존하는 형태이다. 이러한 학교제도 유형은 직업교육제도와 인문교육제도의 운영방식 그리고 중등교육에서 고등교육 단계로의 진학제도 운영방식과 관련된다(주삼환 외, 2009).

(3) 현행 학제의 구조

가. 기본학제

기본학제는 학제의 근간을 구성하는 현행 6-3-3-4제의 정규학교 교육에 대한 제도를 말한다. 유치원, 초등학교, 중학교, 고등학교, 대학 및 대학원으로 이루어져 있다. 유치원 취학 직전 1년은 무상교육이며, 초등학교와 중학교 단계에서 9년의 의무교육이 실시되고 있다. 초·중등교육법에 따르면 초등학교는 국민생활에 필요한 기초적인 초등교육을 하는 것을 목적으로 하며 수업연한은 6년이다. 중학교는 초등학교에서 받은 교육의 기초 위에 중등교육을 하는 것을 목적으로 하며

⚫⚫ 그림 IV-11-1 우리나라의 학제

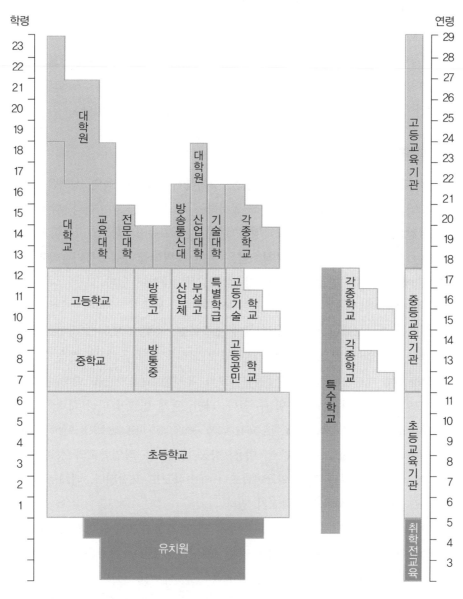

출처: 윤정일 외(2008). 교육행정학원론. p. 249를 수정 · 보완함.

수업연한은 3년이다. 고등학교는 중학교에서 받은 교육의 기초 위에 중등교육 및 기초적인 전문교육을 하는 것을 목적으로 하며 수업연한은 3년이다. 고등학교의 종류는 교육과정 운영과 학교의 자율성을 기준으로, 일반고등학교(특정분야가 아닌 다양한 분야에 걸쳐 일반적인 교육을 실시하는 고등학교), 특수목적고등학교, 특성화고등학교, 자율고등학교(자율형 사립고등학교 및 자율형 공립고등학교)로 구분한다(초중등교육법시행령 제76조의3). 고등교육기관에는 대학(대학원 및 대학원대학 포함), 교육대학, 전문대학이 있다.

나. 특별학제

특별학제는 기본학제의 보완적 기능을 수행하거나 사회교육의 성격을 가지고 정규학교의 교육과정에 준하는 교육을 실시하는 학교제도를 의미한다. 방계학제라고도 일컫는다. 여기에는 중학교과정에 해당하는 고등공민학교, 고등학교과정에 해당하는 방송통신고등학교, 근로청소년을 위한 특별학급 등, 고등기술학교, 고등교육기관에 해당하는 방송통신대학, 기술대학, 산업대학이 있다.

그 밖에 특수학교와 각종학교가 있다. 특수학교는 신체적·정신적·지적 장애 등으로 인하여 특수교육이 필요한 사람에게 초등학교·중학교 또는 고등학교에 준하는 교육과 실생활에 필요한 지식·기능 및 사회적응 교육을 하는 것을 목적으로 한다(초중등교육법 제55조). 각종학교는 정규학교와 유사한 교육기관을 말하는 것으로, 정규학교와 유사한 이름을 사용할 수 없다. 다만, 관계 법령에 따라 학력이 인정되는 각종학교(초중등교육법 제60조의2에 따른 외국인학교와 제60조의3에 따른 대안학교를 포함)는 그러하지 아니하다(초중등교육법 제60조). 간호, 미용, 항공, 통신 등 직업학교의 성격을 가진 학교들이 이에 해당하며 일부 외국인학교나 대안학교도 포함된다. 대체로 중학교, 고등학교, 대학교 과정의 각종학교가 있다.

대안학교는 통상적으로 초·중등교육법에 의한 각종학교에 포함된다. 대안학교는 학업을 중단하거나 개인적 특성에 맞는 교육을 받으려는 학생을 대상으로 현장실습 등 체험 위주의 교육, 인성 위주의 교육 또는 개인의 소질·적성 개발 위주의 교육 등 다양한 교육을 하는 학교로서 각종학교에 해당하는 학교에 대하여는 초·

중등교육법 제21조제1항(교원자격), 제23조제2항·제3항(교육과정), 제24조부터 제26조까지(수업, 학교생활기록, 학년제), 제29조(교과용 도서의 사용) 및 제30조의4부터 제30조의7까지(교육정보시스템)를 적용하지 아니한다(초중등교육법 제60조의3). 대안학교는 초등학교·중학교·고등학교의 과정을 통합하여 운영할 수 있으며, 대안학교의 설립기준, 교육과정, 수업연한, 학력인정, 그 밖에 설립·운영에 필요한 사항은 대통령령으로 정한다.

(4) 문제점

현행 학제가 지니는 문제점을 살펴보면 다음과 같다(김영철 외, 2006: 196-216).

우선, 학생의 발달단계 및 사회체제 적합성 측면에서 살펴보면, 현행 학제의 각 교육단계별 수업연한은 인간발달 및 시대와 상황 변화에 따른 교육적 요구를 적절히 반영하는데 미흡하다. 이와 관련해서 유아교육 대상 연령대의 설정 및 초등학교 취학 연령의 적합성이 논란이 되고 있다. 또한, 초등학교 고학년 학생들의 사춘기나 2차 성징의 연령이 낮아지는 상황에서 현재 초등학교 고학년을 중등교육에서 흡수하는 것이 적합한지 고려해볼 필요가 있다. 한편, 사회체제와의 적합성 측면에서 볼 때, 사회 혹은 노동시장에서 요구하는 양과 수준의 인력을 적기에 양성·공급하지 못하고 있다는 문제를 안고 있다.

둘째, 경직성 및 획일성 측면에서 볼 때, 현행 학제는 단선형 학제이면서도 폐쇄적 운영으로 학생의 수직적 이동이나 수평적 이동이 용이하지 않다. 학교 외 교육기관이 정규학교교육과 잘 연결되지 않고 있어 상호 이동이 어렵다. 이처럼 현행 학제는 제도적 유연성 혹은 대응성이 높지 않다. 아울러, 고등학교에서는 학교유형이 다양화되었지만, 초·중학교와 대학 단계에서는 학교 유형이 그리 다양화되지 못하고, 학생들의 적성과 능력에 따른 교육과정 선택도 곤란한 것으로 나타나 다양성에서 문제를 드러내고 있다.

셋째, 학제는 학교 단계를 구분하지만 단계 간 교육적 연계를 고려하여 운영되어야 한다. 전기 중등과 후기 중등단계의 연계성의 경우, 전기 중등단계가 대부분

개인의 적성을 탐색하는 단계이고, 후기 중등단계는 이러한 적성을 개발하여 진로를 결정하는 단계로 연계되어야 한다. 그러나 인기 학과 위주의 진학 풍토로 고등학교 교육의 계열과 대학 교육 계열 간 연계성 부족 현상이 심하며, 입시위주의 교육 풍토에 의해 하급학교 교육이 상급학교 교육을 충분히 준비시키고 있다고 보기 어렵다.

넷째, 학제가 비효율성을 야기하고 있다. 먼저, 현행 학제의 총 교육연한 16년이 너무 길어 결과적으로 사회 진출 연령이 늦어지고 있다. 또한 현행 단선형 학제는 대학진학 수요를 불필요하게 증가시켜 과잉교육을 초래하여 교육 낭비 현상을 낳게 하였으며, 대학 진학을 위한 입시위주교육은 학교 교육이 비정상적으로 운영되는 원인을 제공하고 있다. 아울러, 현행 학제에서 학생들의 진로교육이 제대로 이루어지질 못하게 되면서, 중등교육에서도 직업기술교육이 효율적으로 이루어지질 못하고 있다.

02 | 중앙 및 지방교육행정조직

(1) 중앙교육행정조직

중앙의 교육행정기구는 교육부다. 교육부에는 부총리겸 장관과 차관이 있으며 차관보를 둘 수 있다. 교육부장관은 인적자원개발정책, 영·유아 보육·교육, 학교교육·평생교육, 학술에 관한 사무를 관장한다. 교육부는 교육·사회·문화 분야 정책의 총괄·조정, 인적자원개발정책, 학교교육·평생교육 및 학술에 관한 사무를 관장한다. 교육부의 하부조직으로 운영지원과·인재정책실·책임교육정책실·교육복지돌봄지원국 및 교육자치협력안전국을 둔다. 그리고 장관 밑에 대변인 1명 및 장관정책보좌관 2명을 두고, 차관 밑에 기획조정실장, 사회정책협력관, 디지털교육기획관 및 감사관 각 1명을 둔다.

⚬⚬ 그림 Ⅳ-11-2 **교육부 조직도(2024.1.1 기준)**

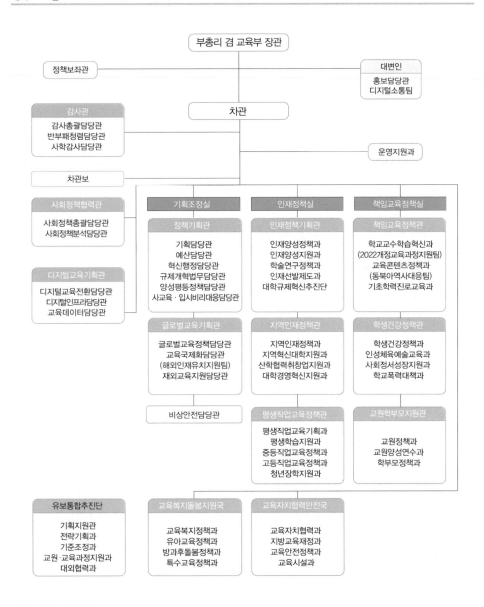

출처: 교육부 홈페이지.

우리나라는 교육에서 국가주의가 작용하여 정부－시·도교육청－학교가 계층제적 구조를 지니게 되었다. 따라서 교육부를 중심으로 한 정부가 교육정책에 가장 강력한 영향력을 발휘하고 있다. 우리나라의 역사적 맥락은 민족주의, 발전교육론을 거치면서 그리고 오랜 권위주의 정권 아래에서 공익관념에 권위주의적 함의를 강화시켰고 이에 국가주의가 제도화되어 왔다(신현석 외, 2013d). 그러나 환경변화는 국가중심 정책결정의 한계를 드러내고 있고 정부－시·도교육청－학교 간 권한배분의 재구조화를 요구하고 있다. 아울러, 정부관료제가 담당하던 영역을 다양한 참여에 의한 민주적 결정으로 대체함으로써 행정의 질을 크게 향상시킬 것을 요구하고 있다(이명석, 2001).

(2) 지방교육행정조직과 교육자치제도

가. 교육자치제의 학교에 대한 함의

우리나라의 지방교육행정조직은 교육자치제를 기본으로 하고 있다. 교육자치제란 교육행정을 일반행정으로부터 분리·독립시킨다는 교육자치와 교육운영을 중앙의 행정통제로부터 분리·독립시킨다는 지방자치라는 두 가지 자치개념을 바탕으로 하여, 교육의 자주성과 교육운영의 지방분권 및 주민자치를 실현하려는 교육제도이다(윤정일 외, 2002). 즉, 교육의 자주성 및 전문성과 지방교육의 특수성을 살리기 위하여 지방자치단체의 교육·과학·기술·체육 그 밖의 학예(이하 "교육·학예"라 한다)에 관한 사무를 관장하는 기관을 설치·운영하여 지방교육의 발전에 이바지함을 목적(지방교육자치에관한법률 제1조)으로 하는 제도이다.

이러한 지방교육자치제도는 학교와 불가분의 관계를 지니게 되는데 그 이유는 학교 교육 현장에 막대한 영향을 끼치는 정책결정의 상당한 권한이 시·도교육청에 부여되어 있기 때문이다. 아울러, 국가 정책의 집행이 국가－시·도교육청－학교라는 수직적 통치구조에 의해 이루어지기 때문이다. 특히, 자율화·분권화가 진전됨에 따라 더 많은 권한이 시·도교육청에 부여되고 있고, 이는 교육청의 학교현장에 미치는 영향력을 확대시키고 있다. 예를 들어, 특수목적 고등학교와 자율형 사립학교의 지정, 고등학교 평준화 정책 적용대상 지역의 조정, 각종 평가 지표의 결정, 교육청 수준의 학업성취도 검사 실시 여부 등 중요한 지역교육현안이 교육감의 권한으로 규정되어 있다. 실제로 고등학교 평준화 실시를 공약으로 내걸고 당선된 교육감이 비평준화를 폐지한 경우, 그 지역의 학교에 미치는 영향은 매우 크다. 또한 학교평가의 지표에 학업성취도검사를 반영하는 지역과 그렇지 않은 지역의 학교 교육 방향은 상당히 달라질 수 있다. 이러한 일들은 특히, 교육감 직선제 도입 이후에 특히 발생되고 있고 이를 통해 교육자치제가 학교에 미치는 영향을 쉽게 확인할 수 있다.

나. 교육자치제의 원리

교육자치제의 성격이나 개념을 이해하기 위해서는 그 기본원리를 살펴볼 필요가 있으며, 학자에 따라 여러 견해가 있지만 흔히 네 가지로 나눌 수 있다.

(가) 지방분권의 원리

지방분권의 원리란 주민자치의 실효를 거두기 위하여 지방의 교육행정은 중앙의 획일적 통제에서 벗어나야 하므로 중앙으로부터 권한을 위양받아 지방교육행정기관이 독자적, 창의적, 자율적으로 의사결정권을 가지고 지역의 특성과 실정에 맞는 교육을 해야 한다는 것이다(권기욱 외, 2000). 지방분권은 수직적 차원의 분권, 즉 교육부-시·도교육청-교육지원청-학교로 이어지는 수직적 통제의 관계에서 통제권을 나누어 행사하는 원리를 중심으로 논의될 수 있다(이종재 외, 2012). 지방분권의 구체적인 내용은 자치단체의 종류, 자치단체의 권한위양의 정도에 비추어 적도집권의 원리를 살릴 수 있는 방향으로 추진되어야 분권에 따른 비능률이나 혼란의 우려가 극복될 수 있을 것이다(권기욱 외, 2000).

(나) 주민통제의 원리

주민자치의 원리라고도 하며 교육정책을 그 지역 주민의 의사에 따라 결정하고 운영하는 것이다. 즉, 주민이 대표를 통하여 의견을 반영하여야 한다는 원리로서 대의민주정치의 이념을 지방수준에서 구현하려는 것이다. 지방분권의 원리와 더불어 민주성의 원리라고 한다. 현행 제도에서 교육감의 주민직선 및 주민소환제를 실시하는 것은 이 원리와 밀접한 관계가 있다. 그러나 교육감 선출제도와 관련해서 정당기반이 없는 후보의 선거운동의 어려움, 주민의 무관심과 낮은 투표율 등의 문제가 제기되고 있다(이종재 외, 2012).

(다) 교육행정 독립의 원리

자주성의 원리라고도 하며, 지방교육행정기관을 일반행정으로부터 분리 독립시켜서 교육의 독자성·특수성을 인정하고 그 자주성과 정치적 중립성을 보장하여야 한다는 원리이다. 이 원리는 교육의 본질 추구와 교육의 정치적 중립성 보장이라는 점에서 그 이유를 찾을 수 있다(권기욱 외, 2000). 즉, 교육은 국가백년지대계에 속하는 장기적 사업으로 단기적 평가를 불허하며, 범국민적 사업으로서 개인의 능력을 계발하고 국가사회의 이상을 실현하는 노력이다(이종재 외, 2012). 이러한 교육의 특수성은 교육행정의 특수성을 수반하게 된다. 요컨대, 교육사업의 특수성을 인정하고 그 자주성과 정치적 중립성을 보장하기 위하여 교육행정을 일반행정으로부터 분리·독립시켜야 한다는 것이다. 현행 제도에서 교육감을 교육과 학예에 관한 집행기관으로 두는 것은 이 원리와 밀접한 관계가 있다. 한편, 통합행정이나 종합행정의 관점에서는 행정의 효율성과 관련해서 이의가 제기될 수 있다(권기욱 외, 2000). 이러한 통합론은 교육자치와 일반자치의 집행기구와 의결기구의 분리형태보다는 통합형태를 선호한다.

(라) 전문적 관리의 원리

교육의 전문성과 특수성 때문에 이를 지원·조성해주는 교육행정이 교육에 관한 깊은 이해와 고도의 교육행정 식견을 갖춘 전문요원들에 의해 관리·운영되어야 한다는 원리이다. 즉, 교육행정이 교육활동의 본질을 이해하고 교육의 특수성을 몸소 체험하며, 교육행정에 관한 이론을 습득하고 기술을 터득한, 훈련을 쌓은 전문 가가 담당하여야 한다는 것이다(권기욱 외, 2000). 현재, 교육감의 선출자격으로 교육 관련 경력을 요구하는 것은 이와 관련이 있다.

다. 지방교육자치제도의 구성 및 운영

(가) 기본구조

현행 교육자치제도는 시·도 단위의 광역 지방교육자치제이다. 교육감이 교육· 학예에 관한 사무의 집행기관이고 시·도의회가 의결기관이다. 따라서 현행 제도 는 집행기구는 일반행정과 분리되고 의결기구는 통합된 형태이다.

(나) 교육감

교육감은 시·도의 교육·학예에 대한 사무의 집행기관이다. 교육감의 임기는 4 년으로 하며, 계속 재임은 3기에 한한다. 교육감은 주민의 보통·평등·직접·비밀 선거에 따라 선출되며 주민직선제를 취하고 있다. 교육감의 선출자격은 교육경력 또는 교육행정경력이 3년 이상 있거나 양 경력을 합하여 3년 이상인 자이며, 후보 자등록신청개시일부터 과거 1년 동안 정당의 당원이 아닌 사람이어야 한다. 주민 은 교육감을 소환할 권리를 지닌다.

교육감은 교육·학예에 관한 다음 사항에 관한 사무를 관장한다. 즉, ① 조례안 의 작성 및 제출에 관한 사항, ② 예산안의 편성 및 제출에 관한 사항, ③ 결산서 의 작성 및 제출에 관한 사항, ④ 교육규칙의 제정에 관한 사항, ⑤ 학교, 그 밖의 교육기관의 설치·이전 및 폐지에 관한 사항, ⑥ 교육과정의 운영에 관한 사항, ⑦ 과학·기술교육의 진흥에 관한 사항, ⑧ 평생교육, 그 밖의 교육·학예 진흥에 관 한 사항, ⑨ 학교체육·보건 및 학교환경정화에 관한 사항, ⑩ 학생통학구역에 관 한 사항, ⑪ 교육·학예의 시설·설비 및 교구(敎具)에 관한 사항, ⑫ 재산의 취득· 처분에 관한 사항, ⑬ 특별부과금·사용료·수수료·분담금 및 가입금에 관한 사항, ⑭ 기채(起債)·차입금 또는 예산 외의 의무부담에 관한 사항, ⑮ 기금의 설치·운용에 관한 사항, ⑯ 소속 국가공무원 및 지방공무원의 인사관리에 관한 사항, ⑰ 그 밖에 해당 시·도의 교육·학예에 관한 사항과 위임된 사항 등이다. 그러나 동법에서 열거한 사무는 예시적인 것으로서 시·도의 교육·학예에 관한 모든 사무를 관장하는 것으로 보아야 한다.

교육감의 권한은 다음과 같다. ① 사무집행권: 시·도의 교육·학예에 관한 사무의 집행기관이다. ② 대표권: 교육·학예에 관한 소관 사무로 인한 소송이나 재산의 등기 등에 대하여 해당 시·도를 대표한다. ③ 교육규칙 제정권: 법령 또는 조례의 범위 안에서 그 권한에 속하는 사무에 관하여 교육규칙을 제정할 수 있다. ④ 지휘·감독권: 소속 공무원을 지휘·감독하고 법령과 조례·교육규칙으로 정하는 바에 따라 그 임용·교육훈련·복무·징계 등에 관한 사항을 처리한다. ⑤ 재의요구 및 제소권: 교육감은 교육·학예에 관한 시·도의회의 의결이 법령에 위반되거나 공익을 현저히 저해한다고 판단될 때에는 그 의결사항을 이송받은 날부터 20일 이내에 이유를 붙여 재의를 요구할 수 있다. 교육감이 교육부장관으로부터 재의요구를 하도록 요청받은 경우에는 시·도의회에 재의를 요구하여야 한다. 재의요구를 받은 시·도의회는 재의에 붙이고 시·도의회 재적의원 과반수의 출석과 시·도의회 출석의원 3분의 2이상의 찬성으로 전과 같은 의결을 하면 그 의결사항은 확정된다. 재의결된 사항이 법령에 위반된다고 판단될 때에는 교육감은 재의결된 날부터 20일 이내에 대법원에 제소할 수 있다. 교육부장관은 재의결된 사항이 법령에 위반된다고 판단됨에도 해당교육감이 소를 제기하지 않은 때에는 해당교육감에게 제소를 지시하거나 직접 제소할 수 있다. ⑥ 선결처분권: 교육감은 소관 사무 중 시·도의회의 의결이 필요한 사항에 대하여 ㉠ 시·도의회가 성립되지 아니한 때, ㉡ 학생의 안전과 교육기관 등의 재산보호를 위하여 긴급하게 필요한 사항으로서 시·도의회가 소집될 시간적 여유가 없거나 시·도의회에서 의결이 지체되어 의결되지 아니한 때에는 선결처분을 할 수 있다. 선결처분은 지체 없이 시·도의회에 보고하여 승인을 얻어야 한다. 시·도의회에서 승인을 얻지 못한 때에는 그 선결처분은 그 때부터 효력을 상실한다.

(다) 시·도의회

시·도의회가 의결기관이다. 2014년 시·도의회의 교육·학예에 관한 의안과 청원 등을 심사·의결하는 교육자치기관으로서의 교육위원회 제도는 폐지되었다.[1] 따라서 교육·학예의 의결도 지방자치단체의 다른 사무처럼 지방자치법의 적용을 받는다. 시·도의회에는 조례로 상임위원회를 둘 수 있다(지방자치법 제56조). 따라서 시·도 조례로 정한 교육·학예를 소관하는 상임위원회(시·도마다 달리 정할 수 있으나 통상 교육위원회라 칭함)가 교육 및 학예에 관한 의안과 청원 등을 심사·처리한다. 그리고 시·도의회가 의결한다.

라. 지방교육행정조직

지방교육행정조직은 광역교육자치기관인 시·도교육청과 하급교육행정기관인 교육지원청이 있다.

시·도교육청은 교육감을 정점으로 부교육감, 실장, 국장, 과장 및 담당관 등으로 이어지며, 당해 지방자치단체의 교육·학예에 관한 사무를 관장한다. 교육감 소속하에 국가공무원으로 보하는 부교육감 1인(인구 800만 명 이상이고 학생 150만 명 이상인 시·도는 2인)을 둔다. 부교육감은 당해 시·도교육감이 추천한 자를 교육부장관의 제청으로 국무총리를 거쳐 대통령이 임명한다.

하급교육행정기관으로는 시·도의 교육·학예에 관한 사무를 분장하기 위하여 1개 또는 2개 이상의 시·군 및 자치구를 관할구역으로 하는 교육지원청을 둔다. 교육지원청에 교육장을 두되 장학관으로 보한다. 교육장은 시·도의 교육·학예에 관한 사무 중 "① 공·사립의 유치원·초등학교·중학교·공민학교·고등공민학교 및 이에 준하는 각종학교의 운영·관리에 관한 지도·감독, ② 그 밖에 조례로 정하는 사무"를 위임받아 분장한다.

---

1 제주특별자치도는 예외적으로 교육위원회 제도(제주특별자치도 설치 및 국제자유도시 조성을 위한 특별법 제79조)를 두고 있다.

마. 문제점 및 개선방안

현행 교육자치제의 문제점은 다음과 같다. 우선, 의결기관이 일반행정과 통합된 것은 교육의 자주성·전문성·정치적 중립성 측면에서 문제의 소지가 있다. 자치의 기본이 의결기관인 의회를 운영하는 것임을 생각할 때 교육 전문가들로 구성된 교육의사결정 기관이 없다는 것은 교육자치제도 자체를 부정하는 일이 될 수도 있다(김혜숙 외, 2011). 둘째, 교육감 직선제가 해결해야 할 과제로서 과도한 선거비용, '투표율의 저조'와 '깜깜이 투표'로 초래되는 주민 대표성의 문제이다. 그러나 이를 해결하기 위한 대안으로 논의되는 교육감의 시도지사와의 러닝메이트제나 교육관련 경력 폐지·완화 논의는 교육의 자주성·전문성·정치적 중립성 위반의 측면에서 문제가 있다.

이러한 문제점 및 개선방안 논의에서 확연히 대립되는 입장은, 교육자치와 일반자치의 집행기구와 의결기구를 통합형태로 운영하고자 하는 통합론과 이를 반대하는 분리론으로 양분하여 생각해볼 수 있다(정영수, 2010). 교육의 지방자치를 주장하는 통합론적 입장은 주로 경제학자나 행정학자의 입장이다. 지방교육자치가 지방자치의 일부라는 점, 중복으로 인한 낭비를 제거하고 일반행정과 교육행정의 연계를 강화함으로써 행·재정적 효율성을 제고할 수 있다는 점을 근거로 제시한다. 이에 교육위원회의 지방의회로의 통합을 옹호하며, 지방자치단체장의 책임하에 교육기관을 설치해야 한다고 주장한다(이일용, 2011). 지방의 교육자치를 주장하는 지방교육자치 분리론의 입장은 주로 교육학자의 입장이다. 교육의 자주성, 전문성, 정치적 중립성을 보장하기 위해서는 교육행정이 일반행정으로부터 분리 독립해야 한다는 입장이다. 성과의 장기성, 비긴급성, 평가의 곤란성이라는 교육의 속성을 고려할 때, 교육행정이 일반행정과 통합되면 교육의 우선순위를 확보할 수 없어 교육이 치명적인 타격을 받게 된다(윤정일 외, 2002). 이러한 입장에서 교육위원회의 지방의회로의 통합을 반대하며, 교육감 직선제 유지 등을 주장한다.

이러한 대립되는 입장 속에서 지방교육자치제도의 개선방안은 민주성, 교육의

자주성, 정치적 중립성, 전문성, 효율성 요구 사이에서 적절한 균형점을 찾는 일이
될 것이다.

무상급식

2010년 6.2 지방선거에서는 무상급식 정책이 가장 뜨거운 이슈였다. 민주당에서는 전
면적 무상급식을 주장하였고 한나라당에서는 단계적인 선별적 무상급식을 주장하였다.
6.2 지방선거 결과로 서울시 의회(민주당이 다수당)-여당 시도지사-진보 교육감의 구
도가 탄생하였다. 공약대로 곽노현 교육감은 2011년부터 초등학교와 중 1, 2학년부터
전면 무상급식 실시를 주장한 반면 오세훈 서울시장은 소득 하위 30%에게만 선별적
으로 급식을 지원하겠다고 밝혔다.
이러한 갈등은 무상급식 조례안을 둘러싸고 표출된다. 2010.12.1 서울시 의회는
2011년부터 초등학교에 대하여, 2012년부터는 중학교까지 무상급식을 전면시행하는
것을 골자로 하는 '서울특별시친환경무상급식등지원에관한조례안'을 민주당 단독으로
통과시킨다. 또한 시의회는 2010년 12월 30일 임시회를 열고 초등생 친환경 무상급
식 지원 695억 원 등을 포함한 총 20조 5,850억 원 규모의 2011년도 서울시 예산
안을 통과시킨다. 무상급식 예산 695억원이 신설된 대신, 서해뱃길과 한강 예술 섬
사업 등 오세훈 시장의 역점사업예산은 전액 삭감되었다. 이에 서울시장은 재의요구와
재의결무효확인 소송을 제기하였고 결국에는 무상급식 주민투표를 실시하여 사퇴하기
에 이른다. 그 후 보궐선거에서 무상급식을 공약한 박원순 시장이 당선되면서 그동안
지원 대상에서 제외된 공립초등학교 5, 6학년 무상급식에 필요한 185억원을 서울시
교육청에 지원하게 된다.

출처: 김경회(2012). 무상급식을 둘러싼 서울특별시장과 교육감 간의 갈등 분석. 교육정치학연구,
19(1), 1-28. p. 11-18.

경기도의 사례를 살펴보면 다음과 같다. 2009년 김상곤 교육감 당선 이후 경기도교육
청 소관 예산에 대해 3차례의 무상급식 예산 요구가 있었으나 한나라당이 중심이 된
교육위원회와 한나라당이 중심이 된 도의회의 거부로 실패하였다. 그러나 2010년 6.2
지방선거에서 경기도 의회(민주당이 다수당)-여당 경기도지사-진보 교육감의 구조가
되었다. 김상곤 교육감 재선 이후, 2010년 교육청 소관 추경예산에 의한 무상급식은

마침내 도의회를 통과하였다. 경기도 소관 예산에 대한 무상급식 요구도 시작되었다. 먼저, 2010년 추경 예산안에 대한 도의회의 무상급식 예산증액에 대해서는 경기도가 반대하여 이루어지지 못했다. 그 후 2011년 예산안 심의에서 무상급식을 볼모로 한 도의회의 대폭적인 예산삭감이 있자 경기도는 파국을 피하고자 '무상급식' 항목이 아닌 '친환경 학교급식 등 지원' 항목의 예산을 증액하여 도의회와 타협하였다. 이로써 경기도는 무상급식에 대해 반대하면서도 현실적으로는 무상급식의 길을 열어주었다.

출처: 최경수(2012). 민선 5기 지방선거 이후 지방정치 갈등요인에 관한 연구. 서울대 행정대학원 박사학위 논문. p. 57.

토론거리

◑ 무상급식처럼 시·도교육청의 권한으로 결정할 수 있는 교육관련 사항의 목록을 작성해보자. 그리고 그 중 국가와 시·도교육청 간에 갈등을 빚은 사례를 조사해보자.

◑ 본 사례는 일반자치와 교육자치 간에 견제와 협력의 필요성을 잘 보여주고 있다. 지방교육자치 원리 등을 적용하여 각 주체의 태도를 비판적으로 검토해보자.

03 │ 학교운영위원회

(1) 이론적 배경

학교는 급변성, 불확실성, 다양성의 확대라는 환경변화에 처해 있다. 점차 국가수준에서 학교에 비전을 제시하는 것이 어렵게 되었고, 학교나 교사가 사회 속에서 특히 지적인 면에서 우위에 있는 것도 아니며, 가치는 다양하여 개인의 선택에 맡겨지게 되었다. 이러한 변화를 수용하지 못한 결과는 교육위기를 가져왔고 그 대안으로 다양한 의견과 신념을 조정하면서 교육활동을 영위하기 위해(이종재 외, 2012), 학교를 제일 잘 아는 교육주체들에 의해 의사를 결정하고 공동체를 형성해야 할 필요성이 대두되었다. 예를 들어, 학교의 교육주체들이 학습자 중심의 구성주의적 수업을 바라는데 이론 위주의 강의식 수업이 학교에서 주로 행해진다면 바

꿰어야 하며 이는 의사결정 주체들의 논의와 조정을 통해 이루어져야 할 것이다. 이러한 역할을 담당할 기구로서 학교운영의 자율성을 높이고 지역의 실정과 특성에 맞는 다양하고도 창의적인 교육을 할 수 있도록 단위학교별로 '학교운영위원회'를 구성·운영하고 있다.

학교운영위원회는 이론적으로 학교단위책임경영제에 근거하고 있다(박종필, 2002; 정수현·박상완, 2005). 학교단위책임경영제의 기본적인 논리는 단위학교 주체들에게 권한을 부여하고 이들의 의사결정 참여를 통해 주인의식과 책임감을 갖도록 하며 이를 통해 효능감, 헌신, 만족감을 증진시킬 수 있다는 것이다(박종필, 2002). 또한 교사들에 대한 권한부여를 통해 교수활동 등 자신들의 전문성을 발휘하게 함으로써 전문직성을 제고하고 이를 통해 조직성과를 개선할 수 있다는 것이다(박종필, 2002). 한편, 학교단위책임경영제와 학교운영위원회의 기저에는 학교공동체의 구축이 자리하고 있다(정수현·박상완, 2005). 교육의 본질적, 전문적 특성을 실현하기 위해서는 가치와 규범의 공유를 통해 결속되는 학교공동체의 구축이 필요하다. 학교 교육에 대한 가치의 공유, 신뢰성, 조건없는 수용 등을 특징으로 하는 학교공동체를 통해 책임을 공유하고 학교의 발전을 도모하는 핵심적인 장치로서의 역할을 학교운영위원회가 수행해야 한다.

(2) 기능

학교운영위원회는 국·공립 및 사립의 초등학교·중학교·고등학교·특수학교 및 각종학교에 구성·운영하여야 하는 의무기구이다. 기능면에서 학교운영위원회는 심의기구이다(단, 학교헌장 및 학칙 제·개정에 대해 사립학교의 학교운영위원회는 자문기구의 성격을 지닌다). 다만, 학교발전기금 사항에 대하여는 의결기구의 성격을 지닌다. 따라서 국·공립학교의 장은 학교운영위원회의 심의결과를 최대한 존중하여야 하며, 그 심의결과와 다르게 시행하고자 하는 경우에는 이를 운영위원회와 관할청에 서면으로 보고하여야 한다. 관할청은 국·공립학교의 장이 정당한 사유없이 운영위원회의 심의·의결결과와 다르게 시행하거나 심의·의결결과를 시행하지 아니하는 경우 또는 심의를 거쳐야 할 사항을 심의를 거치지 아니하고 시행하는 경우에는 시정명령을 내릴 수 있다.

국·공립의 학교운영위원회의 심의영역은 학교헌장 및 학칙 제·개정, 학교의 예산안과 결산, 학교교육과정의 운영방법, 교과용 도서와 교육 자료의 선정, 교복·체육복·졸업앨범 등 학부모 경비 부담 사항, 정규학습시간 종료 후 또는 방학기간 중의 교육활동 및 수련활동, 공모 교장의 공모 방법, 임용, 평가 등, 초빙교사의 추천, 학교운영지원비의 조성·운용 및 사용, 학교급식, 대학입학 특별전형 중 학교장 추천, 학교운동부의 구성·운영, 학교운영에 대한 제안 및 건의 사항, 그 밖에 대통령령이나 시·도의 조례로 정하는 사항 등 학교운영의 전반적인 사항에 해당한다.

(3) 구성 및 운영방식

학교운영위원회의 위원 수는 5명 이상 15명 이하의 범위에서 학교의 규모 등을 고려하여 대통령령으로 정하고., 당해 학교의 교원대표, 학부모대표 및 지역사회 인사로 구성하며 교장은 당연직 교원위원이 된다. 선출방식과 관련해서 국·공립 학교의 장은 운영위원회의 당연직 교원위원이 된다. 학부모위원은 민주적 대의절차에 따라 학부모 전체회의를 통하여 학부모 중에서 투표로 선출한다(단, 학교의 규모·시설 등을 고려하여 학부모 전체회의를 통하여 학부모위원을 선출하기 곤란한 경우 위원회규정으로 학급별 대표로 구성된 학부모대표회의에서 선출할 수 있다). 당연직 교원위원을 제외한 교원위원은 교원 중에서 선출하되, 교직원 전체회의에서 무기명투표로 선출하며, 지역위원은 학부모위원 또는 교원위원의 추천을 받아 학부모위원 및 교원위원이 무기명투표로 선출한다. 운영위원회에는 위원장 및 부위원장 각 1인을 두되, 교원위원이 아닌 위원 중에서 무기명투표로 선출한다.

교육주체의 의견수렴과 관련해서 국·공립학교에 두는 운영위원회는 다음의 사항을 심의하려는 경우 국립학교의 경우에는 학칙으로, 공립학교의 경우에는 시·도의 조례로 정하는 바에 따라 미리 학부모의 의견을 수렴해야 한다.

- 학교헌장과 학칙의 제정 또는 개정, 교복·체육복·졸업앨범 등 학부모 경비 부담 사항, 정규학습시간 종료 후 또는 방학기간 중의 교육활동 및 수련활동, 학교운영지원비의 조성·운용 및 사용, 학교급식
- 그 밖에 국립학교의 경우에는 학칙으로, 공립학교의 경우에는 시·도의 조례로 미리 학부모의 의견을 수렴하도록 정한 사항

그리고 국·공립학교에 두는 운영위원회는 "학교헌장과 학칙의 제정 또는 개정, 정규학습시간 종료 후 또는 방학기간 중의 교육활동 및 수련활동, 학교급식", 그리고 "그 밖에 학생의 학교생활에 밀접하게 관련된 사항을 심의하기 위하여 필요하다고 인정하는 경우", 학생 대표 등을 회의에 참석하게 하여 의견을 들을 수 있다. 국·공립학교에 두는 운영위원회는 국립학교의 경우에는 학칙으로, 공립학교의 경우에는 시·도의 조례로 정하는 바에 따라 학생 대표가 학생의 학교생활에 관련된 사항에 관하여 학생들의 의견을 수렴하여 운영위원회에 제안하게 할 수 있다.

(4) 문제점

학교운영위원회는 대표성 결여, 전문성 결여, 소극적 참여와 형식적 운영, 심의 과정의 독단성 우려 등의 한계를 드러내고 있다(김철운, 2010: 46-51). 우선, 학교운영위원회 위원들은 형식적으로 각 집단을 대표하면서 거의 개인 차원에서 학교운영위원회 위원으로 활동하고 있는 경우가 많다. 둘째, 비전문가인 학부모위원이나 지역위원의 경우 구조적으로 참여에 제한이 있으며, 심도있는 토의가 이루어지지 않고 보고와 설명 위주로 진행되어 교장주도로 운영되는 한계를 갖는다. 셋째, 소극적 참여와 형식적 운영이라는 문제가 있다. 제안된 안건을 심의하기보다 수락하는 기구의 역할에 머무르는 경우가 많다. 또한 안건의 성격상 전문성이 부족하고 학교장이 상정한 안건에 대하여 이의를 제기하는 것이 쉽지 않은 현실에서 심도있는 심의가 이루어지지 못하는 경우가 흔하다. 이에 대한 개선방향으로서 학교운영위원회에 예산, 인사, 교육과정 등 학교운영의 핵심영역에 대한 실질적인 권한이 주

어져야 할 것이다. 또한, 참여와 소통을 통한 민주적 운영을 강화해 나가야 한다. 아울러, 학부모와 학생, 그리고 교직원의 참여를 활성화할 수 있는 제도를 만들어 나가야 한다.

정리하기

❶ 우리나라의 학제는 기본적으로 단선형의 6-3-3-4제로 횡적으로 구분된 초등학교, 중학교, 고등학교, 대학교라는 4개의 단계가 하나의 계통을 이루고 있다.

❷ 교육자치제는 교육자치와 지방자치라는 두 자치개념을 바탕으로 하며 교육의 자주성과 주민자치를 실현하려는 제도이다. 그러나 지방자치와 교육자치의 의결기구는 통합되고 집행기구는 분리된 현행제도에서 통합론과 분리론 논쟁이 지속되고 있다.

❸ 학교운영위원회는 학교단위책임경영제를 이론적 배경으로 하며, 기능면에서 심의기구의 역할을 수행하나 대표성 결여, 전문성 결여, 소극적 참여와 형식적 운영 등의 문제점을 노정하고 있다.

학습문제

01 현행 학제의 문제점을 살펴보고 나아갈 개선방안에 대해 논하시오.

02 교원의 입장에서 학교의 교육활동을 저해하는 바꿔야할 정책이나 제도를 작성하고, 그것이 누구(교장, 교육감 또는 교육부 장관 등)의 권한인 지를 설명하고 어떻게 해야 할 지 논하시오.

03 "공교육 위기"라는 말에서 보듯이 학교는 학부모 등 교육주체의 요구를 반영하는 데 미흡하다.
첫째, 학교 운영에 학부모와 학생들이 활발하게 참여할 수 있도록 하기 위한 학교운영위원회의 구체적인 운영 방안을 제안하시오.
둘째, 교원은 표준화된 직무와 관료적인 통제 속에서 직무도전감을 상실하고, 탈전문적 기술화 등 전문성의 위기에 봉착하고 있다. 이러한 문제를 해결하기 위한 학교운영위원회의 구체적인 운영 방안을 논하시오.

CHAPTER 12

교육법

 학/습/목/표

- 교육법의 최고 법원(法源)으로서 헌법의 교육관계 규정과 교육법 전반에 걸친 기본원리를 이해하고 설명할 수 있다.
- 교육당사자들 간의 교육권 충돌 문제를 이해하고 그 해결방안을 제시할 수 있다.
- 학교 내 안전사고에 대한 구제제도를 이해하고 각 당사자별 책임을 구분하여 법논리적으로 설명할 수 있다.

생각해보기

　　법치주의 국가에서는 법을 통하여 정의를 실현한다. 이러한 법치주의 원리는 일반행정 뿐만 아니라 교육영역에서도 그대로 적용되어야 한다. 그러나 '권리 위에 잠자는 자는 보호받지 못한다'는 법언에 따라 교육법규들을 제대로 이해하는 것이 선행되지 않고서는 법 정의의 실현은 요원할 수밖에 없다. 따라서 교육법규에 근거하여 교육행정이 실제 어떻게 운영되어야 하는지 그리고 학생, 학부모, 교사 등 교육당사자들이 가지고 있는 권리들은 어떤 것들이 있는지, 또한 이러한 권리들이 침해되었을 때 적절하게 구제받기 위해서는 어떠한 사전적·사후적 구제 장치들이 있는지를 이해하는 것은 매우 중요하다.

　　특히, 학생, 학부모의 교육권 침해와 관련하여 교사가 일정부분 불법행위 책임을 지는 경우가 있을 수 있는데, 이러한 경우 경제적 불이익을 미연에 방지하기 위해서는 어떠한 노력들이 필요한지에 대해서도 꼼꼼하게 생각해볼 필요가 있다.

01 | 교육법의 중요성 및 기본체계

(1) 교육법의 중요성

넓은 의미의 교육법은 한 나라의 교육 이념, 목적, 제도에 관한 기본적인 사항을 규정한 교육과 관련된 모든 법규를 의미한다. 이에 비해 좁은 의미의 교육법은 1997년 12월 13일부로 시행된 「교육기본법」, 「초중등교육법」, 「고등교육법」 등 일명 교육3법 외에 「사립학교법」, 「평생교육법」, 그리고 2004년에 제정된 「유아교육법」 등 현재 우리나라 교육법 체계의 근간을 형성하고 있는 법들을 포함하는 개념으로 이해하는 것이 적절하다. 그러나 일반적으로는 넓은 의미의 교육법과 좁은 의미의 교육법을 엄격하게 구분하면서 사용하고 있지는 않지만 상황에 따라 그 정확한 의미를 파악할 필요가 있다.

교육법은 다양한 형태로 존재하기 때문에 그 형식이나 성격을 규명하기는 쉽지 않다. 더군다나 국가와 지방자치단체, 학교, 교원, 학생, 학부모 등 각 교육주체들의 권한과 의무를 규정함은 물론, 교육(행정)기관들의 조직과 운영방향 등을 명문화하고 있는 교육법까지 포함한다면 그 대상과 범위는 매우 방대한 수준에 이른다. 신교육법전(신교육법전편찬회, 2022)에 의거하여, 교육법의 범위에 법률, 대통령령, 교육부령, 행정규칙까지 포함할 경우 약 600여 개에 이른다. 이러한 교육법은 해를 거듭하여 제정, 개정 절차를 거치면서 그 유형과 세부 규정들은 다양한 형태로 확산되고 있는 실정이다. 특히, 헌법, 법률, 명령, 조례, 규칙 등 성문법 형태의 법규뿐만 아니라 불문법 형태의 교육법규까지 포함하여 이해하고자 한다면 더더욱 어려운 과제일 것이다.

법치주의 국가에서 교육법의 존재가치는 법의 정의 실현에 있다. 이를 위해 교육행정은 물론 학교 내 교육 또한 교육법에 규정된 내용과 방식에 따라 합법적으로 실시되어야 한다. 그러나 교육법은 모든 시민들에게 권리를 보장해주지만, 권리를 주장하지 않는 시민에게 스스로 권리를 인정하고 보장해주지는 않는다. 교육법에서 보장하고 있는 각종의 교육관련 권리들을 제대로 이해하지 않고서는 자신의 권리를 향유하기는 어려울 것이다. 권리가 침해되었을 경우 변호사 등 법률전문가의 도움을 받을 수 있으나, 이는 사후적 권리구제에 그치기 쉽다. '권리 위에 잠자는 자는 보호받지 못한다'는 법언에 따라 교육법을 제대로 이해하는 것이 선행되지 않고서는 법 정의의 실현은 요원할 수밖에 없다. 따라서 교육법에 근거하여 학생, 학부모, 교사 등 교육당사자들이 가지고 있는 권리들은 어떤 것들이 있는지, 또한 이러한 권리들이 침해되었을 때 적절하게 구제받기 위해서는 어떠한 사전적·사후적 구제장치들이 있는지를 이해하는 것은 매우 중요하다.

(2) 교육법의 기본체계

성문법인 현행 교육법의 기본체계는 헌법을 최고법으로 하면서, 「교육기본법」을 근간으로, 학교교육법령에는 「유아교육법」, 「초·중등교육법」, 「고등교육법」, 「사립학교법」 등이 있고, 교원관계법령에는 「교육공무원법」, 「교원 지위 향상을 위한 특별법」, 「교원의 노동조합 설립 및 운영 등에 관한 법률」 등이 있으며, 이를 중심으로 한 각 기관들의 조직과 운영에 관한 법령으로서, 「지방교육자치에 관한 법률」, 「지방교육재정교부금법」 등이 있다. 이러한 법들은 상호 유기적으로 교육기관의 역할과 기능 그리고 각 교육주체들의 책임과 의무들을 규정하고 있다. 이러한 법령들을 종합적으로 구성하면 다음 [그림 Ⅳ-12-1]과 같다.

교육에 관한 많은 개별법들을 체계적으로 전부 파악하는 것은 매우 어려운 일이지만, 교육관계법 전반에 흐르고 있는 중요한 교육적 이념, 가치들을 이해한다면 그 이해의 폭을 넓히는 데 큰 도움이 될 것이다.

교육법이 추구하는 궁극적인 이념은 교육이 추구하는 이념을 법적으로 뒷받침하는 것이라고 할 수 있다. 「교육기본법」에서는 교육의 이념으로 홍익인간을 규정하고 있으나, 홍익인간 개념이 너무 추상적이고 포괄적이어서 단지 상징적 차원에서만 유지되었지, 교육목표 설정 등에서 실효성 있는 역할을 한 것은 아니다. 그래서 홍익인간은 법적 의미보다는 도덕적 바람의 이념으로는 가능하지만 교육법규의 이념으로서는 인간의 존엄과 가치가 더 타당하다고 주장하는 학자들도 있다(표시열,

● ○ 그림 IV-12-1 교육법 체계도

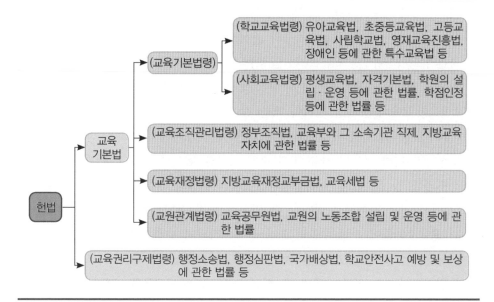

2008). 우리나라 교육법의 근거는 최고법인 「헌법」에 있기 때문에 교육법이 추구하는 이념을 구현하기 위한 교육법의 기본원리 또한 「헌법」에서 찾아야 할 것이다.

일반적으로 「헌법」 제31조 제1항 내지 제6항의 규정들로부터 유추해낸 기본 원리로 다섯 가지를 들고 있다. 첫째, 교육기회 균등의 원리이다. 헌법은 사회적 신분에 의한 차별을 받지 않고 능력에 따라 균등하게 교육받을 권리를 보장하고 있다. 그 내용은 무상 의무교육, 취학의무, 장학제도 등을 들 수 있다. 능력에 따른 교육권 보장은 국가 우위의 공교육이라는 사상이 전제로 깔려 있다고 할 수 있으나 표현상의 차이에 불과하며, 일반적으로 기술하고 있는 학습권, 교육권을 포괄하는 개념으로 이해하여야 할 것이다. 둘째, 교육 자주성의 원리이다. 교육의 자주성의 의미에 대해, 종전에는 내무행정으로부터의 독립을 의미하는 견해가 지배적이었으나, 현재는 헌법학자들의 견해를 많이 수용하는 편이다. 헌법학자들에 의하면, 교육의 자주성이란 교육내용과 교육기구가 교육자에 의하여 자주적으로 결정되고 행정권력에 의한 통제가 배제되어야 하는 것으로 본다(권영성, 2006). 이는 교원의 교육시설 설치자·교육감독권자로부터의 자유, 교육내용에 대한 교육행정기관의 권력적 개입의 배제 및 교육관리기구의 공선제 등을 포함한다. 교육의 자주성 원리는 교원의 교육자유권, 교육제도의 법정주의, 그리고 교육의 정치적 중립성 원리와도 밀접히 연관되는 포괄적인 주제이다. 셋째, 교육 전문성의 원리이다. 교육 자주성의 원리, 교육의 중립성 원리와 맥을 같이 하고 있기 때문에, 「헌법」에서는 제31조 제4항에서 동시에 규정하고 있다. 우리나라 교육법에서 교육 전문성의 원리를 보장하기 위해 교육의 자유 및 학문의 자유를 명시하고 있다. 넷째, 교육 민주성의 원리를 들 수 있다. 교육행정과정에서 국민들의 교육권을 보장하기 위하여 정책수립에 적극 참여하고 반영할 수 있는 제도적 장치들을 마련해야 하며, 아울러 각 교육주체들이 적정 수준의 교육권이 보장되지 못하고 침해되었을 경우에는 그에 상응하는 구제제도가 마련되어야 함을 의미한다. 마지막으로, 교육제도 법률주의 원리를 들 수 있다. 「헌법」은 학교 교육 및 평생교육을 포함한 교육제도와 그 운영, 교육재정 및 교원의 지위에 관한 기본적인 사항은 법률로 정한다(제31조 제6항)고 함으로써 교육제도 법률주의를 규정하고 있다.

02 | 교육당사자들의 교육권

(1) 교육권의 개념

교육권은 실정법상의 개념이 아니고 학문상의 개념이므로 내용이 매우 다의적이다. 학문적으로는 교육권의 개념을 네 가지로 나누어 볼 수 있다. 첫째, 최협의의 교육권은 교육을 받을 권리를 의미하는 학생의 학습권 내지 수학권을 의미한다. 둘째, 협의의 교육권은 최협의의 교육권에 교육을 시킬 또는 교육을 할 권리로 학부모의 교육권과 교원의 교육권이 포함된다. 셋째, 광의의 교육권은 교육에 직접 관계하는 당사자의 교육에 관련되는 권리 내지 권한을 뜻한다. 협의의 교육권에 설치자의 교육권, 국가의 교육권이 포함된다. 넷째, 최광의의 교육권은 헌법상 인정되는 교육에 관한 국민의 기본적 인권을 말한다. 종래의 경우에는 주로 광의의 교육권을 중심으로 논의돼왔으나, 최근에는 최광의의 교육권으로 확장해서 논의하는 경향을 보이고 있다.

실정법적으로 볼 때, 「헌법」 제31조 제1항은 국민의 교육을 받을 권리를 규정하고 있으며, 동조 제2항 내지 제6항에서는 교육권을 효율적으로 보장하기 위한 내용들을 명문화하고 있다. 판례상으로는 「헌법」 제31조 제1항의 '교육권'에 대해 국가에 의한 교육조건의 개선·정비를 요구할 수 있는 권리 내지 교육기회의 균등 보장을 요구할 수 있는 권리를 의미하는 것으로 보고 있으며, 헌법 제31조 제2항 내지 제6항은 제1항의 효율적 보장을 위한 규정이라고 할 수 있다.

'교육권이 국가에 대해 교육조건의 개선·정비를 구체적으로 요구할 수 있는 구체적 권리인가?'에 대해서는 다소 의견이 나뉠 수 있으나, 일반적으로 학설이나 판례상으로는 교육권이 구체적 법적 권리가 아닌 추상적 권리이며, 자유권적 기본권이 아닌 사회권으로서의 법적 성격을 가진 것이라고 하고 있다.

(2) 학생의 학습권

현재 「유엔 어린이 권리선언」과 「유엔 어린이 권리협약」 등 국제적으로 인정되고 있는 아동·학생의 학습권은 교육권의 핵심이다. 학습권의 주체는 주로 유·초·중·고교에 재학하는 학생이라고 할 수 있지만, 성인의 학습권도 포함된다. 학생의 학습권은 인간으로서의 존엄과 가치를 가지며 행복을 추구하고 인간다운 생활을 영위하는 데 필수적인 전제조건으로서, 헌법상 자유권적 성격과 생존권적 성격을 동시에 갖는다. 자유권적 성격의 구체적 내용은 학습의 권리, 학교선택권, 교육내용 선택 및 참여권 등과 관련되고, 생활권적 성격으로는 무상 의무교육, 교육조건 정비 청구권 등이 있다.

교육권의 각 주체들 사이에서 중핵적 위치를 점하는 학생 학습권의 주요 내용들을 구체적으로 나타내면 [표 Ⅳ-12-1]과 같다. 학생의 학습권의 경우, 실제로는

구분	학생 · 부모의 권리	내용
교육을 받을 권리	학교선택권	• 의무교육에서의 학교 교육 선택권 • 비의무교육에서의 학교선택권 • 학교분류에서의 차별금지 • 통학권 등
	교육조건 정비 요구권	• 교육비 국고부담 청구권 • 학교시설 · 환경정비 요구권
	교육내용 선택권	• 교과서 작성 · 선택권 • 종교의 자유 • 교육과정 선택권 • 애국행사 참여권
	학문의 자유	• 표현, 출판에 대한 권리 • 집회, 수색, 압수에 대한 권리 • 대학에서의 학생의 지위, 발언권 • 대학자치와 학생의 권리
	징계처분에 대한 권리	• 체벌과 학생의 권리, 두발, 복장에 대한 학생의 권리 • 징계처분과 적정판정요구권

표 IV-12-1 학생 · 부모의 교육권의 내용

출처: 강인수(2003). 교육법연구. p. 48.

학생이 성년이 되기까지 신탁에 의해 부모가 행사하는 형태의 학부모 교육권의 발현으로 구현되는 경우가 많기 때문에 학생·학부모의 교육권을 명확하게 구분할 실익은 크지 않다고 할 수 있다.

학생의 학습권과 관련하여 가장 관심을 가지고 살펴봐야 할 부분이 학생인권조례다. 지난 15여 년간 교육계에서 학생인권조례 제·개정 및 폐지 논란만큼 핫이슈로 떠오른 사안을 찾기는 어려울 것이다. 많은 우여곡절을 거치면서 2010년 경기도교육청에서 학생인권조례를 전국에서 최초로 제정한 이후, 현재는 서울특별시교육청, 광주광역시교육청, 충청남도교육청, 전라북도교육청, 제주특별자치도교육청에서 제정, 시행 중이다. 그러나 2023년 7월 서이초 교사 사망 이후 학생인권조례에 대한 폐지 및 개정 논란이 크게 이슈화되고 있다. 현재 일부 지역에서는 교육청과 지방의회 간 학생인권조례 폐지안 발의, 폐지 의결, 재의요구 등을 거치면서 여러 이해관계 기관 및 단체 간 갈등이 정점을 향해 달려가고 있는 형국이다.

(3) 학부모의 교육권

근대사회 이전까지만 하여도 부모는 자녀에 대해서는 교육을 포함해서 거의 모든 영역에 있어 무제한의 배타적 지배권을 행사하였다. 자연법적 권리 사상의 발전과 함께 사회가 점차 발전하면서 자녀에 대한 무조건적 지배권은 자녀의 인간적 발달을 위한 보호 권리와 의무로 변모하게 되었다. 학부모의 교육권이 중요한 이유는 아동·학생에게는 이성의 발달이 충분하지 않아 학생의 판단능력이 미흡하므로 학부모가 교육에 관한 권리를 대리하여 행사할 수밖에 없기 때문이다. 학부모의 교육권은 법적으로는 「교육기본법」 제13조에서 학부모 교육권을 명확히 인정하고 있다. 학부모 교육권의 주요 내용으로는, 학부모의 학교 선택권, 학교 교육내용 선택권, 학교 교육 참여권, 교육여건 정비 요구권 등이 있다.

헌법재판소 판례에 의하면, 국가의 학교제도에 관한 전반적인 형성권과 규율권을 인정하면서도 학부모의 교육권은 다른 교육주체의 교육권보다 원칙적으로 우위에 있음을 선언하고 있다. 아울러 교원의 교육권과의 관계에 대해서도 헌법재판소는 교원의 수업권은 "자연법적으로는 부모의 교육권을 신탁받은 것"이고 "실정법적으로는 국가의 위임에 의한 것"으로서 국민의 수학권이 우선한다고 판시하고 있다(헌재 1992. 11. 12, 89헌마88). 따라서 학부모의 교육권이 국가나 교원의 교육권에 우선하는 것으로 볼 수 있다. 그러나 실제에 있어서는 부모와 국가 및 교원 간의 교육권이 충돌하는 경우, 원칙적으로는 어느 한쪽이 우선한다고 볼 수 없고 개별적인 경우에 따라 법익형량에 따라 판단하고 있다. 이와 관련하여서는 부모의 학교 참여권에 있어서 문제가 될 소지가 적지 않다.

부모의 학교참여권의 문제에 관한 헌법재판소의 판례는 학교운영위원회에 관한 사항이 있다(헌재 1999. 3. 25, 97헌마130; 헌재 2001. 11. 29, 2000헌마278). 이를 살펴보면,

학부모의 교육 참여권의 당위성은 인정하지만, 헌법상의 기본권은 아니라는 것이며, 학교운영위원회 설치 여부는 입법자의 입법재량에 속하는 것이라고 하고 있다. 교육 참여권의 내용으로서의 '집단적 학교 참여권'은 '학교 참여권'의 주요내용을 이루는 것으로 이에 대한 불인정은 학교 참여 기회를 원천적으로 봉쇄할 수 있다는 점에서 핵심적인 내용을 이루는 것이라 하겠다. 따라서 부모의 교육 참여권을 보장하기 위하여 부모의 집단적 학교 참여권을 보장하는 것은 학부모 교육권의 우선 원칙에 의해서도 인정되어야 할 것이다(강현철, 2004).

(4) 교원의 교육권

교원의 교육권의 핵심은 학생에 대한 교육의 자유이며, 교육내용과 교육방법에 관한 교원의 자율적 선택·결정권으로서, 수업내용 편성권, 교재선택권, 성적평가권, 생활지도권, 학생징계권 등이 포함된다. 이러한 교원 교육권의 법적 근거에 대해서는 학문의 자유에서 찾을 수도 있고, 「헌법」 제31조 제1항(교육을 받을 권리) 및 제4항(교육의 자주성·전문성)에서 필연적으로 도출되는 헌법상의 기본권으로 보는 의견들이 있으나, 헌법재판소는 교원의 가르칠 권리(수업권)가 학부모의 자연법적 신탁과 실정법상의 국가의 위임에 의한 것으로 보고 있다.

교원의 교육권은 학생 교육과 관련하여 교육의 자유가 그 핵심이며, 교원의 교육의 자유는 국가권력으로부터 교육의 자유이지 교사 개인의 자의적 지배를 뜻하는 것이 아니고 학생의 학습권을 실현하기 위하여 학문의 자유 차원에서 인정되는 것이다. 이러한 교육의 자유는 수업 및 교육활동 형태의 자유로운 형성으로서 교육방법상의 자유, 수업내용 및 교재를 선택할 자유가 그 내용이다. 그 구체적인 내용을 보면, 교원은 국가로부터 허가 받은 여러 교과서 중 선택할 자유, 교육목적과 교육과정을 교육본질에 입각하여 재해석하고 수업내용을 학사일정에 맞추어 적절히 분배할 자유, 그리고 단위시간마다 주제를 설정하여 다양한 교수 학습 방법을 개발·구사할 자유를 갖는다(표시열, 2008). 기본적으로 교원과 국가의 관계에서 교원의 교육권은 기본적으로 직무권한의 성격을 갖지만, 가르칠 자유인 '교육의 자유'

는 학문의 자유에 의하여 보장되는 대학교수의 자유처럼 기본권성을 갖는다고 할 수 있다(노기호, 1998). 교원의 교육권은 앞에서 본 바와 같이 이중적 성격을 가지기 때문에 실제에 있어서는 다소 문제가 발생하기도 한다. 즉, 교원의 교육권의 주요 내용으로 제시되는 교육과정 편성권, 교재 선택권 등과 관련하여 어느 정도 교원들에게 권리를 인정할 것인가는 학생의 학습권과 국가의 교육권과 관련하여 쟁점이 되는 사안으로 많이 논의되고 있다.

교원의 교육권은 교육권의 중핵적 위치를 차지하는 학생의 학습권을 보장하기 위하여 존재하는 것으로서, 실정법에 의해 교육권 제한이 이루어질 수도 있다. 이러한 맥락에서 학생을 포함한 학습자의 기본적 인권이 학교 교육과정에서 존중되고 보호되어야 함은(교육기본법 제12조 제1항) 물론 교육내용, 교육방법, 교재 및 학교시설도 학습자의 인격을 존중하고 개성을 중시하여 학습자의 능력이 최대한으로 발휘될 수 있도록 마련되어야 한다(동법 제12조 제2항). 교원의 교육권은 학부모의 신탁에 의한 권리로서의 성격도 있으므로 학부모의 교육권에 의한 제한도 가능하다. 학부모의 학교선택권을 통한 교원의 교육권 제한은 그 대표적 사례라 할 수 있다.

교원의 교육권의 개념과 그 법적 근거 및 타 교육주체들의 교육권과의 관계에 관한 대표적인 헌법재판소 결정으로 '국정교과서제도 합헌 결정(헌재 1992. 11. 12. 89 헌마88)'을 들 수 있다.

수업의 자유는 두텁게 보호되어야 합당하겠지만 그것은 대학에서의 교수의 자유와 완전히 동일할 수는 없을 것이며, 대학에서는 교수의 자유가 더욱 보장되어야 하는 반면, 초·중·고교에서의 수업의 자유는 후술하는 바와 같이 제약이 있을 수 있다고 봐야 할 것이다. …
학교 교육에 있어서 교사의 가르치는 권리를 수업권이라 한다면 그것은 자연법적으로는 학부모에 속하는 자녀에 대한 교육권을 신탁받은 것이고, 실정법상으로는 공교육의 책임이 있는 국가의 위임에 의한 것이다. 그것은 교사의 지위에서 생기는 학생에 대한 일차적인 교육상의 직무권한(직권)이지만, 학생의 수학권의 실현을 위하여 인정되는 것으로서 양자는 상호협력관계에 있다고 하겠으나, 수학권은 헌법상 보장된 기본권의 하나로서 보다 존중되어야 하며, 그것이 왜곡되지 않고 올바로 행사될 수 있게 하기 위한 범위 내에서는 수업권도 어느 정도의 범위 내에서 제약을 받지 않으면 안될 것이다. 왜냐하면 초·중·고교의 학생은 대학생이나 사회의 일반 성인과는 달리 다양한 가치와 지식에 대하여 비판적으로 취사선택할 수 있는 독자적 능력이 부족하므로 지식과 사상·가치의 자유시장에서 주체적인 판단에 따라 스스로 책임지고 이를 선택하도록 만연히 방치해 둘 수가 없기 때문이다. …

교사의 수업권은 전술한 바와 같이 교사의 지위에서 생겨나는 직권인데, 그것이 헌법상 보장되는 기본권이라고 할 수 있느냐에 대하여서는 이를 부정적으로 보는 견해가 많으며, 설사 헌법상 보장되고 있는 학문의 자유 또는 교육을 받을 권리에서 교사의 수업권이 파생되는 것으로 해석하여 기본권에 준하는 것으로 간주하더라도 수업권을 내세워 수학권을 침해할 수는 없으며 국민의 수학권의 보장을 위하여 교사의 수업권은 제약을 받을 수밖에 없는 것이다. …

교원의 교육권은 서이초 교사 사망 사건 이후 교육계의 적극적인 요청으로 다소 강화되는 추세에 있다. 초·중등교육법 제20조의2 및 초·중등교육법시행령 제40조의3에서 학교의 장과 교원에게 부여한 학생생활지도 권한과 범위 및 방식 등에 관한 기준을 정한 「교원의 학생생활지도에 관한 고시(2023. 9. 1. 제정)」는 교원의 교육권 강화라는 교육계의 염원을 담은 성과로 볼 수 있다. 동 고시로 학생, 교원, 학부모 등이 상호 간에 권리를 존중하고 타인의 권리를 부정하거나 침해하지 않게 노력하도록 규정함으로써 교육계의 오래된 교육권 논쟁에 있어 진일보한 모습을 보이고 있다.

(5) 국가의 교육권

국가의 교육권의 근거는 「헌법」 제31조 제6항이고, 이는 교육에 관한 국가의 입법권을 규정한 조항이므로 교육입법권이 국가의 교육권의 근거가 될 수 있다. 아울러 국가의 교육에 관한 지도·감독 권한을 규정한 「교육기본법」, 「초·중등교육법」, 「고등교육법」 등의 해당 조항들도 국가 교육권에 관한 법령상의 근거로 볼 수 있다. 즉, 교육행정권 및 교육감독권도 국가의 교육권의 개념에 포함될 수 있

다. 그러한 국가의 교육권 근거에 대해 헌법재판소의 판결(헌재 2000. 3. 30, 99헌바113)
에서도 비슷한 의견을 보이고 있다.

국가 교육권의 주요 내용들을 보면, 크게 교육 외적 사무와 교육 내적 사무로
구분할 수 있다. 먼저 교육 외적 사무로서, ① 적절한 교육수준을 확보하기 위한
기준을 설정하고, 그것에 비추어 교육사업을 감독할 기준 설정권과 감독권, ② 교
육사업을 조사 및 연구하고 적절한 지도·조언·권고를 할 수 있는 권고권, ③ 교
육기회의 제공이 표준 이하인 경우 재정을 지원하여 균등한 기회를 제공하는 재정
지원권, ④ 필요한 경우 국가가 직접 교육을 제공하는 국립학교 설치권, ⑤ 교육
을 둘러싼 분쟁을 판가름하고 상호조정을 하는 재정권 등을 들 수 있다(손희권,
2007).

교육 내적 사무에 대해서는 학자들 간 많은 논란이 있다. 즉, 국가 교육권에 교
육 내적 사무가 포함되는지 여부에 대한 문제이다. 이러한 논란의 핵심은 교육내
용의 결정에 국가가 권력적으로 개입할 수 있는지 여부에 관한 교육내용 결정권과
관련이 있다. 이에 대해 헌법재판소는 국가가 교육내용을 결정할 재량권이 있음을
인정하고 있는데(헌재 1992. 11. 12, 89헌마88), 그 이유는 다음과 같다. 첫째, 「헌법」제
31조 제6항에서는 교육제도 그 운영에 관한 사항을 규정하도록 하고 있고, 이러한
사항에는 교육내용도 포함된다. 둘째, 초·중·고등학생은 다양한 가치와 지식에 대
하여 비판적으로 취사선택할 수 있는 독자적인 능력이 부족하다. 셋째, 학생의 지
능이나 연령에 상응하는 교육적 배려를 제공함으로써 학생의 교육을 받을 권리를
실효성 있게 보장할 수 있다. 끝으로, 교육내용의 객관성·전문성·적정성을 유지할
수 있다. 또한 헌법재판소는 국가의 교육내용 결정에의 개입정도가 교육단계, 교과
과목, 지방교육자치의 허용 정도 등에 따라 달라야 한다는 입장을 보이고 있다.

국가의 교육권 또한 법적 한계를 가지고 있는 점은 다른 교육주체가 갖고 있는
교육권과 마찬가지이다. 「헌법」제31조 제6항의 교육제도 법정주의에 근거를 둔
국가의 교육권은 각 아동·학생의 교육권과 학부모의 교육권을 실효성 있게 보장
하기 위한 규정이며, 「헌법」제31조 제4항에 규정된 교육의 자주성·전문성·정치

적 중립성 및 대학의 자율성과 모순되지 않는 범위 내에서만 행사되어야 하기 때
문이다. 아울러, 국가의 교육권은 사회공공의 이익을 증진하기 위해 필요한 범위
내에서 행사되어야만 하는 헌법적 한계(헌법 제37조) 및 윤리적 한계도 가지고 있다.

 뉴스 살펴보기

○○○에 막힌 '서울의 봄' 단체관람…교사단체 "학습권 침해"
교사단체 '○○○○교사모임' 성명 내고 비판

영화 '서울의 봄'이 개봉 22일째인 18일 관객 수 900만을 돌파한 영화 '서울의
봄' 학생 단체관람을 극우 유튜버 등이 비판한 일을 두고, 교사단체가 "최소한의
금도를 넘어서는 일이자 교육권과 학습권에 대한 중대한 도전"이라며 정부에 강
력한 조처를 요구했다.

○○○○교사모임은 지난 16일 성명을 내고 "학교 외부세력에 의해 자연스러운
교육의 흐름을 방해하고, 노골적으로 학교 교육활동을 방해하는 사태가 버젓이
벌어지고 있다"며 이같이 주장했다.

지난달 22일 개봉한 영화 '서울의 봄'은 전직 대통령 전두환씨 등 신군부가 1979
년 12월 12일 주도한 군사 반란을 다루고 있다. 영화가 큰 인기를 끌면서 서울
송파구와 경북 포항시 등에 위치한 초등학교에서 고학년을 대상으로 단체 관람을
추진하기도 했는데 이를 두고 극우 유튜브 채널 ○○○○연구소는 "좌빨(좌익빨
갱이) 역사 왜곡 영화 '서울의 봄' 관객 수 조작 증거"라며 문제를 제기했다. 결국
해당 초등학교들은 단체 관람을 취소했다. 특히 지난 13일에는 ○○○○연구소와
○○○ 호국단 등의 회원 10여명이 '서울의 봄' 단체 관람이 예정돼 있던 서울 마
포구의 한 중학교 앞에 직접 찾아가 항의집회를 벌이기도 했다.

○○○○교사모임은 "초·중·고 각급 학교에서는 정규 교육과정을 통해 현대사
를 다루고 있고, 학교 교육에서 영화를 활용한 미디어 교육이 많이 이뤄지고 있

다"며 "자연스레 많은 학교에서 단체 관람이 계획되어 있었다"고 밝혔다. 실제로 초등학교 6학년이 배우는 사회 교과서만 봐도 전씨 등 신군부 세력이 군사 정변(쿠데타)을 일으켜 독재 정치를 이어갔고 1980년 5월 광주에서 대규모 민주화 시위가 일어나자 계엄군을 보내 시민과 학생들을 향해 총을 쏘며 폭력적으로 시위를 진압해 많은 사람이 다치거나 죽었다고 가르치고 있다.

○○○ 등의 행태를 두고 ○○○○교사모임은 "우리 사회가 지켜야 할 최소한의 금도를 넘어서는 일이며, 헌법과 법률이 보장하고 있는 교육권과 학습권에 대한 중대한 도전"이라고 강하게 비판했다.

이어 "대한민국 헌정 질서와 민주화의 역사를 깡그리 무시하고, 극우적 역사 인식을 관철하기 위한 방식으로 교사의 교육권을 근본적으로 침해하는 현 사태에 대해 매우 강한 우려를 표명한다"며 학교 교육활동을 보장하기 위한 정부의 강력한 조처를 촉구했다.

출처: 한겨레신문, 2023.12.18.

(6) 교육당사자 상호간 법적 관계

일반적으로 학자들은 학생의 교육권을 각 교육주체들의 교육권보다도 우선하는 권리로 보고, 학부모 교육권, 교원의 교육권, 국가의 교육권 등 학생의 교육권을 제외한 타 교육주체들의 교육권은 학생의 교육권을 보장하기 위한 권리로 간주하고 있다. 그러나 학생의 교육권을 제외한 타 교육주체들 간의 교육권, 즉 부모의 교육권, 교원의 교육권, 국가의 교육권 등은 실제 교육현장에서 충돌하는 경우가 적지 않으며, 이는 학문적 논쟁뿐만 아니라 법적 해결과정에서도 많은 논란이 있다.

우선 부모의 교육권과 국가의 교육권 간의 관계에 있어, 부모의 교육권은 다른 교육의 주체와의 관계에서 원칙적인 우위를 가진다고 할 수 있다. 그러나 부모는 헌법에 근거하여 자녀교육에 대한 독점적인 권리를 부여받는 것은 아니라고 할 수 있다. 부모와 국가, 두 교육주체 간 교육권이 충돌하는 경우는 교육현장에서 적지 않게 발생하고 있는데, 헌법재판소에서는 부모의 교육권과 국가의 교육권 충돌에 따른 법익형량을 기준으로 판시(헌재 2000. 4. 27. 98헌가16)한 바 있다.

국가의 교육권과 교원의 교육권 간의 관계에 있어서는, 일반적으로 교원의 교육권은 국가의 위임에 의한 직무권한이기 때문에 국가의 교육권이 우선한다고 할 수 있다. 다만, 교원은 가르칠 자유인 '교육의 자유', 즉 교육방법상의 자유, 수업내용 및 교재를 선택할 자유 등은 학문의 자유에 의하여 보장되는 대학교수의 자유처럼 기본권성을 갖는다고 보는 견해가 있는 반면(노기호, 1998), 국가와 교원의 권한을 기능 분담의 원칙에 따라 국가는 교육의 이념과 가치와 같은 일반적인 결정을 하되, 교육현장에서 그 이념과 가치를 구현하는 구체적인 방법에 대해서는 교원이 결정해야 한다는 견해도 있다(표시열, 2002).

헌법재판소의 판례에 근거하여 부모·교원·국가 등 주요 교육주체의 교육권이 상호 충돌하는 경우의 우열관계를 해석, 정리해보면 다음과 같다(양건, 2005).

❶ 부모는 일차적인 교육주체이며, 부모의 교육권은 원칙적으로 교원·국가에 우선한다. 여기에서 우선한다는 의미는 교육권의 원천이 부모에게 있다는 것이다.

❷ 실제로 학교 교육에 관한 한, 국가가 독자적이고 광범한 교육권을 갖는다. 부모와 국가 간의 교육권 충돌의 경우, 개별적인 경우마다 법익형량에 따라 판단한다.

❸ 교원과의 관계에서 국가의 교육권에 우선한다. 교원의 교육권은 국가의 위임에 의한 것이기 때문이다.

❹ 부모와 교원의 관계에서, 교육권의 원천이라는 관점에서 보면 부모의 교육권이 우선한다. 그러나 교원의 교육권이 국가의 위임에 의한 것이라는 측면에서 보면, 학교 교육에서 부모와 국가가 원칙적으로 대응한 것처럼, 교원과 부모 사이도 원칙적으로 대등하며, 따라서 양자의 교육권 충돌의 경우, 개별적인 법익형량에 의해 판단한다.

03 | 교육영역에서의 권리 구제

(1) 권리 구제의 의미

교육영역에서 법치주의 원리가 확대 적용되면서 교육당사자들의 교육 받을 권

리가 한층 강화되고 있는 반면, 교육행정 영역이 커지고 복잡해지면서 여러 교육
행정 활동으로 인해 권익이 침해될 가능성도 커지고 있다. 이러한 권익 침해에 대
해서는 사전적 · 사후적으로 구제를 해야 하는 것이 법치주의의 요청이다. 모든 교
육행정은 합법적으로 공익을 위하여 행하여져야 한다. 교육행정조직 내에서의 감
독제도나 공무원의 책임제도(징계, 행정벌책임, 배상책임 등), 또는 국회나 감사원의 행정통
제도 간접적으로는 국민의 권익보호를 위해 합법성 · 타당성을 확보하기 위한 제도
들이지만, 보다 현실적으로 국민의 권익을 직접적으로 보호 · 구제하는 행정구제제
도가 필요하다.

 교육영역에서의 권리 구제는 일반행정 분야와 마찬가지로 사전적 구제제도와
사후적 구제제도로 구분하여 볼 수 있다. 일반적으로 볼 때, 사전적 구제제도가 최
선의 권리보호 장치라고 할 수 있다. 그 구체적인 내용으로 가장 중요한 것은 상
급 교육행정청이 하급 교육행정청에 대하여 감독권을 행사하는 것과 교육행정기관
에 의한 권리침해를 사전에 예방하는 장치로 「행정절차법」이 있다. 「행정절차법」
은 적법절차(Due Process) 원리를 교육행정 분야에 적용한 제도로서, 이해관계인에
게 사전 통지함으로써 의견 진술의 기회를 부여한다는 점에서 사전적 권리보호의
의미가 매우 크다고 할 수 있다.

 사후적 구제제도로서는 교육행정 작용에 의해 국민이 받은 손해나 손실의 전보
에 관한 국가보상, 교육행정기관의 각종 행정행위에 대한 효력의 존부를 다투는
행정쟁송이 있다. 이는 국가 등에 대한 가장 강력한 구제제도로서 전통적인 구제
제도라고 한다면 이를 지칭한다. 사후적 구제제도로서의 국가보상제도는 일반적으
로 크게 세 가지로 구분하여 볼 수 있다. 첫째, 불법행위로 인한 손해배상, 둘째,
적법행위로 인한 특별희생에 대한 손실보상, 셋째, 적법 · 위법을 불문하고 결과 내
지 손해의 불법성 때문에 인정되는 결과 책임에 따른 손해배상 등이다. 특히, 초 ·
중등학교 내의 학교안전사고에 대해서는 2007년 제정된 「학교안전사고 예방 및
보상에 관한 법률」에 근거하여 학교안전공제회를 통해서 사후적으로 구제받는 방
법이 열려 있다. 동 법률의 제정은 학교 내 교육의 특수성을 감안하면서 교육당사

자 간 갈등을 최소화하고, 손해배상액은 크게 높여 구제제도의 실효성을 크게 향상시킨 측면이 적지 않다. 향후에도 이런 방향으로의 제도 개선은 국민들의 교육권 보장에 크게 기여할 것으로 기대된다.

행정쟁송은 교육행정기관의 행정처분에 대한 효력 다툼이 있는 법률관계를 이해관계인이 법원 등에 제소하면서 행정쟁송절차에 의해 심리·판단하고 해결하는 제도이다. 행정쟁송에는 행정소송과 행정심판이 있다. 특히, 교육 영역에서는 교원이 징계처분 기타 그의 의사에 반하는 불이익처분을 받은 경우 심사를 청구할 수 있는 특별행정심판기관으로서 교원소청심사위원회가 있다.

위에 제시된 구제제도들은 일반 행정법에서 많이 다루고 있는 주제들이므로 본 절에서는 생략하고, 여기에서는 학교안전사고에 대한 구제제도에 초점을 맞추어 살펴보고자 한다.

(2) 학교안전사고에 대한 구제

가. 학교안전사고의 의미

학교안전사고라 함은 「학교안전사고 예방 및 보상에 관한 법률」 제2조에 의하면, 교육활동 중에 발생한 사고로서, 학생·교직원 또는 교육활동 참여자의 생명 또는 신체에 피해를 주는 모든 사고 및 학교급식 등 학교장의 관리·감독에 속하는 업무가 직접 원인이 되는 학생, 교직원 또는 교육활동 참여자에게 발생하는 질병을 말한다.

표 IV-12-2 학생안전사고 발생건수

연도	2017	2018	2019	2020	2021	2022
발생건수	116,684	122,570	138,784	41,940	93,147	149,339

출처: 학교안전공제중앙회(www.ssif.or.kr) 자료 참조.

학교안전사고는 [표 IV-12-2]에서 보는 바와 같이 최근 급증하는 양태를 보이

고 있다(20~21년은 코로나19로 인해 사고건수가 감소). 따라서 이에 대한 국가 차원의 행정적
· 재정적 대책 마련이 시급할 뿐만 아니라, 학교안전사고 당자자들도 이의 구제를
위한 각종의 제도들을 파악할 필요가 있다.

이러한 학교안전사고들의 특징은 학생의 발달단계 측면에서 볼 때 인지적으로
미성숙한 상태인데다가 위험에 대한 지각능력이 다소 부족한 원인에 기인하고, 사
고의 당사자가 미성년자에 해당하는 경우가 많아 민·형사상 책임을 묻기도 어려
울뿐더러 교육의 장에서 벌어지는 사고에 대해 외부의 힘(법원, 검찰, 경찰 등)에 의존하
여 해결하는 것이 바람직하지 않은 경우가 적지 않다는 데에 있다. 이러한 교육활
동 중에 발생한 사고의 범위 중 보상이 가능한 교육활동의 범위는 [표 Ⅳ-12-3]
과 같다.

표 Ⅳ-12-3 학교안전사고의 범위 중 보상이 되는 교육활동 범위

구분		영역별 세부내용
정규 교육활동	정규교과수업	일반교과수업
		실험 · 실습
		체육활동
	정규특별활동	체육대회, 축제 등
		수학여행, 현장학습 등
		클럽활동
비정규 교육활동		보충수업, 자율학습
		방과후 학교
학교의 일과 전후		청소시간, 휴식시간, 등 · 하교

학생들이 교육활동 중에 발생한 사고 유형들을 보면 다음 [표 Ⅳ-12-4]와 같
다. 사고 발생 건수는 체육수업 시간에 가장 많고, 그 다음으로 점심시간, 수업시
간 순으로 빈도수가 많다. 특히, 체육수업 이외의 수업시간에도 사고 발생건수가

많다는 점은 교원의 책임과 관련하여 주목할 부분이다.

표 IV-12-4   학교안전사고 유형

구분	체육 수업	점심 시간	수업 시간	휴식/ 청소	학교 행사	등하교	특별 활동	기타	석식 시간	기숙사 생활	합계
계	56,841 (38.1%)	27,441 (18.4)	18,828 (12.6%)	18,775 (2.6%)	8,395 (5.6%)	7,466 (5.0%)	5,470 (3.7%)	5,073 (3.4%)	528 (0.4%)	522 (0.3%)	149,339 100.0%)

출처: 학교안전공제중앙회(www.ssif.or.kr) 자료 참조.

학교 내에서의 사고와 관련하여 추가로 관심있게 살펴보아야 할 부분이 학교폭력으로 인한 사고와 책임의 문제이다. 2023년도에 학교폭력 실태조사를 벌인 결과, 아래 [표 IV−12−5]와 같이 학교폭력으로 인한 피해발생건수가 적지 않음을 알 수 있다. 그럼에도 불구하고, 학교폭력에 의한 피해학생이 적기에 정신적·신체적 피해를 회복할 수 있도록 지원해야 하지만, 학교폭력이 발생한 경우 학교폭력으로 인한 피해학생에 대한 보상은 원칙적으로 가해학생의 보호자가 부담하는 것이 원칙(「학교폭력 예방 및 대책에 관한 법률」 제16조제6항, 민법 제750조)이다.

이러한 문제점 때문에 가해학생(보호자)이 피해학생의 치료비 등을 우선적으로 부담하되, 원활한 합의가 이루어지지 않을 경우에는 학교안전공제회에서 피해자에 대한 치료비용을 우선 지원하고, 가해자에게 구상하는 시책을 시행하고 있다.

표 IV-12-5   학교폭력 피해 응답률

구분	전체	초	중	고
비율(%)	1.9	3.9	1.3	0.4
명수(천명)	59.0	41.1	14.0	3.7

출처: 교육부 보도자료(2023. 12. 3). "2023년 1차 학교폭력 실태조사 결과 발표"

구분	언어 폭력	신체 폭력	집단 따돌림	강요	사이버 폭력	스토킹	성폭력	금품 갈취
전체	37.1	17.3	15.1	7.8	6.9	5.5	5.2	5.1
초	36.9	18.2	14.3	8.6	5.9	6.5	4.5	5.1
중	36.8	15.7	17.0	6.0	9.2	3.4	6.6	5.3
고	39.7	12.3	17.7	5.8	9.8	2.7	6.8	5.0

표 IV-12-6 학교폭력 피해 유형

출처: 교육부 보도자료(2023. 12. 3). "2023년 1차 학교폭력 실태조사 결과 발표"

나. 학교안전사고에 대한 당사자별 법적 책임

(가) 국·공립 교원의 책임

「교육기본법」 제9조, 「초·중등교육법」 제18조 및 제20조 등에 의거 교원은 학교의 교육권이 미치는 범위 안에서 학생을 보호·감독할 의무를 가진다. 보호·감독의 범위와 책임 정도는 유치원이나 초등학교 저학년과 같이 자신의 행위에 대한 위험성 변별 능력이 부족할수록 넓어지고, 상급학교로 올라갈수록 줄어든다고 할 수 있다(하윤수, 1997).

「국가배상법」 제2조에 의거 국가 또는 지방자치단체는 교원이 그 직무를 수행함에 있어 고의 또는 과실로 법령에 위반하여 타인에게 손해를 가한 경우에는 그 손해를 배상하여야 한다. 이 경우, 교원에게 고의 또는 중대한 과실이 있는 경우에는 구상권을 행사할 수 있다. 다만, 사립학교 교원의 경우에는 「민법」 제756조 제3항에 의거 경과실에 의한 손해에 대해서도 구상권을 행사할 수 있어 사립학교 교원에 대해서는 법적 보호가 다소 미흡한 실정이다.

아울러, 교원이 안전사고와 관련하여 형사상 책임을 지는 경우 「형법」 상의 상해죄(제257조), 폭행죄(제260조), 상해치사죄(제259조), 명예훼손죄(제307조)에 해당될 수 있다.

교원의 책임 요건으로서 불법행위로 인한 손해에는 일반불법행위와 특수불법행위로 구분된다. 일반불법행위는 교원이 고의 과실로 피해자에게 손해를 입힌 경우인 데 반해, 특수불법행위는 교원에게 피해자의 손해 발생에 과실이 없었음을 입증하지 못하면 불법행위 책임을 지게 되는 중간책임을 말한다. 「민법」에 의하면, 특수불법행위로는 책임무능력자의 감독 책임, 사용자 책임, 공작물 등의 점유자·소유자 책임이 있다.

학교안전사고와 관련하여 교원 등에게 손해배상책임을 부과한 대표적 판례를 소개하면 [표 Ⅳ-12-7]과 같다.

(나) 학생 및 학부모의 책임

학교안전사고와 관련하여 가해학생은 「민법」 제750조의 의거 불법행위로 인한 손해배상 책임이 있다. 다만, 민·형사상 책임을 지기 어려운 경우(예: 형사미성년자인 14세 미만 학생 등)에는 가해학생을 상대로 손해배상 청구를 하기보다는 가해학생의 부모나 학생을 상대로 손해배상을 청구하게 된다.

교통사고에 있어서 일방과실이 거의 없는 것처럼, 학교안전사고에 있어서도 쌍방 간의 과실(예: 주의 의무에 대한 과실 여부 및 정도 등)이 경합하여 발생하는 경우가 대부분이다. 이와 같이 가해학생과 피해학생의 과실이 경합하는 경우 법원은 과실상계(「민법」제396조)를 하여 손해배상 결정을 내리게 된다.

초·중등학교에 재학 중인 학생들은 대부분 미성년자이므로 가해학생의 학부모는 자녀에 대해 전면적인 보호·감독 아래 하에 두고 있기 때문에 피해가 발생한 경우에는 「민법」 제750조의 불법행위자로서 책임을 지게 된다.

표 IV-12-7 학교 내 안전사고 관련 대표적 판례	
구분	**핵심 판결내용**
유치원	학생 사고에 대한 교사 등의 책임은 그 사고에 대한 예견가능성을 종합적으로 고려하여 판단하여야 하지만, 유치원생에 있어서는 법정감독의무자인 친권자에 준하는 보호감독의무가 있음. (대판 1996. 8. 23, 96다19833)

구분	핵심 판결내용
초등학교	초등학교 6학년 학생은 학교생활에 적응하여 상당한 정도의 자율능력, 분별능력을 가지고 있다고 보아야 할 것이므로 구체적 위험성에 대한 예측가능성이 없는 돌발적이고 우연한 사고에 대해서는 교사 등에게 보호감독 의무 위반의 책임을 지울 수 없음. (대판 1997. 6. 27, 97다15258)
중학교	① 평소 성행이 불량한 13세 중3 학생이 비슷한 체구의 학생을 장난 쳐서 사망에 이르게 한 사건에 대해 해당 학생에 대해 특별히 지도감독하지 못한 부분에 대해 책임을 인정함. (대판 1994. 8. 23, 93다60588) ② 학급 반장으로서 학업성적이 우수하고 매사에 적극적인 중1 학생이 휴식시간에 급우를 구타하여 상해를 입힌 사건에 대해 가해자의 성행, 피해자와의 관계, 사고발생의 때와 장소 등을 고려하여 담임교사에게 보호감독의 의무 위반의 책임을 인정하지 않음. (대판 1997. 6. 13, 96다44433) ③ 중학교 유도부원이 상급 유도부원들로부터 구타 등 부당한 대우와 힘든 훈련으로 인하여 자살한 경우, 그와 같은 자살행위에 대한 예견가능성이 없었던 때에는 지도교사와 그 학교를 설치경영하는 지방자치단체 등에게 손해배상책임을 지울 수 없음. (대판 1996. 4. 23, 95가합25407) ④ 학생체벌 관련 사건으로, 중학교 3학년 학생이 무단외출 및 무성의한 학습태도로 체벌 받던 중, 웃는 것에 감정이 상한 교사가 막대기로 머리를 때리고 구두발로 머리를 차서 전치 6주의 상해를 입힌 사건에 대해, 체벌을 가하는 신체부위와 그 정도 및 방법 등에 대하여 주의의무를 게을리하여 상해를 입혔기 때문에 교사에게 중대한 과실이 있음. (대판 1990. 2. 27, 89다카16178)
고등학교	① 교장, 교사의 학생에 대한 보호감독의무는 학교에서의 교육활동 및 이와 밀접불가분의 관계에 있는 생활관계에 한하며, 그 의무 범위 내의 생활관계라고 하더라도 사고가 학교생활에서 통상 발생할 수 있다고 하는 것이 예측되거나 또는 예측가능성(사고발생의 구체적 위험성)이 있는 경우에 한하여 보호감독의무위반에 대한 책임이 있음. 이러한 측면에서 고등학교 2학년 학생이 점심시간에 장난으로 급우에게 상해를 입게 한 사고에 대하여 교장이나 담임교사 등에게 보호감독의무위반의 책임을 물을 수 없다고 함. (대판 1993. 2.12, 92다13646) ② 고등학교 3학년 학생이 학교건물의 3층 난간을 넘어 들어가 흡연을 하던 중 실족하여 사망한 사건과 관련하여, 학교 관리자에게 그와 같은 이례적인 사고가 있을 것을 예상하여 난간으로의 출입을 막기 위하여 학교장이 출입금지나 추락위험을 알리는 경고표지판을 설치할 의무가 있다고 볼 수 없다고 하여 학교장의 책임을 부정함. (대판 1997. 5. 16, 96다54102)

(다) 학교 설치·경영자의 책임

교원의 잘못으로 학교안전사고가 발생할 경우에는 학교의 설치·경영자가 당해 교원의 사용자로서 손해배상 책임을 지게 되며, 학교 시설물(영조물)의 설치·관리상의 하자로 인해 안전사고가 발생한 경우에는 당해 영조물의 설치·관리자로서 책임을 지게 된다. 이 경우 국·공립학교는 「국가배상법」이 적용되고, 사립학교는 「민법」이 적용되는데, 일반적으로 학교안전사고의 발생지가 국립학교인 경우에는 국가를 상대로 손해배상청구소송을 제기하게 되고, 공립학교의 경우에는 지방자치단체를 상대로 제소하며, 사립학교의 경우에는 당해 학교법인을 상대로 제소하게 된다. 영조물의 설치·관리상의 하자와 국·공립 교원의 위법한 직무집행행위가 경합하는 경우에 피해자는 국가배상법 제2조와 제5조 중에서 선택적으로 배상을 청구할 수 있다.

다. 학교안전사고에 대한 구제수단

학교안전사고가 발생할 경우의 구제수단은 크게 네 가지로 구분하여 볼 수 있다. ① 학교 내 자체해결, ② 학교안전공제회를 통한 보상, ③ 민영보험(별도 가입)을 통한 보상, ④ 손해배상소송을 통한 보상 등이다. 첫 번째 구제수단인 자체해결은 학교 현장에서 경미한 사고의 경우 가장 먼저 시도되는 비공식적 구제수단이며, 제도적인 구제수단으로는 나머지 세 종류가 대표적이다.

(가) 학교안전공제회를 통한 보상

「학교안전사고 예방 및 보상에 관한 법률」 제11조 및 제15조에서는 시·도교육감이 학교안전사고로 생명·신체에 피해를 입은 학생·교직원 또는 교육활동 참여자에게 보상하기 위하여 학교안전사고 보상공제 사업을 하도록 규정하고 있으며, 이를 위해 학교안전공제회를 설립하도록 하고 있다. 학교안전공제회가 지급하는 공제급여는 요양급여, 장해급여, 간병급여, 유족급여, 장의비 등 다섯 가지이다. 법

표 IV-12-8 학교안전공제회 공제급여 지급 인정 및 불인정 사례

구분(구체적 사례)	보상 인정 여부
• 학교장이 정하는 교육계획에 의거 학교 안팎에서 학교장의 관리·감독하에 이루어지는 교육활동 (예: 수업, 특별활동, 체육대회, 급식, 등하교 시 발생한 사고 등)	인정
• 가해자의 고의·중과실로 발생한 사고 및 학교안전사고 피해자가 정당한 이유 없이 요양기관 지시를 따르지 않아 상태가 악화된 경우 등 (예: 통상적이지 않은 경로, 방법에 의한 등하교 시 발생한 사고 천재지변에 의한 시설물의 파괴로 발생한 신체상 손해)	불인정
• 천재지변에 따른 시설물의 파괴와 그로 인한 신체상 손해 　- 교육시설재난공제회에서 보상 • 수학여행, 학교 밖 수련시설에서 발생한 사고 　- 민영보험(별도 가입)에서 보상	제3의 방식에 의한 보상

원의 판결로 보상 또는 배상액이 확정된 경우에는 이를 공제회가 하되, 학교안전사고가 학생·교직원의 고의·중과실로 발생한 경우에는 가해자 또는 그 보호자에게 공제급여에 해당하는 금액을 청구할 수 있다.

(나) 민영보험을 통한 보상

교외에서 주로 이루어지는 교육활동으로 수학여행, 수련활동 등의 교육활동 중 사고발생 시 피해 발생에 따른 보상을 내용으로 임의 가입한 민간보험을 통해서 학교안전사고에 대해 보상을 받는 방식이다. 이 경우 학교안전사고의 책임자 중 하나인 학교설립자(국가, 지방자치단체, 사립학교 설립·경영자)가 보험료를 부담하지 않으면서 보험의 범위 내에서 책임이 면제된다. 즉, 보험료의 부담자는 학생이며, 특정한 학교 밖 교육활동 기간에 발생한 사고에만 해당되며, 피해액을 충분히 보상해주지 못하는 문제점이 있다.

(다) 손해배상소송을 통한 보상

앞에서 제시한 수단들은 신속 간편하게 구제가 가능한 반면, 피해당사자에게 기대 수준의 충분한 보상이 이루어지지 못한 경우가 많아, 학생안전사고에 대한 구제를 소송에 의존하는 경우도 적지 않다. 그러나 실제에 있어 소송을 통한 구제는 엄청난 시간과 비용이 소요되며, 소송기간에 교원, 학부모, 학교 측이 가해·피해학생과 더불어 원고와 피고로서 지리한 다툼이 이어질 수밖에 없어 정신적 고통을 안겨줄 뿐만 아니라 추후 화합하기 어려운 교육적 부작용들을 야기할 수 있어서, 가능한 한 원만히 해결할 수 있는 방안들을 최대한 강구할 필요가 있다.

피해당사자는 손해배상소송을 통한 보상과 학교안전공제회를 통한 보상을 선택적으로 할 수 있으나, 최근 학교안전공제회를 통한 보상액이 현실화되면서 소송을 통한 보상의 의미가 퇴색하고 있는 실정이다. 소송을 통한 구제수단이 갖는 가장 큰 강점은 앞서 제시한 구제수단들이 제 기능을 다하지 못할 경우의 최후적 수단으로서, 법률적으로 안전사고의 책임유무 및 피해보상액 산정을 공적으로 명확하게 하는 방법이라는 점이다.

> **학교안전사고**
>
> **사례**
>
> 서울특별시 송파구 소재 ○○고등학교에서 오전 수업이 끝나고 점심시간에 급우들 간에 서로 장난하다가 안전사고가 발생하였다. 고등학교 2학년생인 A와 B 학생은 같은 반 친구이다. 2012년 ○월 ○일 12시 30분경 점심식사를 마친 후, 여러 명의 급우들이 서로 교실에서 얘기를 나누는 중간에 A 학생은 장난을 할 목적으로 갑자기 B 학생이 앉아있는 의자를 잡고 뒤로 밀쳤다. 그로 인해 B 학생은 의자 뒤로 넘어지면서 콘크리트 바닥에 부딪쳐 뇌 손상을 입었다. B 학생은 뇌 손상으로 6개월간 병원치료를 받았으며, 치료비는 약 5천여만원에 달했다. 그 후에도 B 학생은 뇌손상으로 인해 보행이 자연스럽지 못할 뿐만 아니라, 여러 가지로 일상생활에서 일정부분 회복하기 어려운 수준의 신체마비가 나타나는 등 물리치료를 지속적으로 받고 있는 상태이다. 가정형편이 넉넉하지 못한 B 학생의 부모는 서울특별시교육청과 A학생의 부모를 상대로

손해배상 청구소송을 제기하였다.

토론거리

◐ 서울시교육청 및 교사의 책임 인정 범위에 대해 대법원 등의 판례 등을 참조하면
서 논의해보자.

◐ 학교안전사고와 관련하여 면책받기 위해서 평소 교사가 해야 할 일들은 무엇이 있
는지 토의해보자.

정리하기

❶ 「헌법」 제31조 제1항의 '교육을 받을 권리'는 교육을 받을 학생의 학습권 개념과 교육을 시킬 학부모의 교육권과 교사의 교육권을 포괄하는 상위개념으로서, 일반적으로는 국가, 학교, 교원, 학생, 학부모 등 여러 교육주체들이 갖고 있는 여러 권리와 권한들을 지칭하는 것으로 볼 수 있다.

❷ 학생의 교육권은 각 교육주체들의 교육권보다도 우선하는 권리이다. 학생의 교육권을 제외한 타 교육주체들의 교육권이 충돌하는 경우, 부모의 교육권은 다른 교육주체와의 관계에서 원칙적인 우위를 가진다. 다만, 학교 교육에 관한 한, 국가가 독자적이고 광범한 교육권을 가지고 있기 때문에 부모와 국가 간의 교육권 충돌의 경우, 개별적인 경우마다 법익형량에 따라 판단한다.

❸ 학교안전사고는 최근 급증하는 모습을 보이고 있는데, 이러한 안전사고들의 특징은 사고의 당사자가 미성년자에 해당하는 경우가 많아 민·형사상 책임을 묻기 어려울 뿐만 아니라 교육의 장에서 벌어지는 사고에 대해 외부기관(법원, 검찰, 경찰 등)에 의존하여 해결하는 것이 바람직하지 않은 경우가 많다는 데에 있다. 피해당사자는 손해배상소송을 통한 보상과 학교안전공제회를 통한 보상을 선택적으로 할 수 있으나, 최근 학교안전공제회의 보상액이 현실화되면서 소송을 통한 보상의 의미가 퇴색하고 있는 실정이다.

학습문제

01 학생의 학습권을 제외한 타 교육주체들 간의 교육권 충돌 문제에 대해 그 해결방안을 논하고 향후 바람직한 관계 설정에 대해 설명하시오.

02 학교안전사고가 발생할 경우 학교안전공제회를 통해 보상받는 방법과 소송을 통해 보상받는 방법이 있는데, 각각의 구제제도의 장단점에 대해 설명하시오.

03 학교안전사고와 관련하여 교사가 면책받기 위한 적절한 사전적 조치들은 어떠한 것들이 있는지 설명하시오.

CHAPTER 13

교육정책

학/습/목/표

• 교육정책은 무엇이고, 왜 필요하며, 중요한지 설명할 수 있다.
• 교육정책에는 어떤 사람들이 참여하는지 설명할 수 있다.
• 교육정책은 어떻게 만들어지고 실행되는지 분석할 수 있다.
• 교육정책과 학교의 관계에서 학교행정가의 역할을 말할 수 있다.

생각해보기

　　교육정책은 흔히 정부가 주도하는 국가의 교육시책으로 이해된다. 오래 전부터 우리나라의 교육정책은 정부가 결정하는 대로 학교와 교원들은 이에 따라야 했고, 학부모와 학생들은 또 학교에서 시키는 대로 따라하는 상명하달식으로 추진되어 왔다. 교원들은 가르치는 주체로서 교육정책의 과정에서 배제되었고, 학생은 배우는 주체로서 교육활동 공간에서 피동적인 존재였다. 이러한 교육정책 추진과정에서 나타나고 있는 위계적인 구조는 오랫동안 우리나라 교육정책의 표상으로 자리 잡아 왔다.

　　오늘날 지식기반사회는 교육에서 창의적 사고 개발을 통한 지식의 창출과 융합이 중요하다. 또한 다양한 가치와 문화가 공존하는 다원주의 사회에서 '상호이해'와 '협력'은 생존을 위한 필요조건으로 인정되고 있다. 이에 따라 현장중심의 실천적 교수-학습이 필요하고, 통치구조의 분권화와 '협치'가 교육활동과 제도운영에서 대세로 자리 잡게 되었다. 이러한 현실적 요구에 직면하고 있는 우리에게 근대적 하향식 정책추진 과정과 방식이 여전히 유효한지 생각해 볼 필요가 있다.

(1) 교육정책의 의의

생활세계 도처에서 각 연령대의 사람들은 '교육'이라 명명할 수 있는 영역 안에서 다양한 활동을 벌이고 있다. 교육정책은 이러한 사람들의 교육활동에 관한 정책이며, 교육활동을 위한 정책이다. 즉, 교육정책은 교육이라는 이름으로 둘러싸인 영역에서 발생하는 제반 문제를 중심으로 형성되고 종국에는 교육영역이 추구하는 목적의 달성 및 발전적 미래상에서 존재의의를 확인하게 된다.

가끔 교육정책을 교육행정과의 관계 속에서 규정하기도 한다. 이들의 관계는 용어가 쓰이는 상황에 따라 달리 규정된다. 교육행정을 좁은 의미로 해석하여 '주어진 정책을 집행'하는 것으로 이해한다면 교육정책은 교육행정의 기본방침이 되어 교육정책이 교육행정의 상위개념이 된다. 이와 달리 교육행정을 광의로 해석한다면 교육정책은 교육행정 과정의 핵심 요소 중 하나가 되어 그 하위개념으로 이해된다(진동섭 외, 2007: 325-326). 교육행정의 영역이 광범위해져 가고, 교육영역 역시 확대되어 학령기를 지나 심지어 성인이 되어서도 생활세계 도처에 자리잡고 있는 교육영역으로부터 벗어나기 어려움은 주지의 사실이다. 이렇듯 교육영역이나 교육행정 영역이 넓혀져 감에 따라 교육정책이 사람들의 삶에 미치는 영향력은 그만큼 더 지대해지고 있다.

그렇다면 교육정책이란 무엇인가? 이 물음에 답하려면 교육정책을 연구하는 학자들이 교육정책을 어떻게 정의해 왔는지, 그리고 그들의 정의 속에 내포된 교육정책의 속성 혹은 의미는 무엇인지를 밝혀야 한다.

백현기(1964: 30)는 교육정책을 '정치적 권력과정을 거쳐서 형성된 어떤 교육계획이 실현되는 일체의 과정'이라 하였고, 김창곤(1986: 9-10)은 '국민교육문제를 해결하기 위하여 또한 교육상의 일정 가치를 지향하여 국가기관이 실행하기로 결정한 교육활동의 지침을 뜻하며, 그것은 목표·수단·방법·추진 일정 등의 내용을 담은 교육계획과 법령으로 나타난다'고 하였다. 최돈민(1998: 2-3)은 '정치적 권력과정을 거쳐 국가나 지방자치단체가 교육목표나 교육적 가치를 달성하기 위해 교육관련자 집단을 대상으로 교육활동을 전개하는 기본적인 지침이나 방안'으로 교육정책을 정의하고 있으며, 정일환(2000: 14)은 '공공정책으로서 교육활동을 위해 국가나 공공단체가 국민 또는 교육관련 집단 및 수혜집단을 대상으로 전개하는 교육의 지침'이라 하였다.

 뉴스 살펴보기

교육의 가장 중요한 가치 1순위는 '개인과 사회 공동의 행복 추구'

　우리나라 국민들은 교육이 지향하는 가장 중요한 가치로 '개인과 사회 공동의 행복 추구'를 꼽았다. 인성교육에 대한 국민적 열망도 높게 나타났다.

　대통령직속 국가교육회의는 5월 17일부터 6월 17일까지 한 달간 온라인에서 실시한 '2022 개정 교육과정을 위한 국민참여 설문'을 22일 발표했다. 이를 토대로 국가교육회의는 사회적 협의 절차에 들어간다.

　이번 설문조사에는 국민 총 10만 1214명이 참여해 개정 교육과정 총론에 반영될 인재상, 교육과정 운영 및 지원체계 등에 대해 응답했다.

　응답자의 20.9%가 교육이 지향하는 가장 중요한 가치로 '개인과 사회 공동의 행복추구'를 1순위로 선택했다. 이어 '자기 정체성을 바탕으로 한 자기주도적 학습(15.9%)', '책임 있는 시민으로 성장(15.6%)', '학습에 대한 지속적인 흥미와 동기(12.7%)' 순으로 나타났다.

　보다 강화돼야 할 교육 영역에서는 '인성교육(36.3%)'과 '인문학적 소양교육(20.3%)'이 높게 나타났다. '진로·직업교육(9.3%)', '인공지능·소프트웨어 교육(9.0%)', '생태전환교육(5.6%)' 등이 뒤를 이었다.

　고교학점제 추진을 위해 가장 중점을 둬야 할 사항으로는 '학생의 진로적성에 따르는 다양한 선택과목 제공(43.6%)'이 가장 높게 나타났다. 학교 밖 교육 학점 인정 범위에 대해서는 '단계적·적극적으로 확대해야 한다(62.0%)'는 의견이 다수였다.

　국가교육회의는 '국민참여 설문' 결과를 바탕으로 온·오프라인 숙의·토론을 진행할 예정이다. 23일부터 온라인 토론방을 개설해 △학생 주도성 확대를 위한 교육과정 적용 방안 △미래사회 학습을 위한 교과별 학습내용 양과 수준 △학교에서 강화돼야 할 교육과 실현방안 △서·논술형 평가가 제대로 이루어지기 위한 방안 △고교학점제 지원방안 △교육과정 자율권 확대에 대한 의견과 적용방안 △학습 격차 해소를 위한 지원 방안 등 7가지 주제를 중심으로 토론을 진행한다.

다음 달 7일에는 세부 설문 결과를 토대로 일반 국민 대상 공개포럼을 개최하고 국민참여단을 중심으로 권역별 토론회와 쟁점토론을 거칠 예정이다. 이런 과정을 통해 의제를 심화하고 정리하는 작업을 하게 된다.

이후 국가교육회의는 숙의·토론 결과를 종합하고 교육부에 권고해 학생, 학부모, 교원은 물론 각계각층 국민들의 의견이 교육과정 개정에 반영될 수 있도록 할 계획이다.

김진경 국가교육회의 의장은 "이번 사회적 협의는 우리 사회가 처음으로 국가교육과정을 국민 참여와 협의를 통해 만드는 것"이라며 "앞으로 국가교육위원회가 설립되면 보다 정교한 절차와 폭넓은 기반이 정비돼 교육과정이 형식적인 문서를 넘어 학습자의 삶과 학교 현장에서 실질적으로 살아 숨 쉴 수 있게 될 것으로 기대한다"고 설명했다.

출처: 이지희 기자, 한국대학신문(https://news.unn.net)

이상의 교육정책 개념은 내용에 담긴 의미와 개념 자체가 갖는 용도의 두 측면으로 나누어 정리할 수 있겠다. 교육정책 개념에 담긴 의미는 첫째, 교육정책형성 주체는 국가이다. 둘째, 교육정책형성 및 실현방법은 정치적 권력이 동원된 강제적이고 권위적인 방식이다. 셋째, 교육정책형성의 과정과 그 결과에 대한 국민의 동의가 필요하다. 넷째, 교육정책의 합리적 결정 및 집행에 대한 의지를 보인다. 다섯째, 교육정책은 교육이념이나 교육적 가치를 추구한다. 그리고 이러한 교육정책 개념의 쓰임새는 교육정책 활동의 전 과정에 대한 국가통치를 합리화하여 국가가 주체가 된 교육정책을 법제화하는 근거이자 토대가 된다.

(2) 교육정책의 특성

교육정책은 공공정책의 한 영역으로서 다음과 같은 일반적 성격을 드러낸다. 첫째는 앞으로 마땅히 있어야 할 바람직한 것을 구현하려는 미래지향적·규범지향적 성격이 있다. 둘째, 정책은 언제나 변화하며 완벽하거나 최종적인 성격의 것이 아니다. 나아가 인간 삶의 질적 변화를 추구하고 그 변화에 책임을 지는 인본주의적 변화지향성, 불완전성, 역동성이 있다. 셋째, 사회적 관련성 안에서 형성, 집행되며 현실적이고 효율적이며 합리적인 문제해결을 지향하는 속성을 갖는다(권기욱 외, 1995: 440-443).

이에 더해 교육정책은 다른 영역의 정책과 구별되는 특수한 성격을 가지며 이는 교육정책에 대한 개념정의에서 찾을 수 있다. 앞서 살펴본 바와 같이 교육정책은 '교육목표를 달성하기 위해 정부가 주체가 되어 권위적인 방식으로 정치적 권력과정을 거치고 국민의 동의를 얻어 구현된 합리적 결정 및 지침'이라 할 수 있다. 이 교육정책의 개념을 통해 교육정책의 특성을 찾아 보면, '교육목적을 실현하기 위한 일종의 국가적 의사결정이며 이는 정치적 과정을 거쳐 이뤄지는 것'으로 요약할 수 있다. 다시 말해, 교육정책이 갖는 특성은 교육목적 실현이라는 교육적 효과의 측면, 국가 중심의 의사결정의 측면, 정치적 과정의 측면으로 나누어 이해할 수 있다(권기욱 외, 1995: 443-444; 윤정일 외, 2009: 212-215).

첫째, 교육정책이 가져 올 교육적 효과 혹은 교육목적 실현 정도에 의해 교육정책이 평가되는 특징이 있다. 즉, 특정의 교육정책은 교육내적 조건의 성장과 발전, 교육외적 조건의 정비와 교육환경의 개선, 교육을 통한 국가 및 사회 발전에의 기여도를 확인함으로써 그 타당성과 효율성을 평가받는다.

둘째, 국가가 주체가 된 공적 의사결정이다. 교육정책은 국가가 주체가 되어 공익을 위해 의사결정을 내리는 것이므로 합리성과 목적지향성을 기본적 특성으로 하며, 이를 위해 과학적 문제해결과정을 거쳐 의사결정을 하고, 현실적 가능성을 따져 최적의 대안 선택을 지향하는 특징을 갖는다.

셋째, 교육정책의 형성 및 집행 과정은 정치적 과정을 통해 이뤄지므로 권력적 성격을 갖는다. 여기서 권력의 속성 및 행사방식은 사회적으로 승인된 것이며 특히 현대 민주주의 사회에서 자유와 평등, 인간의 존엄성은 권력행사의 범위를 제한하므로 결과적으로 교육정책의 이러한 성격은 공익과 국민의 동의가 전제된 것으로 이해할 수 있다.

(3) 교육정책결정의 이론모형[1]

정책결정의 이론적 모형은 다양하나 크게 네 가지로 분류할 수 있다. 첫째, 규범적 접근방법에 입각한 정책결정모형으로 통계적, 계량적 방법을 적용하는 합리모형, 둘째, 현실적·실증적 접근방법으로 인간의 합리성 추구능력의 한계를 인정하는 만족모형, 점증모형, 혼합모형, 셋째, 초합리적 접근방법으로 최적모형, 넷째, 예측이 불가능한 상황 속에서의 집단적 의사결정방법인 쓰레기통 모형을 들 수 있다.

가. 합리 모형

합리 모형(rational model)은 인간의 이성과 합리성에 입각해 의사결정을 하는 것으로 합리적—종합적 모형이라고도 한다. 이 모형은 의사결정자가 문제를 완전히 이해하고, 해결을 위한 모든 대안을 파악하며, 대안 선택의 기준이 명확히 존재할 뿐 아니라 자원이 충분하여 합리적으로 최선의 대안을 선택할 수 있음을 가정한다. 이는 통계적, 계량적 방법을 강조하며 과학적이고 합리적인 문제해결방식을 교육 분야의 정책결정과정에 적용한 것이다. 그러나 인간의 이성과 합리성이 한계를 지니는 까닭에 이 모형의 전제가 이상적이라는 비판을 받고, 그리하여 교육정책결정

---

1 엄격히 말하자면 의사결정(decision making)과 정책결정(policy making)은 구분되는 개념이다. 전자는 公·私를 막론하고 개인이나 조직이 목표달성 또는 문제해결을 위해 여러 대안 중 가장 바람직한 대안을 선택하는 행위이며 후자는 정부나 공공기관에 의해 공익의 증진 등 사회적 가치 실현을 위한 권위적 대안 선택 행위이다. 그러나 정책결정 역시 의사결정에서 볼 수 있는 일련의 과정, 즉 문제확인 → 대안 탐색 → 대안의 비교·평가 → 특정 대안의 선택이라는 과정을 밟는다는 점에서 유사성이 있다고 본다. 그리하여 일반적으로 의사결정 이론모형이 교육정책결정모형으로 논의되고 있다(안해균, 1995: 26-27).

의 합리성 역시 제한된다는 점이 지적된다. 게다가 합리성의 한계를 극복하기 위한 최근의 첨단 장비들마저도 인간 활동의 비계량적 영역을 다루는 데는 역부족이어서 실제 적용하는 데 어려움이 있다(신현석 외, 2012: 178-179; 윤정일 외, 2009: 218-219).

나. 만족 모형

만족 모형(satisfying model)은 인간의 이성과 합리성의 한계를 인식함으로써 제한적 합리성을 토대로 하는 정책결정을 강조하는 모형이다. 즉, 계량화하기 어려운 인간의 심리적 측면을 고려하며 의사결정을 할 때 최고가 아니라 만족스러운 정도를 추구해야 최선의 결정에 이를 수 있음을 강조한다. 이는 인간의 합리성의 한계를 지적하고 있을 뿐 아니라 시간, 자원, 비용의 제한 때문에 합리적이며 최고인 대안을 선택하는 것은 이론적으로만 가능할 뿐이라는 현실인식을 기반으로 하고 있다. 또한 이 모형은 만족스러운 대안을 선택하는 정책결정자의 주관적 입장에 따른 행동 양태에 주의를 기울인다.

만족 모형이 합리 모형의 현실적 한계를 극복할 수 있는 가능성을 제시한다는 점에서는 긍정적 평가를 받고 있으나 만족의 기준이 정책결정자의 주관적 판단을 넘어서지 못함으로써 개인의 의사결정이 아닌 조직 차원의 거시적 정책결정문제를 설명하기 어렵고 만족의 기준을 구성하는 변수를 제시하지 못하고 있다는 비판을 받고 있다. 또한 현실에 안주하는 보수적 관점의 모형이라는 점, 혁신적 문제해결을 기대하기 어렵다는 점도 이 모형의 한계로 지적된다(권기욱 외, 1995: 447; 윤정일 외, 2009: 219).

다. 점증 모형

점증 모형(incremental model)은 Lindblom이 실제 정책결정과정에서 나타나는 현상을 설명하고자 제안한 모형이다. 그는 사람들이 실제 정책결정과정에서 기존 정책의 틀이나 정책 기조는 견지하면서 제한된 수의 대안을 살펴 현재의 문제점을 점진적으로 개선해 나가는 방향으로 현실성 있는 대안을 선택한다는 점을 지적한다.

Lindblom이 제시하고 있는 점증 모형의 특징은 다음과 같다(신현석 외, 2012: 180).

첫째, 대안을 탐색할 때 기존의 정책과 크게 다르지 않으면서 조금 향상된 소수의 대안을 대상으로 한다.

둘째, 대안 및 결과를 분석할 때도 분석가능한 대안만을 대상으로 한다.

셋째, 대안 탐색을 위해 설정된 목표 역시 대안의 선택과정에서 재조정하거나 수정할 수 있다.

넷째, 기존 목표는 유지한 채 현재보다 조금 나은 수준의 대안을 검토해 문제점을 극복하고자 한다.

다섯째, 올바른 대안이 나타나지 않으면 계속적인 분석과 평가를 통해 당면한 문제를 끊임없이 재검토한다.

이 모형은 현실적 상황을 충분히 고려해 문제점을 개선하려 하므로 갈등을 최소화하는 안정적인 방식의 정책결정 모형이며, 기존 정책과의 일관성을 유지할 수 있어 정책에 대한 지지를 받기 쉽고 실현가능성이 높아 현실적으로 가장 많이 활용되는 모형이라 할 수 있다. 그러나 선택된 대안에 대한 평가의 기준이 여러 분석가들로부터 얼마만큼 동의를 얻을 수 있느냐에 정책의 성패가 달려있다는 점, 모든 관련 요소가 고려된 포괄적 분석이 아니라 제한적 분석이라는 점, 새로운 목표를 적극적으로 추구하기보다 드러난 문제의 해결에만 주력한다는 점에서 다소 보수적이며 소극적이라는 비판을 받고 있다(윤정일 외, 2009: 220; 정일환, 2000: 113).

라. 혼합 모형

혼합 모형(mixed-scanning model)은 Etzioni에 의해 제시된 모형으로, 합리 모형의 이상주의와 점증 모형의 보수주의를 비판하고 전자의 합리성과 후자의 현실성이라는 장점을 결합시킨 모형이다. 즉, 기본적인 방향은 합리 모형을 적용해 광범위하고 포괄적으로 검토하여 설정하고 특정한 문제해결은 점증 모형을 적용해 실현가능성 있는 제한적 대안들을 면밀히 검토하여 결정하는 방식이다.

이 모형은 합리 모형과 점증 모형의 장점을 혼합함으로써 바람직한 방향설정을 바탕으로 현실적인 대안을 취한다는 점에서 긍정적인 평가를 받고 있다. 그러나 혼합 모형은 독자적인 이론 모형으로서의 가치가 떨어진다는 비판을 받으며, 실제 적용할 때 정책결정과정에서 혼합 모형의 방식을 순차적으로 따르는 데에는 한계가 있다는 지적을 받고 있다(권기욱 외, 1995: 449; 윤정일 외, 2009: 220-221; 정일환, 2000: 114).

마. 최적 모형

최적 모형(optimal model)은 Dror에 의해, 보수적이고 소극적인 성격을 띠는 점증 모형의 대안으로 제시된 것이다. 이 모형은 합리 모형의 합리성을 수용하면서 아울러 초합리성, 즉 직관, 판단, 창의 등의 잠재의식을 함께 고려하여 정책결정을 도모하고자 한다. 즉, 정책결정과정에서 자원의 제약, 불확실한 상황, 지식과 자원의 한계 등의 이유로 합리성이 제약을 받기 때문에 초합리성을 함께 고려해 최적치(optimality)를 추구하고자 하는 규범적, 비정형적 모형이다. 최적치란 '모든 것이 고려'되었다는 점에서 최선의 것이지만, 그것은 절대적이고 이상적인 것이 아니라 주어진 목표에 도움이 되는 가장 바람직한 상태를 의미한다. 이런 의미에서 최적 모형은 합리 모형과 점증 모형을 혼합한 것으로 간주되나 혼합 모형과 같이 단순한 합의 의미가 아니다. 합리성과 초합리성이 동시에 고려됨으로써 지향점으로 간주되는 최적치의 개념이 존재하여 단순 혼합의 의미를 넘어선다.

최적 모형의 주요 특징은 다음과 같다(정일환, 2000: 115).

첫째, 양적 측면을 배제하진 않지만 질적인 측면을 더욱 고려하는 입장이다.

둘째, 합리적 요소와 초합리적 요소를 동시에 고려한다.

셋째, 대안을 탐색해 선택할 때 경제적 합리성을 중시한다.

넷째, 의사결정과정을 체제 이론적 관점에서 파악하며 특히 피드백 과정을 중시한다.

이 모형은 거시적, 개방체제적 관점에 터해 정책결정과정을 유기적 과정으로 이해할 수 있게 해준다. 또한 그동안 비합리적이라 폄하되어 왔던 초합리성의 요소들을 정책결정과정에 포함시키고, 최적의 정책결정 개념을 도입해 합리 모형의 한계를 효과적으로 극복하면서 나아가 창의적이고 혁신적인 정책결정의 가능성을 열어주고 있다는 점에서 긍정적인 평가를 받고 있다. 그러나 이 모형은 초합리성이라는 개념을 명확하게 규정하는데 실패하여 초합리적 요소보다는 합리적 요소에 대한 의존도가 상대적으로 높아짐으로써 합리 모형이 갖는 이상적이고 비현실적이라는 비판을 극복하지 못하고 있다(권기욱 외, 1995: 448; 윤정일 외, 2009: 221-222).

바. 쓰레기통 모형

쓰레기통 모형(garbage can model)은 급격한 변화를 거치면서 복잡하고 혼란한 상황, 즉 조직화된 무정부 상황에서 이뤄지는 정책결정을 다루며 Cohen, March, Olsen 등이 제안한 모형이다.

이 모형을 구성하고 있는 다음의 네 가지 구성요소는 독자적으로 움직이다가 어떤 상황에 직면해 우연히 한 곳으로 모여 결정을 내리게 된다. 네 가지 구성요소는 첫째, 생활 속에서 우리의 관심을 끄는 문제들, 둘째, 이미 발견되었으나 용도를 알 수 없는 해결책, 셋째, 문제들과 해결책이 한 곳에서 만나게 되는 선택기회, 넷째, 결정에 관여하는 참여자 등이다. 여기서 참여자가 문제와 해결책에 대한 정보를 가지고 있는지의 여부는 중요하지 않으며 그들의 위치 역시 결정 과정 속에서 계속 바뀌게 된다(권기욱 외, 1995: 451).

학교 조직이 갖는 다양한 특징 가운데에는 목표를 구체화하기 어렵고 방법 혹은 기술이 명확하지 않으며 조직구성원의 의사결정과정에 대한 참여가 유동적이라는 점을 들 수 있는 바, 이러한 조직에서는 결정의 각 단계가 분명하게 구분되지 않아 쓰레기통 모형의 유용성을 쉽게 찾을 수 있다. 또한 이 모형은 문제와 별도로 해결책만 제안되는 상황, 문제 해결은 이뤄지지 않았으나 정책이 결정되는 상황 등을 설명하는데도 유용하다. 그러나 이 모형이 조직의 모든 결정과정에서 발견되는 것이 아니라 일부의 조직 혹은 한 조직 안에서도 일시적인 상황에서만 나타날 수 있기에 적용상 한계가 있다는 비판을 받는다.

02 | 교육정책의 참여자

우리나라 정책체제의 특성 중 하나는 정부가 발전행정론적 관점에서 정치·경제·사회의 모든 영역에 관련된 행정 목표를 수립하여 달성을 유도해 나가는 사회통제적 역할을 강조해 왔다는 점이다(안해균, 1995: 118-128). 정치적 권위주의, 기술합리성과 능률지상주의가 중시되는 행정풍토는 교육정책 영역에서도 여실히 드러나 정책과정에 참여를 제한하는 결과를 초래한다. 그리하여 법령에 의해 당연히 참여가 보장되는 공식적 참여자 그룹, 즉 국회, 대통령, 교육부, 사법부 등과 법령에 의해 보장되지 않고 단지 절차상의 동의가 요구되는 비공식적 참여자 그룹, 즉 학자와 연구기관, 이익집단, 언론매체, 국민 등으로 구분된다. 그런데 교육정책이 교육영역, 특히 학교 현장에서 성공적으로 자리매김할 수 있으려면 무엇보다도 교육정책형성과정에서 공식적 참여의 확대를 통한 국민의 신뢰와 협조가 필수적으로 확보되어야 한다. 이는 교육정책에 대한 공식적·비공식적 참여집단 각각의 역할의 중요성을 인식하면서 그 구분을 제도적으로 메우는 작업이 전제되어야 가능할 것이다. 아래에서는 공식적 혹은 비공식적으로 참여하고 있는 교육정책 관련 집단의 역할을 살펴보도록 하겠다.

(1) 공식적 참여자

가. 교육부

교육부는 교육정책결정과정에서 가장 중요한 참여자로서 교육정책에 대한 기안, 심의, 의결과정을 거쳐 결정을 내리고 시행하는 역할을 한다. 이곳은 교육행정 전문가로 구성되어 교육문제의 현안과 쟁점사항에 대해 숙지하고 있으며, 다수의 누적된 자료와 정보를 활용할 수 있는 장점이 있다. 교육부 내부의 교육정책결정과정을 살펴보면, 교육부의 과·팀에서 정책제안을 만들고 내부결재라인에 따라 국장·실장·차관·장관에게 보고되어 결재가 이루어지는 체제이다. 단 사회적으로 파급효과가 큰 정책의 경우 대통령에게 보고되어 최종적으로 결정되는 경우도 있다(권기욱 외, 1995: 458; 신현석 외, 2012: 226; 윤정일 외, 2009: 227-228; 이성진 편, 1994: 242).

광범위한 자료와 정보를 활용해 현실적 교육문제에 대해 전문적 해결을 도모할 수 있으나 시간 및 과중한 업무 등의 제약 때문에 정보에 대한 정확한 해석과 합리적 판단, 미래에 대한 조망 등에서는 다소 미흡한 측면을 드러내는 한계가 있다.

나. 국회

국회가 교육정책 형성에 참여하는 방식은 중요한 교육정책에 대한 심의와 의결, 국민의 여론에 기반을 두고 각 정당이 추구하는 가치를 반영해 국회의원이 하는 법률제안 등이다. 즉, 국회의원은 국회를 통해 정책안의 심의, 의결에 참여하여 정책안을 수정, 보완하거나 정책의 합리성 및 정당성을 강화하는 역할을 한다. 또한 국회의원이 직접 법률을 제안해 국회를 통과하게 되면 법률로 확정되어 정책결정이 이뤄진다(신현석 외, 2012: 227). 그러나 행정부에 비해 정보가 부족하고 법안제출을 위한 절차가 단순화되어 있어 정부가 제출한 법안에 비해 내용상 취약점이 있고 정책결정과정에 소극적으로 참여하게 되는 한계를 갖는다(권기욱 외, 1995: 459; 윤정일 외, 2009: 228; 이성진 편, 1994: 242).

다. 사법부

헌법재판소나 법원은 교육정책의 내용적 타당성, 결정과정의 적법성 등의 사유로 소송이 제기되면 법적 원리와 사회적 통념 등을 감안해 판결을 하게 되고 이는 다음의 새로운 판결이 이뤄지기 전까지 교육정책결정의 지침이 된다. 우리나라는 1988년 헌법재판소 창설 이후 법원이나 헌법재판소가 교육정책에 관여하는 경우가 계속 늘고 있다(신현석 외, 2012: 227). 이와 관련해 최근 학령기 아동의 비인가 대안학교 입학을 예로 들 수 있겠다. 「초중등교육법 13조」, 「초ㆍ중등교육법 제68조」에 따르면 국가는 일정 연령의 아동이 교육을 받을 수 있도록 학교를 설치ㆍ운영할 의무가 있고 부모는 일정 연령의 자녀에게 의무적으로 학교에 보낼 의무가 있어서 이에 따라 우리나라에 거주하는 모든 아동은 중학교까지 의무적으로 취학해야 하고, 이를 어기면 범법자로서 100만원 이하의 과태료를 물어야 한다. 이에 따라 부모가 학령기 아동을 일반 학교가 아닌 비인가 대안학교에서 교육하게 되면 불법이된다. 그런데 2000년 4월 헌법재판소의 판결에 따르면 헌법에 명시된 행복추구권에서 유추하여, 자녀의 행복을 위한 부모의 자녀교육권이 인정받게 된다. 그리하여비인가 대안학교를 선택하는 것은 부모들의 권리이자 아이들의 교육받을 권리이며, 국가는 이에 따라 학습에 필요한 환경을 제공할 의무를 갖는 것으로 명시하고있다.

사법부의 교육정책참여방식에 대한 한계점으로는 사법부가 교육정책형성에 영향을 미치는 방식이 합헌 혹은 위헌, 유죄 혹은 무죄처럼 양분화된 결정에 한정되어 있고, 규정의 적용이나 법리 해석에 초점을 두어 참여가 제한적이라는 점을 들수 있다(이성진 편, 1994: 243).

(2) 비공식적 참여자

가. 학자와 연구기관

학자와 연구기관은 교육부가 갖는 한계를 보완해 줄 수 있는 전문적 지식과 통찰력을 가진 집단이다. 교육정책이 현실적 문제 해결과 함께 미래지향적 측면을가지고 있어서 교육전문가와 학자들로 구성된 연구기관의 역할은 통찰력과 미래를조망하는 안목에서 중요한 역할을 하게 된다. 또한 정확한 해석과 합리적 판단으로 정책과정의 합리화 및 교육정책의 안정성과 일관성을 유지하는데 기여한다고볼 수 있다. 이 집단이 정치적, 이념적 제한을 받지 않는다는 점도 정책에 대한 새로운 아이디어를 다양하게 제시할 수 있는 근거가 되어 긍정적 평가를 받는다(권기욱 외, 1995: 458; 신현석 외, 2012: 229-230; 윤정일 외, 2009: 228). 그러나 현대 사회에서 정책문제의 복잡성 증대, 독창성보다는 동조를 요구하는 사회적 압력, 학문세계의 보수적 특성 등이 혁신적인 정책결정을 제한하고 있다는 비판도 있다(이성진 편, 1994: 244).

나. 이익집단

전국교직원노동조합·한국교원단체총연합회와 같은 교원단체, 대학교육협의회·사학법인연합회 및 초·중등학교장 협의회와 같은 육영단체, 학원연합회와 같은 이익단체, 참교육을 위한 전국학부모회, 인간교육실현을 위한 학부모연대와 같은 학부모단체 등을 이익집단이라 한다. 이들은 구성원의 이해관계와 관련된 문제를 의제화하고 정책대안을 제시하거나, 교육정책이 심의, 개발되는 과정에서 자신들이 추구하는 바에 유리하도록 압력을 행사한다. 그들이 영향력을 행사하는 방식은 사적인 접촉이나 진정서, 건의서 제출을 통한 공식적 요청 및 군중의 동원과 여론 조성을 통한 실력행사 등 다양한 방법이 있다. 또한 이들의 영향력의 정도는 동원 가능한 자원의 종류와 규모, 집단구성원이 정책결정자에 접근할 수 있는 기회, 집단의 응집력과 체계적 활동 등에 따라 달라진다(권기욱 외, 1995: 458-459; 윤정일 외, 2009: 227-228).

이들의 활동은 교육정책의 실현가능성을 높이고 더 나은 정책대안을 수립하는 데 기여하기는 하나, 이익집단이 자신들의 가치와 목표를 일방적으로 내세움으로써 일반대중의 이익이 침해될 우려가 있거나 정부의 정책결정이 왜곡될 수 있다(이성진 편, 1994: 244)는 점에서 부정적인 시각도 있다.

다. 언론매체

언론매체는 정책당국과 국민 간 의사소통의 통로역할을 한다. 정책당국의 정보를 국민에게 전달하고, 국민의 의견은 여론이라는 형식을 통해 정책당국에 전달하는 것이다. 또한 정책당국이 내놓은 정책을 적극 지원하거나, 정책당국의 정책안에 문제를 제기하고 비판을 가하면서 새로운 정책대안을 제시하기도 한다(윤정일 외, 2009: 227-229). 논란이 되고 있는 교육문제에 대해 국민여론을 조성함으로써 사회 각계각층의 사람들을 공적 토론의 장으로 이끄는 것도 언론매체의 역할이 된다. 무엇보다 사회문제를 쟁점화하고 확산시켜 교육정책의제를 만들어 내기도 한다.

이러한 의사소통의 통로 역할과 비판, 여론조성, 문제의 쟁점화를 통해 정책결정 과정에 영향을 미치고, 정책의 수정 및 정교화, 정당화에 도움을 주게 되는 것이다. 특히나 교육열이 높은 우리나라에서는 언론매체가 교육문제와 정책에 대하여 갖는 관심이 지대해 실제 교육정책결정에 큰 기여를 하고 있다(이성진 편, 1994: 245). 그러나 각 언론매체가 갖는 다양한 정치적, 이념적 성향으로 인해 쟁점화하고자 하는 교육문제 그리고 동일한 교육문제에 대한 진단과 해법이 첨예하게 대립하는 경우가 생기고, 그로 인해 교육문제에 대한 국민들의 판단을 오도할 개연성이 있다(신현석 외, 2012: 229)는 점에서 부정적 시각이 있다.

라. 국민

교사, 학부모, 학생을 포함한 국민이라는 집단은 교육정책 형성의 일차적인 참여자이자 형성된 교육정책에 직접 영향을 받는 대상이기도 하다. 국민을 교육정책 형성의 일차적 참여자로 볼 수 있는 근거로는 교육문제에 대해 불편함과 불만을 갖는 일반 사람이나 집단이 국회나 언론매체, 시민단체 혹은 그 외 다양한 통로를 통해 정책당국에 적극적으로 의사를 표명함으로써 교육문제가 정책의제화되는 경우를 들 수 있다(윤정일 외, 2009: 229). 사회가 민주화로 나아갈수록 교육영역에서 교육정책의 직접 대상인 국민들은 더욱 자신들의 요구를 정책형성과정에 반영하고자 할 것이다. 이러한 영향력 행사의 길이 다양하게 열려 있고 그 길이 구체적으로 제도화되어 있을수록, 교육의 민주화 및 학교 현장에 정착할 수 있는 교육정책 마련이 가능해질 수 있다.

03 | 교육정책의 과정

정책을 연구하기 위해서는 정책과정을 중심으로 검토하는 것이 편리하다. 정책이 산출되기까지는 복잡하고 다양한 일련의 단계적 절차를 거치는데 이를 정책과정이라 한다. 이러한 정책과정 모형은 현실의 복잡하고 상호연관된 정책과정을 너무 규칙적이고 단순화한다는 단점이 있지만 정책이 어떻게 변하는지를 탐구하는 데 유용한 틀을 제시해준다. 여기서는 학자마다 다양한 정책과정의 단계를 종합하여 정책의제설정, 정책결정, 정책집행, 정책평가 단계로 분류하여 살펴보고자 한다.

(1) 교육정책의제설정

정책의제설정이란 정부가 사회문제를 정책적으로 해결하기 위해서 심각하게 검토하기로 결정하는 행위 또는 과정을 의미한다(정정길 외, 2007). 정책의제설정과정은 사회문제 → 사회적 쟁점 → 공중의제 → 정책의제의 단계를 밟게 된다(Cobb & Elder, 1972). 이러한 정책의제화 과정은 두 단계, 즉 문제가 쟁점으로 변화하는 단계와 쟁점이 정부의제로 설정되는 단계로 나눌 수 있다(Fowler, 2004). 첫 단계는 사회문제가 사회적 쟁점으로 되는 단계인데, 여기서 사회적 쟁점이란 문제의 성격이나 문제의 해결방법에 대해서 집단들 사이에 의견의 일치를 보기 어려운 사회문제로서 집단들 간에 논쟁의 대상이 되어 있는 사회문제를 말한다. 사회는 수많은 사회문제를 지니나 그 중에서 일부만이 쟁점화된다. 쟁점은 문제의 해석, 가치설정 및 정부의 역할을 포함하며, 하나의 문제는 여러 개의 정책쟁점을 만들어낼 수 있다.

◐◑ 그림 IV-13-1 교육정책의 과정

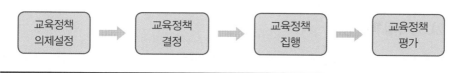

두 번째 단계는 쟁점이 정부의제로 되는 단계로서 쟁점이 정부의제가 되지 못하면 정책이 될 수 없다. 정부의제란 정부의 공식적인 의사결정에 의하여 그 해결을 위해서 심각하게 고려하기로 명백히 밝힌 문제들이다. 사회적 쟁점이 정책의제로

되는 과정은 경쟁적인데 그 이유는 쟁점은 넘쳐나는 반면 이러한 쟁점을 다룰 시간, 자원, 역량은 한계가 있기 때문이다. 이러한 정책의제로 설정되는 경로는 여러 가지가 있다. 우선 대통령이나 장관, 교육감 등 주요 정치지도자들은 의제 설정에 중심적인 역할을 한다. 또한, 이익집단은 정보제공이나 로비 등을 통해 정부의제화의 주요역할을 수행하며, 촉발사건(triggering event)에 의해 거의 관심을 끌지 않던 문제가 극적으로 의제화되는 경우도 있다(Fowler, 2004).

한편, 정부가 어떤 문제에 공식적인 거론없이 방치함으로써 의제설정으로 채택되지 않는 경우를 설명하는 이론으로 무의사결정이론이 있다. 사회 내에서의 혜택이나 특권의 기존 배분상태를 변화시키려는 요구는 그것이 표명되기 전에 억누르거나 의사결정의 장에 도달하기 전에 없애거나, 이것이 실패할 경우 정책결정이나 집행단계에서 이를 좌절시키는 수단이 되는 것이 무의사결정이다(Bachrach & Baratz, 1970). 보통은 사회기득권층에게 불리한 문제가 처음부터 제기조차 되지 못하도록 요구를 억압하는 데 사용되기에 은밀하고 비밀리에 행사된다.

이러한 정책의제설정 과정을 알지 못하는 교육 리더는 새로운 정책아이디어가 어딘지 모르는 곳에서 불쑥 나와, 많은 지원을 받으며 빠르게 법제화되는 것으로 느낀다. 이 과정에서 교원들은 소외되고 그들의 생각에 대해 아무도 관심을 두지 않는다고 느낀다. 따라서 이러한 과정이 어떠한 정치적 과정인지를 이해하고 영향을 미치는 방법을 알아야 한다(Fowler, 2004).

(2) 교육정책결정

정책결정이란 정책형성에서 이루어진 정책의제를 정책결정체제가 정책으로 바꾸어 나가는 과정을 의미한다. 즉, 정부의제로 설정된 정책문제를 해결할 수 있는 정책대안을 선택하는 일련의 활동이다. 정책결정과정은 문제정의 및 목표설정, 정책목표들 사이의 우선순위 결정, 정책대안의 탐색·개발·설계, 대안의 분석·평가, 최적대안의 선택이라는 단계로 이루어져 있다.

정책결정은 두 가지 상반되는 과정, 즉 합리적·분석적 과정이면서, 가치적·정치적 과정이다. 정책결정과정은 정책목표를 달성하기 위해서 과학적이고 합리적인 방법으로 정책수단 또는 정책대안을 개발하는 합리적·분석적 과정의 성격을 갖는다. 반면에 정책은 다양한 이해관계를 본질적으로 내포하여 정치·권력작용이 불가피하게 개입되며 따라서 협상과 타협이라는 갈등조정 과정을 필연적으로 거치게 된다(권기헌, 2008). 초기의 정책분석론자들은 최선의 정책수단을 선택하는 합리적·분석적 정책결정을 중시하였으나 이는 현실에서 한계를 나타내기도 하였다. 구체적인 정책결정모형들은 전술한 교육정책결정의 이론모형을 참조하기 바란다.

한편, 주요한 의사결정은 대체로 법률의 형태를 가진 경우, 그리고 법률로 입법되지 않더라도 국가예산을 필요로 하는 경우가 대부분이기 때문에 국회 등에서의 치열한 정치적 과정을 본질적으로 수반하게 된다(신현석 외, 2011). 이러한 정책결정과정에서는 다양한 이익집단, 언론, 정책전문가 그리고 국민 등이 가세하여 타협·협상이 일어나게 된다.

(3) 교육정책집행

정책집행은 채택된 정책대안을 구체적으로 실현시키는 일련의 활동들을 의미한다. 교육정책은 교육감, 교장, 교사와 같은 일선수준에서 구체적으로 실행된다. 그러나 이들이 결정된 정책에 무조건 순응하는 것은 아니기에 정책이 집행되지 않거나 변형되기도 한다. 따라서 아무리 훌륭한 정책결정도 정책이 성공적으로 집행되어야 정책으로서의 효과를 거둘 수 있다. 또한 구체적인 정책내용은 집행과정에서 결정되기에 매우 중요한 과정이다. 즉, 일반적·추상적으로 결정된 정책내용이 정책집행단계에서 보다 실질적이고 구체인 내용이 된다. 그 이유는 보통 정책결정시에는 일반적이고 대략적인 결정이 이루어지고 세부적이고 구체적인 사항은 집행단계로 위임되기 때문이다. 특히, 정책상황이 복잡하고 불확실한 경우, 정책결정과정에서의 정치적 갈등·타협이 심한 경우에는 이러한 현상이 심해진다. 로스쿨 도입과 관련한 최대 쟁점이었던 '총정원 규모 결정'을 예로 들 수 있다(신현석 외, 2011).

집행된 정책이 의도한 정책효과를 가져오는 경우도 있지만 그렇지 못한 경우도 많다. 따라서 성공적인 정책집행을 위한 노력이 요구된다. 정책집행의 성공에 미치는 영향요인에는 최고 정책결정자의 관심과 지원 및 정책관련집단의 지지, 정책내용의 명확성, 집행체제의 능력, 정책대상집단의 순응확보 등이 있다(권기헌, 2008).

(4) 교육정책평가

통상적으로 정책평가란 정책이 결정되고 집행된 이후에 어떤 결과를 초래하였는가를 일정시점에서 사후적으로 판단하는 지식의 산출활동이다(권기헌, 2008). 정책이 의도한 효과를 보이고 국민의 지지를 받는 경우 계속되지만, 그렇지 못한 경우 정책의 내용이 수정되거나 정책이 폐기되기도 한다. 정책평가의 내용을 질문으로 표현하면 다음과 같다. 정책이 의도에 비해 어느 정도로 실행되었는가? 정책이 목적 달성에 얼마나 효과적이었나? 더 향상된 정책이나 프로그램을 통해 개선한다면, 무슨 일이 일어날 수 있는가? 등이다. 정책평가의 목적은 정책과정상의 환류기능으로 정책결정이나 집행과정에 필요한 정보를 제공하여 더 바람직한 정책추진이 이루어지도록 하는 것이다. 또한, 정부활동의 효율성 제고, 정책과정상의 책임확보, 정책학습의 활성화에 기여하는 것이다.

그러나 이러한 목적과 달리, 많은 정책들이 평가되지 않거나 제대로 평가되지 않는다. 또한 평가결과에 따라 행동이 취해지지 않는 경우도 많고 평가가 너무 늦어서 소용이 없는 경우도 많다. 정책평가도 정치적이므로 평가가 의례적이거나 왜곡되어 일어나는 경우도 있다. 이러한 평가의 속성에 대해 이해하고 학교장은 학교 현장에 최신 평가방법을 적용하고 정확한 평가결과에 근거해서 행동하도록 노력해야 한다. 특히, 책무성이 강조되는 시대에 부응하며 가장 필요한 변화를 가져오는 정책에 예산을 배정하고 불필요한 프로그램은 폐기하는 학교장들의 신중한 행동이 요구된다(Fowler, 2004).

04 │ 교육정책과 학교의 관계

교육정책은 국가나 지방자치단체의 기본방침이기 때문에 학교의 거시적인 환경을 구성한다. 지방정부와 중앙정부에서 수립한 교육정책들은 학교와 학교 구성원들의 행위에 지대한 영향을 미친다. 최근 책무성 정책의 일환으로 도입된 각종평가제도는 학교 현장에 경쟁을 통한 효율성 제고를 요구하고 있다. 또한 단위학교 책임경영제와 같은 자율화 정책은 학교단위에 자율과 재량을 부여하면서 결과에 대한 책임경영을 요구하고 있다. 이처럼 학교의 교원들에게 정부 정책은 행위의 제약요소이자 기회요인으로 작용하게 된다. 따라서 학교의 교육관계자들은 정책의 이론과 실제에 대한 깊은 이해와 통찰이 요구된다. 특히, 학교에서 정책의 핵심적 담당자인 학교의 행정가들은 더더욱 그러하다. 이에 교육정책과 관련한 학교행정가의 역할을 살펴보면 다음과 같다(Fowler, 2004: 20-22).

우선, 학교행정가는 정책을 만드는 역할을 수행한다. 보통 교육부나 교육청에서 법령이나 지침 등을 통해 정책의 기본적인 틀을 학교에 제공하면, 학교행정가는 그 안에서 상세한 규칙이나 규정을 만들 재량을 갖게 된다. 예컨대, 구체적인 개인 성과급 지급방식을 정한다던지 교원능력개발평가 지표를 확정하는 것을 들 수 있다. 혹은, 학교가 처한 문제에 대처하기 위하여 학교 차원의 정책을 만들어야 하는 경우도 많다. 이러한 역할을 수행하는 데 있어서 정책과 정책과정에 대한 지식은 학교행정가에게 매우 유용할 것이다.

둘째, 학교행정가는 정책을 집행하는 데 중요한 역할을 수행한다. 새로운 정책이 국가나 지방수준에서 결정되면, 학교행정가들이 실행계획을 수립하고, 교직원들이 수행하도록 동기를 유발해야 하고, 필수적인 자원을 동원해야 하고, 피드백을 주어야 한다. 변화는 어려운 일이기에 새로운 정책을 집행해야 하는 학교행정가는 어려운 상황에 처하게 된다. 여기서 정책집행에 관한 많은 연구결과들이 학교행정가가 범할 오류를 줄여주는 데 기여할 것이다.

셋째, 학교행정가는 정책쟁점을 따라가는 것이 요구된다. 근래 정부는 교육개혁을 강력하게 추진해왔고 따라서 교육은 뜨거운 쟁점이 되고 있다. 이러한 상황에서 학교 밖에 관심을 두지 않는 행정가는 많은 정책 변화에 대처하지 못할 것이다. 따라서 학교행정가들은 사회·경제적 환경 변화와 이러한 변화가 어떻게 교육정책쟁점을 일으킬지를 알아야 한다. 이를 위해 학계, 연구소, 기관에서 어떤 쟁점이 일어나고 있는지를 알아야 한다. 이러한 적극적인 노력과 지식이 국가나 교육청 단위의 정책과정에 적극적으로 참여하는 데 필수적이다.

넷째, 학교행정가는 국가나 지방의 교육정책과정에 영향을 미치는 역할을 수행한다. 정책이 집행될 학교 현장에 대해 제일 잘 아는 학교행정가들은 정책과정에 상당한 영향을 줄 수 있다. 탁상행정이 아닌 적실성 있는 정책이 되기 위해서라도 학교 현장에서 이들의 참여는 매우 중요하다. 예를 들어 교총이나 단체에 참여하는 교장들이 수행되는 정책의 모순을 정책담당자나 학계에 알릴 경우, 정책에 상당한 영향을 끼칠 수 있다.

사례

세계 각국은 지식정보화 시대, 무한경쟁의 세계화 시대를 맞이하여, 국가경쟁력 강화를 위한 대대적인 교육개혁을 진행하고 있다. 우리나라도 1995년 5·31 교육개혁안을 시작으로 범정부적인 교육개혁을 추진해 오고 있다. 이러한 교육개혁의 논의에서 학교교육의 책무성은 핵심적인 주제로 자리 잡고 있다. 책무성이란 "이행당사자가 부여된 권한과 책임에 대해 이행요구자에게 보고·설명·정당화할 의무"를 의미한다. 이러한 책무성 정책으로 시도교육청 평가, 학교평가, 국가수준 학업성취도 평가, 성과급 제도, 정보공시제도 등이 시행되고 있다.

미국의 경우도, 과거에는 많은 투입은 많은 산출을 가져 온다는 관점을 취해 왔으나 최근에는 NCLB 법(No Child Left Behind Act)에서 보듯이 성과·결과중심의 책무성 모형을 강조하고 있다(Elmore, Abelman & Fuhrman, 1996). 이러한 정책은 최소한의 투입 자원을 바탕으로 최대의 결과를 거두고자 하는 관리중심의 효율성을 반영하고 있다(Ladd, 1996). 따라서 경영논리를 학교 교육에 도입하려는 시도라고 볼 수 있다.

그러나 책무성 정책은 많은 비판에 직면하고 있다. 책무성 정책이 교사들을 개혁의 주체라기보다는 개혁의 대상 또는 통제의 대상으로 전락시키면서 학교 현장으로부터 냉소를 불러일으키고 있다. 또한 내재적 책무성에 대한 고려 없이 학교 간 비교를 통한 경쟁을 강조하여 오히려 헌신성, 자발성, 보람감이라는 내재적 동기를 저하시키고 있다. Elmore는 학교가 스스로 개선하려는 능력은 평가와 같은 외부로부터 산출되는 정보가 아니라 조직에서 구성원들이 공유하는 규범, 기대, 실제, 신념과 관련되므로 내적 책무성이 외적 책무성에 우선한다고 주장한다.

토론거리

◗ 현행 교육 책무성 정책의 문제점을 경영논리의 도입이라는 관점에서 토의해보자.

◗ 교육책무성 정책의 추진은 대부분 국가주도의 정책추진 방식을 채택하여 진행되었다. 이에 학교 현장의 현실을 반영하지 못하고 있다는 비판이 제기되고 있다. 이러한 상황에서 학교 지도자가 할 수 있는 역할에 대해서 토의해보자.

정리하기

❶ 교육정책은 '교육목표를 달성하기 위해 정부가 주체가 되어 권위적인 방식으로 정치적 권력과정을 거치고 국민의 동의를 얻어 구현된 합리적 결정 및 지침'이다. 그 결정을 위해 제안된 이론적 모형에는 합리 모형, 만족 모형, 점증 모형, 혼합 모형, 최적 모형, 쓰레기통 모형 등이 있다.

❷ 교육정책형성과정의 참여자는 공식적 참여자와 비공식적 참여자로 구분되며 전자로서는 국회, 대통령, 교육부, 사법부 등을 들 수 있고 후자로서는 학자와 연구기관, 이익집단, 언론매체, 국민 등을 들 수 있다. 그러나 교육정책이 학교 현장에 효과적으로 정착되기 위해서는 이러한 구분을 극복하여 교육정책형성과정에서 공식적 참여를 확대하고 이를 제도화할 필요가 있다.

❸ 정책과정이란 정책이 산출되기까지의 복잡하고 다양한 일련의 단계적 절차를 의미한다. 교육정책과정은 교육정책의제설정, 교육정책결정, 교육정책집행, 교육정책평가 단계로 분류할 수 있다.

❹ 교육정책과 관련한 학교행정가의 역할은 정책을 결정하는 역할, 정책을 집행하는 역할, 국가나 지방의 교육정책과정에 영향을 미치는 역할을 수행한다.

학습문제

01 근자에 새롭게 등장한 교육정책의 예를 들어 이 정책이 어떤 모형에 의해 형성되었는지 유추해보시오.

02 학생과 학부모, 교사가 교육정책형성의 공식적 참여자가 된다면 정책형성의 효율성 혹은 정당성의 차원에서 어떤 장점과 단점이 있을지 생각해보시오

03 대표적인 교육정책 사례를 선정한 후, 정책의 흐름을 정책과정 단계별로 구분해서 분석해보시오.

학교중심의 교육행정 및 교육경영

PART 5

교육재정

학교중심의
교육행정 및 교육경영

CHAPTER 14

교육재정의 구조 및
학교회계제도

 학/습/목/표

- 교육재정의 배분구조를 이해하고 설명할 수 있다.
- 교육비의 개념과 유형을 이해하고 설명할 수 있다.
- 학교회계제도의 특징과 의미를 이해하고 설명할 수 있다.

생각해보기

　일반적으로 교육재정은 교육목표 달성을 위한 하나의 수단이지만, 교육재정 없이는 교육 및 교육행정 활동이 이루어질 수 없다는 측면에서 교육재정의 안정적인 확보와 배분은 교육행정이 소기의 목표를 달성하는 데 있어 매우 중요한 요소이다. 학교 현장에서 이루어지게 될 교수학습활동과 교육행정활동의 기초가 되는 교육재정을 올바르게 이해하기 위해서는 교육재정의 재원이 어떠한 과정을 거쳐 확보가 되고, 확보된 재원들이 어떠한 과정을 거쳐 배분되는가를 이해하는 것이 필요하다.

　또한, 공립학교는 다양한 경로를 통하여 재원을 확보하고 이를 바탕으로 학교가 직접 계획을 세워 확보된 재원을 학교의 교육 및 행정활동에 사용하게 되는 학교회계제도를 시행하고 있다. 학교회계제도는 단위학교책임경영제와 함께 단위학교의 자율성과 경쟁력을 신장하려는 대표적인 제도이며, 이에 대한 이해는 단위학교에서 수행될 다양한 교수학습 및 교육행정활동을 기획하고 수행함으로써 학교교육에서 추구하는 교육목표를 달성하는 기초지식으로 활용될 수 있다.

　어떠한 시대든 교육재정이 넉넉했던 적은 없는 것 같다. 교육재정의 확보와 배분과정에서 나타나는 문제점과 그 개선방안을 고민하는 일, 그리고 단위학교에서 확보한 예산을 학교의 교육목표에 알맞게 적절하게 배분하여 사용하는 일은 한정된 자원을 효율적·효과적으로 운용해야 하는 교육재정의 오랜 과제이다.

01 교육재정의 개념 및 특성

(1) 교육재정의 개념

일반적으로 정부는 공공부문에 필요한 자원을 국민의 세금을 통해 확보하고, 이를 공공의 요구를 충족시키는데 필요로 하는 공공서비스를 제공하는데 사용한다. 재정은 국가 및 공공단체가 공공의 욕구를 충족하기 위하여 필요한 수단을 조달하고 관리·사용하는 경제활동으로 정부의 경제를 의미하는 용어이다(차병권, 1987: 3).

이를 교육부문에 적용해 보면, 교육재정은 국가 및 공공단체가 교육욕구를 충족하기 위해 필요한 수단을 조달하고 관리·사용하는 경제활동으로 이해해 볼 수 있다. 즉, 정부와 교육부, 지방자치단체와 교육청, 일선 학교 등이 교육 및 교육행정 활동을 하는데 소용되는 자원을 확보하고, 이를 통해 교육서비스를 생산·공급해 나가는 활동인 것이다. 따라서 교육재정이란 국가·사회의 교육활동을 지원하기 위하여 국가나 지방공공단체가 필요한 재원을 확보, 배분, 지출, 평가하는 일련의 경제활동으로 정의해 볼 수 있다(신현석 외, 2011: 352-353).

교육재정은 교육목적을 달성하기 위한 수단으로서 교육행정활동의 하나로 인식되고 있으나, 대부분의 교육활동이 교육재정의 기반하에서 이루어짐을 감안해보면, 교육재정은 교육행정에 있어 매우 중요한 위치를 차지하고 있다. 즉, 교육재정을 어떻게 확보하고 어떻게 배분할 것인가의 문제는 인적·물적 자원의 규모나 학교 교육의 운영방식 등에 영향을 주는 것은 물론, 교육의 효과나 학교 교육의 질을 결정하는 핵심요인으로 작용한다.

(2) 교육재정의 특성

재정은 공공부문과 민간부문이 혼합하여 형성하는 공공경제와 시장경제의 혼합 경제체제이며(윤정일, 2000: 57), 교육재정 역시 혼합경제체제의 특성을 지니고 있다. 자원을 확보하고 이를 바탕으로 경제활동을 해 나간다는 측면에서 많은 부분이 시장경제와 유사한 측면을 지니고 있지만, 교육재정은 그 주체가 국가와 공공기관이라는 측면에서 시장경제와는 다른 독특한 특성을 지니고 있다. 교육재정의 특성을 살펴보면 다음과 같다(윤정일, 2000: 57-62; 신현석 외, 2013: 356-359).

첫째, 교육재정은 공권력을 통한 강제성을 가지고 있다. 교육재정은 민간부문과는 달리 국민과 기업의 소득 일부를 조세를 바탕으로 정부의 수입으로 이전시켜 교육서비스 생산에 필요한 수입을 확보하는 강제적인 특성을 가지고 있다.

둘째, 교육재정은 공익을 추구한다. 가계의 경제활동은 효용가치를 극대화하고, 기업의 경제활동은 이윤을 극대화하는 데 그 목표가 있다. 반면, 교육재정은 국가의 목표나 주요 교육정책을 효과적으로 달성하는 동시에 국민의 공동체의 권익과 요구를 최우선적으로 충족시키는 공공성을 중시한다.

셋째, 교육재정은 필요로 하는 지출의 규모를 먼저 정하고 이에 상응하는 수입을 확보해 나가는 양출제입(量出制入)의 회계원칙이 적용된다. 가계와 기업과 같은 민간부문에서는 수입의 규모를 고려하여 지출의 정도를 결정해 나가는 양입제출(量入制出)의 원칙이 적용되는 것이 일반적이다. 그러나 교육재정은 국가가 지원해야 할 교육서비스의 종류와 범위를 먼저 결정하고, 이에 필요로 하는 경비를 산출한 후 수입을 확보해 나가는 원칙이 적용된다.

넷째, 교육재정은 정부가 활동을 그만두지 않는 한 지속되는 특성을 지닌다. 교육재정은 민간경제보다 존속되는 기간이 상대적으로 길며, 정부가 주체가 되어 행하는 경제활동이 지속되는 한 영속성을 지니게 된다.

이 밖에 교육재정은 교육의 특수성으로 인해 비긴요적이고 비생산적이라는 특성을 지니고 있다. 교육재정은 기본적으로 소비적·투자적 성격을 지니고 있어 비생산적인 특성을 보여준다. 또한, 재정의 투입으로 인해 얻어진 교육의 결과가 장기간에 걸쳐 유·무형의 다양한 형태로 나타나기 때문에 가시적으로 측정하기 어렵고, 이로 인해 투자의 우선순위에서 뒤처지는 비긴요한 것으로 인식되곤 한다.

02 | 교육재정의 구조

(1) 교육재정의 재원별 구조

우리나라 교육재정은 재원을 부담하는 주체에 따라 크게 국가, 지방자치단체, 학부모, 학교법인으로 구분해 볼 수 있다. 이 가운데 가장 큰 비중을 차지하는 것은 국가인데, 국가의 재정부담은 조세수입에 기반하고 있다. 국가가 부담하는 교육재정의 주요 재원으로는 매년 내국세 수입액의 20.79%와 국세분 교육세 수입액 전액으로 확보되는 지방교육재정교부금, 교육부 본부 경비, 국립학교 교육비, 교육지원기관 등이 있다.

◯◯ 그림 V-14-1 교육재정의 재원

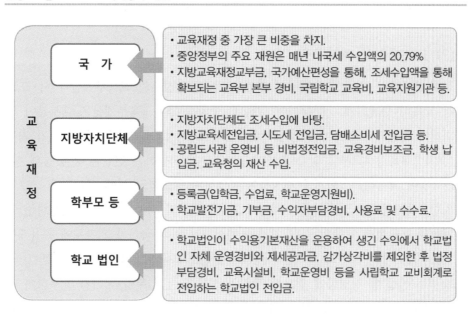

초·중등교육을 지원하는 지방자치단체가 부담하는 재원 역시 조세수입을 기초로 하고 있다. 지방자치단체가 부담하는 재원은 법정전입금인 지방교육세 전입금, 시·도세 수입액의 일정률(특별시 10%, 광역시 및 경기도 5%, 도 3.6%)인 시·도세 전입금, 지방교육세 전입금, 담배소비세 전입금(특별시와 광역시의 담배소비세의 45%) 등으로 구성된다. 이와 함께 공립도서관 운영비 등의 비법정전입금, 지방자치단체가 각급학교에 직접 지원하는 교육경비보조금, 그리고 교육청 자체수입인 학생납입금, 교육청 재산 수입 등이 지방자치단체의 재원으로 사용된다.

학부모가 부담하는 재원으로는 등록금(입학금, 수업료, 학교운영지원비), 학교발전기금, 수익자부담경비, 사용료 및 수수료 등이 있다. 또, 학교법인이 부담하는 재원에는 학교법인이 수익용 기본재산을 운용하여 생긴 수익에서 학교법인이 자체 운영경비와 제세공과금, 감가상각비를 제외한 후 법정부담경비, 교육시설비, 학교운영비 등을 사립학교 교비회계로 전입하는 학교법인전입금 등이 있다.

(2) 교육재정의 배분구조

현행 초중등을 위한 교육재정의 지원구조는 중앙정부의 교육부예산과 시·도교육청 교육비 특별회계로 구분되어 있는데, 중앙정부의 교육부예산은 대부분이 일반회계에 계상되어 있으며 국립학교로 배분된다. 지방교육재정은 중앙정부가 지원하는 지방교육재정교부금 및 보조금과 지방정부가 지원하는 전입금 등을 통해 시·도교육청이 교육비특별회계를 편성하여 운영하며 공립학교 등에 배분된다.

지방교육재정교부금은 지방의 재정자립도나 빈부의 격차로 인하여 발생하는 교육기회의 불균형과 교육의 질적 격차를 해소하기 위해 국가가 지자체에 교육재정을 지원하는 재원이다. 그 목적은 지방자치단체가 교육기관 및 교육행정기관(그 소속기관을 포함)을 설치·경영함에 필요한 재원의 전부 또는 일부를 국가가 교부하여 교육의 균형있는 발전을 도모하기 위함이다(「지방교육재정교부금법」 제1조). 지방교육재정교부금은 보통교부금과 특별교부금으로 나뉜다. 보통교부금 배부방법은 교육부 장관이 기준재정수입액이 기준재정 수요액에 미달하는 지방자치단체에 그 미달액을 기

● ○ 그림 V-14-2 교육재정의 배분 구조

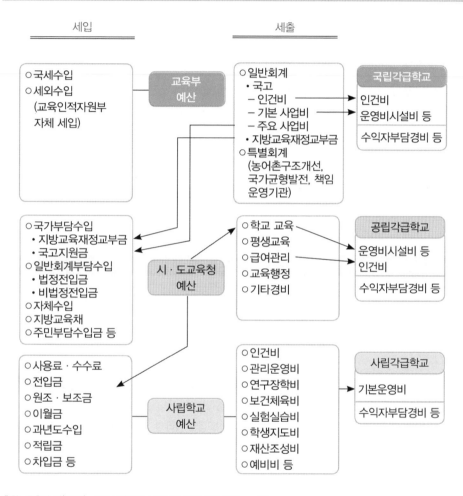

출처: 공은배 외(2007). 한국 교육재정 구조개편 방향 설정 연구. p. 15.

준으로 하여 총액으로 교부한다. 여기서 기준재정수요액[표 Ⅴ-14-1 참조]은 지방교육 및 그 행정운영에 관한 재정수요를 법령에 의하여 산정한 금액을 말하며, 기준재정수입액은 일반회계 전입금 등 교육·학예에 관한 지방자치단체 교육비특별회계의 수입예상액을 말한다. 보통교부금의 재원은 내국세 총액의 1만분의 2,079에 해당하는 금액의 97%와 교육세 세입액 전액으로 구성된다. 여기서 교육세는 목적세로서 독립된 세원을 가지고 있지 않고 일부국세에 덧붙여 징수하는 부가세형태를 띤다(「지방교육재정교부금법」 제3조).

특별교부금의 재원은 당해 연도의 내국세 총액의 1만분의 2,079에 해당하는 금액의 3%이며 교부사유는 법으로 정하고 있는데 전국에 걸쳐 시행하는 국가시책사업으로 특별한 재정수요가 있는 때(특별교부금의 100분의 60), 기준재정수요액의 산정방법으로 포착할 수 없는 특별한 지역현안수요가 있는 때(특별교부금의 100분의 30), 보통교부금의 산정기일후에 발생한 재해로 인하여 특별한 재정수요가 있거나 재정수입의 감소가 있는 때(특별교부금의 100분의 10) 교부된다.

표 V-14-1   기준재정수요액의 측정항목 · 측정단위 · 산정공식 및 단위비용

측정항목		측정단위	산정공식
1. 교직원인건비		교직원 수	전년도 교직원 수×단위비용×교육부장관이 정하는 처우개선율
		교직원 증원 수	교직원 증원 수×교육부장관이 정하는 증원 교직원당 소요액
2. 학교 · 교육 과정 운영비	가. 학교경비	학교 수	Σ(학교급별 · 규모별 학교 수×단위비용)×교육부장관이 정하는 적용률
	나. 학급경비	학급 수	Σ(학교급별 학급 수×단위비용)×교육부장관이 정하는 적용률
3. 교육 행정비	다. 학생경비	학생 수	Σ(학교급별 학생 수×단위비용)×교육부장관이 정하는 적용률
	라. 교육과정 운영비	학생 수	학생 수×교육부장관이 정하는 단위비용
	마. 교과교실 운영비	학교 수	학교 수×단위비용×교육부장관이 정하는 적용률
	가. 기관 운영비	학교 수, 학생 수 및 기준 교직원 수	[(학교 수×학교당 단위비용)+(학생 수×학생당 단위비용)+(기준 교원 수×기준 교원당 단위비용)+(기준 직원 수×기준 직원당 단위비용)]×교육부장관이 정하는 인상률

측정항목		측정단위	산정공식
3. 교육 행정비	나. 균형교육비	학교 수 및 소재 행정구역 면적	(해당 시 · 도의 행정구역 면적÷해당 시 · 도의 학교 수)÷(시 · 도별 행정구역 면적÷시 · 도별 학교 수)×교육부장관이 정하는 금액
		수급자 수, 다문화 가정 학생 수 및 북한이탈주민 가정 학생 수	(해당 시 · 도의 「국민기초생활 보장법」에 따른 만 6세부터 만 17세까지의 수급자(이하 "수급자"라 한다), 다문화 가정 학생 및 북한이탈주민 가정 학생 수÷해당 시 · 도의 전체 학생 수) ÷ Σ(시 · 도별 수급자, 다문화 가정 학생 및 북한이탈주민 가정 학생 수÷시 · 도별 전체 학생 수)×교육부장관이 정하는 금액
		교육복지우선 지원 학교 수	수급자인 학생 수가 50명 이상인 학교 수×단위비용
		정보화 지원 수급자 수	(만 6세에서 만 15세까지의 수급자 수×10%×80%×교육부장관이 정하는 적용률×교육부장관이 정하는 개인용 컴퓨터 지원액)+(만 6세에서 만 17세까지의 수급자 수×80%×교육부장관이 정하는 적용률×교육부장관이 정하는 인터넷 통신비 지원액)
		자율형 사립고등학교 학생 수	자율형 사립고등학교 학생에게 지원할 입학금 및 수업료 총액
	다. 그 밖의 경비	학생 수	학생 수×교육부장관이 정하는 단위비용
	라. 지방선거 경비	지방선거경비	1) 「공직선거법」 제277조제2항에 따라 지방자치단체가 부담하는 지방선거 관리 경비 2) 정산 잔액
4. 학교 시설비	가. 교육환경 개선비	건축 연면적	20년이 경과한 교사(校舍)의 연면적×교육부장관이 정하는 ㎡당 단위비용
	나. 공립학교 신설 · 이전 (移轉) · 증설비	토지면적	학교급별 · 학교규모별 표준 토지면적×교육부장관이 정하는 ㎡당 취득비
		건축 연면적	학교급별 · 학교규모별 표준 건축연면적×교육부장관이 정하는 ㎡당 건축비
	다. 학교 통폐합 에 따른 신설 · 이전 ·	토지면적	학교급별 · 학교규모별 표준 토지면적×교육부장관이 정하는 ㎡당 취득비
		건축 연면적	학교급별 · 학교규모별 표준 건축연면적×교육부장관이 정하는 ㎡당 건축비

측정항목		측정단위	산정공식
	개축비		
4. 학교 시설비	라. 군(郡)단위 학교 재배치 에 따른 신설 · 이전 · 개축비	토지면적	학교급별 · 학교규모별 표준 토지면적×교육부장관이 정하는 ㎡당 취득비
		건축 연면적	(학교급별 · 학교규모별 표준 건축연면적×교육부장관 이 정하는 ㎡당 건축비)+학교 다목적 시설의 건축비 실소요액
	마. 사립학교 이전 건축비 부족분 지원	건축 연면적	1) (학교급별 · 학교규모별 표준 건축연면적×교육부장 관이 정하는 ㎡당 건축비)–[기존 학교 교지, 교사 (강당을 포함한다) 및 체육장을 매각 계약한 금액 –이전대상 학교 교지를 매입 계약한 금액] 2) 정산 잔액
	바. 기숙사 시설비	건축 연면적	학교급별 · 학교규모별 표준 건축연면적×교육부장관이 정하는 ㎡당 건축비×교육부장관이 정하는 적용률
5. 유아 교육비	가. 유아학비 지원	원아 수	Σ(연령별 원아 수×교육부장관이 정하는 연령별 지원액)
	나. 유치원 교원 인건비 보조	교원 수	교원 수×교육부장관이 정하는 단위비용
	다. 유치원 교육 역량 지원비	유치원 수 및 원아 수	(유치원 수×교육부장관이 정하는 단위비용)+(원아 수 ×교육부장관이 정하는 단위비용)
	라. 공립 유치원 신설비	유치원 수	유치원 수×단위비용
6. 방과 후 학교 사업비	가. 농산어촌 지원	학급 수	학급 수×교육부장관이 정하는 적용률×교육부장관이 정하는 학급당 연간 운영비
	나. 자유 수강권 지원	수급자 수	수급자 수×교육부장관이 정하는 적용률×교육부장관 이 정하는 학생 1명당 연간 수강료
	다. 초 · 중등학교 내 보육 지원	학급 수	학급 수×교육부장관이 정하는 적용률×교육부장관이 정하는 학급당 연간 운영비
7. 재정 결함 보전	가. 지방교육채 상환	원리금 상환액	교육부장관이 원리금을 지원하기로 결정한 사업의 원 금상환액 및 이자액
	나. 민자사업	임대형	교육부장관이 임대료를 지원하기로 결정한 사업의 임

측정항목	측정단위	산정공식
지급금	민자사업 임대료	대료

◯◯ 그림 V-14-3 지방교육재정의 세입구조

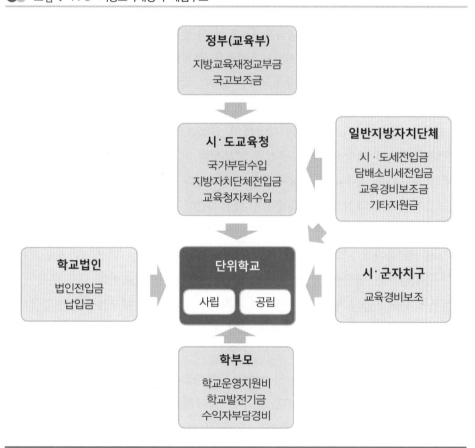

이처럼 초·중등교육을 위한 교육재정은 중앙정부와 지방자치단체 그리고 시·도교육청에서 자체 조달된 재원을 시·도교육청이 단위학교에게 표준교육비를 근

거로 일정방식으로 지급하고 최종적으로는 단위학교에서 학생교육을 위해 지출하는 구조로 되어 있다. 이러한 지방교육재정의 세입 구조는 국가부담수입, 지방자치단체 부담수입, 시·도교육청 자체수입 등으로 구성된다.

(3) 교육재정제도의 특징 및 문제점

지금까지 설명한 우리나라 교육재정제도의 특징을 정리해 보면 다음과 같다.

첫째, 지원구조가 단순하고 지방교육재정을 지원할 수 있는 제도적 장치가 마련되어 있다는 점이다. 지방교육재정교부금이라는 국가지원금이 내국세의 20.79%로 교부율이 법제화되어 있어서 재원을 매우 안정적으로 확보할 수 있는 구조를 갖추고 있다. 현행과 같이 교부금을 내국세의 일정률로 확보하면 교부금이 총액으로 결정되기 때문에 재정운영의 자율성과 책무성을 제고하는 장점이 있다. 그리고 목적세인 교육세를 징수하여 교육재원을 확충해왔다. 교육세를 통해 국민의 조세저항을 줄이면서 효과적으로 교육재원을 확충해왔다.

둘째, 중앙정부의 역할이 매우 크다는 점이다. 지방교육재정교부금 지원예산 규모가 지방교육재정수입 재원의 75% 이상을 차지하고 있는 만큼 초·중등교육을 위한 중앙정부의 역할이 절대적이라고 할 수 있다. 지방교육비의 75% 이상이 중앙정부에서 교부금의 형태로 지원되고 지자체의 전입금도 대부분 법정전입금으로서 국가 차원에서 결정되므로 교육비 조달에 대한 책임은 일차적으로 중앙정부라고 할 수 있다.

셋째, 단위학교에 재정운영의 자율성을 부여하고 있는 학교회계제도를 운영하고 있다는 특징을 들 수 있다. 2001년 도입된 학교회계제도는 단위학교의 자율적 재정운영을 보장하여 다양한 교육활동을 효과적으로 지원하기 위하여 도입되었고 단위학교의 특수성과 다양성을 살린 예산편성이 가능하게 되었다.

넷째, 학교회계제도 도입과 동시에 학교발전기금제도를 도입하여 단위학교 재정확보를 위한 보완적 장치를 마련한 것도 특징이다. 학교발전기금제도는 학부모의 교육적 기여를 교육조직 내로 수용하는 역할을 했고, 기부금을 제도화함으로써 찬

조금품을 둘러싼 비교육적 행태를 해소하는 데 기여했으며 발전기금을 통해 학교를 특성화하고 공교육재원의 한계를 극복하고자 하였다.

그러나 우리나라 교육재정제도는 다음과 같은 문제점을 지니고 있다.

첫째, 중앙정부가 지방교육재정의 재원을 대부분 책임지고 있는 상황에서 지방정부가 교육재정 확충의 자율성과 재정운영의 자율성을 확보하는 데에는 한계가 크다는 사실이다. 지방정부는 교육재정 세입의 대부분을 계속하여 중앙정부에 의존할 수밖에 없기 때문이다.

둘째, OECD 선진국의 평균에 비해 낮은 교육재정규모를 갖고 있다.

셋째, 복잡한 교육세체계와 불안정성이다. 교육세의 징수구조가 과세표준, 세율 등에서 매우 복잡하다. 교육세는 독립적인 세원을 가지고 있지 못하고 일반국세에 부과하는 방식을 취함으로써 교육적 필요에 의하여 세수가 결정되는 것이 아니라 모세의 세율변동에 의하여 세수가 결정된다. 따라서 교육세가 목적세로서의 역할을 다하지 못하고 있다.

03 │ 교육의 비용

교육의 비용은 교육계획을 달성하기 위하여 행해지는 일련의 활동에 쓰이는 비용을 의미한다. 교육활동이 궁극적으로 교육목적을 달성하기 위해 존재한다고 볼 때, 교육의 비용은 교육목적달성에 소요되고 희생되는 경비라 할 수 있으며, 교육목적달성을 위해 생산·제공해야 할 교육서비스를 위해 투자되는 자원을 의미한다.

일반적으로 국가 수준에서 소요되는 총교육비를 산출할 때, 교육목적과의 관련성을 기준으로 직접교육비, 간접교육비의 개념을 사용하게 된다. 직접교육비는 공적회계절차 유무에 따라 공교육비와 사교육비로 나뉘어지며, 이들 비용은 비용부담의 주체에 따라 공부담공교육비, 사부담공교육비, 사부담사교육비, 사부담교육비 등으로 분류된다(곽영우 외, 2003; 윤정일, 2004: 266-267).

⦿ 그림 V-14-4 교육비용의 분류

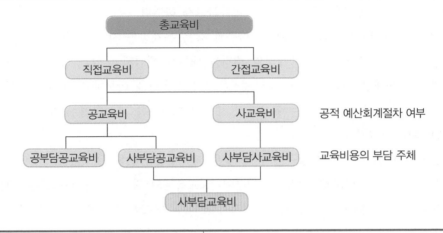

총교육비는 교육활동을 위해 실제로 지출되거나 포기된 모든 형태의 비용을 말하는데, 교육재화를 생산하는데 직접적으로 지출되는 직접교육비와 기회비용인 간접교육비까지 포함한다. 직접교육비는 교육목적 달성을 위한 교육활동에 직접적으로 지출되는 경비로 주로 중앙 및 지방정부, 학교법인, 학생이나 학부모가 부담하는 비용, 기타 사회민간단체가 부담하는 비용 등을 그 재원으로 한다. 간접교육비는 교육활동을 함으로써 포기되는 모든 형태의 기회비용을 의미한다. 교육기간 동안 학생이 취업할 수 없기 때문에 포기된 소득, 학교교육기관에 주어진 각종의 면세혜택 비용, 학교건물과 교육시설을 경제적 수익사업을 위해 사용하지 않았기 때문에 발생하는 비용, 학교시설 감가상각비 등이 여기에 해당한다. 총교육비는 공적 예산회계 절차를 거치는지 여부에 따라 공교육비와 사교육비로 구분된다.

공교육비는 합법적인 공적예산회계 절차를 거쳐 교육활동에 투입되는 비용을 의미한다. 공교육비에는 중앙 및 지방정부의 예산, 학교법인이 부담하는 비용, 학생 및 학부모가 부담하는 비용, 기타 사회·민간단체가 부담하는 비용 등이 포함된다. 이러한 공교육비는 비용 부담의 주체가 누구냐에 따라 공부담공교육비와 사부담공교육비로 구분된다. 공부담공교육비는 중앙 및 지방정부 그리고 단위학교에서 부담하는 비용을 말하며, 사부담공교육비는 학부모, 기타 사회·민간단체가 부담하는 비용(입학금, 수업료, 육성회비 등) 등을 포함한다.

사교육비는 법적인 예산회계 절차를 거치지 않는 학교 교육 외에 학생이나 학부모가 자의에 따라 사적으로 받는 교육을 위해 지출되는 교육비용을 말한다. 사교육비는 비용 부담의 주체가 민간부문이기 때문에 사부담사교육비라고도 하는데, 여기에는 교재 및 부교재 구입비, 학용품비, 수업준비물비, 학교지정의류비, 입시학원비, 개인과외비, 교통비, 급식비, 하숙비 등이 포함된다. 사부담공교육비와 사부담사교육비를 합쳐 사부담교육비라고도 한다.

04 | 학교회계제도

(1) 학교회계제도의 개념

2001년부터 국공립 초·중등학교에 도입된 학교회계제도는 단위학교의 자율적 재정 운영을 보장하여 다양한 교육활동을 효과적으로 지원함으로써 학교 교육의 질적 수준을 높이는 데 그 목적이 있다(송기창, 2002: 190-191). 2001년도 이전의 학교회계제도에서는 일상경비, 도급경비, 학교운영지원비 등 세입 재원을 구분하여 각 자금별로 지정된 목적에 따라 제한적으로 편성·집행해오던 학교예산을 단일예산 회계제도로 통합·운영하고 있는 회계제도이다.

종래의 경직된 예산회계제도로는 학교의 자율적인 운영과 효과적인 교수학습활동지원이 어렵다는 비판이 많았다. 단위학교는 자체수입을 늘리기 위한 노력을 할 필요가 없었고, 교육청으로부터 배분받은 도급경비 및 일상경비와 자체적으로 징수한 학교운영지원비를 분리 운영함으로써 효율적이고 종합적인 학교재정 운영에 어려움이 있었으며, 예산편성권이 주어지지 않았기 때문에 예·결산 편성 및 심의가 매우 형식적으로 이루어졌다(송기창, 2002: 190).

단위학교는 2001년 단위학교회계제도의 시행과 함께 단위학교 책임경영제(school-based management: SBM)가 도입되어 학교경영의 책임을 학교장에게 부여하고 있다. 단위학교 책임경영제는 공교육체제 혁신을 통해 개혁과 경쟁력을 향상시키는 목적으로 서구 선진국들이 선호하던 교육개혁프로그램이다. 단위학교 책임경영제와 단위학교예산제도의 시행은 교원·학부모·학생이 교육의 주체가 되어 단위학교의 경영에 참여하는 동시에 학교 운영의 결과에 대한 책임을 짐으로써 학교가 교육과정, 인사, 재정 운영 등을 중앙정부나 교육청 단위에서 대폭 이양 받아 학교경영의 자율권을 확대해 나감을 의미한다. 따라서 학교회계제도는 교육과정 운영을 효율적으로 지원하기 위한 재정계획서의 역할을 하는 동시에 예산 편성 및 운영에 있어서의 자율성과 책임성을 모두 포함하는 개념이며, 학교운영위원회와 지역사회의 감시를 통한 재정건전성을 유도한다는 의미도 지니고 있다.

학교회계제도는 학교예산을 회계연도 개시 전에 총액으로 배분하고, 학교운영지원비, 학교발전기금으로부터의 전입금 등을 하나의 회계로 통합·운영하며, 교사의 참여와 학교운영위원회의 심의를 거쳐 하나로 통합된 세입재원을 학교에서 필요한 우선순위에 따라 자율적으로 세출예산을 편성·집행하는 제도이다(송기창, 2000: 23-24). 학교의 예산 편성권이 단위학교에 부여됨에 따라 학교구성원이 노력을 통하여 자체수입을 확보할 수 있게 되었고, 단위학교의 특수성과 다양성을 살린 예산편성이 가능하게 되었다.

이와 같이 학교회계제도란 단위학교를 중심으로 예산편성, 예산심의, 예산집행, 결산 등 예산과정이 이루어지고, 학교의 재정과 관련하여 이해관계를 가진 사람들에게 합리적인 의사결정을 하는데 정보를 제공하기 위한 일련의 과정이나 체계라고 할 수 있으며, 단위학교 책임경영제의 도입과 함께 단위학교의 자율역량신장에 큰 기여를 하고 있는 대표적인 제도이다.

(2) 학교회계제도의 주요 내용

학교회계제도의 주요 내용을 살펴보면 다음과 같다(「초·중등교육법」 제30조 2항, 3항).

표 V-14-2 신구 학교회계제도의 비교

구분	현행제도	새로운 학교회계제도
회계연도	교육비특별회계의 경우; 1월 1일–12월 31일 학교운영지원회계의 경우: 3월 1일–2월 말	3월 1일–2월 말일(학교운영 특성에 따라 학년도를 기준으로 운영)
예산배출처: 교육부한국교육개발원 (2000). p.99부방식	일상경비와 도급경비로 구분하여 사용 목적을 정하여 배부	일상경비와 도급경비의 구분 없이 표준 교육비를 기준으로 총액 배부
예산배부시기	수시 배부	학교회계연도 개시 전에 일괄 배부
세출예산 편성	세입재원별로 사용목적에 따라 세출예산 편성	재원에 따른 사용목적 구분 없이 학교 실정에 따라 자율적으로 세출예산 편성
사용 수수료 처리	학교시설 사용료, 수수료 수입 등을 국고 및 교육비 특별회계로 수납 처리	학교시설 사용료, 수수료 수입 등을 학교별 자체 수입으로 처리
회계장부 관리	경비의 종류에 따라 서로 다른 회계지침을 적용하여 자금별로 별도의 회계 및 장부 관리	학교예산에 편성되는 여러 자금을 하나의 '학교회계'로 총합하고 장부도 단일화하여 관리
잔액처리	교육청에서 배부하는 일상경비의 경우 잔액 발생 시 모두 반납	집행잔액 발생 시 다음 회계연도로 이월 가능

출처: 교육부·한국교육개발원(2000). 단위학교 경영 자율화를 위한 새로운 학교회계제도 도입. p. 4.

학교회계는 국·공립의 초등학교·중학교·고등학교 및 특수학교에 설치한다. 회계 연도는 매년 3월 1일에 시작하여 다음해 2월 말일에 종료되며 예산편성, 예산심 의, 예산집행, 결산의 과정을 거친다. 학교회계의 세입은 국가의 일반회계 또는 지 방자치단체의 교육비특별회계로부터의 전입금, 학교운영지원비(육성회비), 학교발전 기금으로부터의 전입금, 수업료 및 학교운영지원비 외에 학교운영위원회의 심의를 거쳐 학부모가 부담하는 경비, 국가 또는 지방자치단체의 보조금 및 지원금, 사용 료, 수수료, 이월금 기타 수입 등으로 구성되며, 학교회계의 세출은 학교운영 및 학교시설의 설치 등을 위하여 필요한 일체의 경비로 구성된다.

기존에 운영되어 오던 학교회계제도와 현행 학교회계제도의 주요 특징을 비교하여 정리해 보면 다음과 같다(교육부 · 한국교육개발원, 2000: 4).

(3) 학교회계제도 도입의 효과

학교회계제도 도입의 효과를 정리하면 다음과 같다(한국교육재정경제학회편, 2001: 486-487).

첫째, 표준교육비를 기준으로 총액 배부되고, 예산편성권이 주어짐에 따라 각급 단위학교들은 자신들이 처한 실정에 따라 필요한 우선순위를 정하여 예산배정을 할 수 있어 자율적인 재정운영이 가능해졌다.

둘째, 경비의 종류에 따라 서로 다른 회계지침을 적용하여 자금별로 별도의 회계 및 장부 관리하던 제도에서 하나의 '학교회계'로 통합 관리되어 학교운영위원회 위원과 학교 실무자들도 재정흐름을 쉽게 파악할 수 있게 됨에 따라 학교재정 운영의 투명성과 신뢰성이 높아졌다.

셋째, 예산 잔액의 이월사용이 가능해지고 사용료도 학교에서 사용 가능해져 융통성 있는 재정운용이 가능해졌다. 또한, 학교회계년도가 학년도와 일치(3월 1일~2월 말일)되어 학교교육활동을 효과적으로 지원 가능하여 효율성을 제고할 수 있다.

넷째, 구제도에서는 자금별 목적과 사용범위의 제한 등으로 교사들의 예산요구를 제대로 반영하지 못하였으나 학교회계의 도입으로 예산의 목적지정이 없어져 교사들의 요구를 반영하기가 용이해졌다. 또한 예산편성단계에서 교직원 등으로부터 예산 요구서를 제출 받아 편성하도록 되어 있어 교사 등의 의견 수렴이 가능해졌다. 개별학교가 예산배정을 자유롭게 할 수 있어 학교의 자율적인 예산운영이 가능해진다.

마지막으로, 단위학교의 자구 노력에 의해 사용료, 수수료 수입 등을 확보할 수 있으므로, 지역사회에 대한 학교시설 제공이 활성화 되어 학교가 지역사회의 평생학습센터 역할을 할 수 있는 기반이 형성된다.

- 전국시도교육감협의회는 교육교부금을 둘러싼 예산 낭비 논란이 전국적인 문제로 확산되자 20일 총회를 열고 지방교육재정 안정화를 촉구하는 특별입장문을 결의했다. 협의회는 입장문을 통해 "기획재정부가 내국세 추계를 잘못해 6조원이 넘는 교부금을 하반기에 교부, 시도교육청이 급하게 예산을 집행했는데 기재부의 잘못을 시도교육청의 문제로 몰아가는 것은 옳지 않다"며 "학생 수가 감소한 만큼 지방교육재정을 줄이면 유·초·중·고 학교의 교육환경은 열악해지며 특히 소멸위기에 놓인 지방들은 더욱 위험한 상황으로 가게 될 것"이라고 우려했다. (중략)

  출처: 중도일보, 2022.01.23.(https://www.joongdo.co.kr/web/view.php?key=2022012
  2010004886)

- 우선은 왜 지방교육재정교부금 제도를 개편해야 하는지 국민적 공감대를 형성해 나가야 할 때다. 인구감소사회로의 전환은 교육뿐 아니라 복지, 환경, 고용 등 다양한 부문으로 예산이 합리적으로 배분돼야 함을 시사한다. 교육 투자도 챗GPT의 등장에 따른 맞춤형 학습, 지식 혁명 등 대내외 기술 환경 변화에 유연하게 대응할 수 있어야 한다. 저출산사회 대응 투자는 물론 4차 산업혁명 시대를 이끌어 갈 고등 및 평생 교육에 대한 투자도 획기적으로 확대해야 한다. 과거 절대적 궁핍과 재정 부족에 따라 최소한의 초·중등 교육비를 보장하기 위해 마련된 칸막이식 재정 배분 기제가 지금은 걸림돌이 되고 있다. 전략적 투자를 가로막는 의무적 지출 방식은 바뀌어야 한다. 과거의 필요에 의해 만들어진 제도를 현재와 미래의 필요에 따라 재구조화해야 하는 것은 당연하다. (중략)

  출처: 강원일보, 2023.06.07.(https://www.kwnews.co.kr/page/view/2023060616462
  614562)

토론거리
◑ 최근 지방교육재정교부금법 개정안에 대한 논란이 심화되고 있다. 지방교육개정교부금 교부 비중에 대해 현행 유지 입장과 비중 축소의 입장이 팽팽하게 대립하고 있다. 두 입장의 핵심 주장이 무엇인지 알아보고, 교육재정의 운용 원리에 기초해 지방교육재정교부금의 바람직한 운용 방향에 대해 논의해 보시오.

정리하기

❶ 교육재정은 국가나 공공단체가 교육욕구를 충족하기 위하여 필요한 수단을 조달하고 관리·사용하는 경제활동으로, 국가·사회의 공익사업인 교육활동 지원을 위해 국가나 공공단체가 필요한 재원을 확보·배분·지출·평가하는 일련의 경제활동을 의미한다.

❷ 교육의 비용은 교육계획을 달성하기 위하여 행해지는 일련의 활동에 쓰이는 비용을 의미한다. 일반적으로 국가 수준에서 소요되는 총교육비를 산출할 때, 교육목적과의 관련성을 기준으로 직접교육비, 간접교육비의 개념을 사용하게 된다. 직접교육비는 공적회계절차 유무에 따라 공교육비와 사교육비로 나뉘어지며, 이들 비용은 비용부담의 주체에 따라 공부담공교육비, 사부담공교육비, 사부담사교육비, 사부담교육비 등으로 분류된다.

❸ 학교회계제도는 단위학교의 자율적 재정 운영을 보장하여 다양한 교육활동을 효과적으로 지원함으로써 학교 교육의 질적 수준을 높이는 데 그 목적이 있다. 학교회계제도는 단위학교를 중심으로 예산편성, 예산심의, 예산집행, 결산 등 예산과정이 이루어지고, 학교의 재정과 관련하여 이해관계를 가진 사람들에게 합리적인 의사결정을 하는데 정보를 제공하기 위한 일련의 과정이나 체계라고 할 수 있으며, 단위학교 책임경영제의 도입과 함께 단위학교의 자율역량신장에 큰 기여를 하고 있는 대표적인 제도이다.

학습문제

01 최근 논란이 되고 있거나 이슈로 등장하고 있는 교육재정 관련 정책을 비판적으로 분석해 보고, 그 해결과제를 제시해보시오.

02 우리나라 교육재정 재원의 확보 및 배분구조를 설명하고, 그 특징과 시사점을 논의해보시오.

03 중앙정부에 많은 부분을 의존하고 있는 지방교육재정의 현황을 분석해보고, 지방교육재정의 안정성을 확보하기 위한 과제를 제안해보시오.

학교중심의 교육행정 및 교육경영

PART 6

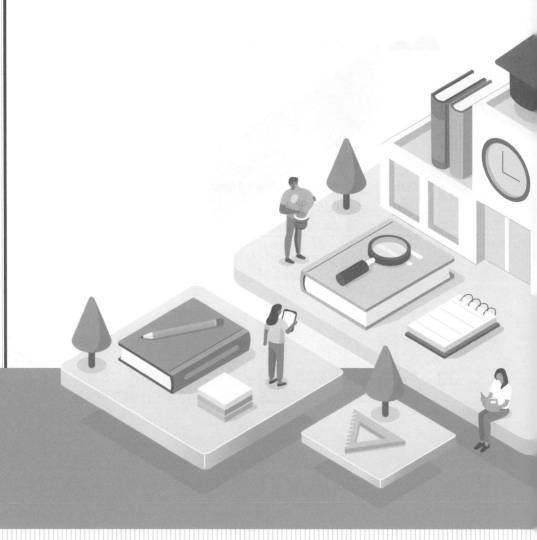

학교경영 및
학급경영

학교중심의
교육행정 및 교육경영

CHAPTER 15

학교경영

 학/습/목/표

- 학교경영의 의의와 원리 그리고 학교경영의 효율화 기법을 설명할 수 있다.
- 학교경영은 어떤 과정을 통해 실행되는지 설명할 수 있다.
- 학교경영의 효율화 기법 중 품목별예산제도와 영기준예산제도를 구분할 수 있다.
- 학교경영의 실제를 설명할 수 있다.

생각해보기

   본교는 서울대를 포함해서 상위권 대학에 수십 명 이상 진학시킬 정도로 명성이 자자했다. 교직원의 한 사람으로서 최근 부진한 진학실적에 대해 매우 안타깝고 큰 책임을 느낀다. 심지어 교직원들끼리 충분한 대화로 해결할 수 있는 것조차 교육청 민원을 요청하는 등 좋지 않은 분위기가 계속 이어지고 있다. 이런 분위기 속에서 전체 교직원들뿐 아니라 학생들에게도 큰 피해가 되고 있다.

   다행스럽게 본교의 이 위기를 전환할 수 있는 모멘텀이 생겼다. 첫째, 2, 3년 간에 걸쳐 교육부가 지원하게 될 공간 재구조화를 통한 그린스마트 미래 학교가 바로 그 시작이다. 만약 본인에게 교장의 역할을 맡긴다면 현재의 이 위기를 공간 재구조화 소통과정을 통해 기회를 만들겠다. 두 번째, 현재 1학년부터 적용되고 있는 2022 개정교육과정의 핵심은 고교학점제이다. 이 교육과정은 학생들에게 맞춤식 개별화 학습과 가치 교육을 통해 진로 역량을 성장시키는 것으로 수업 시간에 교사가 촉진적 역할을 하여 소통, 협업, 탐구, 토론과정이 필요하다. 다시 말해 학습역량과 진로 역량을 성장시켜 대학이 필요로 하는 본교의 인재상을 길러내는 것이다.

   따라서 이 두 가지 미션, 다시 말해 공간 재구조화를 통한 고교학점제를 내실 있게 운영하려면 교직원들 간 공감대가 필요한데 본인부터 따뜻한 시선으로 교사들의 장점을 찾아 칭찬해주는 역할부터 솔선수범하겠다. 그리하여 칭찬 릴레이가 될 수 있도록 분위기를 조성하겠다. 이런 분위기 속에서 교장실도 권위주의 장소가 아닌 소통의 장으로 만들어내겠다. 물론 이 두 가지 미션은 쉽지 않다. 하지만 학교장으로서 선도할 것이고 교장으로서 소명이기도 하다.

   위 사례를 고려하여 본인이 학교장으로서 어떤 역량을 발휘할 수 있는지 생각해보자.

(1) 학교경영의 의의

학교경영이란 초·중등학교에서 교육활동에 참여하는 학교 구성원들이 교육목표를 설정하여 달성하는 데 보다 효과적·효율적으로 일할 수 있도록 필요한 인적·물적 자원을 확보하여 조화롭게 분배하여 실행하고 평가하는 일련의 활동이다.

학자들이 학교경영에 대한 개념을 다양하게 정의하고 있는데, 조남두 외(2006)는 학교경영이란 학교라는 단위 교육기관에서 교육목표를 성취하도록 인적·물적 조건을 조성하고 지원하는 봉사활동이라고 정의하였다. 주삼환 외(2009)는 학교경영이란 단위 학교에서 교장의 자율적·창의적 관점하에 교육목표를 설정하고 그 목표 달성을 위해 필요한 제반 조건을 정비·확립하여 목표 달성을 위한 활동을 지도·감독하는 일련의 봉사활동이라고 정의하였다. 이상과 같은 학자들의 견해를 종합하면, 학교경영이란 단위 학교의 그 상황과 맥락에 적합한 조직목표를 수립한 후 그 목표를 달성하기 위해 계획, 조직, 지시, 조정, 통제의 경영활동 과정을 통해 학교 체제 내의 모든 인적·물적·재정적 자원을 공정하게 배분하여 능률적·효과적으로 활용하기 위한 일련의 과정을 의미한다.

한편, 학교경영과 유사하게 사용한 용어로는 단위 학교 교육기관 수준의 학교 행정과 학교관리가 있다. 대체로 단위 학교 교육기관 수준의 학교 행정이라는 용어는 학교경영의 상위개념으로 구분되지만, 기능이나 성격 면에서 별다른 차이가 없기 때문에 개념상의 구분 없이 혼용되기도 한다(박종렬 외, 2010). 다만, 학교 행정은 고도의 확실성을 가지고 구조화되어 기획된 결정을 달성하기 위한 하나의 경영관리 과정으로 비교적 객관성과 강제성을 띠고 있다. 이에 반해 학교경영은 기획되거나 구조화되어 있지 않은 하나의 결론을 매듭지어 나가는 경영관리의 과정으로 비교적 주관성과 융통성을 내포하고 있다고 할 수 있다(신현석, 2011). 또한 학교관리는 객관적·타율적·법규적·관료적·집권적인 체제로써 학교를 운영하여 교육목표를 효과적으로 달성하기 위한 보조적 활동이며, 주로 인사, 재정, 시설 등에 행해지는 것이며, 교육청의 위임사항을 집행하는 행정기관의 하위 관리자로서 학교장이 수행하는 활동을 말한다(윤정일 외, 2007). 실제 단위 학교에서는 교육경영과 관리의 개념을 엄격하게 구분하지 않고 사용하고 있지만, 단위 학교에서 이루어지고 있는 관리는 교육법규 해석적 입장에서 집행하는 반면에 단위 학교에서의 교육경영은 교육목적 달성 전반을 포괄한 것이기 때문에 그 의미는 더욱 크다고 볼 수 있다.

(2) 학교경영의 원리

단위 학교에서 학교경영을 기획하고 운영하고 평가하는 과정에서 적합한 기준이나 타당한 준거가 요구되는데, 이를 학교경영의 원리라 할 수 있다. 학교경영의 원리는 학자에 따라 다양하게 기술하고 있는데, 김창걸(1991)은 민주화의 원리, 합리화의 원리, 과학화의 원리, 조직화의 원리, 효율화의 원리, 그리고 지역화의 원리를 들었다. 신현석 외(2011)는 학교를 경영하는 과정에서 나타나는 문제들을 해결하는 데 필요한 이념적 준거나 지침들로 민주성의 원리, 타당성의 원리, 자율성의 원리, 효율성의 원리 그리고 합법성의 원리 등을 들었다. 주삼환 외(2009)는 문화유산과 공중의 공통된 기대에서 이끌어낸 제 가치의 체계로서 학교경영에 적용해야 할 합당한 기준으로 타당성, 합법성, 민주성, 자율성, 능률성, 과학성, 지역성의 원리를 제시하였다. 윤정일 외(2007)는 학교 교육 목표를 효율적으로 달성하기 위한 원리로 연계성, 합리성, 종합성, 참여성, 현실성의 원리 등을 들고 있다. 이와 같은 학자들의 의견을 종합해 볼 때 학교경영의 원리는 합법성의 원리, 자율성의 원리, 민주성의 원리, 효율성의 원리, 종합성의 원리, 현실성의 원리, 지역성의 원리 등이라고 할 수 있다.

가. 합법성의 원리

단위 학교에서 학교경영을 할 때 법과 원칙에 의한 행정을 말하는데, 즉 법에 의거하고 법률에 정하는 범위 내에서 이루어져야 한다는 것을 의미한다. 단위 학교의 학교경영과 관련된 법규는 헌법, 교육기본법, 초·중등교육법 등 교육 관련 법률과 명령, 조례 등이 있다.

나. 자율성의 원리

학교경영은 단위 학교의 효율적인 교육활동을 위해 상부 기관이나 외부조직기관의 지시나 간섭 없이 자율적인 의사결정으로 운영되어야 한다는 것을 의미한다.

다. 민주성의 원리

단위 학교에서의 학교경영은 학교장 중심으로 이루어지고 있지만, 어느 특정인의 독단과 전횡을 막고 교직원, 학생, 학부모 등 지역사회의 의견을 반영하여야 한다는 것을 의미한다. 이것은 학교 구성원들의 책무성을 확보할 수 있고 여러 사람의 지혜와 아이디어를 모아 기획하고 조직, 운영, 평가할 수 있는 장점이 있다.

라. 효율성의 원리

학교경영은 최소한의 시간과 노력 그리고 인적·물적 자원의 투입을 통하여 최대의 성과를 거두어야 한다는 것을 의미한다. 특히 효율성의 원리는 투자 대비 성과의 정도로 민주성의 원리와 다소 상충되기 때문에 효율성만을 너무 강조한 나머지 민주성의 원리를 해치는 경우가 있다는 것을 주의해야 하며, 양자의 균형의 지혜를 발휘할 필요가 있다.

마. 종합성의 원리

학교경영은 단위 학교에서 교육목표 달성을 위해 관련된 모든 요소가 포함되어야 한다는 것을 의미한다. 필요한 요소가 통합적으로 모두 포함되지 않을 경우 목표 달성을 제약하는 역기능적 요소로 작용할 수도 있다(윤정일 외, 2007).

바. 현실성의 원리

학교경영은 한정된 인적·물적 자원을 고려해서 교육목표를 달성하는데, 노력하여야 한다는 것을 의미한다. 따라서 단위 학교 구성원들은 학교경영을 기획하고 운영할 때 현실적 제약조건과 한계를 고려해 실현가능성 있는 학교경영을 해야 한다.

사. 지역성의 원리

학교경영은 단위 학교가 위치하는 그 지역사회의 특성과 상황을 고려해서 경영해야 한다는 것을 의미한다. 학교마다 교육 수요자들의 욕구와 바람이 다르고 자원이 다르기 때문에 그 지역사회와 협력 혹은 자원의 활용 등을 통해 그 지역의 특성에 맞는 교육 패러다임을 기획할 필요가 있다.

02 | 학교경영의 효율화 기법

단위학교의 학교경영은 시대와 맥락 그리고 교육 수요자 학생과 학부모의 요구 흐름에 따라 다변화하고 그 상황에 적합한 학교경영을 지향하고 있다. 학교경영은 단위 학교의 그 상황과 맥락에 적합한 조직목표를 달성하기 위해 계획, 조직, 지시, 조정, 통제의 경영활동 과정을 통해 학교 체제 내의 모든 인적·물적·재정적 자원을 공정하게 배분하여 능률적·효과적으로 활용하기 위한 일련의 과정을 의미한다. 이러한 학교경영을 구현하기 위한 경영기법으로 목표관리기법, 효율성 이론, 학교예산편성기법, 정보관리체제 등이 있다.

(1) 목표관리기법

목표관리(Management by Objectives: MBO)는 1954년 Peter Drucker가 '경영의 실제 (The practice of management, 1954)'라는 책에서 기업의 성패 여부는 명확한 목표설정

과 경영자의 목표관리 여하에 따라 결정된다고 주장하면서, 목표와 자기통제에 의한 관리를 강조한 데서 유래한 것이다(윤정일 외, 2007). 목표관리란 조직의 상·하위 관리자가 조직의 공동의 목표를 함께 설정한 다음, 각 개인의 주요 책임 영역을 맡아 정해진 기준에 따라 구성원의 기여도를 측정하고 평가하는 총체적인 일련의 과정이다(Ordiorne, 1965). 목표에 의한 관리기법은 부하직원과 상급자 간의 의사소통을 증진시킴으로써 구성원들의 사기를 높여주고 개개인의 성과와 조직목표를 하는 역할을 한다. 그리고 평가 결과는 임금인상과 승진의 근거자료로 사용되기도 한다. 목표에 의한 관리 과정은 [그림 Ⅵ−15−1]과 같이 정리할 수 있다(이명호 외, 2013). 목표관리기법은 기본적으로 조직목표를 달성하기 위한 다음 네 가지의 수행목표를 세운다.

첫째, 무엇을 수행할 것인가? 둘째, 언제 수행될 것인가? 셋째, 누가 수행할 것인가? 넷째, 무엇을 성공의 기준으로 할 것인가?

◐◑ 그림 Ⅵ-15-1 MBO의 과정

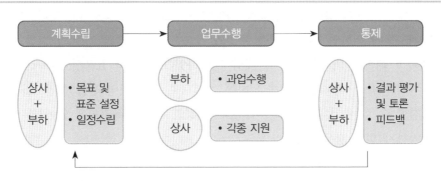

출처: 이명호 외(2013). 경영학으로서의 초대. p. 117.

Morrisey(1996)에 따르면 목표관리의 기본과정은 목표 설정단계, 목표달성을 위한 과정단계, 목표관리에 대한 성과 측정과 평가단계로 구분하는데, 이것을 다시 10개의 과정으로 세분화시키면 조직목표 설정과 구성원의 역할 규정, 미래 예측,

구체적 목표설정, 목표 성취계획표 작성, 일정표 작성, 자원배분, 성과 평가기준 설정, 성과측정 및 평가, 행동계획 수정, 목표달성 등으로 구분할 수 있다(최희선, 1996 재인용). 학교경영에서 목표관리기법은 교육목표 설정 과정에서의 공동참여, 목표달성의 노력과 성과에 대한 평가와 보상, 그리고 교직원 각자의 자기 통제를 통한 목표 달성이라는 순환적 과정의 경영기법으로 활용될 수 있다(진동섭 외, 2008).

이와 같이 단위 학교 내에서 목표관리기법은 학교 내 구성원들을 공동의 조직목표를 설정하는 데, 참여하도록 하여 각자의 목표를 공동의 목표에 부합할 수 있도록 하여 이를 달성해 나가게 하는 일련의 경영방식이다. 그리고 교사들이 교수－학습 과정안을 작성할 때 학습 목표를 제시하는데 이것 역시 목표관리기법의 일환이라 할 수 있다.

(2) 효율성 이론

어떤 분야이든 그 경영지원의 보편적인 목표는 목적과 수단의 적합성, 권한과 책임의 합치, 조직과 방법의 결합, 효율성의 확보 등이다(정진환, 2007). 교육에서도 경영에 대한 개념이 강화되면서 교육 경영에서의 효율성이 강조되고 있다. 사회과학 백과사전에 의하면, 효율성이란 투입과 산출, 노력과 결과, 경비와 소득, 비용과 결과적 쾌락 간의 비율이라고 개념 정의하였다. 따라서 효율성(efficiency)은 두 변인 간의 비율로 계량화를 전제로 하는 개념으로 투입 대비 산출의 정도를 수치로 표현할 수 있는 기계적 효율관이 있으나, 경영 특히 교육경영에 있어서는 산출을 파악하기 힘든 경우가 많다.

최근 들어, 인간관계론이 대두되면서 기계적 효율관(效率觀)만으로 측정할 수 없는 효율관을 제시하고 있다. 즉, 인간 존엄성의 구현, 사회 목적의 실현 등 사회적 차원에서 사회적 효율을 주장하는 경향이 있는데(정진환, 2007), 이를 바탕으로 정리하면 다음과 같다. 첫째, 인간의 효율화: 기계적 효율관이 비인간적인 데 반하여 보다 인간적인 차원을 반영하는 것이 특징이다. 이는 인간의 만족·목적·수단 관계 등을 고려한 연후에 효율성을 생각한다. 둘째, 합목적적 효율성: 이것은 효율성을 달성하기 위한 수단은 목적에 부합되어야 한다는 것이다. 셋째, 상대적 효율성: 효율성의 평가는 투입과 산출의 비율로 평가하되 이 평가가 절대적인 기준에 의해서는 안 되고 상대적인 기준에 따라 하게 된다. 넷째, 장기적 효율성: 사회적 효율성의 평가는 단기적이 아니고 장기적이어야 한다는 것이다(박영희 외, 1984; 정진환, 2007).

(3) 학교예산 편성기법

학교 예산이란 정해진 회계연도(매년 3월 1일부터 다음 해 2월 말까지) 내의 세입과 세출에 관한 재정적 계획으로써 단위 학교의 교육목표를 달성하기 위한 재정 운용의 효율적 수단으로서 기능을 말한다. 학교 예산의 편성·심의·집행 및 결산은 단위 학교 관할 교육청이 학교의 장에게 예산 편성지침을 통보하면 이를 바탕으로 학교의 장에 의해 자율적으로 편성하여 학교운영위원회 심의를 받은 후 예산을 공개·집행하게 된다. 또한 단위 학교의 회계에 대한 결산은 학교운영위원회에 보고한 후 결산공고를 학교 홈페이지에 공시한다. 학교 예산에 대한 편성기법에는 다양한 기법들이 있는데 기획예산제도, 품목별예산제도, 영기준예산제도, 성과주의예산제도 등이 있다.

가. 기획예산제도(Planning Programming Budgeting System)

합리적인 사업 목표를 설계하여 제시되는 행동 과정 그리고 자원배분을 과학적으로 계획함으로써 최소의 비용으로 사업의 목표를 달성할 수 있도록 하는 제도이다. 기획예산제도는 목적 달성을 위해 여러 가지 방안의 수립과 이에 따른 방안을 선택하게 하는 합리적이고 분석적인 체제라고 할 수 있다(조남두 외, 2006). 기획예산제도의 기본적 특징은 분석적, 계획성, 방안 수립, 예산 배정, 구조상의 통일성, 그리고 운영의 효율화로 구분할 수 있다. 이 제도는 의사결정 과정을 일원화할 수 있다는 장점이 있다. 반면, 명확한 목표설정이 어려운 부분에는 도입하기 곤란하며 정보가 최고 의사결정자에게만 집중됨으로써 지나치게 중앙 집권화될 가능성이 있다. 따라서 단위 학교에서 학교의 장은 학교 예산에 대한 기획예산제도에 따라 편성할 경우, 이점을 고려할 필요가 있다.

나. 품목별예산제도(Line-Item Budgeting System)

예산을 집행하는 과정에서 유용이나 부정을 예방하기 위한 엄격한 사전·사후 통제가 가능한 통제 지향적 예산제도(윤정일 외, 2007)로서 예산 항목을 경비의 성격과 위계에 따라 장, 관, 항, 목, 원가통계비목, 과목해설 등으로 작성하게 함으로써 세부적인 항목을 기준으로 예산을 편성·운영하는 제도를 말한다. 이 제도는 단위 학교의 예산 편성과정에서 흔히 사용하고 있는 제도로서 제한된 예산을 효율적으로 활용할 수 있고 차기 예산을 편성하는데 필요한 정보를 얻을 수 있다는 장점이 있다. 반면 지출 대상을 세부적인 지출 대상에 중점을 두기 때문에 전체적인 개요를 파악하기 어렵고 사업의 우선순위를 등한시할 우려가 있다.

다. 영기준예산제도(Zero-Base Budget System)

단위 학교에서 새로 취임한 학교의 장이 자신의 교육철학을 구현하고자 할 때 용이한 예산제도로서 예산을 편성하는 과정에서 전년도 예산을 고려하지 않고 (zero-base) 모든 사업을 계획목표에 따라 재평가하여 신년도 사업의 우선순위에 따라 예산을 편성하는 제도이다. 이 제도는 학교경영에 전 교직원들을 참여시켜 자발적인 사업 구상과 실행을 유인할 수 있다는 장점이 있다. 반면, 예산에 관련된 구성원들의 전문성 부족과 사업 기각과 평가 절하에서 비롯된 사기 저하로 인한 어려움을 겪을 수도 있다.

라. 성과주의예산제도(Performance Budgeting System)

성과주의예산제도는 구입한 물품을 품목별로 나열한 후, 소요되는 경비를 산출하는 식의 물품 구입 동기와 목표의 불명확성을 극복하고자 실시한 제도이다. 즉, 성과주의예산제도는 예산과목을 우선 목적별로 나누고 각 목적에 대해 다시 세부

사업으로 분류한 다음, 각 세부 사업별로 단위 원가에 업무량을 곱하여 예산액을 산출하고 그 집행의 성과를 측정·분석한 후 평가하는 예산제도이다. 성과를 측정·평가하는 방법은 업무량에 근거하여 비용과 효과를 비교하는 접근 방법을 취한다. 즉, 수행한 업무량과 이때 이용된 인력과의 관계를 성과 비로 보고 이 성과 비가 높을수록 효율은 낮은 것으로 판단한다(정진환, 2007). 이 제도는 업무측정 단위와 업무량까지 표기되기 때문에 그 기관이 어떤 사업을 추진하는가를 이해할 수 있어 예산심의가 편리하다. 또한 예산집행 결과를 다음 회계연도의 예산 편성에 효율적으로 반영할 수 있는 장점이 있다. 반면, 실질적으로 업무측정 단위의 선정과 단위 원가계산이 곤란해 성과측정이 어렵다. 특히 교육 분야에서 적용하는데 어려움이 예상된다(윤정일 외, 2007).

(4) 교육정보관리체제

교육정보관리체제(Management Information System for Education: MIS/E)란 교육행정가 및 교육경영자의 이해를 돕고 그들이 필요로 할 때 그들의 합리적인 의사결정을 위해 필요한 모든 정보를 적기에 제공하기 위한 체제를 의미한다(신현석 외, 2011). 다시 말해, 의사결정자들이 사업수행 시 야기되는 합리적인 의사결정을 내릴 수 있도록 관련된 경영정보나 회계자료 등을 수집, 처리, 보관, 평가한 후 적시에 효율적으로 제공하는 종합적인 정보관리 체제이다. 그렇다면 정보관리 체제가 의사결정을 위해 필요한 이유를 들면 다음과 같다(정진환, 2007). 첫째, 행동을 요하는 문제를 확인하기 위해서이고, 둘째, 행동의 우선순위를 설정하기 위해서이며, 셋째, 문제의 원인을 파악하고, 넷째, 문제의 결과를 분석하고, 마지막으로 행동의 대안을 탐색·평가한 후 선정하려는 데 있다.

이 기법은 교직원 업무량의 증대와 신속·정확하고 효율적인 사무 처리에 부응하고자 발달된 개념이다. 최근 들어 통합시스템으로서의 「업무포탈」 사이트를 통해 단위 학교에서 활용되고 있다. 「업무포탈」 사이트는 개인 홈, 나이스(NEIS), 에듀파인, 업무관리, 에듀팟, 자료집계, 교육정보 통계, 교육 포탈 등으로 구성되어 있다.

03 | 학교경영의 과정 및 영역

(1) 학교경영의 과정

학교경영의 과정은 단위 학교의 교육목표를 합리적이고 효과적으로 달성하기 위해 학교경영이 어떤 절차와 과정을 거쳐 수행되는가를 의미하는 것이다. 학교경영은 학교 교육의 기획, 운영, 평가라는 순환적이고 동태적 활동 과정을 통해 이루어진다고 할 수 있다. 학교경영의 과정에 대해 학자들은 다음과 같이 다양한 의견을 제시하고 있다.

- 페욜(Fayol, 1949)은 경영의 요소로 계획, 조직, 지휘, 조정, 통제를 제시한다.
- 캠벨 등(Campbell, Corbally & Ramseyer, 1968)은 의사결정, 프로그래밍, 자극, 조정, 평가를 제시한다.
- 그레그(Gregg, 1957)는 의사결정, 계획, 조직, 의사소통, 영향, 조정, 평가를 제시한다.

이와 같이 학교경영의 내용별 영역은 학자에 따라 다소 차이가 있지만, 본 장에서는 주삼환 외(2009)가 제시한 계획, 조직, 지시, 조정, 평가 영역을 학교경영의 과정으로 제시한다.

가. 계획

계획이란 한 조직의 목표와 목적을 설정하고 그 목표 달성을 위한 최적의 수단, 방법, 절차 등을 상정하는 행위로서 미래 행동을 예견하고 준비하는 일련의 과정을 의미한다. 학교 경영계획은 학교 경영활동의 중핵으로써 1년간 운영할 교육활동을 담고 있는 청사진이며 과학적이고 합리적·민주적으로 이루어져야 한다.

나. 조직

조직이란 교육목표를 효과적이고 달성하기 위해 분업적 협동체제로 조직을 구성한 것이며 인적 조직은 물론 자원의 배분까지 포함한다. 조직은 계선조직(line organization)과 참모조직(staff organization)으로 구분되는데, 계선조직은 수직적인 지휘 명령으로 업무를 수행하는 1차 조직이며, 참모조직은 계선조직의 기능을 돕기 위해 기획, 자문, 연구 등의 기능을 수행하는 조직으로 막료조직이라고도 한다. 단위 학교에서는 교무분장 조직을 구성하는데, 그중에서 계선조직으로 1학년, 2학년, 3학년 등 학년 조직이 있으며, 참모조직은 교무운영부, 연구부, 방과후학교부, 학생복지부 등과 교육과정위원회, 복지심사위원회, 성적관리위원회 등 각종 위원회가 있다.

다. 지시

지시는 지휘, 명령, 자극, 영향, 동기화, 지도라고도 한다. 지시는 교육목표를 달성하기 위해 교수-학습지도, 생활지도, 학급경영 등 제 업무에 자발적인 노력을 하도록 하는 것이다. 최근 들어, 민주적 교육행정이 발달하면서 지시, 명령, 지휘 등 통제적인 용어와 같은 일방적이고 지나친 권위의 행사보다는 자극, 영향, 동기화와 같은 변혁적이고 민주적 리더십의 발휘 등이 중시된다.

라. 조정

조정은 교직원들의 역할과 노력, 그리고 각 부서 활동과 인적·물적 자원을 학교 교육 목표의 달성을 위해 조화하고 통합하는 과정이다. 다시 말해 단위 학교 교육의 목표를 달성시키기 위해 전 교직원들의 역할 갈등 최소화로 사기를 진작시키면서 업무 과정에서 일어날 수 있는 낭비 요소를 줄이고 주어진 업무에 노력을 집중할 수 있도록 교무분장 조직을 균형 있고 조화롭게 운영하는 활동을 말한다. 특히 조정은 학교장의 조정 능력과 학교 구성원들의 교육목표 달성에 대한 동기부여, 학교 규모 등에 좌우된다.

마. 평가

평가는 설정된 교육목표에 비추어 학교경영 업무의 수행과정 및 그 결과를 분석 후 검토하여 과정의 합리성과 결과의 효과성과 효율성을 밝히는 활동으로 전자를 과정평가, 후자를 산출평가라고 한다. 따라서 교육 경영의 목표 달성이 가능하겠는 가에 대한 투입요인을 중심으로 평가를 할 수도 있고, 투입에서 산출에 이르는 과 정평가를 할 수 있다. 또한 목표 달성이 되었는가에 대한 산출평가도 가능하다(윤정 일 외, 2007). 이러한 평가는 업무 및 경영과정 요소별로 수시로 할 수도 있고, 매 월 말, 매 분기 말, 매 학기 말, 매 학년말에 정기적으로 할 수도 있다.

(2) 학교경영의 영역

학교경영의 영역은 대체로 교육활동의 기능 요인을 준거로 학교경영의 과업 또 는 활동 내용, 대상, 범위, 한계 등을 고려하여 구분한다. 학교경영이 단위 학교에 서 성공적으로 이루어지기 위해서는 학교경영의 영역을 구체적으로 구분할 필요가 있다. 그러나 학교경영의 영역은 상호 연관성에 따라 학자마다 다양하게 구분하고 있다. 하지만, 여기에서는 단위 학교 교육 현장에서의 실제적 측면에서 학교경영의 영역을 정리하면 교직원 인사 및 조직 관리, 교육과정 운영 및 컨설팅 장학 관리, 시설 및 회계 관리, 업무관리시스템 및 공문서 관리, 학교운영위원회 및 학부모 이 해, 보건교육 및 급식 관리 등으로 구분할 수 있다.

04 | 학교경영의 실제

(1) 교직원 인사 및 조직 관리

학교 교직원의 인사권은 원칙적으로 설립자(국가, 지방자치단체, 학교법인)에게 있으나 학교경영의 원활화와 효율화를 위하여 상당 부분 학교장에게 위임되어 있다. 학교장에게 주어진 인사상 권한은 인사내신권, 위임된 인사권, 고유의 내부인사권 등으로 구분된다(한국중등교육협의회, 1985).

인사내신권은 전직, 전보, 면직, 휴직, 복직, 직위해제, 징계, 급여 호봉 재획정, 표창대상자 추천, 연수 대상자 추천 등을 말하며, 위임된 인사권은 교사 임면, 교원 및 일반직 공무원 정기 승급, 기간제 교사와 수준별 강사의 임면, 기능직 공무원의 임면 등을 말한다. 고유의 내부인사권은 교과 담당 명령, 학급담임 명령, 교무분장 업무 담당 명령, 근무성적평정 등의 권한을 말한다. 그리고 보직교사 임면은 학교 규모에 따라 보직교사 수를 차등적으로 둘 수 있다(초·중등교육법 시행령 제33조, 제34조, 제35조).

한편, 조직 관리는 학교 운영 조직 관리와 교수-학습 조직 관리로 나눌 수 있는데, 학교 운영 조직은 교무분장 조직과 각종 위원회 조직을 포함한다. 그리고 교수-학습 조직은 학년 조직, 학급조직, 특별활동 조직이 포함된다. 이중 단위 학교의 조직 관리에서 가장 중핵이 되는 교무분장 조직으로 지켜야 할 원칙은 다음과 같다(백현기, 1964).

- 적재적소주의 원칙
  학교장은 교무분장을 할 때 가능한 한 각 직원의 개성, 적성, 그리고 희망 등을 고려해야 한다.
- 변화성의 원칙
  각 교사의 장래를 생각해서 다른 부서의 다양한 경험을 얻도록 해주어야 한다.
- 공정성의 원칙
  이것은 사무의 공평한 부담을 의미한다. 공평한 부담을 위해서는 계획서 등에 기재된 사무 항목을 고려할 것이 아니라 그 일 활동의 내용을 고려해야 한다.

학교별 부서의 수는 단위 학교 규모에 따라(초·중등교육법 시행령 제33조 내지 제35조) 다르지만, 일반계 고등학교의 경우 대체로 교육운영부, 교육연구부, 학생복지부, 방과후학교부, 진로상담부, 교육정보부, 바른인성부, 창의교육부, 진학정보부, 문화체육부, 각 학년부 등이 있다.

(2) 교육과정 운영 및 컨설팅장학 관리

교육과정(curriculum)이란 용어는 학자들에 따라 다양하게 사용되는데, 라틴어의 쿠레레(Currere)에서 유래되었다. 쿠레레는 '뛴다', '달린다'는 뜻으로 경마장의 경주로를 따라 달리는 것을 의미한 것으로 학생들이 학습할 내용을 일정한 순서에 따라 조직하고 배열하는 과정이라고 할 수 있다.

단위 학교는 '교육과정을 운영하여야 한다(초·중등교육법 제23조)'라고 규정되어 있다. 교육부 장관은 교육과정의 기준과 내용에 관한 기본적인 사항을 정하며, 각 시·도 교육청 교육감은 교육부 장관이 정한 교육과정의 범위 내에서 지역의 실정에 적합한 기준과 내용을 정할 수 있다(동법 제1항). 그리고 학교별 교과용 도서는 학교의 교과에 관한 규정(초·중등교육법시행령 제43조)에 따라 교과용 도서의 정의 및 선정에 관한 사항은 초·중등교육법 제29조에 명시되어 있다. '교과용 도서'라 함은 교과서 및 지도서를 말하는데, '교과서'는 학교에서 학생들의 교육을 위하여 사용되는 학생용의 서책, 음반, 영상 및 전자저작물 등을 말한다. 학교에서는 국가가 저작권을 가지고 있거나 교육부 장관이 검정 또는 인정한 교과용 도서를 사용하여야 하는데, 도서는 국정도서, 검정도서, 인정도서 등으로 구분된다.

단위 학교에서 초·중등학교 고등기술학교 및 특수학교의 수업일수는 주 5일제를 실시한 관계로 매 학년 190일 이상을 수업하여야 한다(초·중등교육법시행령 제45조). 다만, 학교의 장은 천재·지변이나 연구학교의 운영 또는 자율학교의 운영 등 교육과정의 운영상 필요한 경우에는 관할청의 승인을 얻어 10분의 1 범위 내에서 수업일수를 감축할 수 있다. 그리고 2022개정교육과정에 따르면, 고등학교 학년별 총 최소 이수 시간은 192학점으로써 교과별 이수 시간 174학점과 창의적 체험활동 18학점이다.

반면, 장학은 단위 학교에서 교사들의 전문성을 신장하기 위해 다양한 형태로 이루어지고 있는데, 최근 들어 학교 현장의 필요와 교육수요자의 요구에 부응한 맞춤식 컨설팅장학의 형태가 대세이다. 컨설팅장학은 학교별 자체 진단 후 수업과 교육활동 영역에서 현장의 요구를 반영하는 선택적 컨설팅장학으로 자율 컨설팅장학, 찾아가는(오는) 컨설팅장학, 맞춤형 컨설팅장학 등으로 구분하여 단위학교에서 실행되고 있다. 이와 같이 컨설팅장학은 단위학교에서 다양한 형태로 이루어지고 있는데, 다음과 같은 특징을 보인다(진동섭, 2003). 첫째, 컨설팅장학은 학교 교육의 전문성 신장을 '위로부터 아래로(top-down)'가 아니라 '아래로부터 위로(bottom-up)'의 접근 방법으로 교육현장 일선 교직원들의 자발적인 참여가 성패의 관건이라는 믿음에 기반을 두고 있다. 둘째, 컨설팅장학은 학교를 개혁의 대상으로 보는 것이 아니라 지원의 대상으로 본다. 셋째, 컨설팅장학은 일선 학교와 학교 구성원들의 요청에 따라 이루어지는 적극적인 행동으로 본다. 그러나 컨설팅장학이 단위학교에서 성공적으로 실행되기 위해서는 교사 스스로 책임 의식을 가지고 학교 교육의 주체로 거듭날 필요가 있다.

(3) 시설 및 회계 관리

단위 학교는 교원 외에 학교 운영에 필요한 행정직원 등의 직원을 둘 수 있으며(초·중등교육법 제19조 3항), 이를 근거로 교원이 담당한 업무를 제외한 각종 학교 교육의 지원활동 및 학교 운영에 필요한 업무 등을 행정실의 업무로 개념 정의할 수 있다. 행정실의 업무를 구체적으로 보면 교단지원업무, 시설 관리, 회계 관리, 재산 및 물품관리, 학교운영위원회 지원, 급식업무, 교육정보화 지원, 인사 관리, 행사지원, 행정사무 및 감사 업무, 교육 및 연수 지원, 민원 처리, 차량 운행 및 관리, 일반 서무 등이 있다. 여기에서는 시설 관리와 회계 관리를 간략하게 살펴보겠다.

시설 관리 업무는 학교 행정실의 주요 업무로써 학교시설계획(신축, 보수 등)의 수립, 학교 내 각종 시설(냉난방, 전기, 방송 등)의 유지 보수, 교실 비품의 수리, 교내·외 시설 관리, 재활용품과 폐기물의 관리, 교내 정원 등 수목 관리 등을 포함한다(박종렬 외, 2010). 물론 이러한 학교 시설은 대체로 타당성, 합법성, 안전성, 연계성, 융통성, 경제성, 미관성, 관리성 등을 고려하여야 한다. 학교 내 시설이란 학교에서 교육활동을 영위하기 위해 설치된 물리적 요소를 의미한다.

반면, 회계 관리는 학교경영에서의 교육활동을 위하여 학교가 주체가 되어 경비를 조달하고, 그것을 관리하고, 사용하는 것으로 단위 학교의 예산 편성 및 결산, 세입과 세출에 관한 모든 사항 등을 포함한다(조남두 외, 2006). 회계 관리는 주로 학교의 회계를 말한 것으로 학교 회계는 매년 3월 1일부터 다음 해 2월 말일에 종료한다(초·중등교육법 제30조 2항과 3항). 학교의 장은 회계연도마다 학교회계 세입세출예산안을 편성하여 회계연도 계시 30일 전까지 학교운영위원회에 제출하여야 한다.

단위 학교는 해당 교육청에서 배분되는 교육비 특별회계예산(사립학교는 학교비)과 학교 자체의 학교운영지원비를 중심으로 학교 예산을 작성한다. 특히 학교운영지원비는 고등학교에만 해당되는 것으로 학교운영지원비의 조성·운용 및 사용에 관한 사항으로 단위 학교별로 학부모의 경제적 부담 능력, 지역 실정, 물가상승률 및 수업료 변동률, 학교 재정 여건 등을 고려하여 자율적으로 금액을 결정한다(초·중등교육법 제32조 1항). 이와 같은 회계업무는 [그림 Ⅵ-15-2]의 「업무포탈」중 「에듀

◐◐ 그림 Ⅵ-15-2   에듀파인(edufine) 사이트

파인(edufine)」 사이트에서 주로 업무를 수행한다.

(4) 업무관리시스템 및 공문서 관리

업무관리시스템은 행정기관이 업무처리의 전 과정을 과제관리 카드 및 문서관리 카드 등을 이용하여 전자적으로 처리하는 시스템을 말한다(경기도 교육청 행정업무의 효율적 운영에 관한 규정 제3조 11호). 업무관리시스템은 업무처리와 업무지원 분야로 구성되어 있다. 업무처리 분야는 업무처리 과정에 필요한 각종 결재 및 보고를 처리할 수 있는 전자결재의 문서관리, 메모 관리, 과제관리로 구성되어 있다. 업무지원 분야는 [그림 Ⅵ-15-3]과 같이 알림판(공문게시 포함), 내부메일, 일정 관리, 공유설비 예약 등 효율적인 업무처리를 지원한다.

⬤⬤ 그림 Ⅵ-15-3 업무관리시스템 사이트

문서관리는 전자문서시스템, 나이스, 에듀파인에서 각각 처리하던 결재 업무를 업무관리시스템에서 일원화하여 결재 처리한다. 메모 관리는 관리자에게 구두나

수기로 보고했던 사항을 전자적으로 보고함으로써 보고 대기 시간이 감축되고 보고내용이 기록물로 관리된다. 과제관리는 업무의 묶음 단위를 개인 주관에 따라 만들었던 기록물 철 대신에 학교의 기능을 체계화한 기능별 분류체계에서 선택하여 관리한다. 따라서 기존에 사용하던 단위 업무는 단위과제로, 기록물 철은 단위과제 카드로 변경하여 사용한다. 그리고 담당 업무의 연관성과 관계없이 접수하던 단순 홍보성 공문들은 공문 알림판을 통해 개인별로 관심 있는 분야에 대해서만 선택적으로 열람이 가능한 기능이다.

이와 같이 업무관리시스템은 각 시·도 교육청 단위로 구축·운영하고 있으며, 담당자의 접수, 접수된 문서 공람 및 담당자 지정, 기안, 결재, 발송 등의 공문서 관련 업무를 효율적으로 처리하고 있다.

반면, 공문서는 민원사무 처리에 관한 법률 시행령 제25조 1항에 의거 행정기관의 장이 출력매수의 제한 조치, 위·변조 방지 조치, 출력한 문서의 진위 확인 조치 등을 취하며, 민원인에게 통지한 전자문서를 민원인이 출력한 경우, 행정업무의 효율적 운영에 관한 규정 제3조 제1호에 규정하고 있다.

공문서는 의사의 기록 및 구체화, 의사 전달, 의사의 보존, 자료 제공, 업무의 연결 및 조정의 기능을 다음과 같이 수행하고 있다.

- 의사의 기록 및 구체화 기능
  문서는 사람의 의사를 구체적으로 표현하는 기능을 갖는다. 이 기능은 기안에서 결재까지 문서가 성립하는 과정에서 나타나는 것이다.
- 의사 전달의 기능
  문서는 자기의 의사를 타인에게 전달하는 기능을 갖는다. 이것은 의사를 공간적으로 확산하는 기능으로써 문서의 발송·도달 등 유통과정에서 나타난다.
- 의사 보존의 기능
  문서는 의사를 오랫동안 보존하는 기능을 갖는다. 이것은 의사 표시를 시간적으로 확산시키는 역할을 한다.
- 자료 제공의 기능
  보관 및 보존의 문서는 필요 시 언제든지 참고자료 혹은 증거 자료로 제공되어 행정 활동을 지원·촉진시킨다.

• 업무의 연결 및 조정의 기능
 문서의 기안 · 결재 및 협조 과정 등을 통해 조직 내외의 업무처리 및 정보 순환이 이루어져 업무의
 연결 · 조정 기능을 수행하게 된다.

공문서 처리의 기본 원칙으로 효율적인 업무수행을 위해 그날로 처리하는 즉일 처리의 원칙, 사무분장 담당자가 직무의 범위 내에서 책임을 지고 수행하는 책임 처리의 원칙, 법령의 규정에 따라 일정한 형식과 절차적 요건을 갖춘 법령 적합의 원칙, 문서의 모든 처리 절차가 전자문서시스템으로 처리되어야 하는 전자 처리의 원칙 등이 있다.

(5) 학교운영위원회 및 학부모 이해

우리나라가 지방 교육 자치를 표방한 이래 학교경영에서 학교운영위원회의 비중은 매우 크다. 단위 학교에서는 학교단위책임경영제 도입과 더불어 학교운영위원회를 통해 학부모 및 지역사회와 교육의 소통을 시도하였으며, 교육의 성과와 효과성을 높이고자 하였다. 그동안 단위 학교에서는 교육소비자인 학부모와 지역사회의 교육적 요구를 수렴하지 못하고 획일적이고 일방적인 교육을 해 왔다는 비판을 받아왔다(조동섭 외, 2009). 따라서 단위 학교에서는 학교 운영위원회를 통해 학부모 및 지역사회와 교육적인 교감을 통해 학생들의 교육의 질을 향상시킨다.

단위 학교에서는 학교 교육 경영을 위해 학교에서 실행되고 있는 교육과정 운영 및 회계 등 제반 사항들을 학교운영위원회의 심의를 받아 집행하게 되는데, 구체적으로 보면 다음과 같다.

• 학교 헌장 및 학칙의 제정 또는 개정에 관한 사항
• 학교의 예산 및 결산에 관한 사항
• 학교 교육과정 운영에 관한 사항

- 정규 학습 시간 종료 후 또는 방학 기간 중 교육활동 및 수련회 활동 사항
- 학교 운영지원비 조성·운영 및 사용에 관한 사항
- 학교 급식 및 학교 운영에 관한 제안 및 건의 사항
- 기타 대통령령, 시도의 조례로 정하는 사항

학교운영위원회는 이와 같은 사항 등에 관한 내용을 심의하는 집단으로 학교운영위원회 담당 교사는 분기마다 혹은 필요할 때마다 각 부서의 안건들을 사전에 의뢰받아 그 안건을 운영위원회에 상정할 수 있도록 준비한다. 다만, 학교발전기금에 관한 사항은 학교운영위원회 위원장의 명의로 조성 운영하여야 한다.

반면, 학교운영위원회를 통해 학교 교육활동에 지역사회나 학부모들이 참여하고 있지만, 단위 학교의 원활한 교육활동을 위해서는 교육 주체의 한 축인 다수 학부모님의 이해와 협조 그리고 적극적인 참여가 필요하다. 학부모의 교육활동 참여란 학교 교육활동에 공식적인 권한은 갖고 있지 않지만, 학생의 교육효과 신장을 위해 학교의 의사결정 과정과 집행 과정에 영향력을 행사하는 일련의 행동 또는 교육 프로그램의 계획, 실천, 평가, 수정 등의 과정에서 학교와 학부모가 공동으로 참여하고 결정하는 것으로 볼 수 있다. 단위 학교에서 학부모가 학교 교육활동에 참여하게 되면 여러 가지로 장점이 있는데, 첫째, 학생 입장은 새로운 환경에 적응이 빠르고 자긍심이 올라가며, 특히 부모와 교사의 소통을 통한 양질의 생활 교육을 받을 수 있다. 둘째, 교사 입장은 학부모들로부터 얻은 학생에 대한 생활 정보를 바탕으로 상담 교육이나 학급 운영에 자신감을 갖고 운영할 수 있다. 셋째, 학부모 입장은 학교 교육에 대한 직접적인 이해 당사자로서 교사의 역할을 보완하고 협력·지원하여 교육효과를 높이는 역할을 해 교육에 참여의식을 고양시킬 수 있다(이병환·장미란, 2010). 이와 같이 학부모의 적극적인 교육 참여는 필요하지만, 학교 교육 경영에 대한 지나친 간섭으로 이어진다면 오히려 부작용을 낳을 수도 있다는 것을 간과(看過)해서는 안된다. 따라서 단위 학교에서는 학교경영의 원활화를 위해 지역사회와 학부모에 대한 이해가 필요하다.

(6) 보건교육 및 급식 관리

보건교육이란 개인, 집단, 인종 등의 건강에 바람직한 영향을 줄 수 있는 습성·태도·지식 등의 통합된 경험을 말하며, 학교 보건교육은 학생들이 자신들의 보건 문제에 대한 중요성을 스스로 인식하고 자발적 행동을 통하여 잘못된 지식, 태도, 행동 등에 영향을 주어 새롭고 올바른 양상으로 바꾸어 놓는 데 있다(김영임 외, 2009).

학생들의 건강증진을 위한 기본 방향으로 첫째, 학생들은 하루 대부분을 학교에서 보내며, 교직원의 지도 아래 정해진 시간표에 따라 학교생활을 하므로 학생들이 안전하고 건강한 생활을 영위하고 신체적·정신적·사회적으로 건강하고 성숙한 민주시민으로 자라날 수 있도록 지도한다. 둘째, 보건 및 건강에 대한 정확하고 풍부한 지식을 제공하고 건강한 생활을 할 수 있도록 자기 건강관리 능력을 길러 준다. 셋째, 조직적으로 체계적인 보건교육과 건강관리 등을 통하여 학생 개개인이 바른 생활 태도로 건강하게 자랄 수 있도록 지도한다(대전광역시교육청, 2013).

교육부는 학생들의 체계적인 보건교육 및 건강관리를 위해 보건교사를 단위 학교에 배치될 수 있도록 하고, 학교의 장은 학생 질병의 치료와 예방, 건강한 체중 관리, 음주·흡연과 약물남용 예방 등 보건교육을 실시하고 필요한 조치를 강구한다(학교보건법 제15조 제2항). 또한 초·중등학교에서는 2006년부터 개정된 학교보건법 및 학교 건강검사 규칙에 의거 재학생에 대한 건강검사를 실시하고 있으나, 일부 건강 검진 기관의 형식적이고 불성실한 검진에 따른 낮은 학부모의 만족도를 보인다.

한편, 단위 학교는 학교 급식의 안전성 확보를 위하여 대량의 식재료를 위생적이고 안전하게 조리 제공할 수 있는 급식 시설과 설비가 갖추어져야 한다. 최근 들어 단위 학교에서는 효율적인 위생관리기법으로 HACCP(위해요소중점관리기준)시스템을 학교 급식 위생관리 시스템에 적용하고 있다(교육인적자원부, 2002). 학교 급식에 관한 사항은 초·중등교육법 제31조에 따른 학교운영위원회의 심의를 거쳐 학교의 장이 다음 사항 등을 결정한다(학교급식법시행령 제2조2항).

- 학교 급식 운영방식, 급식 대상, 급식 횟수, 급식 시간 및 구체적 영양기준에 관한 사항
- 학교 급식 운영계획 및 예산·결산에 관한 사항
- 식재료 원산지, 품질 등급, 그 밖의 구체적인 품질기준 및 완제품 사용 승인에 관한 사항
- 식재료 등의 조달 방법 및 업체선정 기준에 관한 사항
- 그 밖에 학교의 장이 학교 급식 운영에 관하여 중요하다고 인정하는 사항

학교 급식의 대상은 전 학년(병설유치원 포함) 급식을 원칙으로 한다. 다만, 시설·설비의 규모에 따라 대상 학년을 조정하여 실시할 수 있다. 학교 급식 식재료는 국내산 사용을 원칙으로 하나 일부 수급 사정이 원활하지 않은 품목에 대하여 학교운영위원회의 심의를 거쳐 급식비의 범위에 따라 수입산 및 수입산 원료로 가공할 식품을 대체하여 사용할 수 있다. 이와 같이 학교 급식의 장은 학교 급식의 효율적 관리·운영을 위하여 매 학년도 시작 전까지 학교 실정에 맞는 '학교 급식 운영 계획서'를 수립하여 학교운영위원회 심의를 거쳐 실시한다.

사례

제4차 혁명 시대 담론으로 등장하는 핵심 키워드는 융합과 초연결이다. 그렇다면 학교는 무엇을 어떻게 해야 우리 학생들에게 융합과 학습의 경험을 제공할 수 있을까. 학생들이 어떻게 하면 새로운 시대가 요구하는 능력과 역량을 기를 수 있으며, 동시에 모든 사람이 공평한 사회에서 공존하는 품성을 기를 수 있도록 도울 수 있을까. 일부 교육 선진국들은 창의력과 비판적인 사유 능력, 의사소통 능력, 협업 능력 등을 길러주기 위해 교과 간 벽을 넘어서 융합 교육을 시도하고 생각하는 힘을 길러주는 교육과정을 제공하고 있다. E 교장 역시 우리 학생들에게 어떤 교육과정과 수업의 형태를 제공해야 하는지에 대해 고민하고 있다.

출처: 학교리더십과 교장의 역할, 2023년 한국교원대학교종합교육연수원.

토론거리

◑ E 교장은 예시와 같이 4차 혁명 시대에 융합과 초연결에 관한 핵심 키워드를 학교 교육과정을 통해 어떻게 실현할 수 있을 것인가에 대해 고민하고 있다. 반면, 초임

교사들은 단위 학교에서 융합과 초연결에 관한 핵심 키워드를 실현하기 위해 어떤 노력을 해야 하는지 토론해 보자.

05 | 학교경영의 평가

학교경영의 평가란 기본적으로 학교경영의 결과에 대해 알게 하는 것으로, 결과의 가치에 관한 정보를 제공하여 다음 해 학교경영을 계획할 때 사전에 문제점을 인식하여 대처하는 효과를 제공한다.

학교경영평가는 초·중등교육법 시행령(대통령령 제24377호) 개정에 따른 학교평가의 공개정보를 활용한 교육성과 중심의 정량평가 위주로 평가 기조를 유지한다. 학교경영평가에 대한 기본계획은 각 시·도 교육청에서 수립하고, 각 시·도 교육과학연구원에서 기본계획의 범위 내에서 학교경영 평가를 한다. 대전교육과학연구원(2013)에 따르면 평가의 대상은 모든 공·사립의 초·중등학교 및 특수학교이며, 학교 여건(지역별)에 따라 평가대상 학교 군(群)을 구분하여 실시할 수 있다. 평가방식은 종합평가와 상시 평가로 구분하며, 종합평가는 3년마다 상시 평가는 종합평가를 하지 않는 해에 시행한다. 또한 단위 학교의 교육역량 강화와 학교 현장의 변화를 자체적으로 유도하기 위해 학교 자체평가를 실시하기도 한다.

학교경영평가의 영역은 초·중등교육법 시행령 제12조에 따른 첫째, 교육과정 운영 및 교수·학습 방법, 둘째, 교육활동 및 교육성과, 셋째, 그 밖에 학교 운영에 관한 사항으로서 교육부 장관 또는 교육감이 필요하다고 인정하는 사항 등이다. 평가 결과는 학교 개선을 위한 행·재정적 지원 방안 수립, 단위 학교 교육계획 수립 및 컨설팅자료 제공, 학교 및 교원의 책무성 제고 자료로 활용한다.

정리하기

❶ 학교경영이란 단위 학교의 그 상황과 맥락에 적합한 조직목표를 수립한 후 그 목표를 달
성하기 위해 계획, 조직, 지시, 조정, 통제의 경영활동 과정을 통해 학교 체제 내의 모든
인적 · 물적 · 재정적 자원을 공정하게 배분하여 능률적 · 효과적으로 활용하기 위한 일련
의 과정을 의미한다.

❷ 단위 학교 내에서 목표관리기법은 학교 내 구성원들을 공동의 조직목표를 설정하는데,
참여하도록 하여 각자의 목표를 공동의 목표에 부합할 수 있도록 하여 이를 달성해 나
가게 하는 일련의 경영방식이다.

❸ 단위 학교 교육 현장에서의 실제적 측면에서 학교경영 영역은 교직원 인사 및 조직 관
리, 교육과정 운영 및 장학 관리, 시설 및 회계 관리, 업무관리시스템 및 공문서 관리,
학교운영위원회 및 학부모 이해, 보건교육 및 급식 관리 등으로 구분할 수 있다.

❹ 교무분장 조직으로 지켜야 할 원칙은 적재적소 주의 원칙, 변화성의 원칙, 공정성의 원
칙 등을 들 수 있다.

학습문제

01 학교단위책임경영제가 성공적으로 단위 학교에 정착하기 위한 선결 조건
과 학교장의 역할은 무엇이라고 생각하는가?

02 학교경영의 실제에서 한 가지 사례를 들어 토론해봅시다.

03 목표관리기법(MBO)에 의한 단위 학교에서 학교경영 사례를 제시하고
그 사례에서 나타난 문제점과 대안을 토론해봅시다.

CHAPTER 16

학급경영

 학/습/목/표

- 학급경영의 의의와 원리를 설명할 수 있다.
- 학급경영의 영역에 대해 구분하여 구체적으로 설명할 수 있다.
- 창의적 체험활동은 어떤 영역으로 구성되어 있는가를 설명할 수 있다.
- 상담과 생활지도를 비교할 수 있다.

생각해보기

일상에서 오해는 다반사다. 오해가 삶의 소용돌이를 불러일으키기도 한다. 인간관계에서 오해가 발생하는 경우 회피라는 방어기제를 보이기도 한다. 그들은 보고 싶은 것만 보고, 듣고 싶은 것만 듣고자 한다.

또한 오해가 발생했을 때 다른 모습을 보이기도 한다. 적극적인 해명을 통해 오해를 풀고 서로 간 관계를 원만하게 유지하기를 바라는 경우다.

공자는 주유천하(周遊天下) 과정에서 어느 날 제자들과 진나라 행차 중 양식이 떨어져 일주일 동안이나 쫄쫄 굶는다. 마침 제자 안회(顔回)가 쌀을 가까스로 구해 부엌에서 밥을 짓는 모습을 우연히 본다. 하지만, 안타깝게도 안회가 솥을 열고 혼자 밥을 먹는 것을 보고 크게 실망한다.

이윽고 안회가 밥이 다 되었음을 알리자 공자는 말하길, "안회야! 방금 내가 꿈속에서 선친을 뵈었는데, 밥이 되거든 조상님께 먼저 제사를 지내라고 하더구나"라고 말한다. 혼자 몰래 밥을 훔쳐 먹는 제자를 뉘우치게 하려는 의도였다.

스승의 말을 들은 안회는 무릎을 꿇고 조아린다. "송구하오나 스승님! 이 밥으로 제사를 지낼 수가 없습니다. 제가 밥솥을 여는 순간 천장에서 흙덩이가 떨어져 스승님께 드리자니 더럽고, 버리자니 아깝고 해서 제가 그 부분을 떠서 먼저 먹어버렸습니다."

공자는 제자 안회의 말을 듣는 순간 후회가 물밀듯이 밀려 왔다. 공자는 잠시나마 제자를 의심한 것이 부끄럽고 후회스러웠다. 그는 제자들에게 이르길 "예전에 나는 나의 눈을 믿었는데 완전히 믿을 것이 못 되는구나. 너희들도 보고 들은 것이 반드시 진실이 아닐 수 있다는 것을 명심하라."고 했다.

큰 의미는 없지만, 올해도 어김없이 스승의 날이 다가오고 있다. 지난 30여 년 이상 동안 제자들을 가르치면서 그들의 속마음을 얼마나 읽고자 했을까 돌이켜본다. 특히 코로나 시대에 교실에서 마스크를 쓰지 않거나 턱에 걸치는 학생들이 있으면, 사정을 듣기보다 훈계가 우선이었다. 최근 들어 실내에서 마스크 착용 의무는 벗어났지만, 마스크 착용 의무 때에도 착용의 불편함으로 일부 학생들은 마스크를 턱에 걸치기도 했다. 가르치는 사람으로서 학생들을 훈계하기에 앞서 그들의 마음을 먼저 읽지 않고 내가 보고 싶은 것만 보지 않았는가 싶다.

이번 스승의 날은 공자가 제자 안회를 위하는 마음으로 나를 돌아보는 시간을 갖고 싶다. 그리고 혹시 일부 제자들과 오해가 있다면 그들의 이야기를 들어보고 싶다. 물론 보도에 따르면 수업 중 선생님 등 뒤에서 몰래 사진을 촬영하거나 수업을 교묘히 방해하는 등 학교에서 교권 침해 사례도 있다. 어린 시절에 자주 듣곤 했던 "스승님의 그림자는 밟지도 말라"라는 말은 이제 먼 옛날 호랑이 담배 피우던 동화 속에나 나올 법한 전설 속의 이야기가 되었다.

이 시대에 스승으로 산다는 것이 그만큼 힘들고 고달프지만, 다행스러운 것은 대부분 학생과 제자들은 여전히 선생님들과 스승에 대한 존경하는 마음을 가지고 있다는 것이다. 이번 스승의 날 역시 그들이 있기에 고맙고 자랑스럽다. 가르치는 사람으로서 학생들과 오해가 있으면 공자처럼 풀어내고, 그들이 꿈을 찾아서 가지 않는 미지의 길에 들어설 때 혹 있을 가시덤불 하나라도 치워주고 싶은 마음은 어디 필자뿐이겠는가.

윗글을 읽고 교사가 '이 시대의 스승으로 산다는 것은 무슨 의미일까?'에 대해 생각해봅시다.

출처: 김병모 전 고려대학교 겸임교수, 대전일보(https://www.daejonilbo.com)

01 | 학급경영의 의의와 원리

(1) 학급경영의 의의

학급은 단위 학교에서 교육목표를 달성하기 위해 구성된 조직집단으로 동일한 지역사회에서 성장하여 공통 생활 경험을 가진 신체적 · 정신적으로 발달단계가 비슷한 동일 연령층의 아동들을 대상으로 한 인위적인 생활 집단이며 교수학습 집단이다. 학생들에 있어서 학급은 같은 교육과정을 가지고 학습을 하게 되는 지식 습득의 장이자 인격 형성의 장인 반면, 교사의 입장에서 학급은 학생들을 상대로 교육이 이뤄지는 교육 실천의 장이 될 수 있다. 경영이란 조직의 교육목적을 효과적으로 달성하기 위한 협동적 과정이다(조남두 외, 2006).

따라서 학급경영은 교사와 학생이 학급이라는 공간 속에서 상호소통과 인격적인 교감을 통해 단위 학교의 학급조직 내에서 교육의 목표를 효과적으로 달성하기 위한 협동적 과정이라 할 수 있다. 물론 학급경영을 개념 정의할 때 관점과 시각에 따라 학자마다 약간씩 다른 의견을 제시하고 있는데, 이 장에서는 학급경영의 정의를 수업 경영적 관점, 행동 경영적 관점, 학습환경 조성 및 지원활동 관점, 통합적 관점 등으로 분류하고자 한다(박남기, 2008; 박종렬 외, 2010).

가. 수업경영적 관점

학급경영을 수업 경영과 거의 동일시하는 개념(Burden, 2000)과 수업 경영을 학급경영의 핵심이라고 보는 관점(Kyle & Rogine, 2004)이 있다. 특히 수업 경영을 학급경영의 핵심으로 보는 견해는 수업 경영과 관련된 다른 활동들도 학급경영으로 봄으로써 학급경영을 좀 더 포괄적으로 바라보는 시각이다. 그러나 우리나라는 학급담임 교사에게 학급경영자로서 통합적인 역할을 기대하고 있으므로 이와 같은 수업 경영적 관점을 취하는 학자는 드물다.

나. 행동 경영적 관점

교실 내에서 학생의 행동을 통제하고 궁극적으로 학생들이 스스로 바람직한 행동을 하도록 이끄는 활동이 학급경영의 핵심이라고 보는 관점이다. 예컨대 Levin과 Nolan(2007)은 '학급경영의 원리'에서 교사의 역할은 학생을 교육하는 것인데 이를 방해하는 행동이 발생할 경우, 이를 잘 통제하여 학습에 투자되는 시간을 극대화하는 것이 학급경영의 핵심이라고 정의하였다.

다. 학습환경 조성 및 지원활동 관점

효과적인 교수학습이 가능하도록 긍정적인 학급 분위기를 만드는 학급담임의 제반 활동을 학급경영으로 보았다(Martin, Sugarman & McNamara, 2000). 즉, 학급경영이란 교수활동과 밀접한 관계가 있는 것으로 교수활동을 위한 지원활동이라고 본 것이다. 따라서 이 관점에서의 학급경영은 교수학습이 가능하도록 환경을 만들고 경영하는데 필요한 활동과 절차를 포괄한 개념으로 교사의 핵심 역할이 통제에서 경영으로 바뀌게 되었음을 보여준다.

라. 통합적 관점

교수학습 목적을 달성하기 위해 교사가 하는 제반 업무와 활동을 학급경영으로 보는 관점으로 수업 경영적 관점, 행동 경영적 관점, 그리고 학습환경 조성 및 지원활동 관점에서 언급하는 활동을 모두 포괄하는 것이다. 이 관점에서 학급경영은 본질적으로 가르치고 배우는 목적을 달성할 수 있도록 교사가 학급업무를 추진하고, 안전을 확보하며, 모든 일이 순조롭게 진행되도록 하는 것(Digiulio, 1995)으로 학급 안에서 뿐만 아니라 학급 밖에서 교사가 책무를 다할 모든 활동 영역을 포괄하는 개념이다.

정리하면, 학급경영은 담임교사가 단위 학교의 교육목표와 연계하여 해당 학급의 교육목표를 효과적으로 달성하기 위해 통합적인 관점으로서 교실 안팎에서 이루어지는 학급 제반 업무와 활동이라고 할 수 있다. 사실 우리나라에서 단위 학교의 담임교사는 학급경영자로서 통합적으로 수행하고 있는 것이 현실이다.

(2) 학급경영의 원리

담임교사가 학급에서 학생들을 대상으로 효율적이고 효과적인 경영을 수행하기 위해서는 기본적인 원리들이 적용되어야 한다. 물론 학급경영의 원리는 학자마다 약간씩 다른 견해를 보이고 있지만 대체로 다음과 같다.

- 자유의 원리
  학생의 인격을 존중하고 개성을 발전시킴으로써 학생 발달에 대한 구속을 지양하고 학생 스스로 발달을 조장할 수 있는 여건을 제공해야 한다.
- 창조의 원리
  학급 안팎의 생활에서 과학적인 사고의 과정으로 자료의 수집과 분석, 종합, 정리, 활용하는 방법을 지도하고 실제적인 활동에서 기회를 제공한다.
- 노작(勞作)의 원리
  학생들의 학습활동이나 창의적 체험활동에서 유·무형의 창작물이 표현되고 실현될 수 있는 기회를 제공한다.
- 흥미의 원리
  학생들이 학습활동에 흥미를 갖도록 학습환경을 새롭게 제공해 주며, 자율적인 활동을 통해 성취감과 자신감을 맛볼 수 있는 조건을 제공한다.
- 협동의 원리
  학급집단의 안전과 이익을 위해서 협동 생활을 할 수 있도록 생활 조건을 제공해 학생들에게 협동의 가치와 필요성을 인식시켜주도록 한다. 특히 학급 활동에서 지나친 경쟁이나 대립을 조장하는 행위를 지양해야 한다.
- 접근의 원리
  교사는 학급을 교사와 학생, 학생과 학생들 상호 간에 서로 존중하고 인격적인 만남의 장으로 만들어 학생들 개개인과 학급이 동시에 발전될 수 있도록 해야 한다.
- 요구의 원리
  당면한 사회적 요구, 학생과 학부모의 요구 등에 대해 교육적 가치가 있는 부분은 충족시켜주어야 한다.
- 발전의 원리
  학급 담임교사로서 학급경영 활동에 대한 지속적인 자기반성과 성찰, 그리고 평가를 통해 학급의 교육환경을 개선하는 등 보다 발전적인 방향으로 변화시켜야 한다.

02 | 학급경영의 영역

학자들은 학급경영의 영역에 대해 두 가지의 견해를 보이고 있는데, 그 하나는 수업 활동과 경영활동을 분리하는 것이고, 다른 하나는 수업 활동과 경영활동을 구분하지 않은 입장이다(김명환 외, 1988).

먼저 수업 활동과 경영활동을 분리하는 견해는 학급경영과 수업 활동을 별개 혹은 지원 정도의 활동으로 규정하며, 학급경영을 조건 정비적 측면에서 파악하여 조장 활동과 유지 활동으로 구분하였다(Johnson & Bany, 1970). 여기에서 조장 활동(facilitation activities)은 학급을 협동적 사회체제로 발전시키는 활동으로 학급집단의 통합적이고 협동적인 관계 수립, 학급 내의 행동 기준이나 규칙 확립과 과업 수행 절차 조정, 문제해결 방식에 의한 학급 내의 조건개선, 학급체제의 조건수정 혹은 변화 등의 활동으로 이루어졌다. 유지 활동(maintenance activities)은 학급집단의 인간관계 속에서 발생하는 문제들을 조정하는 활동으로 학급 구성원들의 갈등 요인을 제거하고 학생들의 사기진작과 환경변화에 대한 적응력을 키워주는 활동을 포함한다. 예컨대 교과전담제를 채택하고 있는 중등학교에서는 학급 담임교사의 수업 활동이 학급 활동의 연장선이라기보다는 별개의 활동영역으로 볼 수 있으므로 수업 활동과 학급경영 활동을 분리하는 견해가 더 설득력이 있다고 볼 수 있다.

다음으로 수업 활동을 학급경영 활동에 포함하는 견해는 수업 활동이 교사의 역할 중에서 가장 중요하기 때문에 수업의 활동을 적극적으로 도와주는 것이 경영활동의 중요한 임무라고 규정한다. 수업 활동이 경영활동에 포함되어야 하는 근거로 학급경영을 조건 정비와 관리적인 측면에서만 파악하면 가장 핵심적인 수업 활동이 학급경영에서 소홀해질 수 있기 때문이다(김명환 외, 1988). 학급은 교육조직의 최소단위로써 모든 활동이 분업적이기보다 통합적인 성격이 강하며 실제로 수업 활동과 학급경영 활동은 유기적인 관련성이 많기 때문에 구별하기가 어렵다. 이와 같은 관점은 학급전담제를 채택하고 있는 초등학교에서 더욱 타당성을 가질 것이다. 학급경영에 있어서 담임교사의 비중도 중등학교보다 초등학교가 훨씬 크므로 초등학교의 학급경영에 관련된 대부분의 문헌에서도 학급경영의 영역에 교과 지도 활동을 포함시킨다(윤정일 외, 2007). 따라서 이 관점은 수업 활동이 학급경영에 포함되는 활동으로 간주하는 렘레취(1979) 견해와 같이하고 있다고 볼 수 있다.

물론 학급경영의 영역에 무엇을 포함할 것인가에 대해서는 학자에 따라 견해를 달리하고 있다. 그러나 대체로 학급경영의 영역은 담임교사들이 당해 연도 학급경영계획을 수립한 후 수업 활동, 창의적 체험활동 지도, 상담 및 생활지도, 학급시설 및 환경지도, 업무처리, 가정환경 및 학부모 이해를 들 수 있다.

03 | 학급경영의 실제

담임교사는 해당 학급을 경영하기 위해서 먼저 체계적인 학급경영 계획을 세운다. 학급경영 계획은 담임교사가 해당 연도의 학급 운영에 대한 구체적인 설계를 수립·수행하는 일련의 활동이다. 따라서 담임교사로 배정된 교사는 학년 초에 학급경영목표 및 방침 결정, 학생들에 대한 기초자료 수집, 학급조직 및 학급환경 등을 바탕으로 학급경영 계획을 실효성 있게 수립하게 된다. 이 장에서는 이를 바탕으로 담임교사들이 학급경영의 통합적 관점에서 학급경영을 통해 수행하게 될 수업 활동, 창의적 체험활동 지도, 상담 및 생활지도, 학급시설 및 환경지도, 업무처리 영역, 가정환경 및 학부모 이해 등을 간단하게 살펴보자.

(1) 수업 활동

교사의 역할 중에서 가장 중핵적인 것이 바로 초등학교이건 중등학교이건 간에 수업을 통한 교과 학습지도이다. 특히 초등학교는 학급 전담제를 채택하고 있어 학급경영에 있어서 담임교사의 교과 지도는 교사와 학생 상호 간의 유기적인 관련성이 많아 학급경영의 일환으로 볼 수 있다. 반면, 중등학교는 교과 전담제를 채택하고 있어 학급담임 교사의 수업 활동이 학급 활동의 연장선이라기보다는 별개의 활동 영역으로 볼 수 있다. 그러나 교사들은 학교급별 관계없이 해당 교실에서 주어진 학습 목표와 학습 내용을 예고된 교육과정에 따라 학생들에게 이해와 적용을 끌어내는 교육활동을 한다.

(2) 창의적 체험활동 지도

창의적 체험활동은 학습자 중심의 교육과정으로 학생들의 배려와 나눔의 정신을 실천하는 창의적인 인재 양성을 통한 전인적 교육을 실현하기 위한 교육활동이다. 담임교사는 학생들이 자율활동, 동아리 활동, 봉사활동, 진로활동 등의 창의적 체험활동을 자발적으로 할 수 있도록 행정적인 조력을 한다. 예컨대 자율활동 영역에서는 학생회 등 자치활동, 교내 체육대회, 소방 훈련 등 각종 교내·외 학교 행사 활동, 적응 활동, 학교 특색활동 등이 포함되고 있다. 특히 2022개정교육과정에서도 창의적 체험활동이 교과 학습지도 못지않게 중요한 활동 영역이다. 따라서 담임교사는 학생들이 창의적 체험활동 영역을 성실히 수행할 수 있도록 지도 조언 및 조력 활동을 통해서 학생들의 건강한 사회인으로서 발달을 촉진시킨다.

(3) 상담 및 생활지도

상담 활동(counseling)은 생활지도의 핵심적 활동으로서 상담자가 내담자에게 환경에 대한 이해 폭을 넓혀 주고 합리적인 행동양식을 증진시키거나 내담자 스스로 효율적인 의사결정을 내릴 수 있도록 도와주는 심리적 조력의 과정이다(권이종·김용구, 2011). 사실 상담 활동은 생활지도의 중요한 방법의 하나로서 두 영역은 분리할 수 없는 관계라 할 수 있다. 반면 생활지도(guidance)는 학생들이 당면한 문제들을 스스로 해결하면서 교육환경에 잘 적응할 수 있도록 정보제공과 인지적·심리적 적응기제 발달을 도와주고 안내해 주는 일련의 활동을 의미한다(서울특별시교육연구정보원, 2011). 생활지도의 주요 활동으로 학생 이해 조사 활동, 정보제공 활동, 상담 활동, 정치활동(定置活動), 추수 활동 등이 있다. 일반적으로 생활지도 영역은 학교생활 전반에 대한 정보제공과 더불어 가출·흡연·폭력 등 비행의 예방과 근절 활동이 강조된 반면, 상담 활동은 학생들의 비행 및 부적응 행동에 대한 문제해결 혹은 치료 활동이 강조되고 있다(이병환·박미란, 2010).

(4) 학급시설 및 환경지도

교실은 학생들과 교사가 학교생활의 삶 속에서 학생들 간 소통의 공간이자 교사와의 만남의 장소로서 각종 시설과 환경에 세심한 배려와 여유의 공간이다. 교실은 학생들이 학교 일과 동안 대부분 머무르는 공간으로 좌석 배치, 온풍기, 스피커, 조명시설, 게시판 등 시설물을 설치할 때 학생들의 동선(動線)을 위한 공간 확보나 시야를 가리지 않게 하며 정서적인 문제, 계절적 시기, 학생들의 동기 유발 등을 고려해 학급을 특색 있게 구성해야 한다. 특히 좌석 배치는 학생들의 학습에 대한 동기 유발과 교우관계 형성에도 중요하게 영향을 주기 때문에 세심한 배려가 필요하다.

(5) 업무처리

학급경영 과정에서 업무처리는 학급 학생들에 관련된 자료 기록과 공문서와 제 보고의 처리, 회계 및 경리 등 문서관리를 위주로 하는 업무를 의미한다. 학급 담임교사의 주요 업무를 구체적으로 살펴보면(정태범, 2000) 다음과 같다.

❶ 학급경영 안, 가정통신, 학급회 활동, 학예활동 등 학급경영 일반에 관한 업무
❷ 학교생활기록부, 출석부, 건강기록부, 가정기초환경조사서 등 각종 장부에 관한 업무
❸ 월말 출결 통계, 신체검사 통계 등 통계처리 업무
❹ 교육과정 계획, 학습평가 및 성적처리 등 교수-학습에 관한 업무
❺ 학급문고, 학급 비품 관리 등 학급 비품에 관한 업무
❻ 학급 금전출납부, 학생저축 대장, 공과금 등 금전에 관한 업무

최근 들어, 「업무포탈」 사이트에서 대부분 업무가 처리되며, 그 사이트는 나이

스(NEIS), 에듀파인(학교회계시스템), 업무관리, 에듀팟, 자료집계 등으로 구성되어 있다. 특히 교사들은 업무관리시스템에서 전자적으로 결재 업무를 처리하며, 이 시스템 은 업무처리의 모든 과정을 과제관리 카드 및 문서관리 카드 등을 이용하여 전자 적으로 처리하는 시스템을 말한다(행정업무의 효율적 운영에 관한 규정 제3조 11호).

(6) 가정환경 및 학부모 이해

담임교사는 학급경영의 맥락으로 학생들의 생활지도와 상담 활동을 수행하는 과정에서 해당 학생들과 연계된 가정환경과 학부모의 특성에 대한 이해는 매우 중 요하다. 담임교사와 학부모 관계의 특성을 구체적으로 살펴보면 다음과 같다(송기창 외, 2009).

첫째, 학생을 매개로 한 간접적 관계이다. 교사는 학부모로부터 권한을 위임받 아 학생을 직접적으로 대변하며, 인격적인 영향을 끼치게 되고 동시에 이를 통해 학부모와 관계를 형성한다. 둘째, 상호 간에 불완전한 정보를 토대로 하는 관계이 다. 이러한 이유로 교사와 학부모 간에는 자칫 불신이나 오해가 생길 가능성이 있 으므로 소통과정에서 신중해야 한다. 셋째, 학급편성에 의해 일정 기간동안만 유지 되며, 학생의 학년 진급, 졸업 등에 의해 단절되는 단기적 관계이다. 따라서 교사 와 학부모 모두 자기 책임과 의무를 소홀히 할 가능성이 있다.

학부모의 교육활동 참여 영역은 지식 나눔이나 공개수업 참여를 통한 교수·학 습지도 영역, 교통 지도 등 교외 생활지도 참여나 인성 문제와 관련해 교사와 면 담을 통한 생활지도 영역, 학교 행사나 예체능 관련 영역 참여를 통한 특별활동 영역, 도서관에서의 도서 대여 등과 같은 행정적인 지원을 통한 행정지원 영역 등 이 있다. 그러나 학부모 교육활동 참여는 강제성이 아닌 자율적이고 자발적인 차 원에서 이루어져야 하며, 또한 열정이 지나친 나머지 교사들의 정상적인 교육활동 을 저해하거나 위축시킬 우려를 간과(看過)해서는 안 될 것이다(김병모, 2010).

학급에서의 담임교사는 근본적으로 지도자, 혹은 안내자, 촉진자로서의 역할이 기대되고 있는데, 학급담임의 역할 유형을 구체적으로 제시하면 다음과 같다.

- 소크라테스식 대화형: 교사가 순진하고 어수룩한 사람들을 상대로 토론을 전개하고 있는 일종의 완고한 철학가형의 타입이다.
- 동민대화형: 동리에서 발생한 주요 문제들을 해결하기 위한 동민들의 회합과 같은 상태를 말한다.
- 대장간사제지간형: 교사는 아동을 마치 대장간의 도제와 같이 여기고, 스승인 자기와 똑같이 되어 주기를 원하는 유형이다.
- 군대형: 학생들에게 상벌을 줄 수 있는 권한을 가진 군대의 지휘자와 같은 지위에 있는 교사에 대한 심상을 말한다.
- 상사매매관계형: 일종의 상업적인 계약과 같은 것으로서 아동 각 개인과 교사는 가장 가까운 조건을 성립시키는 데 있다고 보며, 상대방이 원하지 않는 것까지 친절을 베풀어 봉사할 것까지는 없다고 보는 것이다.
- 사기 충만 된 운동팀형: 농구선수들이 중간에 '타임'을 불러서 코치로부터 전략에 대한 훈시를 듣고 있는 상태를 말하며, 교사는 이러한 때의 코치와 같은 역할로서 학생들을 대함을 의미한다.
- 수학여행형: 수학여행에서 길을 안내하는 지도자처럼 교사는 학생들이 흥미 가질 만한 사물에 대하여 때때로 설명해 주거나 자기의 의견을 말하며, 질문에 대해 응답을 한다.

출처: 대전광역시교육청(2003), 교직실무 편람.

토론거리

◑ 교사의 역할은 상황에 따라 다르게 나타날 수 있으며, 그 대상에 따라 달라짐으로써 적절한 지도력을 발휘할 수 있다. 그렇다면, 담임교사로서 초임 교사는 올바른 학급경영을 위해 어떤 리더십을 발휘해야 하는지 토론해보자.

04 | 학급경영의 평가

  학급경영에 대한 평가는 학급 담임교사가 학급경영을 한 후 결과에 대한 효과성을 평가하여 다음 학년도 학급경영 개선 자료로 활용하기 위한 과정이다. 따라서 학급경영 평가는 학기 말이나 학년말에 실시하는 것이 보통이나 과정평가 차원에서 월말에 실시할 수도 있다. 물론 학급경영 평가는 교사 스스로 다음 학기나 다음 학년의 학급경영에 대한 계획을 수립할 때 필요한 자료로 활용되기도 한다. 또한 학교 차원에서 경영계획을 수립하는 과정에서도 중요한 자료로 활용하기도 한다.

  학급경영을 평가하는 방법은 크게 학급 담임교사 자신이 평가하는 자체평가와 학교경영 평가의 일부로서 학교장이 직접 평가하는 경우가 있다. 학교장이 직접 평가하는 경우는 교사들에게 「교사자기실적평가서」를 작성하게 한 후 교사에 대한 근무성적평정을 실시한다. 또한 지도·조언하기 위한 자료 활용과 다음 학년도 담임교사 배정의 참고자료로 사용하기도 한다. 교사들 역시 동료 교사로부터 다면평가, 학생들로부터 수업 활동과 생활지도 영역에 대해 교원능력개발평가를 받기도 한다.

정리하기

❶ 학급경영은 교사와 학생이 학급이라는 공간 속에서 상호소통과 인격적인 교감을 통해 단
위 학교 학급조직 내에서 교육의 목표를 효과적으로 달성하기 위한 협동적 과정이라 할
수 있다.

❷ 학급경영의 영역은 담임교사들이 당해 연도 학급경영계획을 수립한 후 수업 활동, 창의적
체험활동 지도, 상담 및 생활지도, 학급시설 및 환경지도, 업무처리, 가정환경 및 학부모
이해 등을 들 수 있다.

❸ 상담 활동(counseling)은 생활지도의 핵심적 활동으로 상담자가 내담자에게 환경에 대
한 이해 폭을 넓혀 주고 합리적인 행동양식을 증진시키거나 내담자 스스로 효율적인 의
사결정을 내릴 수 있도록 도와주는 심리적 조력 과정이다. 반면, 생활지도(guidance)는
학생들이 당면한 문제들을 스스로 해결하면서 교육환경에 잘 적응할 수 있도록 정보제공
과 인지적, 심리적 적응기제 발달을 도와주고 안내해 주는 일련의 활동을 의미한다.

❹ 학급경영에 대한 평가는 학급 담임교사가 학급경영을 실시한 후 결과에 대한 효과성을
평가하여 다음 학년도 학급경영 개선 자료로 활용하기 위한 과정이다.

학습문제

01 성공적인 학급경영을 실현하기 위해 담임교사는 어떤 능력과 자질을 발휘해야 하는지와, 기억나는 담임선생님의 학급운영 행태(行態)를 토론해봅시다.

02 학급경영의 실제 중에서 어떤 요인들이 중요한지와 그 이유에 대해 토론해봅시다.

03 생활지도와 상담활동의 차이점에 대해 토론해봅시다.

찾아보기

ㄴ

ㄷ

학교중심의 교육행정 및 교육경영

참고문헌

본 **QR코드**를 스캔하시면, '학교중심의 교육행정 및 교육경영'의
참고문헌을 참고하실 수 있습니다.

저자 소개

신현석(Shin, Hyun-Seok)

위스콘신대학교 대학원 철학 박사
한국교육정치학회 회장 역임
한국교원교육학회 회장 역임
한국교육행정학회 회장 역임
현재 고려대학교 교육학과 교수
　　　한국교육학회 회장
e-mail: hsshin01@korea.ac.kr

가신현(Ka, Shin-Hyun)

텍사스대학교 대학원 철학 박사
고려대학교 연구교수 역임
현재 고려대학교(세종) 문화창의학부 부교수
e-mail: shka@korea.ac.kr

김병모(Kim, Byoung-Mo)

고려대학교 대학원 교육학 박사
고려대학교 겸임교수 역임
현재 남대전고등학교 교사
e-mail: mo6503@hanmail.net

김지영(Kim, Ji-young)

고려대학교 대학원 교육학 박사
고려대학교 연구교수 역임
현재 중부대학교 겸임교수
e-mail: jykoklove@gmail.com

박종필(Park, Jong-pil)

텍사스대학교 대학원 철학 박사
제주대학교 교육대학원 교수 역임
현재 전주교육대학교 초등교육과 교수
e-mail: parkjp@jnue.kr

박준형(Park, Jun-Hyong)

고려대학교 대학원 교육학 박사
고려대학교 교육문제연구소 연구교수 역임
현재 고려대학교 강사
e-mail: parkjh3905@gmail.com

변수연(Byoun, Su-Youn)

고려대학교 대학원 교육학 박사
고려대학교 연구교수 역임
현재 부산외국어대학교 만오교양대학 조교수
　　　교육평가혁신센터장/비교과통합교육 센터장
e-mail: sybyoun524@gmail.com

엄준용(Uhm, Joon-Yong)

고려대학교 대학원 교육학 박사
한국교육개발원, 한국직업능력개발원 연구원
　　　역임
현재 중부대학교 교육대학원 부교수
e-mail: jyum94@joongbu.ac.kr

오순문(Oh, Soon-moon)

고려대학교 대학원 교육학 박사
한양대학교 초빙교수, 고려대 강사 역임
현재 제주특별자치도 부교육감
e-mail: osm514@hanmail.net

이정원(Lee, Jeong-Won)

고려대학교 대학원 교육학 박사
현재 고려사이버대학교 교수
e-mail: jwlee215@gmail.com

이준희(Lee, Jun-Hee)

고려대학교 대학원 교육학 박사
영동대학교 교양융합학부 조교수 역임
강원도교육연구원 정책연구팀장 역임
현재 고려대학교 강사
e-mail: babaudu@hanmail.net

임수진(Lim, Soojin)

텍사스대학교 대학원 교육학 박사(Ph.D.)
현재 광주교육대학교 조교수
    한국교육행정학회 선임직이사
e-mail: sjlim3@gmail.com

정우진(Jung, Woojin)

고려대학교 대학원 교육학 박사
서울시교육연구정보원, 한국교육개발원 연구원
    역임
현재 고려대학교 연구교수
e-mail: helpership@gmail.com

정주영(Jung, Joo-Young)

고려대학교 대학원 교육학 박사
현재 고신대학교 학부대학 조교수
e-mail: jyjung@kosin.ac.kr

주영효(Joo, Young Hyeo)

텍사스대학교 대학원 철학 박사
현재 경상국립대학교 사범대학 교육학과 교수
e-mail: youngmonet@gnu.ac.kr

제3판
학교중심의 교육행정 및 교육경영

초판 발행   2014년 3월 7일
제2판 발행   2018년 9월 7일
제3판 발행   2024년 3월 25일

지은이   가신현·김병모·김지영·박종필·박준형·변수연·신현석·엄준용·
             오순문·이정원·이준희·임수진·정우진·정주영·주영효
펴낸이   노 현

편 집   배근하
기획/마케팅   조정빈
표지디자인   이은지
제 작   고철민·조영환

펴낸곳   ㈜ 피와이메이트
             서울특별시 금천구 가산디지털2로 53, 210호(가산동, 한라시그마밸리)
             등록 2014. 2. 12. 제2018-000080호
전 화   02)733-6771
f a x   02)736-4818
e-mail   pys@pybook.co.kr
homepage   www.pybook.co.kr
I S B N   979-11-6519-971-5   93370

정 가   22,000원

박영스토리는 박영사와 함께하는 브랜드입니다.